THE CULT OF WE: WEWORK, ADAM NEUMANN, AND THE GREAT STARTUP DELUSION

泡沫边界

亚当·诺依曼与 WeWork 帝国

〔美〕艾略特·布朗（Eliot Brown）&〔美〕莫琳·法雷尔（Maureen Farrell） 著
一文林 译

中国出版集团
中译出版社

图书在版编目（CIP）数据

泡沫边界：亚当·诺依曼与WeWork帝国 /（美）艾略特·布朗（Eliot Brown），（美）莫琳·法雷尔（Maureen Farrel）著；一文林译. -- 北京：中译出版社，2023.4

书名原文: The Cult of We: WeWork, Adam Neumann, and the Great Startup Delusion

ISBN 978-7-5001-7253-6

Ⅰ. ①泡… Ⅱ. ①艾… ②莫… ③一… Ⅲ. ①金融风险－风险管理－研究－美国 Ⅳ. ①F837.121

中国国家版本馆CIP数据核字(2023)第007796号

Copyright © 2021 by Eliot Brown & Maureen Farrell
This edition arranged with C. Fletcher & Company, LLC
through Andrew Nurnberg Associates International Limited
The simplified Chinese translation copyright © 2023
by China Translation and Publishing House
All rights reserved.

著作权合同登记号：图字 01-2022-4882 号

泡沫边界：亚当·诺依曼与 WeWork 帝国
PAOMO BIANJIE: YADANG NUOYIMAN YU WEWORK DIGUO

出版发行	中译出版社
地　　址	北京市西城区新街口外大街 28 号普天德胜大厦主楼 4 层
电　　话	（010）68359373, 68359827（发行部）68357328（编辑部）
邮　　编	100088
电子邮箱	book@ctph.com.cn
网　　址	http://www.ctph.com.cn

出 版 人	乔卫兵
策划编辑	郭宇佳　赵　青
责任编辑	郭宇佳
文字编辑	赵　青　邓　薇
封面设计	潘　峰
营销编辑	张　晴　徐　也

排　　版	北京竹页文化传媒有限公司
印　　刷	北京中科印刷有限公司
经　　销	新华书店

规　　格	710 毫米 ×1000 毫米　1/16
印　　张	28.75
字　　数	295 千字
版　　次	2023 年 4 月第 1 版
印　　次	2023 年 4 月第 1 次印刷

ISBN 978-7-5001-7253-6　定价：89.80 元

版权所有　侵权必究
中　译　出　版　社

致爸爸、妈妈和尼克。

———

艾略特·布朗

致杰森、塞西莉亚和安娜贝尔。

———

莫琳·法雷尔

投机性的情节中包含着的是狂热,
是对现实的大规模逃避,
它排除了对事物真实性的严谨思考。

———

约翰·肯尼思·加尔布雷斯（John Kenneth Galbraith），
《金融狂热简史》（*A Short History of Financial Euphoria*）

自序

2019年9月,威沃克众创空间(WeWork)①爆发了一个举世震惊的事件。仅在一夜之间,近400亿美元的纸面价值(value on paper)就此蒸发了。投资界忽然了解到这家全美国最有价值的创业公司并不是一家科技公司,而只是一家房地产公司,并且每年的损失超过16亿美元。该公司富有魅力、热衷于聚会的首席执行官(CEO)亚当·诺依曼(Adam Neumann),曾经被誉为现代"远见型"的创业公司创始人的楷模,突然间成了被批评的对象,尤其是针对他牟取个人利益的问题。在公司突然解体之后,投资者损失了资金,员工失去了工作,首席执行官却积累了大量财富。

作为《华尔街日报》(*The Wall Street Journal*)的记者,我们报道了这一传奇事件,曾在最前线记录了该公司解体的过程,并挖掘出一些不为人知的细节。然而,尽管在当时进行了广泛的报道,这一事件还是留下了无数关键问题。

这个故事的核心包含着几个简单的谜题:这一切是如何发生的?

---

① 该公司在中国大陆暂未注册唯一品牌名称,且该品牌名称下有多项经营业务,为避免误解,后续将使用其英文原名"WeWork"指代该公司。——编者注

为什么一些世界顶级的投资者和银行家会拜倒在这家公司的魔力之下？资本主义是如何将一家房地产租赁公司这样简单的存在曲解为一家颠覆性的科技创业公司，甚至认为它的价值高于像美国联邦快递（FedEx）和塔吉特（Target）零售公司这样的财富500强企业？WeWork的故事究竟是个例外，还是21世纪创业和投资文化中所形成的文化腐败的最生动的例子？

我们试图在书中回答这些问题。虽然公众已经看到了大部分问题——WeWork的首席执行官亚当·诺依曼筹集了太多的资金，设定了过高的期望值，狂欢得忘乎所以，最终飞得离太阳过近①，但更复杂的故事潜藏在使这家办公室转租公司由兴转衰的深层问题中。WeWork的资金来源，引向了国家的顶级银行，引向了渴望转变经济的中东君主政体，引向了渴望从硅谷分一杯羹的共同基金（mutual fund）。这条线索指向了一个古怪又缺乏安全感的东京大亨——渴望得到美国技术精英们的重视；还有一整个欲求不满的系统——盲目地相信救世主般的创始人和他能带来的利润。这是一个混合了验证性偏见（confirmation bias）、模糊数学（fuzzy math）和夜郎自大的故事，是一个关于当金钱在极少的监督下被挪用时会导致什么后果的故事。

我们基于WeWork传奇事件对300多人进行了采访，他们抽出时间，分享了自己的知识、经验并提供了所知的相关材料。其中包括对WeWork前任和现任的高管、员工和董事会成员，日本软银集团（Japanese conglomerate SoftBank）员工，银行家，顾问，投资者，房东，竞争对手，诺依曼夫妇的朋友和家人，软银首席执行官孙正义

---

① 这里借用了古希腊著名工匠代达罗斯之子伊卡罗斯的典故，指年轻人过于自傲、不听劝阻就会自取灭亡。详见《希腊神话全书》第五卷《古城记：雅典王忒修斯》，2021年3月出版，中译出版社。——编者注

（Masayashi Son）等人的采访。这些人中的绝大多数是匿名提供材料的，许多人引用了他们与WeWork或其他相关方签署的保密协议条款。

诺依曼拒绝接受本书的采访。不过，我们还是向他出示了计划纳入本书的有关他的事实内容。诺依曼通过一名代表对这些事实中的部分内容提供了反馈意见，这为我们的写作提供了参考。

我们在全书中提到的人物都是以他们的姓氏来称呼的。为了避免前后提及亚当·诺依曼和丽贝卡·诺依曼（Rebekah Neumann）时发生混淆，我们称后者为丽贝卡。

虽然其中许多采访是在2020年（即WeWork解体后）进行的，但本书也是《华尔街日报》多年报道的产物。艾略特·布朗（Eliot Brown）先是以房地产记者的身份报道了WeWork，后来以风险投资（简称风投）和创业公司记者身份驻扎在旧金山，跟踪报道该公司。莫琳·法雷尔（Maureen Farrell）在纽约为《纽约时报》报道WeWork的首次公开募股（IPO）和资本市场时，目睹了它迅速而不寻常的崛起。

WeWork在这个时代具有典型代表性，其畸形的创业道路值得人们引以为戒。

2013年，布朗第一次见到亚当·诺依曼后，该公司后续又安排诺依曼参加了几次会面，并让其他高级管理人员参加了多次录音采访。本书的尾注详细介绍了从这些采访中获得的信息，以及从其他同意为本书公开发言的人那里获得的事实。

在整本书中，我们仔细地重构了场景并加入了对话，某个场景中引用的人物发言并不一定是对笔者所说。我们还借鉴了大量WeWork的内部文件，包括董事会会议记录、投资者幻灯片、财务报告、合同、录音及录像、电子邮件和照片等。

本书中的每一处细节和对话都经过了事实核查，并且我们自始至终都遵循了作为《华尔街日报》记者所学到的一条基本规则——"预先告知"（no surprises）。本书中的关键人物已经知晓其中披露的内容，且已对这些内容进行了审阅。

我们要郑重地感谢信息提供者，很多人花了很长时间、不厌其烦地为我们讲解他们对这些事件的记忆。没有他们，我们就不可能讲述这个故事。而我们相信，这个故事正是21世纪经济的一则商业寓言故事。

艾略特·布朗和莫琳·法雷尔

前言

商业峰会

充满期待的人群挤满了洛杉矶市中心的微软剧院（Microsoft Theater）。控制室的技术人员准备好摄像机，打开万花筒式的聚光灯[1]，照亮了剧院——艾美奖就在这里举办。大约 5 000 名与会者从座位上站起来，一边欢呼，一边随着流行歌曲的节奏拍手。

亚当·诺依曼现身了。

他身穿浅蓝色系扣衬衫、黑色裤子、白色运动鞋，卷着袖子。这个 39 岁的男人伸开双手，活力十足地蹦跳着，示意让人们继续鼓掌。人群激动起来。8 台摄像机中的其中几个突然活动起来，把诺依曼的脸投放在他身后的一个巨大屏幕上。与此同时，诺依曼有节奏地挥舞着拳头走向舞台中央。如果有陌生人不小心走进观众席，他们可能会误以为诺依曼是一个选秀节目的参赛者，或是一个电视演讲人。

此时是 2019 年 1 月 8 日，这些在场的年轻人大部分都是 WeWork 的员工。WeWork 是诺依曼 9 年前参与创立的大型联合办公空间的创业公司。诺依曼身高 6.45 英尺（约 196 厘米），留着一头齐肩的深棕色头发。他召集了公司在世界各地的大部分员工来参加为期 3 天的、名为"全球峰会"的会议。会议要求新招募的员工和资深高管们听一连串的演讲，这些演讲无一不是颂扬公司的美德和非凡的发展。比如像该公司出生于以色列的联合创始人经常宣扬的那样，WeWork 是如何让人们参与到"比自己更伟大的事情"中去的；又比如 WeWork 租赁办公空间是如何"创造生活，而不仅仅是谋生"的；再比如他们是如何让世界变得更美好的。

用标准的说法，这是一次企业团队建设（corporate retreat）。但诺依曼不喜欢像其他公司那样做事，甚至不按其他初创公司的做法——WeWork 需要做得更多，一切都必须做到极致！创业公司文化变成了 110%，这家公司吹嘘办公室里会提供免费的啤酒，会在其前卫的洗手间播放流行音乐。洛杉矶全球峰会是每年举办的两次"史诗般"的出游活动（getaway）之一，另一次是类似于音乐节的活动，名为"夏令营"。5 个月前，WeWork 将自己在全球其他地方的员工都空运至英国，然后用大巴将他们送到距离伦敦一个半小时车程的郊外巨大场地，参加持续整个周末的派对狂欢，期间有鼓舞人心的企业演讲、夺旗赛和深夜舞蹈派对。

公司在洛杉矶的庆祝活动也没"偷工减料"。WeWork 的员工们提前一天聚集到了洛杉矶国际机场，其中大多数人是从公司的纽约总部出发。一辆大巴车将员工们从洛杉矶国际机场向东运送到市中心，这些员工挤满了 19 家独立酒店的数千个房间。对 WeWork 的员工来说，感觉就像是占领了整个市中心，街上到处都是穿着 WeWork 统一制服的人；峰会还批准在户外广场上开设瑜伽课。

接下来的一周他们要去环球影城。WeWork 租下了整个影城，包括游乐设施，还免费给员工们供应大量酒水，中央广场上还有乐队演奏。醉醺醺的员工们乘坐着"哈利·波特"的虚拟骑乘项目在霍格沃茨城堡里穿梭。

在这几天里，关于 WeWork 财务状况的枯燥演讲被一些轻松的节目打破。阿什顿·库彻（Ashton Kutcher）为那些富有前途的小型创业公司主持了一个小型颁奖典礼，获奖者身上被撒满了彩纸。吹牛老爹[①]（P.Diddy）和贾登·史密斯[②]（Jaden Smith）这样的社会名人也出现在现场，观看典礼或在小组会上发言。一场红辣椒乐队[③]（Red Hot Chili Peppers）的音乐会为一天的活动画上了句号。诺依曼的妻子丽贝卡在舞台上采访了红辣椒乐队的主唱安东尼·基迪斯（Anthony Kiedis）。他们的谈话涉及灵性、成瘾、痛苦、灵魂伴侣和母乳等话题。演出期间，诺依曼在前排跳舞，并与担心过度拥挤的保安发生了争执。

这一切大约花费了 1 000 万美元。

换作其他公司，这样的活动和开支可能会被视作奢侈，首席执行官的判断力和财务责任也可能会被质疑。但 WeWork 并不担心。经过近 10 年的经营，公司不但没有盈利，甚至没有接近盈利的趋势。它平均每分钟要亏损 3 000 多美元，去年的亏损额就超过了 16 亿美元。而优步（Uber）、爱彼迎（Airbnb）和床垫网站卡斯珀（Casper）也都是不盈利的。对于躁动的硅谷公司来说，亏损是成就大业的正常代价。

初创企业并不是一直像这样扩张和花钱的。但是，10 年来，涌入硅谷的资金已经建立了新的文化规范——"无节制，无极限"[④]。投资者认为这是做生意的成本。他们说，世界正在发生变化；具有远见卓

---

① 美国说唱歌手、唱片制作人、演员、商人。——编者注
② 美国著名影星威尔·史密斯之子，美国男演员、歌手。——编者注
③ 美国洛杉矶摇滚乐队，1983 年成立。——编者注
④ 原文为"Excess was in"。——编者注

识的企业家们需要成长和表达自己的空间。快速扩张就是目标，而这些公司有足够的成长空间。他们正在打造未来的经济，而这个未来将会带来利润。

或者说他们希望如此。

在众多大名鼎鼎的投资者的追捧下，诺依曼在 9 年内成功募集了超过 100 亿美元的资金，这是美国创业公司有史以来取得的最大的投资之一。富达（Fidelity）、普信集团（T. Rowe Price）和威灵顿管理公司（Wellington）等金融巨头都是公司的投资者。阿里巴巴的创始人马云、对冲基金巨头史蒂夫·科恩（Steve Cohen）、哈佛大学（Harvard University）都在诺依曼身上下了赌注。华尔街甚至更加鬼迷心窍：摩根大通和高盛的首席执行官都对他青睐有加。总部位于东京的软银集团董事长、全球投资最广的科技投资者孙正义对诺依曼尤其感兴趣，将他誉为"地球上下一个伟大的科技公司首席执行官"。崇拜者们将诺依曼比作杰夫·贝索斯（Jeff Bezos）或史蒂夫·乔布斯（Steve Jobs）：一个能够敏锐觉察到未来趋势并制定出革命性路线的商业巨头。

筹款传送带为诺依曼提供了资金，这些资金不仅用于奢侈的聚会，还被用于公司持续、快速的扩张。2019 年初，WeWork 已经发展得十分庞大，在全球 27 个国家中拥有 425 个网点。公司的办公场所有着一眼就能认出的蓝调玻璃墙，这堵墙分隔着办公室和看起来像布鲁克林咖啡馆风格的公共区域。WeWork 此时已拥有 40 多万会员，亚马逊、脸书和微软都在抢占 WeWork 的办公空间来安置自己的员工。诺依曼痴迷于达成每年收入翻番，这种惊人的增长速度远远超过了他喜欢拿来与 WeWork 比较的那些软件公司：比优步快，比爱彼迎快，甚至比成立多年的亚马逊还要快。诺依曼相信 WeWork 的发展将超过这些公司。

他的个人生活品质也像他的品牌那样不断攀升。几周前，他乘坐公司的私人飞机前往考艾岛，与冲浪传奇人物莱尔德·汉密尔顿（Laird Hamilton）一起迎风破浪。诺依曼把他的个人净资产定为100亿美元，拥有7套房产，去哪儿都有一大群后勤人员跟着，包括专门为全球峰会从纽约飞来洛杉矶的一个理发师和一个造型师。他甚至不与其他工作人员住在同一酒店，而是在比弗利山庄（Beverly Hills）的半岛酒店召开晨会。峰会的前一天深夜，他和助理们在铺着桦木板的酒店酒吧里喝着啤酒，围绕着一笔新资金的交易敲定了一些细节。他们并没有纠结于WeWork与日俱增的亏损，毕竟，公司的财富值还在持续上升，不是吗？

在微软剧院中向在场的数千人和在纽约及世界各地的办公室中远程观看的4 000名员工问好后，诺依曼向他们说自己将公布一个新的消息。他在舞台上走来走去，他私下也有这个习惯。他在会议期间很少能坐着不动。

诺依曼向大家宣布，在当天清晨，WeWork已经完成了与软银的新投资交易。他拔高了声音说，这笔交易给WeWork带来了10亿美元的新资金，使公司的估值达到470亿美元。

他开始大喊："这让我们成为地球上估值第二高的私营公司。"说完这句话时，他举起左手食指，在人群的欢呼声中指向天空。

诺依曼沉迷于估值。估值就是投资者所决定的公司价值。诺依曼坚持要求将470亿美元的数字放在当日新闻稿的首位。对他来说，估值是一个重要的标志，是证明他丰功伟绩的圣言。这个数字意味着WeWork现在在美国初创企业中仅次于优步（而现实与诺依曼的声明相反，它还落后于至少两家中国的初创企业和一些保持私有的老公司），但其价值已经超过了美国联邦快递（FedEx）等几十家财富500

强公司。它的价值甚至超过了福特。10年前,诺依曼还是一个苦苦挣扎的婴儿服装销售员;现在,他建立的公司价值相当于美国联合航空公司(United Airlines)的两倍。

这个宣布只是一个开场白。诺依曼讲了90分钟。他在台上来回踱步,在人群中的过道上走来走去,在聚光灯和摄像机的跟随下与员工握手。他讲述了WeWork的故事,时时为了强调效果而说得很慢——讲述它如何构成、它要前进的方向以及它的独特之处。

他说:"技术公司和社交媒体向我们承诺了一个更好的未来,一个相互之间联系得更紧密的未来;但现实结果与此背道而驰。"

"我们彼此失联。"

WeWork才是答案。

WeWork是"一个社区,一个公司,一个家庭"。

诺依曼对听众说,WeWork的重点是更加关注社区而不只是关注自我,这将推动公司进一步发展,塑造出世界上其他公司效仿的模式。这也将是WeWork向其他领域扩张的基础。诺依曼一直认为WeWork不仅仅是关于办公空间的,它是一个"社区公司",旨在将人们聚集在一起,消除工作和公司以外生活之间的界限。现在他想把这个更崇高的目标明确化,他要改变公司的名称。

"向前迈进:We——公——司(We Company)。"为了强调效果,诺依曼在每个字之间都停顿了一下。他说,"WeWork"仍将存在,但会作为"We公司"的一个部门,它将获得更广阔的视野。他说,公司的使命是"提高世界的意识"。

这项工作早已开始认真实施了。WeWork已经开办了一所小学,由丽贝卡·诺依曼负责监管。在其他地方,WeWork正在为成人创建类似宿舍式的迷你公寓。在另一项工作中,WeWork开办了自己的编程学院，为技术工作培训人员。"We 公司"将以现在这个进度向外扩张。未来似乎会更加宏大、更加辉煌，势不可当。

诺依曼继续说："WeWork 将持续扩张，公司的估值将不断攀升。"他说："到了明年，它将达到 1 000 亿美元。"

"这是我们将得到的估值。你知道我们要用这些钱做什么吗？提升——世界的——意识。"

诺依曼再次明确，WeWork 将保持其迅猛的增长速度，每年收入翻番。

"我不愿意让我们的增长速度低于百分之百。为什么？因为我们要达成一个使命。"

面对坐着全神贯注地听讲的人群，诺依曼阐述了公司的未来。它将扩张到整个非洲，开启自己的电视节目，大规模地雇用退伍军人，更加致力于协助改善环境，在商业上选择做正确的事情。他说："如果你能做正确的事，你就能赚到最多的钱。"

而这句话的言外之意，也是那些最年轻、最为理想主义的雇员们没能领会的一点：10 亿美元并不能让他们走多远。WeWork 根本就赚不到钱，它毫无利润。诺依曼口中的大规模增长来自高昂的成本，使公司处于巨大亏损之中。随着公司的扩张，WeWork 需要有数 10 亿美元源源不断地注入，才能维持运转。

但在开始的 9 年中，诺依曼的赞助者们，从硅谷的风险投资人到日本软银集团，比起亏损，他们都更关心公司的扩张。他们打赌会有更多的资金持续注入，打赌会有其他同样相信 WeWork 的人，他们赌自己能将风险转移给其他人。

当然了，这肯定没什么"难度"。

目录

第一部分
第 1 章　拉客达人　　　　　　　　　　003
第 2 章　新人入场　　　　　　　　　　011
第 3 章　名气的能量　　　　　　　　　019
第 4 章　实体化的脸书　　　　　　　　025
第 5 章　打造社区　　　　　　　　　　031

第二部分
第 6 章　创始者狂热　　　　　　　　　045
第 7 章　激活空间　　　　　　　　　　057
第 8 章　以"我"为尊　　　　　　　　065
第 9 章　共同基金抢购　　　　　　　　071
第 10 章　泡沫膨胀　　　　　　　　　085
第 11 章　千禧一代的猫薄荷　　　　　101
第 12 章　那些银行朋友们　　　　　　113
第 13 章　拿下世界吧　　　　　　　　121

第三部分
第 14 章　贵人相助　　　　　　　　　133
第 15 章　事有蹊跷　　　　　　　　　147
第 16 章　每分钟 10 亿美金　　　　　155
第 17 章　诺依曼与孙正义　　　　　　165

第 18 章　疯狂列车	171
第 19 章　收益，倍数，估值	181
第 20 章　社区调整后的利润	193
第 21 章　亚当的方舟	203
第 22 章　承载着 3 万亿美元的三角形	209
第 23 章　夏令营	219
第 24 章　赤脚进入，怀抱灵魂	227
第 25 章　飞向高处	237
第 26 章　是马克，也是雪莉	253
第 27 章　坚韧破损	263

第四部分

第 28 章　规模不经济	277
第 29 章　吉他屋	289
第 30 章　试水前的试水	301
第 31 章　致敬 We 之能量	313
第 32 章　20∶1	323
第 33 章　见鬼的 S-1 闹剧	333
第 34 章　孙正义的安排	339
第 35 章　偏执	345
第 36 章　坠落	355
第 37 章　"去诺依曼化"	371
第 38 章　耻辱的面包	379

尾声	393
致谢	409
尾注	415

第一部分

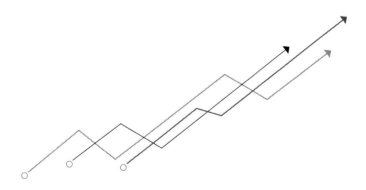

第 1 章

拉客达人

亚当·诺依曼坚信自己就是那个能创新婴儿服的人。

2006 年时，诺依曼 27 岁，已经创办了自己名为"攀爬者"（Krawlers）的新兴婴儿服饰产业，这个品牌的目标是生产大量内置护膝的婴儿裤和连体服，供爬行的婴儿使用。尽管他深信自己的理念别具一格，但仍需要想方设法地推动业务，盈利更是谈不上。他会飞往中国去面见供应商，也会向婴儿用品零售商们努力推广自己的产品。

2001 年秋天，诺依曼从以色列来到纽约，他抵达的这座城市当时仍因"9·11"恐怖袭击而人心惶惶。但无论是在繁荣还是萧条时期，纽约总会吸引诺依曼这样的梦想家前来。他对朋友们说，他来这里的原因很简单，他想要发财[1]，而纽约是"会有机遇的地方"。

诺依曼住进了妹妹艾蒂（Adi）的家，立刻就开始四处找关系。艾蒂是个模特，经常在各种杂志封面上亮相，包括《ELLE》(*ELLE*)、《时尚》(*Vogue*)以及《时尚 COSMO》(*Cosmopolitan*)的国际版。她收入不菲，生活阔绰。兄妹俩所居住的公寓（同时也是亚当的办公室）位于纽约翠贝卡区（Tribeca）一栋楼的15层。那里聚集着大量喜好社交的人，二十几岁的年轻人常在彼此的公寓里进进出出，或在屋顶上互动。

尽管诺依曼自己也尝试过做模特——他有着独特的外貌，身材颀长，还有一头飘逸的深棕色长发和高高的、饱满的颧骨，但他仍选择去追寻另一种梦想。

诺依曼还在巴鲁克（Baruch）学院就读时就开始了"攀爬者"的业务。巴鲁克学院是曼哈顿的一所公立大学，以其商业课程而出名。这位初出茅庐的企业家曾尝试过包括可折叠的高跟鞋[2]在内的各种商业想法，最终选择了加护膝的婴儿服装。朋友们说他是在以色列看到一个类似的产品才有了这个主意。他以自己标志性的高强度工作方式投入"攀爬者"的业务——从巴鲁克辍学，全职从事这项工作。他大谈自己的公司会变得多么庞大，说每年能卖出几百万美元的"攀爬者"服装。他向妹妹借钱，从她正在约会的、富有的对冲基金经理那儿筹集到了更多的钱，还把祖母给他的10万美元也投了进去。

诺依曼并不怎么了解孩子。他还年轻，又是单身，平日里要么在工作，要么在和朋友喝酒、沉迷烟草，或是和不同的女孩频繁地约会。而且，"攀爬者"的商业逻辑存在明显的漏洞：一般来说，婴儿们只需要爬行几个月。

然而诺依曼确实是个聪颖的商人，特别是当他与潜在买家面对面的时候。

在售卖大量衣物的贸易展上，诺依曼是小企业主中的一块磁石般的人物：引人注意的外表、带着温润口音的洪亮嗓音以及充沛的活力，让他在一众婴儿服装供应商中脱颖而出，身边总是围绕着一小群人。

他会描绘一个没有内置护膝婴儿就不会快乐的世界；他会引领潜在的买家去体验为人父母看着孩子爬行的经历；他会面带笑容地对你说，这些衣服会让孩子更爱你。而他公司的宣传口号是："孩子们不能告诉你，不代表他们就不疼。"

2006年左右，在曼哈顿贾维茨中心（Manhattan's Javits Center）的一个贸易展上，丹尼尔·罗赞古特尔（Daniel Rozengurtel）越过围绕着"攀爬者"展台的人群注意到了诺依曼[3]。罗赞古特尔和他的妻子创办了一家名为"时髦宝宝"（Spiffy Baby）的电子商务网站。诺依曼很快就说服了这对最近刚生完孩子的夫妇，让他们认为这种带护膝的衣服是小宝宝的必备之物——而且他们的客户也会这样认为。这一次交谈就让罗赞古特尔认为诺依曼非凡出众，当场下单。

生意好的时候，诺依曼一次能卖出数千美元的婴儿服装。他活力四射，创意十足，要么在不停地招揽顾客，要么在打电话给潜在的投资者和零售商。他很难坐着不动，总是在办公室里走来走去地打电话。他热爱与人交涉，热爱"斗机锋"，热爱这些弯弯道道，甚至会与不知所措的百货公司销售人员讨价还价[4]。

此时的诺依曼尚未发财，但他乐在其中，学习各种做交易的技巧。20来岁的他在纽约的这段时光虽然十分活跃，与他之前的人生相比还算是比较平稳的。

1979年4月，诺依曼出生[5]在一个名为贝尔谢巴（Be'er Sheva'）的以色列南方城市，父母都是本-古里安大学（Ben-Gurion）的医学生。每当双亲在受训过程中前往新的医院，他和妹妹就要跟着搬家。诺依曼7岁时父母离异，母亲阿维特（Avivit）在印第安纳波利斯获得了一个肿瘤学的研究员职位，他和艾蒂就跟她一起来到了美国。按诺依曼自己的话说，他的童年过得"糟糕透顶"[6]。他是个聪明的孩子，但患有严重的阅读障碍,难以读书。他们的母亲后来成了以色列的顶级肿瘤学家,但在那时,照料肿瘤患者的工作让她精疲力尽。他后来对友人吐露,母亲时常对他大喊大叫,而且她习惯超额消费,导致家里经常缺钱。

他们的父亲一直留在以色列。而在印第安纳波利斯住了两年后,阿维特带着孩子们回了国。姐弟俩仍和母亲一起生活。她在以色列西部的一家医院找到了工作,还在一个集体农场(kibbutz)里做些临时工作。集体农场这种社区是几十年前兴起的乌托邦运动的残余,散布在以色列全国各地。因为母亲在这个集体农场里担任医生一职,他们便也在这里得到了住所。

这个名为"尼尔阿姆"(Nir Am)的集体农场[7]大约有600名居民,位于距地中海10英里(约16千米)的内陆,就在内盖夫沙漠(Negev Desert)的北部边缘。集体农场运动的精神是分享和平等主义(egalitarianism)。尼尔阿姆集体农场成立于1943年,在其后的几十年里,这里的居民通过在田里采摘葡萄、土豆,或在社区的餐具厂(生产叉子、刀子和勺子,低技术制造商)工作来维持这种生活模式:工资是平等的,汽车是共用的,驾驶时间由登记表控制。家庭成员们会聚在尼尔阿姆那粗野主义①(brutalist)风格的混凝土餐厅里一起吃麦片、鸡肉或炸豆丸子。

11岁的诺依曼[8]努力地在这里交朋友。尼尔阿姆社区的孩子们从小一起长大,情如手足;而诺依曼和他的母亲、妹妹只是租住在这里,是外来者。最终,诺依曼还是让别的孩子接纳了自己[9]。他很吵闹,也

---

① 20世纪五六十年代流行于欧美的建筑思潮。其由功能主义发展而来,注重对材料与结构,尤其是清水混凝土的表现。该流派得名于英国的史密森夫妇(Alison and Peter Smithson)。——编者注

很风趣,会请同龄人来自己的房间玩,向他们炫耀美国的小玩意儿,比如任天堂游戏机。他们一起在户外打篮球,有时还会玩诺依曼从美国带来的棒球。这期间,和朋友交往成了诺依曼在这个社区的生活的重心。他在指定给青少年居住的房子里有个相当大的房间,总是在那里过夜。

诺依曼在尼尔阿姆期间,恰逢集体农场模式发生了巨大的变化。在整个以色列,集体农场的理想之梦开始动摇了[10]。按最初的设计,这些社区本该自给自足,但几十年来都严重依赖于政府补贴,原本的愿景没能实现。随着财政状况的恶化,尼尔阿姆开始进行改革:对陷入困境的社会主义结构引入资本主义。越来越多的居民开始在集体农场以外的地方工作,所有住户都要为膳食和居住付费。这样一来,食物浪费的问题大幅改善,电力使用也大幅下降。后来食堂关闭,并被改造成一个联合工作空间。

诺依曼热爱这里的社区氛围,热爱自己建立的亲密关系,但对这里的经济平等主义的精神不以为然。他对朋友们说想要离开这里去赚大钱,赚上百万的美元。日后,他对集体农场模式天然具有的不公平的特性大加讽刺,说偷懒的人和努力工作的人竟然能得到相同的报酬。

以色列实行强制兵役。这是一种成年仪式。大部分男女会在18—23岁间参军服役,并建立起同龄人之间庞大的人际网络和终身相伴的友谊。诺依曼在海军学院获得了一个职位,属于以色列国防军的一个精英培训项目,其声望仅次于战斗机飞行员的培训。这个职位需要服役7年,而不是强制性的3年。海军通过严格的测试来筛选学员,寻求体能优异又擅于变通的候选人。

诺依曼身手矫健,思维敏捷,完成了减员率很高的初期阶段的训练。他的领导力在休息日表现得更为突出,那时他会召集朋友们去加利利海①上进行帆板运动¹¹。海军训练的下一阶段是在船上工作，协助协调陆地行动。那时诺依曼就向朋友们明确表示，军队中循规蹈矩、僵化的等级制度不适合自己。

一天晚上，诺依曼和几名下级军官去海军基地附近一艘租来的游轮上参加聚会。他跟别人说自己本该留在上级指派的海军导弹艇上值夜班。停泊在港口的导弹艇可不是停车场里的车，不能只是摇上车窗、锁上门，就不管它了。诺依曼在游轮上和学员灌酒时却各种吹嘘自己是如何丢下岗位、溜到这里参加聚会的。

诺依曼的同学们在之后以军官身份继续服役了多年。诺依曼不愿意那么做。与他一起服役的几名军官说，诺依曼称自己患了某种疾病，从而拿到了一份医疗豁免，但他们怀疑那只是诺依曼为了躲避未来数年的出海而夸大其词。诺依曼留在了海法（Haifa）港口。当同事们从持续数日的航行中归来时，他有时会开开他们的玩笑，他们却并不觉得有趣。

诺依曼没有服满7年的兵役，而是在5年后主动退役，因为军队生活让他感到厌倦和沮丧。在2001年的夏天，他急于离开这个国家。他的妹妹当时在以色列已经是位名人，她把他带到了"盖·派恩斯秀"（Guy Pines show）上，参加其中一个环节。这是一个在当地很受欢迎的八卦脱口秀节目。22岁的诺依曼身穿白色背心¹²，戴着环绕式太阳镜，坐在妹妹身边。他概述了自己的计划，说："我们要搬去纽约。"然后兴高采烈地讲述了在先前的一次纽约之行中拜访了艾蒂，那次旅行还去了某家俱乐部，并在那儿见到了马特·达蒙②（Matt Damon）。

纽约正像诺依曼想象的那样炫目多彩，充斥着酒吧、俱乐部和各

---

① 该海域位于巴勒斯坦北部。——编者注
② 美国演员、编剧、制片人。——编者注

色美女，只是生意没能像他希望的那样好做。

诺依曼试图维持婴儿服装公司的正常运营，但很明显，这种几千美元的业务量不能建立起他想象中的婴儿服装帝国。虽然他不需要向任何老板汇报，可要建立起一个企业本身就是件困难的事。诺依曼的阅读障碍问题也给他带来很大阻力。他很难阅读文字或使用电脑，需要其他人代为处理邮件，因为他自己只会写得错字连篇。公司的财务也不稳定，靠妹妹和其他一些人的援助勉强撑着。2006 年，诺依曼给他的服装设计师冉妮·卡门斯（Ranee Kamens）发邮件称[13]公司在去年亏损了 45 000 美元。退货堆积如山，"攀爬者"不得不为客户提供下一季的贷款，而这些都是产品有缺陷或质量低下的标志。

诺依曼在邮件中写道："我们在春季干得不好。"

而卡门斯在努力索取报酬。她在秋季离开了"攀爬者"，但一直没有拿到春季的工资。她发邮件询问补偿的问题，诺依曼回复说自己会处理。

两周后，卡门斯又给他发了一封邮件，特意提道："19 日就是我的生日了[14]。如果那时能处理好欠薪问题，那会是一份很棒的生日礼物。"

他没回复。

诺依曼看出了"攀爬者"并不能像自己希望的那样发展下去。他在尼尔阿姆吹嘘自己要成为百万富翁，靠这个业务显然很难做到。

他对自己在海军时交的好朋友罗伊·拉蒙（Roy Ramon）说："这个业务是没法成为 10 亿体量的大生意的。"

他需要一个更大的商业蓝图。

第 2 章

新人入场

亚当·诺依曼是光着膀子遇到自己未来的联合创始人的。

那是 2005 年夏季,诺依曼还在为"攀爬者"雄心壮志地规划蓝图。那时,米格尔·麦凯威(Miguel McKelvey)30 岁出头,性格温和,是位建筑设计师。有一天,麦凯威前去[1]同事在翠贝卡的公寓,那里有个楼顶午间派对。他站在沃斯街(Worth Street)95 号的电梯里,看到有个打赤膊、只穿着短裤的男子光着脚走了进来。此人充满活力,进来就跟电梯里的人交谈起来,说话带点口音。

电梯开门,有个乘客出去的时候,这个有着一头波浪长发的赤膊男人摁住了开门按钮,跟电梯外的人继续攀谈。其他乘客尴尬地等着他说完。这次奇怪的互动给麦凯威留下了印象。他想,这个人一下就打破了所有的社会规范[2]。

很快,两人在屋顶上聊了起来。原来,麦凯威的同事吉尔·哈克雷(Gil Haklay)就和诺依曼住在一起。麦凯威对刚认识的这位性格外向的人很感兴趣。诺依曼正是那种会吸引他的人。如同他后来向一位采访者解释的那样，"我喜欢成为人群中的焦点"。此后，他和诺依曼保持着联系。

麦凯威比诺依曼还要高，有 6 英尺 8 英寸（约 2 米），是个和诺依曼截然相反的人。他在 2004 年搬到了纽约，除了自己工作的小建筑公司的人，没太和外人来往。他不怎么喜欢喝酒，也不喜欢参加社交聚会。说话时，他总是避免目光接触，低头看着地板，两手插在裤袋里。他说话慢条斯理，时不时在句子里加入各种"比如"，声音沉闷单调。

他与诺依曼有一个共同点，就是两人都有着不寻常的童年。麦凯威也是在一个类似公社的小群体里长大[3]：5 个闺中密友决定在俄勒冈州尤金市结成一个大家庭，共同生活，抚养孩子。孩子的生活中基本没有父亲参与。正因如此，麦凯威认为自己有 5 个手足——4 个姐妹和 1 个兄弟——他们都是其他"妈妈们"的孩子。后来他意识到这种生活方式并不寻常，就开始编造有他父亲参与的故事：他们的家庭很穷，开着破旧的汽车，用食品券购物……

麦凯威也尝试过创业。大学毕业后，他与一位朋友在日本创办了一家企业，为当地人介绍美国人做外语教师。但麦凯威一直渴望成为一名建筑师，他毕业于俄勒冈大学建筑专业。快 30 岁时，他搬到了纽约，在一家小公司工作。该公司曾为"美国服饰"（American Apparel）早期的零售店提供设计服务。麦凯威亲自参与了该品牌在全美各地的快速扩张工作。

在翠贝卡公寓楼顶上巧遇之后，麦凯威偶尔会通过哈克雷见到诺依曼。2006 年的一天，诺依曼给这位建筑师打电话，想让麦凯威帮忙找个新办公室并设计一下。当时，"攀爬者"已经与另一家名为"蛋宝宝"（Egg Baby）的婴儿服装公司合并，诺依曼正在寻找一个负担得起的空间做办公室。麦凯威建议他去布鲁克林看看，那里的租金比较便宜。诺依曼接受了他的建议，将公司搬到了邓波区（Dumbo）。这是一个铺满鹅卵石的小街区，里面都是些原本是仓库的老房子，有种艺术气息，或者说一种引人入胜的氛围。诺依曼的新办公室位于杰伊街（Jay Street）68号，与麦凯威的公司在同一栋楼里。

诺依曼在这期间总是坐立不安。他不断尝试从婴儿服装中榨取利润，但一直失败。他开始花更多的时间来构思其他更能帮他致富的生意。他向任何愿意倾听的人提出各种想法。他与朋友、朋友的朋友、当地酒吧"钢吧"（ReBar）的酒保谈论这些想法：什么是应该加入的好行业？人们是从哪里挣到的钱？食品服务，健身房，房地产，女装？什么都可以。

麦凯威也成了诺依曼的咨询对象，两人经常在公司附近长时间散步。诺依曼告诉麦凯威，有一个点子引起了他的注意。诺依曼在巴鲁克大学的同学的儿子——切尼·耶路莎米（Cheni Yerushalmi）在曼哈顿（Manhattan）和布朗克斯（Bronx）经营一家名为"阳光套房"（Sunshine Suites）[4]的小公司，其实就是一个办公空间供应商。耶路莎米向诺依曼展示了自己的业务。这个业务部分迎合了小型技术公司的需求，按月向它们出租可拎包入驻的办公室和办公桌。一个简单的商业点子，并不特别出彩。但正如耶路莎米向诺依曼表明的那样，这份业务十分有利可图。

这大大激起了诺依曼的兴趣。他向麦凯威建议，也许他们两个人可以在邓波区做一个自己的版本。诺依曼去找了杰伊街68号的房东乔什·古特曼（Josh Guttman）谈这件事。古特曼和他的家人几年前在该地区买下了一系列老化的工业建筑，现在他们在整个布鲁克林拥有相当大的房产组合。外向的诺依曼与古特曼和他的儿子杰克建立了良好的关系,提出了将古特曼的建筑改建为联合办公空间的想法。对于一个在房地产方面毫无经验、苦苦挣扎的创业者来说,这是一个十分莽撞的举动——诺依曼自己有时都要晚交租金。但正如麦凯威后来所说,诺依曼"对自己的能力怀有无比的自信,他总是能说服人们按自己的想法做事"。[5]

杰克·古特曼也不例外。他听取了诺依曼和麦凯威的全面推销,了解他们将如何处理附近大楼的一个空楼层。

具体细节由麦凯威负责敲定。他连夜制作了待议的平面图、商业计划和网站。他把这个提案称为"绿色办公桌"(Green Desk),希望能唤起人们的生态意识。

两人在与古特曼的会议中说明,布鲁克林大多是做小生意的创业者,他们其实不需要古特曼大楼提供的、享有多年租赁合约的、10人或20人的办公室。

诺依曼和麦凯威提出了一个类似于"阳光套房"的业务,把古特曼大楼的每一层都划分成容纳两个或三个人的小办公室,再围绕一个共享的开放空间设置很多办公桌并提供咖啡,还附有许多会议室。一切都将是可"拎包入驻"的:"绿色办公桌"会提供办公桌椅、互联网和打印机,租户则按月租用。从商业角度看,它有一些聪明的因素:租户为每张办公桌花费的费用比标准办公室的高,但同时享有更多便利性和灵活性。这些办公桌和办公室之间都安排得更为紧凑,从而使古特曼夫妇能在特定的楼层中容纳更多的独立租户。诺依曼和麦凯威预估这种模式每年可以带来每平方英尺①75—80美元的收入,而古特

---

① 1平方英尺=1108.89平方厘米。——编者注

曼夫妇原本的收入平均是每平方英尺大约20美元。

古特曼夫妇同意了他们的提议,向诺依曼和麦凯威提供了水街155号(155 Water Street)大楼的其中一层。这里曾经是管道工厂,后来变成了廉价的艺术家公寓。古特曼夫妇很快就敲定了交易,将这里清理干净并进行整修。诺依曼和麦凯威以及他们共同的朋友哈克雷负责空间设计,经营维护,还要寻找租客。这三位创业者拥有公司的一半股份,古特曼夫妇拥有另一半。

他们开始干活。显然,离开了建筑工作的麦凯威首当其冲地要负责主要劳动。诺依曼继续售卖婴儿服装,同时寻找其他潜在商机;哈克雷也继续干着建筑师的工作。

他们为那座紧邻曼哈顿大桥的旧砖楼制订计划,满怀信心能把它全租出去。这里,阳光穿过大窗户落在木地板上,透过窗户也能看到这个迷人街区的其他地方。

麦凯威的主要设计思路在于给这个空间提供比一般办公室更多的光线和活力。他没有在办公室之间使用常规隔板或干墙,而是用玻璃隔板分隔,使阳光能够穿过它们照在裸露的砖墙上。讽刺的是这恰恰是"绿色办公桌"与"阳光套房"的一个关键区别。麦凯威发现"阳光套房"缺乏自然光线,显得幽闭和烦闷。不过,他们还是从耶路莎米那里借鉴了其他元素——"绿色办公桌"让其租户签署了一份几乎与"阳光套房"完全相同的租赁合同。

这种场所当然比不上丽兹酒店。公共区域基本上只有咖啡机和一些宜家的桌子,新的隔间看起来很廉价。它的主要卖点——生态友好也只是流于表面。除了指出办公室使用清洁能源外,"绿色办公桌"网站的可持续发展部分宣传了大楼的回收设施和无纸化账单。

他们的计划是在营销上几乎不花钱。他们在免费广告网站"克雷格列表"（Craigslist）和一个本地博客上发布信息。在简陋的页面上吹嘘他们的"绿色办公桌"是"即刻使用的碳中和办公空间"；根据所需桌位数量和业务需求，月租金为300美元至2 500美元；含有"高速互联网接入[6]、VoIP（网络电话）和有数千首歌曲的MP3音乐服务器"；还有传真和新鲜的有机咖啡。

在他们改造空间之前，麦凯威会带潜在的租户参观场地，根据胶带标记和草图向他们展示未来的"办公室"并当场签约。不知何故，这种简陋的努力奏效了。在2008年5月启动后的几周内，自由职业者、非营利组织和小企业开始陆续进入水街155号大楼的第5层。

看着工位被陆续租出，诺依曼和麦凯威为他们的租户举办了一次联谊活动。这实际上只是一个低调的聚会，但他们观察到这群人快速熟悉起来并开始建立联系。

实际上，诺依曼很早就想推销"社区"的概念[7]，但麦凯威很谨慎，并让诺依曼暂缓行动。他对这个词充满了敬意，这是他的"母亲们"在俄勒冈州所追求的理念。麦凯威后来谈道："我们必须在谈论它之前先能做到这一点，否则人们会认为那是假的。"

古特曼夫妇喜欢这种办公室转租模式，并希望拓展下去。他们又投入了一个楼层，接着是另一个，随后又投入一个。全球音乐电视台MTV租用了一个尚未翻新的楼层，拍摄了几个月的电视节目。流行新闻网站"哥谭式"（Gothamist）占用了其中一个较大的办公室。很快，水街155号就被约350个租户填满了。他们又把业务扩展到另一栋古特曼大楼——杰伊街68号，在创业者们原来办公的地方，诺依曼在那里保留了他的"攀爬者"办公室。

而且，神奇的是，即使周遭的经济屡屡崩溃，"绿色办公桌"的业务仍能继续蓬勃发展。次贷危机引发了国家金融系统历史性的重大崩溃，而纽约正处于震中。经济体系的每个角落似乎都受到了冲击。然而，不知何故，小企业主们仍然想要布鲁克林的办公空间。也许是为了灵活性，也许是因为曾经的银行家们也加入了自主创业。不管是因为聪颖还是运气，诺依曼和麦凯威显然发掘出了这个未被开发过需求的产品，还是个能赚钱的产品。很显然，如果诺依曼继续与古特曼夫妇合作下去，他就能发财——最终能得到他梦寐以求的百万收入。

但诺依曼又感受到了那种熟悉的坐立不安。他向麦凯威谈论进军曼哈顿、旧金山和其他地方的想法。诺依曼梦想的东西十分巨大，要具有价值数亿美元甚至更高的规模。这是一场动势的开始，而他们想要做得很大。

诺依曼和麦凯威与古特曼家族谈过这个想法，但古特曼家族对把业务拓展到他人所有的楼房里不感兴趣。古特曼家族在布鲁克林有自己的各种大楼，他们想全部租出去，最好是以比以前更高的租金。这就是房地产业。

这份合作关系已经到头了。

到 2009 年年中，诺依曼和麦凯威与古特曼夫妇达成协议，古特曼夫妇将买下三人组的份额，而诺依曼、麦凯威和哈克雷每人都能获得约 50 万美元的报酬[8]。"绿色办公桌"创业者们像开创时一样迅速地离开了它，从成立到出售只有一年半的时间。

哈克雷拿了钱离开了，回到了他生长的地方——以色列。

诺依曼却要麦凯威替他保管好他的钱[9]："把钱放在别的地方，要是我能摸到，我肯定要乱花的。"

诺依曼宣称，这笔储备金将用于他们下一次的冒险，这才刚刚开始。

第 3 章

名气的能量

位于沃斯街 95 号的红砖建筑是一个触媒，其催生的不只是"绿色办公桌"。

21 世纪初，亚当·诺依曼在这里住过几年。这栋楼里挤满了 20 岁出头的年轻人，充斥着大学宿舍的气息。诺依曼在这里交了很多朋友，经常邀请他们来自己的公寓，也和他们在屋顶上玩耍。安迪·芬克尔斯坦（Andy Finkelstein）就是其中一个和诺依曼由邻居成为朋友的人。他是一位自信的人才经纪人，与诺依曼的年龄相仿，也是一个社交能力十分出众的人，总处于人群的焦点。两人逐渐变得亲密无间。

2008 年年初的一天，芬克尔斯坦提议让诺依曼去见见自己刚从洛杉矶搬回纽约的朋友——丽贝卡·帕特洛（Rebekah Paltrow）[1]。诺依曼这时刚开始创建"绿色办公桌"。直到那时，诺依曼一直在回避建立任何亲密的异性关系，但芬克尔斯坦认为两人会相处得不错。帕特洛是他在康奈尔（Cornell）大学读书时的好友，她具有的优秀品质可能会吸引诺依曼——她来自一个富裕的家庭,她最年长的表妹是格温妮丝·帕特洛①(Gwyneth Paltrow),而诺依曼喜欢接近有名气的人。

他们约了一次晚餐。帕特洛立刻被他吸引住了——她见到的诺依曼身材瘦高,有一头光滑的深色长发,气度不凡。而帕特洛有着灿烂的笑容,牙齿白净,足以照亮她姣丽的面庞,她的语调透露着在长岛的成长痕迹。在这顿饭中,帕特洛花了很多时间质疑诺依曼的价值观。他为什么会来到这个星球?他只是想用婴儿服装的买卖赚钱,还是在为宇宙做更好的事情?她嘲笑他,反复追问他,让傲慢自大的诺依曼手足无措。诺依曼后来回忆,才见面几分钟,帕特洛就对他说:"我的朋友啊,你就是满嘴胡话。"[2]

对帕特洛来说,在那晚结束时,她意识到自己的命运似乎不仅是与诺依曼约会,还要引导他。她想要教导他,把他的雄心和魅力引导至远比"绿色办公桌"更伟大的事情上,更不用说什么"攀爬者"了。正如她后来在一次采访中叙述的那样:"我知道他会成为有望协助拯救世界的人。见到他的那一刻就知道了。"[3]

在家里,帕特洛是4个孩子中最小的一个,于1978年出生在长岛北岸的大颈区(Great Neck)。这是一块富丽堂皇的飞地②,是《了不起的盖茨比》(The Great Gatsby)中"西卵"(West Egg)的原型。

帕特洛家的财富即使在那样一个富足的街区中也很耀眼。帕特洛班上的许多女孩都戴着价值1万美元的卡地亚猎豹手表(Panthère),但不包括丽贝(Rebi)——帕特洛在20多岁之前被如此称呼。格温妮丝·帕特洛在2016年对一名杂志记者谈到她表姐的成长经历时说道:

---

① 美国女演员,即《钢铁侠》系列电影中"小辣椒"维吉尼亚·佩珀·波兹的饰演者。——编者注
② 指某国家或地区的一小部分,与主要地域单元相分隔,被邻近国家或土地包围的地区。——编者注

"她的母亲伊芙林（Evelyn）的品位精妙⁴，所有衣物都很完美。他们有大量服务人员，配齐了一切生活舒适品。"亚当·诺依曼曾说他觉得帕特洛拥有"完美的童年"⁵。

这些财富主要来自帕特洛的母亲那边。逃离匈牙利的浩劫后，伊芙林的父亲与合作伙伴共同创办了⁶美国和菲律宾最大的内衣私人品牌之一，菲律宾首都马尼拉（Manila）的一条街道后来以伊芙林父亲的名字命名。丽贝卡的父亲鲍比（Bobby）则通过垃圾邮件业务增加了他们的财富⁷。他成为一家第三代直邮公司的投资者，然后成为其高管，这家公司只要形势好就能财源滚滚。帕特洛告诉采访者，她的父亲给她灌输了一种深刻的工作观念："在我的房子里，谁也不能当个半吊子⁸。你必须站起来，为这个家庭提供服务。"

帕特洛 11 岁时家里发生了巨变，她的哥哥因患癌症病故，悲痛的父母举家搬到了城市北部的贝德福德（Bedford）。

在这里，帕特洛就读于霍瑞斯·曼（Horace Mann）中学，上七年级⁹。这是一所位于布朗克斯区的私立学校，学生都是纽约最富有的家庭的孩子。青少年时她在贝德福德的住所里举办了许多令人难忘的聚会；高中时期，朋友们会在她的巨型热水池中开香槟，穿着都十分随意；当她 18 岁时，她邀请朋友们参加在曼哈顿一家餐厅举行的派对。帕特洛的表妹格温妮丝和当时的男友布拉德·皮特（Brad Pitt）参加了这场派对，让朋友们十分惊奇。

当帕特洛进入康奈尔大学时，家里的家政人员帮她把新生寝室的一些家具换成了帕特洛自己的。她经常和家人一起去圣巴茨岛（St. Barts）短期度假，去阿斯彭（Aspen）滑雪，还会带上朋友和男友布莱恩·哈利赛（Brian Hallisay）。后者后来成为一名演员。据一名大学同班同学回忆，帕特洛的女性亲友团——许多帕特洛从高中起就认识,出身类似、像模特般貌美如花的女孩子。"她们就像音乐电视台（MTV）播放的《山丘》（The Hills）里的演员,那个时候还没那个电视剧呢。"

帕特洛经常谈起灵修,但她的道貌岸然的作风和特权背景引起了许多同学的白眼。帕特洛在 1999 年毕业后折腾了几次,于 2000 年年初搬到了洛杉矶。虽然她在纽约短暂地尝试了几个月的银行工作[10],但还是决定追求演艺事业,试图追随表亲格温妮丝的脚步。她告诉朋友她有"成名所需的能量"。她住在好莱坞山的一所能看到城市全景的房子里,每天都学习表演和进行冥想。

在洛杉矶,帕特洛对灵修的渴望和亲近名人的喜好使她来到卡巴拉中心（Kabbalah Centre）[11]。这个中心已成为许多好莱坞顶级导演、金融家和演员的时尚场所。他们想要在修行中加入一点儿俱乐部式的社交活动。虽然卡巴拉中心对外宣称它信奉的是犹太教,但它以一种泛文化的、跨宗教的神秘主义而闻名,麦当娜也是其中一位门徒。

帕特洛是该中心的常客。她经常参加演员夫妇阿什顿·库彻（Ashton Kutcher）和黛米·摩尔（Demi Moore）主持的周三晚餐,在那里他们会和该中心的一名精神领袖一起研究文本。

她和库彻、20 世纪 90 年代的演员詹姆斯·范德比克（James Van Der Beek）以及刘玉玲①（Lucy Liu）都交上了朋友。

2007 年左右,帕特洛回到纽约,她的互联网电影资料库（IMDb）的档案上没留下多少在洛杉矶时的表演经历。虽然她跟随一些顶级的表演教练学习,但她很少去试镜竞选,除了在库彻的恶作剧真人秀节目《你被耍了》（Punk'd）中扮演过一个小角色外,没有什么收获。遇

---

① 美国华裔女艺人。——编者注

到诺依曼的那会儿,她沉浸于谈论执导独立电影,或者梦想着成为一名戏剧演员。

二人陷入了恋情,但帕特洛很快就定下了规矩。如果他们要继续约会,她坚持要诺依曼——这个从小接受犹太教教育但不遵守教规的人——去接触自己的精神灵性。她把他带到了纽约的卡巴拉中心,在那里他接受了神秘主义,并迅速适应了这种高调的社交氛围。

帕特洛很快就把诺依曼介绍给了库彻,库彻因在出演了8季福克斯情景喜剧《70年代秀》('70s Show)而腰缠万贯,正开始涉足创业投资。库彻和诺依曼很快成为朋友,无休止地讨论新的商业创意。就在库彻和摩尔结婚前的几个月,他们在城里拍摄一部电影时,这两对情侣在特朗普国际酒店(Trump International Hotel)的一个套房里与一个小团体喝酒狂欢了几个小时。

2008年10月,这些演员参加了帕特洛和诺依曼在曼哈顿的婚礼,这场小型仪式在设计师唐娜·卡兰(Donna Karan)拥有的一处室内花园活动场所举行。唐娜·卡兰是帕特洛在卡巴拉中心的另一位朋友。帕特洛的表妹格温妮丝出席了婚礼,范德比克和刘玉玲也出席了。

从初次见面到刚交往几个月就订婚的帕特洛和诺依曼将开始共同打造未来生活。

第 4 章

实体化的脸书

2009年秋天,亚当·诺依曼确定了一件事——下一个创业项目要比"绿色办公桌"的概念广泛得多,远不止做办公桌的提供者。

在邓波区的成功不仅显示出市场对共同办公区域有需求,诺依曼和麦凯威认为这也表明了更为广泛的世代交替的转变[1]。他们认为,进入劳动力市场的千禧一代渴望在工作中进行社交互动。传统的隔离的办公室模式本质上是反社会的。工作没有任何理由不能(也不应当)展示出类似于大学宿舍的放松环境,甚至是体现出俱乐部的氛围。

因此,在这次创业时,他们认为办公空间应该是一个向心点的存在——应该创造一个由具有相同审美和社会倾向的年轻人主导的各类公司和服务组成的完整的生态系统。毕竟,时髦的千禧一代也需要空间来工作。

为公司命名花了几个月时间。他们在亚当和丽贝卡·诺依曼的东村公寓与朋友们进行头脑风暴会议,但没有任何结果。他们的提议都没有体现出一个宏大的品牌。其中一个晚上，人才经纪人安迪·芬克尔斯坦——正是他把丽贝卡介绍给诺依曼，并一直对他们的关系和企业进行投资——脱口而出"WeWork 联合办公"[2]。业务的中心点可以是"We（我们）"这个集体代名词，然后它可以附加到所有形式的附属业务上："We"生活，"We"睡眠，"We"饮食。

诺依曼第二天就给麦凯威打了电话，告诉他这个名字。

麦凯威同意了。

诺依曼迅速注册了一系列的互联网域名，抢注了"WeWorld.biz""WeWorld.info"和"We-are-1.info"。

在寻找场地来实现他们更宏大的企业愿景的过程中，诺依曼和麦凯威过着游牧式的工作生活。他们试图为这种生活提供一个解决方案。两人在住的公寓里或在旅途中会面——诺依曼在邓波区的时间越来越少，把婴儿服装业务转让给了同事，并勾勒出了打造公共住宅和高档旅馆的愿景。他们想象着进入贷款行业，甚至是航海业。工作方式正在发生变化。就像罗恩·利文斯顿（Ron Livingston）在《办公室空间》（*Office Space*）中扮演的虚无主义的格子间居民一样，白领们正在渴望更多的东西。诺依曼和麦凯威观察到，工作和娱乐之间的边界正在消失。像谷歌这样的科技公司以免费食物和职场健身房来吸引员工。员工们可以在走廊里用踏板车，还能玩沙滩排球来娱乐。他们相信，工作不应该是对生活其他部分的消极干扰，它应该是构成幸福生活的必要部分。

他们的工作–娱乐模式愿景的核心是通过自己的办公室创建出关系紧密的社群。两人之后将其称为"实体社交网络"和"实体化的脸书"。诺依曼喜欢和别人说："苹果（iPhone）是关于'我'（I）的。而WeWork 将是关于'我们'（We）的。"各个公司将联合办公，共同繁荣，在彼此之间寻求服务供应、交易和聚会。他们是各自独立的企业，但又会作为同一个 WeWork 大家庭的一员。

他们已经看到了"绿色办公桌"的租户如何渴望这样的社群。他们宣称，只需每个月付出几百美元，就能给人们提供一个工作空间，还能让他们有机会成为"超脱自己"的一部分。虽然他们两人都不是千禧一代（诺依曼和麦凯威都出生得早一些，可以被认为是"X世代"），但他们认为这种方式会比过去几年在该市兴起的其他几家联合办公公司更加吸引这些 20 多岁的年轻人。

卡巴拉中心的经历让诺依曼得到了进一步的灵感。他已经成为这里的常客，参加各种课程，参与服务。朋友们看到他把学到的理念和短语融入了 WeWork 的话术之中。卡巴拉中心的一位董事在书中写道："卡巴拉的核心并不是关于'我'——'自己'——'我的'。它是关于我们与他人、与世界的关系。[3]" WeWork 的核心也是要让人们在彼此之间分享生活和改善生活，它还要帮助小企业成长。诺依曼后来称它为"资本主义的集体农场"。

诺依曼自从加入丽贝卡的圈子后，身边总是聚满了能接触到巨额资金的人：新交的朋友、丽贝卡的家人、她家人的朋友，还有他们的卡巴拉网络。诺依曼突然之间拥有了一个广阔的人脉库，他可以向这些人推销他的想法，也可以向他们寻求建议和投资。

诺依曼和麦凯威想做的"盘子"很大。早在公司落地之前，诺依曼就和朋友们谈论公司将如何成为一个价值 5 亿美元或 10 亿美元的大企业。朋友们觉得他口中的愿景十分吸引人。

抛开这些宏伟的设想，预定的首次推广看起来很像是改进后的"绿色办公桌"。它的概念是 WeWork 将租用大楼中的一处较大空间，将其拆分成由小型办公室和散装的办公桌充斥的小空间，企业家和小企业可以向 WeWork 租用这些空间。

但他们没有像在邓波区那样与房东合作分享利润。两人意识到像其他公司那样直接租赁需要的空间会更容易。这意味着更多的风险（有没有租户他们都要支付租金），但这也意味着巨大的潜在利润，因为房东只收取约定的租金，不会分割任何其他利润。

首先，他们需要找到楼盘。上次靠着诺依曼的甜言蜜语说服房东给了他们场地，但除了古特曼夫妇，他和麦凯威不怎么认识房地产界的人。在他们寻找空置场地的过程中，一个又一个房东提出了类似的担忧——核心问题都是一样的：这就是两个孩子，手里只有一个没经过验证的概念，房东凭什么要把自己的楼房交给他们，还要一给就是 5 年？

最后还是有一个房东答应了。有个朋友把诺依曼和麦凯威介绍给了亚伯拉罕·塔拉萨赞（Abraham Talassazan）。塔拉萨赞在曼哈顿拥有几幢办公大楼。2007 年，他花 2 100 万美元购买了位于格兰街 154 号（154 Grand Street）的一栋狭长的 6 层红砖楼。这是一个位于曼哈顿诺利塔（Nolita）社区的三流老化办公区，处于小意大利（Little Italy）、唐人街（Chinatown）和苏荷（SoHo）之间的十字路口区域。这个地方虽然缺乏这三者的特色，但正变得越来越高档。

诺依曼和麦凯威遇到塔拉萨赞的时机挺好。他的楼房从 2009 年年中就陷入了困境。之前的租户基本上都走光了，尽管他努力了几个月，新租户也寥寥无几。塔拉萨赞得不到进账，每月还要支付物业贷款和维护费用。

大萧条带来的经济下行给塔拉萨赞这样的房东造成了沉重打击。他们在曼哈顿享受了多年的经济蓬勃发展带来的红利，当时的经济发展推高了租金，租客也源源不断。但到了 2008 年年底，一直在寻找额外楼层和整栋大楼的银行、律师事务所和营销机构突然转变了方向。随着这些律师事务所和银行的快速紧缩,那些巨大的建筑也被挂牌转租。计划中的摩天大楼停止了施工,租金暴跌。众多楼宇业主很快就因为还不上贷款,而不得不向贷款人交出价值数十亿美元投资的高楼。

因此,当塔拉萨赞见到诺依曼和麦凯威时,他并没有立即表示不屑。这栋六层楼房的楼梯摇摇欲坠,木地板已经破旧不堪,但有很多窗户,光线很好。这两个穿着牛仔裤和T恤衫的创业者喜欢这个地方。

诺依曼向塔拉萨赞及其员工介绍了WeWork的情况。诺依曼说,办公室世界将发生变化,年轻的纽约人将需要这样的办公空间。他自信地宣称,这栋大楼只是他们未来要在曼哈顿设立的"第一个"场所。

塔拉萨赞没有其他选择,决定同意。与此同时,诺依曼和麦凯威还在继续寻找更多的场地。这是一个大胆的举动,他们几乎没有足够的钱来处理第一栋楼,更不用说再租一个地方。就在这对似乎过于天真、乐观的二人组参观一栋大楼时,一个持怀疑态度的房东建议他们与另一个好像与他们有着同样野心却天真的人谈谈。这个人名叫乔尔·施莱伯(Joel Schreiber)。

快30岁的施莱伯有一张男孩般的面孔,性格拘谨。他通常穿着深色西装,沉默寡言,只在阐述他成功的房地产投资时才开口说话。他喜欢把自己描述成一个趋势观察者:他在布鲁克林的威廉斯堡(Williamsburg)进行了一些投资,结果价值飙升。多年后,他在房地产领域的前合伙人和一些相关方声称他欠了他们不少钱或赊账,和他打了大量官司。

施莱伯是在诺依曼和麦凯威参观布朗克斯的一座大楼时偶然遇到

他们的。诺依曼向他讲了自己对于 WeWork 的理念，这位通常低调的房地产投资者变得活跃起来，脑子里飞快地闪现出关于企业发展方向的各种想法。

施莱伯在与诺依曼见面的当天就提出要投资他的公司。尽管当时还没有任何付费客户，诺依曼和麦凯威抛出了一个巨大的数字，说公司的价值将达到 4 500 万美元。施莱伯没有讨价还价[4]：他同意为该公司 1/3 的股份投资 1 500 万美元，远远超过这两位企业家曾经见过的金额。

即将迎来第一个孩子的麦凯威对合作伙伴的莽撞和说服力感到震惊和敬畏。他和诺依曼都欣喜若狂。他们基本上只是做了一个宣传，还没实际出租办公室，就创建了一个价值 4 500 万美元的公司。

但是，与塔拉萨赞及其团队就 154 号大楼进行的协商工作进展得十分艰难，拖了好几个月。最后，诺依曼和麦凯威都不得不亲自与房东签署租约[5]。这对于租赁大型空间的公司来说是一个罕见的举动；美国银行的首席执行官在银行毁约的情况下是不必付钱的。他们这样做，意味着 WeWork 不能失败：如果公司倒闭，这两位企业家就得亲自负责，每月要向房东支付 5.1 万美元，直到 5 年期满。但是，两人对自己的计划充满信心，大步向前推进。

到了 2009 年 12 月，万事俱备。这一年，在一片经济崩溃中，两个人在布鲁克林建立起了一家小公司。现在，他们有了一份愿景、一个名号、一栋位于曼哈顿的大楼，以及一位向他们承诺提供数百万美元的投资者。

他们签署了租约。

第 5 章

打造社区

2010 年 2 月 1 日，这个周二的一大清早，莉莎·斯凯（Lisa Skye）就收到了新老板的凌晨邮件 [1]，这是她老板的第一封邮件，里面写道："早上好，让我们来打造全球最大的人际网络社区吧。"

莉莎在 5 天前的一次社交活动上才首次遇见亚当·诺依曼。莉莎当时 33 岁，原本在一家抵押放款公司做贷款专员。她喜欢认识新朋友，对自己的工作又有点儿厌倦，在社交活动结束后留了很久，很快与诺依曼熟络起来。诺依曼劝说她加入自己的新公司。5 天后，莉莎作为 WeWork 的第一位社区管理员开始了工作。诺依曼给她的任务是协助公司在 3 周内将位于 154 号大楼的第一个办公空间向公众开放。办公桌需要尽快安排上，而她需要找到租客。

几个星期以来，诺依曼、麦凯威和他们的朋友们一直忙着为这个建于 1891 年的建筑的一个小角落的首次亮相做准备。和麦凯威同在俄勒冈州长大的"兄弟"凯尔·奥基夫-萨利（Kyle O'Keefe-Sally）

为了投入更多时间,这段时间就睡在满是灰土的现场。他们用高压喷射苏打水来清洁砖墙[2],自己动手铺设以太网电缆并安装玻璃隔断。除此之外,麦凯威和他的妻子将在开业几天后迎来他们的长子。

其他人在组装办公桌时,斯凯开始寻找租户。WeWork 决定将租户们称为"会员"。招租主要依靠在"Craigslist"网站上进行的宣传,但她也把销售策略延伸到了咖啡店[3]。在附近的一家星巴克,她经常找到那些蜷在笔记本电脑前的顾客,与他们攀谈。

"你好啊,常来这里吗?"她会寒暄一下,然后切入正题,"我们的办公室每月只需 650 美元。"

WeWork 的第一批办公室有点混乱。154 号大楼的电梯慢得令人痛苦,还常常因故障停运。楼梯也不平整。这个地方与之后那些精心设计的、类似于休息室的房间相差甚远。所谓的公共区域只是一个能提供咖啡的逼仄厨房,这里也没有任何技术支持。不过不久之后,WeWork 引进了一名信息技术(IT)人员:一个 16 岁的技术天才——约瑟夫·法森(Joseph Fason)。网络中断的故障经常发生,有时还赶在他还在课堂上。

尽管有着种种问题,斯凯还是惊奇地看到这些办公室被陆续租了出去。她很快租出了最初的 17 间,而新的空间每个月都在增加。麦凯威和诺依曼逐层翻修了楼里剩下的部分,新的办公室同样迅速地被人租下。来租房的有律师、平面设计师、制片人、绿色屋顶设计师,还有做过滤水壶的创业公司。这些人原本常年混迹于各种咖啡馆,偶尔为了使用无线网络买杯拿铁。有了 WeWork,他们才终于得到了值得付费的稳定场所。

设计美学也是这些会员被吸引的一部分原因。麦凯威对"绿色办公桌"时期的设计做了改进,打造了看起来更稳固也更高端的有墙体的办公室。即便没有充裕的公共空间，但它看起来也处于时尚前沿。地面是对角铺设的木地板，一排排的办公室之间用加装了黑色厚铝框的玻璃墙隔开。日光透过玻璃照进窗户，经过的人可以看到所有的办公室和会议室，每间都设有宜家的照明灯饰。这里更像一个时髦的咖啡馆，而不是一个死气沉沉的公司格子间。房间的门是滑动门，可以一直开着，会员们觉得彼此之间可以相互联系，更有一种同伴感。大厅里邻近的人们会主动介绍自己，一起聊天。诺依曼认为会员之间的互动是 WeWork 发展的关键，派对活动上，他会亲自带着会员们站成一圈，让大家相互介绍。

第一批会员感觉，他们正参与某种与众不同的新生事物的发展前期。在金融危机的多年严冬之后，经济开始复苏，白领们的工作方式也在转变，进一步摆脱了形式统一的西装、荧光灯和格子状的白色吊顶。一股对抗美国大企业的趋势正在不断酝酿，这种对抗后来以"占领华尔街"的形式表现出来。人们渴望一些新的东西，一些感觉更有机、更健康的东西。小小的创业公司开始满足这种渴求。

纽约城处于不断变化之中，而 WeWork 的出现生逢其时。从食品到设计再到地貌，社会的各个领域都在发生巨大改变，甚至布鲁克林在发生影响整个城市的变革。它的艺术街区培育出了潮流亚文化，让布鲁克林本身成了超越城市意义的形象。全纽约乃至全美国的咖啡店都用上了布鲁克林式的特色元素：铺上白色的地铁瓷砖，用裸露的砖块墙换掉了白墙。"手工"和"工艺"这样的词在产品描述中变得无处不在，提供韩国卷饼或纸杯蛋糕的食品卡车也开始在各处出现。

WeWork 提供的办公室深深地吸引了那些渴求这种带有时髦风格的都市景观的人。后来 WeWork 又在出租空间的配套设施中增加了 20 世纪 90 年代的街机游戏和手工啤酒，这些创新都激活了日后将喷涌而来的市场需求。

亚伯·萨夫迪（Abe Safdie）[4]在经济危机前曾在一家大型的律师事务所工作，如今他在自己的公寓里单干，但女朋友不喜欢他总是窝在家里。有次，他和女朋友经过诺丽塔（Nolita）区时，看到154号大楼侧面有个醒目的标志写着提供办公场所，还配了一个人拿电脑痛砸办公桌的画面。他走进去转了转，发现这里刚开张，大部分楼层仍然是空的，落满了灰尘。萨夫迪觉得很不错，当场挑选了一个单人办公室。

萨夫迪最初来这并不是想要友情或社交互动，但他很快就适应了WeWork的文化，与邻居们攀谈起来。他发现，周围经常有遇到法律问题的小型创业公司。

萨夫迪原本的营生是协助中型公司进行兼并和跨国兼并的事务，干得挺安逸，但他突然意识到自己正在提供大量的非正式的法律建议。而现在，遭遇意外问题的创业者演变成了他的新客户。萨夫迪很快就专注于为风险资本投资提供咨询，他发现这比处理公司兼并更令人愉快。他在公共打印机旁边挂了一个牌子，说自己能为小公司提供法律服务。这份无心插柳而来的副业很快就成为他的主要工作。

萨夫迪觉察到这个城市正在发生变化——在金融危机之后的复苏中出现了一种新的时代潮流。这些转变的潮流就在他身边，就在WeWork这里，他想要更加深入。之后他又租过WeWork的另外两座大楼的房间，直到WeWork聘请他担任公司的总法律顾问。

诺依曼和麦凯威之间的分工很快就明确了。麦凯威专注于运营工作，确保办公室正常营运，确保会员支付费用，确保玻璃及时送达。

诺依曼则是首席交易员[5]，负责寻找新办公室和新投资者。与"绿色办公桌"时期不同,他把全部精力都投入了 WeWork。斯凯看着这位首席执行官在 154 号大楼的空楼层里来回踱步,与潜在的房东和投资者大呼小叫地打电话。(丽贝卡·诺依曼主要还是专注于她的演艺事业;据了解,带朋友们参观第一处办公室时,她说是她选的咖啡,而这就是企业成功的"秘诀"。)

2010 年年底,渴望扩张的诺依曼找到了大卫·扎尔(David Zar)[6]。他是一位年轻的房地产投资者。帝国大厦附近的一栋大楼因为大通银行(Chase Bank)搬走腾出了一些空层,而他正在寻找新的承租人。他们喝了一瓶威士忌酒后,达成了交易,WeWork 得到了第二个办公地点。WeWork 的投资者乔尔·施莱伯签署了租赁担保书。

但是,扩张的成本很高。到了 2011 年,开业仅一年后,WeWork 已经面临现金流紧张的问题。麦凯威除了担任运营总管外,还负责管理公司的财务,他被迫定期给施莱伯打电话,要求对方支付承诺的款项。当时这名投资者投入的资金还不到 1 500 万美元,且每期投资总是没有明确理由地反复拖延,这让两人产生了疑虑。为了支付工资和其他费用,他们一度求助于丽贝卡,她给他们提供了 15 万美元的贷款,但利息相当高。

诺依曼对财务状况感到紧张,于是求助于通过卡巴拉中心认识的朋友史蒂文·兰曼(Steven Langman)。兰曼是一名成功的私募股权投资者,相当于诺依曼的引导者。兰曼说,是时候离开施莱伯去寻找其他富有的投资者了。兰曼提议去找塞缪尔·本 – 阿夫拉哈姆(Samuel Ben-Avraham),他是纽约时尚界的知名投资者,也是卡巴拉中心的成员。诺依曼已经和他讨论过建立一个针对时尚行业的联合办公空间的事。塞缪尔·本 – 阿夫拉哈姆介入了,对施莱伯的投资做出约 3 500 万美元的估值,支付了所需资金,取得公司股份。不久之后,公司又从卡巴拉中心的会员马克·希梅尔（Marc Schimmel）那里得到了另一大笔资金。他是一位房地产投资者，也是麦当娜的前男友之一。

这些比施莱伯更响亮的新名字给企业带来了更为体面、更加耀眼的光环，这种光环将吸引更多会员和资助者。

随着公司规模的扩大，诺依曼和麦凯威不遗余力地节省公司资金。公司从易贝（eBay）上购买二手网络设备，穿过哈德逊河（Hudson River）把它们运送到新泽西，好躲避纽约的电子商务销售税。公司的第一任开发主管丹尼·奥伦斯坦（Danny Orenstein）看到诺依曼狠狠地压低了费用支出[7]，他想知道用以安装木地板的各部件究竟花了多少钱，为何 WeWork 能做得比别人便宜。结果，公司并没有让丹尼·奥伦斯坦他们去购买专业品牌的质量有保证的家具，而是让他们开着热布卡（Zipcar，共享汽车公司）的车反复去宜家扫荡各种桌面和灯具。有时他们会把宜家库存中某一类型的桌面全部拿走，等到宜家重新进货后，再来清空一次。有时因为东西装得太满，在比较颠簸的路段，车辆底部都会刮到路面。

诺依曼十分看重扩张速度。扩张的速度会给未来的投资者留下深刻印象，还能带来新的收入以弥补成本。员工们觉得他太武断，设定的这些开业日期很不现实。但他变本加厉，将这些不现实的开业时间直接印在推广宣传单上并告知新会员们。员工不得不去配合这些安排，他们也确实做到了。

大卫·扎尔大楼的房间很快就租满了。诺依曼加大火力，进一步扩张。2011 年，WeWork 在俱乐部聚集的肉类加工区增加了第三座大楼。然后是第四座——位于翠贝卡附近的瓦里克街（Varick Street）175 号的一座摩天大楼。

这种激进的扩展速度意味着员工需要长时间连续工作。每当要开放新楼层时——往往是为了赶上诺依曼压缩的时间表，许多员工就要彻夜加班，组装办公桌、安装厕所设备，要搞定所有承包商没有完成的工作。诺依曼大多数时候会躲开这种通宵事务，而麦凯威则常常会亲自熬夜干这些体力活。

诺依曼频频为员工们加油打气，让他们觉得自己在参与一件十分重要的大事，这促使年轻一代对工作产生一种更亲切、更共情的崭新认知。他们欣喜地看着会员们（通常是微小的初创企业）闯荡发展，而那要部分归功于 WeWork 的创始者为大家制造的这份联系。

随着他们的快速扩张取得成效，诺依曼更加确信 WeWork 将来会变得势不可当。有了本–阿夫拉哈姆和希梅尔的投资，他们有足够的现金来支付账单，现行商业模式的整体财务状况也支持了他们的乐观。2011 年，WeWork 带来了 740 万美元的收入，支出仅略高于此，企业仅仅亏损了 5 万美元。这对一个仍处于起步阶段的扩张型企业来说是个好迹象。毕竟，收入比 2010 年的 150 万美元增长了近 4 倍。而 2012 年即将到来，公司眼看着就要盈利了。

诺依曼和麦凯威一直以来宣扬的那些承诺和梦想真的在不断实现。人们纷纷前来。他们在工作，也在建设一个社区，公司不断找到好的楼屋。新的出租大楼总能在诺依曼强硬设定的任意日期，或差不多的时间开放。最重要的是，现在有很多人在排队等着租他的房子——这在房地产界几乎是闻所未闻的。

诺依曼变得大胆起来，准备将 WeWork 扩展到全国，计划在旧金山和洛杉矶设立首批办公室，其他城市也会很快跟进。

一天晚上，他与奥伦斯坦交谈，问他：女友是否同意他经常加班[8]。奥伦斯坦回答说，似乎也没有什么其他选择。

诺依曼回应说，她应该知道，她正在和一个"谷歌创始成员之一"这样的人约会。

随着WeWork的发展，丽贝卡·诺依曼将注意力集中在"建立品牌"这个比较虚的任务上，既为了公司，也为了她和亚当。她利用自己在好莱坞和卡巴拉中心的关系，将一些零星的"第6页"（PageSix，名流网站）上热门的纽约顶级社会名流加入WeWork的形象建设。

早期，她曾求助于曼迪·埃里克森（Mandie Erickson），一位她在卡巴拉中心认识的高知名度公关人员，让他帮助策划2010年6月由WeWork主办的杂志发布派对。两人为当晚的娱乐活动安排了音乐人皮特·多赫提（Pete Doherty）和约翰·列侬（John Lennon）的儿子肖恩（Sean）。多赫提没能去成派对，他因为一份逮捕令被拘留在肯尼迪机场，但入场的队伍还是排得满满的。

丽贝卡也仍在坚持她的表演梦想。她考虑将音乐家帕蒂·史密斯（Patti Smith）的自传《只是孩子》（*Just Kids*）搬上银幕——她计划自己扮演帕蒂·史密斯，但最终决定还是资助和制作一部短片。短片取名《醒来》，是一部15分钟的短片，围绕一个在毒瘾和自杀念头中挣扎的20多岁女性展开。

他们为这个小小的项目争取到不少大人物的加盟，包括女演员罗莎里奥·道森（Rosario Dawson）和上述提及的肖恩·列侬。该片的导演亨特·理查兹（Hunter Richards）和其他相关人员惊讶地发现道森实际上要扮演的是一个配角，而丽贝卡才是主角。工作人员认为她的表演和最终的成品都将十分令人尴尬。影片没能在圣丹斯电影节（Sundance Film Festiva）上获得一席之地，也没有获得诺依曼在开始这个项目时想象的任何理想的赞誉。

丽贝卡并没有放弃。她把位于瓦里克街 175 号的 WeWork 空间的一部分留给了电影业的公司和人员，还试图在公司设立一个专门制作电影的部门。但是尽管她频繁前往洛杉矶参加了许多推介会议，这个计划最终不了了之。

随着成名的可能性越来越小，她把注意力转向发展她丈夫的主要业务。她进一步潜心研究品牌建设，为公司想出了许多创意口号，比如"做你喜爱的事"（Do what you love）。WeWork 把这句话运用在各种地方，用白色的草书字体将它印在黑色 T 恤衫和黑色旗子上，并把旗帜挂在 WeWork 办公地点的外面。另一个口号是"创造生活，而不只是谋生"。这句话经常在公司内部响起，作为 WeWork 想建立的精神理念的总结。

在这期间，大部分时间她都待在家里。诺依曼的家庭成员正在不断增加：在亚当担任首席执行官期间，他们有了第一个孩子，从现在往回看，未来他们将有 5 个孩子。后来碰到理查兹时，她告诉他自己已经不拍电影了。她说："我已经厌倦了好莱坞，现在我要制造的是孩子。"

丽贝卡·诺依曼在电影业的玩票经历没为她带来多少名气，但确实为她打开了门路。亚当·诺依曼与理查兹成了朋友。理查兹是一个英俊、有魅力的电影爱好者，经常留宿在他们夫妇的公寓里。两人常去韦弗利酒店（Waverly Inn）夜游，痛饮 1942 年的唐胡里奥（Don Julio）龙舌兰酒——每瓶的零售价超过 125 美元。这家酒店是《名利场》（*Vanity Fair*'）的编辑格雷顿·卡特（Graydon Carter）拥有的西村知名地点。理查兹又把诺依曼介绍给肖恩·帕克（Sean Parker），他是脸书创始人马克·扎克伯格（Mark Zuckerberg）的导师和早期投资者，在 2010 年的电影《社交网络》（*The Social Network*）中由贾斯汀·汀布莱克（Justin Timberlake）扮演。

诺依曼热爱这部电影。很多评论家只关注片中扎克伯格自恋、扭曲的形象，以及对他和帕克建立脸书的残酷策略的刻画。诺依曼却有不同的感受。他专注的似乎是电影如何美化了这两位创始人。剧中的帕克最令人难忘的一句台词是："100 万美元并不酷。你知道什么才酷？10 亿美元。"这句话对扎克伯格当时刚起步的社交媒体业务产生了极大影响，也必然引起了诺依曼的共鸣。现实中的帕克让诺依曼着迷，这个人在 19 岁时就创立了纳普斯特（Napster）公司，还是脸书的第一任总裁。

他和理查兹——有时是丽贝卡——经常在帕克位于西村一个绿树成荫的街区的占地 6 000 平方英尺、高 8 层楼、价值 2 000 万美元的宽敞别墅前驻足。帕克和他的朋友们称它为"巴克斯①之家"。这是一个不分昼夜、持续开派对的地方，吸引了一大批富有的科技投资者和名人。诺依曼沉浸在科技创业者和投资者们梦幻般的巨大财富和放荡享乐的场景中，似乎对这种肆意妄为惊叹不已。

诺依曼在纽约和这些富有的硅谷流亡者接触时，他开始越来越多地说起 WeWork 的特性与科技公司雷同。面对帕克时，他把 WeWork 比作脸书，说它也是连接人与人的，"只是它建立在三维空间"上。帕克和他的许多投资者朋友对此都持怀疑态度。他们喜欢诺依曼，但不把他当作生意人对待，更不认为他是一个和他们一样的科技企业家。

不仅仅是帕克和他的朋友们让诺依曼品尝到了硅谷成功的滋味。

---

① 巴克斯（Bacchus），即罗马神话中的酒神和植物神，对应希腊神话中的酒神狄俄尼索斯。——编者注

到了 2012 年，诺依曼的社交圈里充满了科技人士和创业者们。

诺依曼和麦凯威最初对 WeWork 进行头脑风暴时，认为他们能吸引的是那些需求更加社区化、采用新工作模式、一两人到十人规模的小公司，那些时尚品牌、律师事务所和平面设计公司。但随着公司的发展，他们注意到，许多 2 人和 4 人办公室一经推出就被科创公司抢购一空。

纽约市正在成为一个科技中心。像谷歌这样的公司吞噬额外办公空间数量的能力远远超过了曼哈顿的大多数大银行[9]，而在 WeWork 办公室里举办科技派对和活动被证明是吸引新成员的成功方式。在美国的另一边的旧金山是一个繁荣的城市。由于就业岗位的快速增加和新的热门公司的激增，旧金山从金融危机中恢复的速度远远超过纽约。《社交网络》中提出的想法流行开来，雄心勃勃的年轻人可以通过互联网变得富有和成功。

WeWork 办公室里的初创企业通常由风险投资家（VC）资助，这些富有而豪勇的投资者支持那些他们认为有可能取得突破性和爆炸性增长的新公司。风险投资家会提供启动资金，例如租金和其他开支，如果投资的公司获得成功，他们也将抽取很大一部分收益。

这种模式在当时十分流行。比如照片墙（Instagram）卖出了惊人的价格——脸书以 7.15 亿美元的价格收购了这个照片分享应用，而它原本只筹集了 5 700 万美元的投资。

诺依曼和他的员工环顾四周，看到了那些租房者所体现的创业文化与自己打造的公司之间的相似之处。WeWork 的员工摒弃了西装和领带的呆板企业形象，更喜欢 T 恤和牛仔裤。就像旧金山的每一家创业公司那样，诺依曼和 WeWork 的员工认为他们的工作是"任务驱动"——在办公室里花费的时间是为了更大的利益。WeWork 采用了科技界的说法,在其网站上显示的使命宣言中加入了"创新"一词[10]。

诺依曼和最亲近的职员们(当时主要是家人和朋友)都觉得目之所及皆是机遇,他们只需要想办法募集到足够的资金,确保 WeWork 能快速成长,而那需要的是很多、很多的钱。

风险投资也将是他们的选择。

第二部分

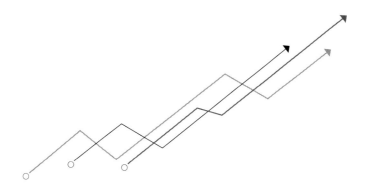

第 6 章

创始者狂热

2011年年末,迈克尔·艾森伯格(Michael Eisenberg)在特拉维夫(Tel Avi)洲际酒店的某个活动现场[1],准备与妻子共进晚餐。此时他的手机屏幕亮了,显示出一个纽约的号码。电话那头的人介绍自己是亚当·诺依曼。

听到诺依曼的声音,艾森伯格并不惊讶。艾森伯格在硅谷一家名为基准资本(Benchmark)的风险投资公司工作。这位投资者在与纽约以色列技术移民社区的同行谈话时,诺依曼的名字总是会不断出现,每个人都说他应该见见这位颇有前途的企业家。

同样,诺依曼在创业圈子里也多次听说过艾森伯格的名字,这位投资者在纽约的科技人员中是个知名人物。诺依曼打电话来是为了征求艾森伯格的意见,他正试图为WeWork会员建立一个在线社交网络,并认为艾森伯格可以提供帮助。

艾森伯格比诺依曼大8岁,他声音洪亮,头发浓密,人生经历与诺依曼在地理上正相反。艾森伯格出生于曼哈顿，在美国长大，毕业于耶希瓦大学（Yeshiva University），20多岁时移民到以色列——一个他一直想去居住的地方。

艾森伯格的职业生涯始于政治咨询，但后来失业了。像许多20多岁的聪明人一样，他看到了投资银行的机会。随着以色列科技产业的不断兴旺，他开始为科技公司提供咨询。这份临时工作最终使他成为一名风险投资家。他的工作是发现创业者，并且要比其他人更先找到最有潜力的创业者：既拥有令人振奋的商业理念，又具备"X"因素——那种天生就懂得如何推销愿景的人。

在接下来的两个小时里，艾森伯格主要在听对方讲话，被这位滔滔不绝的男子深深吸引。手机电量快耗尽时，他就在大厅里边充电边听，竭力延长这次对话。

尚未见其人，艾森伯格就被诺依曼的话迷住了。几周后，他去纽约和诺依曼进行了一次面谈。

他劝诺依曼先稳住，不要接受任何其他人的投资。

如果把硅谷比作一枚火箭，风险投资就是它的燃料。

金融系统中这处精巧、排外的角落是美国几乎所有主要科技公司（包括亚马逊、苹果、脸书、谷歌、微软和甲骨文）早期资金的关键来源。这些公司曾设在能望得见斯坦福大学的郊区，在一片平凡的丘陵上建起低矮的办公室，规模很小，成员绝大多数为男性。风险投资家把赌注压在数字化的未来上，将资金投入从食品配送到视频会议的各类型业务（有时甚至是些看起来离谱的点子，比如要价700美元的冷压果汁机）中——早在这些业务被证实可盈利前，他们就已经下了先手。

现代风险投资行业始于"二战"后[2]，当时的投资者担心大萧条后的金融体系过于规避风险会让美国的创新受到影响。早期风险投资家很快就转向于对新技术的投资,因为他们意识到与投资其他行业相比,这样做更有可能获得巨大的利润,比如投资大型计算机。随着半导体和计算机公司开始在旧金山南部低洼地区纷纷冒头,并占满那些以前种着杏树和鲜花的土地,金融家们也纷纷效仿,在新兴的硅谷设立了自己的办公室。

风险投资的逻辑很简单。很多企业家有很好的想法和经验,但传统的为创业募集资金的方法(向银行贷款或利用房屋产权)并不利于他们这些创新的实现,因为银行不喜欢为高风险的公司提供贷款,而他们这些创新,甚至大型发明在进入市售阶段前,其研发工作需要数年的资金支持。而风险投资家可以使用由富人提供的,或是从捐赠基金和退休基金中筹集的资金去购买这些创业公司的股份,向其注入资金,使企业家们能承受住长期的损失,进而逐步完善自己的产品和商业计划。风险投资的最终目的是让公司成立并顺利运行,然后将其出售给更大的公司,或通过IPO上市。届时,风险投资家也可以卖出他们的股份。

由于这些公司大多以失败告终,风险投资家会不断寻找新的商业理念。每10家公司中只有1家公司有可能获得成功,但这一家公司赚的利润将足够弥补所有的损失。这般突破难得一见,可一旦实现,将造就百万富翁,或使百万富翁变得富上加富。例如,苹果公司的一位早期投资者[3]在1978年为其写了一张5.7万美元的支票,两年后公司上市,其价值变成了近2 200万美元。

到了20世纪90年代[4],随着互联网和个人电脑使用量的爆炸性增长,风险投资公司为其投资者提供了巨大的回报——有时每年超过50%。投资者通过风险投资基金获得的回报超过了将共同基金投入股票交易所能获得的回报。1995年,4名长期涉足科技和投资领域的男性抓住机遇，创立了基准资本，也就是迈克尔·艾森伯格工作的地方。他们的目标是成为硅谷最受欢迎的风险投资公司。他们筹集了一些外部资金，开始寻找新生公司。

没过多久，他们就发现了一个能带来一生财富和名气的热门项目。1997年初，基准资本的创始人之一布鲁斯·邓利维（Bruce Dunlevie）把皮埃尔·奥米迪亚（Pierre Omidyar）介绍给了其他合伙人[5]。当时，奥米迪亚还是一位30来岁的企业家，正在搭建一个在线跳蚤市场——eBay。网站漏洞百出，在上面转售豆豆娃的买卖者为数不少。不过，基准资本的合伙人还是从中看到了商业前景，并投资了670万美元。两年后，eBay已经成为美国最热门的股票之一[6]，而基准资本的投资价值超过50亿美元。这是有史以来获利最大的风险投资之一，基准资本立即被提升到风险投资领域的精英行列。

然而，到了2001年，网络公司开始由繁荣走向萧条。生机勃勃的公司几乎在一夜之间倒闭，办公室空置率飙升，租金暴跌，高速公路不再拥堵。大笔的钱蒸发了，投资人在这个行业衰败时蒙受了巨大的损失。经济的重心回转到纽约和华尔街，幸存下来的风险投资公司和科技公司只得重整旗鼓。

由此开始了长达数年的资金"旱情"。资金流几乎完全静止，初创企业的数量也在骤减。但当亚当·诺依曼在2010年创办WeWork时，旧金山湾区又开始活跃起来。华尔街在次贷危机中遭遇了自己一手造成的惨烈失败，而西海岸的经济远比其繁荣。当时蓬勃发展的脸书，有望为早期扶持它的风险投资家带来惊人的利润。由风投公司资助的"高朋"（Groupon）和推特（Twitter）也是如此。2007年，苹果公司的iPhone手机面世，由此也催生了全新的公司类别：开发智能手机应用程序（app）的公司。

金融危机之后，货币经理们急于将其资金配置在比低利率的政府债券更有利可图的地方，不再青睐住房和银行业。相反，他们追随西海岸的潮流，提振谷歌和亚马逊等公开交易的科技公司的股票，同时重新大量投资风险投资公司。2011 年，风险投资公司从投资者那里筹集了 240 亿美元[7]，近乎 2009 年的两倍。

资金的涌入使创业公司迸发，这些公司将重塑硅谷的格局，成为美国人日常生活中家喻户晓的名字。2009—2012 年，风险投资公司向优步、爱彼迎、缤趣网（Pinterest）、在线图片、视频分享网站 Instagram、快拍（Snapchat）和移动支付公司"方块支付"（Square）等创业公司开出了早期支票。转眼间，走进硅谷的任何一家咖啡馆，都能听到有人在讨论创业公司将要"颠覆"下一个成熟的行业。

在这些乐观情绪中，风险投资战略发生了显著的变化，正是这番变化，使得这一代创业公司与经济衰退前的前辈有所不同。在过去，风险投资家认为首先要嗅出拥有出色的商业想法和创新能力的公司，然后再找到一流的人才来掌舵。创始人通常在公司成长的过程中置身事外，把日常的领导权交给由风险投资家精心挑选的职业首席执行官。而到了 2010 年，受一些无法忽视的数据的影响，众人开始质疑传统的智慧。

蓬勃发展的亚马逊自成立以来一直由杰夫·贝索斯领导，是他把在自己车库里大胆成立的图书销售公司变为世界上占主导地位的电子商务公司。马克·扎克伯格一直牢牢掌握着脸书，而这是 21 世纪迄今为止创办的最成功的新科技公司之一。还有苹果公司的联合创始人史蒂夫·乔布斯，此时他正将苹果打造为美国最有价值的公司之一，其在硅谷的追随者视他为宗教领袖一般。风险投资家看到了这些由初创企业转变而成的商业帝国的共同点：具有销售天赋的、拥有驱动力的创始人。

没过多久，数个有影响力的新风险投资公司——彼得·蒂尔的风险投资基金（Peter Thiel's Founders Fund）和安德森·霍洛维茨（Andreessen Horowitz）风险投资公司——开始公开宣传自己"创始人友好型"的形象。他们对创办公司的首席执行官大加赞赏，并承诺给创始人大量放权，说与那些花钱雇用职业首席执行官的公司相比，这些公司顺利发展的概率会更高。这种做法赢得了许多创始人的青睐，他们喜欢这种自己能继续当家作主的想法。

群众纷纷效仿，对创始人顶礼膜拜迅速成为硅谷的新教派。有人称其为创始者崇拜。风险投资家执着于此：他们想要口才好、有强烈愿景的企业家，一个不仅能提出创新想法，更关键的是能把它卖出去并吸引更多资金和追随者的人。创始人基金甚至在其网站上写道："能够成功的企业家都有一种近乎救世主般的气度。"

资金流向了像 Airbnb 的联合创始人兼首席执行官布莱恩·切斯基（Brian Chesky）这样具备吸引力的人，他最初在"Y 组合子"①（Y Combinator）上打动投资者的不是其商业想法——他们还是认为人们不会把自己的家让陌生人居住——而是因为他在一份副业中展现出的创造力：他创造了名为"奥巴马 O"（Obama O's）的麦片。资金流向了数据分析公司帕兰提尔科技（Palantir）的古怪首席执行官亚历克斯·卡普（Alex Karp），他本人并不是数据分析师，但拥有社会学理论博士学位，能把故事讲得很精彩。

像史蒂夫·乔布斯那样着黑色高领毛衣的独特穿衣风格是加分项。些许疯狂无伤大雅，创始人要能鼓舞人心。

2011 年年底，在特拉维夫那次漫长的电话煲的几周后，基准资本

---

① 美国知名创业孵化器，旨在扶持初创企业并为其提供创业指南，于 2005 年成立。——译者注

的迈克尔·艾森伯格终于见到了亚当·诺依曼本人。而这位瘦高的企业家确实没有让他失望。

诺依曼带着这位风险投资家参观了 WeWork 在肉库区的办公室，这是 WeWork 的第 3 个办公地点。诺依曼在电话中向艾森伯格描述的实体社交网络现在就在眼前展开。大厅里播放着音乐，咖啡站里挤满了穿着牛仔裤和运动鞋的 20 多岁的年轻人，处处充满了年轻人独有的激情与活力。这一切似乎与艾森伯格所见过的任何办公室都不同，它就像一个时尚的酒吧或咖啡馆，到处都有人在交流，思想的火花不断碰撞。顾客与这块地方、与彼此之间都有一种发自内在的联系。诺依曼把艾森伯格介绍给大家，而这位投资者能感觉到大家都很乐意栖身于此。

最令艾森伯格印象深刻的是诺依曼本人。诺依曼俨然是一副摇滚乐队主唱的模样，大摇大摆地穿过宽敞、明亮的房间。他拍板的设计提升了社区活力的喷发，整个房间似乎都在向诺依曼聚拢。他和任何人说话都带着灿烂的笑容，深深地凝视对方的眼睛。人们的心都被他俘获了，他的存在放大了这个空间的活力。艾森伯格称诺依曼是他见过的最好的推销员之一，而他见过的人可不少。

回到以色列后，艾森伯格参加了基准资本公司周一的合伙人会议。在好几个星期里，他反复恳请同事们去看看这家公司。他无法形容出 WeWork 的神奇所在，但艾森伯格坚持不懈的宣传最终说服了布鲁斯·邓利维。

后来，邓利维抽了一天空，乘坐红眼航班前往纽约。

坐上这架飞机时，邓利维的风险投资生涯已经开始步入夕阳。这位温和的投资者是基准资本公司的 4 位原始合伙人之一，因身为奔迈公司（Palm）的早期投资者而闻名[8]。奔迈公司是 20 世纪 90 年代大热的"掌上导航"（PalmPilot）手持设备的发明者。邓利维还曾是高中橄榄球队的四分卫，并在斯坦福大学获得了工商管理硕士（MBA）学位。瘦削、高个、秃头的邓利维比普通风险投资人要聪明得多。他读起书来孜孜不倦，为人低调内敛，这与许多现代的风险投资家的做法相反，那些人会花费大把的时间在推特上吸取和传播想法。邓利维还有一个出名的地方，是能比公司里扎堆的乐观主义者更为大胆。例如，1998年eBay的股票在一天内飙升了40%，邓利维的合伙人怀疑这已达峰值。邓利维却告诫他的伙伴们："这是上升的起点。"9任何此时卖出股票的人都是放着钱不赚。他是对的：eBay的股价在接下来的1年里飙升了近10倍。

在纽约，诺依曼急切地等待着投资者的到来。他患有阅读障碍，即使是使用基本的计算机对他来说都是一项挑战，但诺依曼对科技非常着迷，正是科技这个金融世界的一角，在背后默默支撑着当今世界上众多巨头企业。

现在，基准资本作为全国最受尊敬的风险投资公司之一，正在逐渐表现出对WeWork未来充满信心。这家公司曾支持过eBay、Instagram和优步，而如今，诺依曼告诉其他人，这公司有意于他。

参观之行必须进展圆满，诺依曼向邓利维展示的楼层需要展现出人满为患的景象。诺依曼还要求部分员工去管理音乐播放列表。

邓利维花了几个小时和诺依曼在一起，起初他发现这位企业家对一些棘手的问题闪烁其词，顾左右而言他。但随着交谈的深入，诺依曼敞开了心扉。邓利维对诺依曼口中描述的财务细节感到不可思议。诺依曼只用了几百万美元，几乎没打任何广告，就建立了好几个楼盘，其中不但坐满了人，甚至还有很多人开始排队等着空座位。这些大楼的收入远远超过了其运营成本，并且与基准资本公司平日里支持的初创企业不同，WeWork没有带来亏损，还有望在2012年实现盈利。

和艾森伯格一样，邓利维也被这些会员对WeWork的忠诚吸引，也被吸引到WeWork的活力旋涡，这些空间就像诺依曼本人一样充满魅力。诺依曼带着含蓄的邓利维敲开了各个办公室的门，哪怕会员们正在打电话，他也要闯进去。诺依曼让会员们抽出一分钟的时间来交谈，而他们都不约而同地谈论起在这里交到的朋友。

邓利维意识到，WeWork就像脸书和其他社交网络一样正在腾飞，部分原因在于它有如宿舍联谊般的活力——这些20多岁的年轻人都渴望相互交流、相互联系。

不久之后，诺依曼向他的员工吹嘘说，邓利维说他是在"推销色情"[①]。诺依曼很喜欢这个说法。

邓利维与他的合伙人讨论了潜在的投资机遇，他们很快就邀请了诺依曼和米格尔·麦凯威到加利福尼亚。合伙人看到了很多亮眼的部分，也看到了一些危险信号。诺依曼给他们带来了惊喜，他很会讲故事，洋溢着对未来的信心，而这种信心是富有感染力的。

他们对WeWork强劲的财务状况十分满意，WeWork通过楼房获取的利润在扣除其他开销前，与一些软件公司的利润相当。WeWork还抓住了基准资本一直想利用的趋势。10年以来，美国的城市复兴仍处于早期阶段，大量受过良好教育的年轻人选择居住在城市中心，而这股潮流一直是基准资本期望有能力涉足的。

然而该公司的缺点可能也至关重要：它看起来更像是一个房地产企业。通常情况下，风险投资家不会投资房地产，因为它不能像软件公司那样实现规模性成长。软件公司的出众之处在于，一旦花钱建立

[①] 此处原文为"selling sex"，邓利维不一定说过这句话。作者意在描述诺依曼吹嘘之中带着黄色笑话，此举在办公场所并不可取。——编者注

起了基础产品，就能以非常低的成本（有时只是发送资料包的费用）向新用户销售越来越多的软件，而利润则会呈指数级增长。

而房地产不同，它的利润更偏向线性。每次房东找到一个新的租户，业主就需要建造新的办公空间来满足租户的需求。即使是规模巨大的房地产公司，其规模效益也是相对较小的：批量购买可以在一定程度上降低成本，但房东仍需要为安置租户的实体场所支出费用。10栋楼的边际利润与1栋楼相同，这就是为什么房地产公司能筹到的资金比科技公司的少，即便投资者不从事软件行业，情况也是如此。

但诺依曼坚持说WeWork不是一家房地产公司。毕竟，WeWork在单个地点的收益比房东的要高得多。他说，会员是为了社区而来，而不仅仅是为了一张桌子。另一方面，邓利维认为WeWork更像是一家服务型创业公司。就像一般公司为会计等外包服务支付月费一样，会员们在这里是为了外包的办公室和工作文化付费。

在邓利维的大力倡导下，基准资本的合伙人下了注。诺依曼会想办法把WeWork做大。他是个赢家，无可争辩。而且，他们知道如果拒绝了他，几年后自己就只得扼腕自叹了。

正如邓利维后来所说，他们的想法是："就给他一些钱吧[10]，他会找到办法的。"

邓利维给诺依曼和麦凯威打电话提出报价时，诺依曼并不为之所动，几千万美元的估值太低了。估值是一种衡量标准，能判断出企业的热度和受欢迎的程度，以及支持者认为它在未来可能达到的发展前景。企业在占有相同市场份额的条件下，估值越高，风险投资公司需要为其开出的支票就越大。支票越大，企业就有越多的钱可用于扩张。

麦凯威不像诺依曼那样追求估值，而是准备欣然接受基准资本提供的任何报价——他知道基准资本在科技界的品牌力量。他和诺依曼曾用甜言蜜语说服古特曼夫妇,将他们的大楼用于"绿色办公桌"项目。自那以后的4年里,麦凯威已经退居于更偏向支持型联合创始人的位置上。他的工作范围包括监督设计和开发,有时也兼顾营销。麦凯威不想承担主持大局的责任,他后来告诉同事,他喜欢启动项目,但不喜欢跟进项目。起初,诺依曼每件事都会咨询麦凯威,后来转而以新的高管和导师作为取代麦凯威的交流对象。WeWork 显然是诺依曼的天下,麦凯威知道未来更是如此。

麦凯威觉察到这份不对等的合作关系可能会引发矛盾,他找到诺依曼[11],重新协商他们之间的财务协议。除去朋友和家人的小股份,他们控制的实体,即"We 控股"(We Holdings LLC)①,其份额在两位创始人之间差不多是平均分配的。但他提出要将未来的一大块利润让给诺依曼,只要他能预先得到一定数额的保证——如果诺依曼在未来过度扩张失败,他就能得到一些保护;而如果公司发展壮大,达到数亿美元的价值,诺依曼在公司的股份将跃升至 85% 左右,而麦凯威的股份将降至 15%。麦凯威很高兴自己能富得超乎想象,而重新谈判的交易则给了诺依曼迈向高处的通行证。

邓利维提出报价后,这两位企业家便和他在电话里讨价还价。诺依曼对邓利维说 WeWork 的估值应该远远超过 1 亿美元。经过几分钟的你来我往,折中方案达成。基准资本提出投资 1 500 万美元,使 WeWork 的估值略高于 1 亿美元。对于当时的年轻创业公司来说,这已是个大数目,尤其是这家公司建在硅谷以外,领导者还是个没有经验的婴儿服装销售员。加上诺依曼的朋友兼导师史蒂文·兰曼和他的私募股权集团罗纳(Rhône)提供的另外 200 万美元,WeWork

---

① 根据书内描述,"We Holdings LLC"是"We Work"分立的两家公司。——译者注

将获得1 700万美元的新资金用于扩张。与此同时，诺依曼和麦凯威将各获得超过50万美元的个人资金——新的投资者认为这是诺依曼和麦凯威建立事业后应得的回报，他们可以拿着这笔不菲的资金去享受生活。

其他公司也对诺依曼感兴趣，但这些公司都不如基准资本的名气大。基准资本投资的企业可是硅谷科技初创企业的精英俱乐部，而1亿美元则意味着基准资本在WeWork身上看到了巨大商机。

诺依曼得到了认可，也第一次尝到了富足的滋味，总算一了心愿。他接受了这笔交易。

第 7 章

激活空间

基准资本的正式支持以及随之而来的 1 500 万美元给 WeWork 注入了新的活力。得到硅谷有名望的金融家的认可,公司便有了势不可当的劲头,开始如硅谷式初创企业那般欣欣向荣。WeWork 的员工们相信工作场所的概念即将被彻底颠覆,而 WeWork 正是潮流的引领者。

亚当·诺依曼的豪言壮语正在变成现实。

他把 WeWork 的大部分员工(有几十人)逐一叫到办公室,给他们发放股票期权。科技初创公司通常会给员工公司股票,而这些股票只有在公司成功的情况下才有价值。每个员工都看着诺依曼拿出一张小纸片,开始潦草地写下数字。他说,这是 WeWork 价值 5 亿美元时你手中股票的价值;这是达到 10 亿美元时的价值;这是达到 50 亿美元时的价值。员工们瞪大了眼睛,目睹手中股票的价格从 1 万美元膨胀到 10 万美元,甚至 50 万美元。

其中的含义很清楚,这不是一个"如果"的问题。WeWork 志存高远,将带领所有人走上致富之路。

从 2012 年到 2013 年,这番雄心体现在了公司的扩张上。公司在芝加哥、波特兰以及海外的伦敦都计划设置办公地点。房地产工作人员开始向持怀疑态度的房东吹嘘:eBay 和 Instagram 背后的风险投资家现在正支持他们。诺依曼将目光投向了科技领域:他向新兴的科技初创公司推荐 WeWork 办公室,告诉他们,这种开放式的楼层规划方案让每个人都可以在没有隔板的情况下工作。现代主义设计风格的沙发开始在 WeWork 的休息室里出现,这是对早期低成本的宜家家具的升级。为了兑现他对实体社交网络的承诺,诺依曼聘请软件工程师制作了一个应用程序,会员可以在上面相互联系、寻找商业伙伴、结交朋友。他还为会员争取了健康保险的选择权,使 WeWork 内的小公司能够为员工提供一些通常只有大企业才能给出的福利。

WeWork 已不再是那种小型企业。自 2010 年以来,它已经在曼哈顿扩展了 4 个办公地点,在洛杉矶另有 1 个,在旧金山还有 2 个。诺依曼正尝试博得纽约一些最大的业主的关注。他请来当地官员和记者,向他们展示业务的繁华。他不断寻找新的投资者,因为他知道若要实现将 WeWork 变成一个价值数十亿美元的公司的愿景,需要的资金远远超过基准资本提供的金额。

随着不断与一批又一批潜在合作伙伴的往来,诺依曼的推销模式日趋完美。

现场参观是关键。在一些有过创业经验的助理的指导下,诺依曼反反复复地推敲细节。他告诉员工要"激活空间"[1]——要让人们看到 WeWork 充满了生机和活力,要与过去那种毫无生气、枯燥乏味的办公室划清界限。

考虑到这一点,诺依曼的员工会指示会员在预定的参观时间出现在职场，有时是早上 9 点甚至 8 点半，这对 20 多岁的年轻人来说早得让人难受。如果参观的楼层有空桌子，诺依曼就让其员工搬来自己的笔记本电脑坐满一桌。这样一来，无论什么时候，楼层里看上去都挤满了勤奋的 WeWork 成员。WeWork 的经理们对办公室的音乐播放列表大费周章：音量要调整到令人愉悦，但又不能让人分心。

锦上添花的是突发活动。当前台员工接到"激活空间"的命令时，就意味着要立刻送入大量的比萨饼、冰激凌或玛格丽特酒，举办一个即兴的派对。经理随后向会员及其职工和 WeWork 员工发送一封电子邮件，让他们在公共区域聚集，享受免费食物——但没提及投资者也会在场。当身着牛仔裤的人们吃着冰激淋或喝着饮料相互攀谈的时候，诺依曼带着投资者们快速穿过喧嚣的人群，有时会说几句"这里有很多这样的活动"，然后带他们穿过玻璃走廊，经过可随时打开龙头享用啤酒的啤酒桶和游戏街机。

再往前走，诺依曼会领着投资者们来到他的办公室，在那里向他们解释公司业务及其快速增长的必然性。这些访客们往往西装革履，有些年龄大到可以做他的父母。他们坐在这个身穿牛仔裤和 T 恤、高大、长发、面带微笑的男人对面，惊讶于诺依曼的派头。与诺依曼相处的一两个小时是任何一般的房地产会议所无法比拟的。甚至没到中午，他就会拿出藏在办公桌后面的棕色酒瓶，里面装有 1942 年唐胡里奥龙舌兰，邀请他们来一点烈酒。他会说起阿什顿·库彻和其他演员或芝加哥的拉姆·伊曼纽尔（Rahm Emanuel）[2]等一些市长的名字。有时，丽贝卡和他的两个小女儿会在会议期间突然出现，拥抱他，或在他的办公室里跑来跑去。看上去，诺依曼是一个风趣而顾家的男人，温暖、正直、满怀希望，言语中也不乏出色的商业智慧气息。业主和投资者觉得，他看起来很懂年轻人。当时，"千禧一代"这个词才刚刚进入人们的视野，商界正争先恐后地想要解读这一代人。

诺依曼对他的客人大谈"We 世代"（We generation），这是他对千禧一代的简称。他说这些人寻找的是能带来满足感的事物，而不仅仅是一份工作和一张桌子。智能手机和数字化社交网络催生了一个孤独的时代，人们在屏幕前缺乏有意义的互动，而 WeWork 将提供解决方案。

他越来越多地将 WeWork 作为一家科技公司来谈论。他指出了 WeWork 与优步和爱彼迎等备受瞩目的初创公司之间的相似之处，认为 WeWork 的核心是共享空间。他告诉一些潜在的投资者，WeWork 也只是一个像脸书或领英一样的"平台"，可以通过这个平台提供会计和软件产品等服务，日后找到从支付租金的会员那里获得进一步收入的方法。

在媒体面前，他夸耀 WeWork 的公共意识。他恳请记者不要把 WeWork 描绘成一家房地产公司。2013 年，WeWork 聘请的一家公关公司接到指示：不要向房地产记者推销，而要寻找科技记者这类访谈人士来作报道。如果有报道提到 WeWork 是一家"房地产公司"或"房地产初创公司"，WeWork 的公关代表就要给记者打电话，要求他们改变描述。

实际上，WeWork 的技术并不先进。公司要组装一个基本的计费系统都很困难，更不用说建立一个顶级的应用程序了。但投资者并没有纠结于这些细节，因为它的宣传太有说服力了。

部分魅力在于诺依曼信誓旦旦地宣称，这个业务能够保持一定的增长速度。他说如果在波特兰这样的新城市开展业务，办公室几周内就会爆满。是否真能如此，他本人其实无从知晓，但他说这句话时非常自信，没有留下任何让人怀疑的余地。

"到 2020 年，"他说，"小企业、创业者和自由职业者将会占美国整个劳动力的 40%，他们都需要解决方案。"³

他美化了一些细节，就如他抛出的统计数字⁴，他提供的数据实际上是指公司如何依赖长期自由职业雇员而非全职雇员，这可能并不会影响联合办公的需求。但客人们通常都被他富有欺骗性的话语弄得晕头转向的，很少能当场提出更尖锐的问题。

诺依曼在 2012—2013 年进行了无数次这样的会议和演练。就像百老汇热门剧目的明星一样，他掌握了炉火纯青的表演技巧，他的舞台幕布日复一日地为新近吸引的"观众"拉开。

这种宣传方式使诺依曼受到了该市一些最大的不动产业主的青睐。经济衰退后的纽约仍然缺乏活力，租户数量鲜有增长，银行也仍在紧缩。大业主开始讨论起诺依曼这个精力充沛的人物——他为什么能让这样一个年轻的公司签下令人震惊的大额租约。他还与波士顿地产公司（写字楼业主巨头）的董事长兼《纽约每日新闻》的老板莫特·祖克曼（Mort Zuckerman）成为朋友，在祖克曼位于汉普顿的房子出入，讨论对该企业的可能投资。他与森林城市拉特纳（Forest City Ratner）和鲁丁管理（Rudin Management）这类公司的领导人聊天。对于这些纽约房地产业的巨头，诺依曼会解释他不是在竞争，而是在吸引那些通常在家里或咖啡馆工作的人群，这个群体对于业主来说过于分散。像基准资本一样，他们对诺依曼早期运营场所能获得可观的利润感到惊讶：正如他所说，每个地点的利润率都超过了 30%。这意味着，WeWork 每个月在办公室的租金和员工工资上每花 10 美元，该办公室就能从会员那里获得 13 美元以上的收入——这个数字并没包括 WeWork 在扩张和总部员工方面的所有费用。

他们对 WeWork 的增长速度也都印象深刻。该公司在 2012 年获得了 1 900 万美元的收入，到 2013 年年底这一数据有望超过 3 000 万美元。诺依曼渴望在未来发展得更快。毕竟，这是将 WeWork 的估值推得更高的好方法；投资者喜欢快速增长，会对快速扩张的公司给予溢价。

当然，保持快速增长的步伐将需要更多的投资。WeWork 在 2012 年实现了微薄的利润，在即将拿到的资金投入扩张的同时，又重新陷入亏损。基准资本为它提供了一个起点，但其风格并不是通过常年的一轮又一轮、越滚越大的筹集到的款项来资助一家公司。如果 WeWork 要继续向上攀升，它需要更多相信其能保持指数增长轨迹的投资者，这些投资者需要反复为其注入远超现有的资金。否则，WeWork 就会成为一架失速的飞机。

到 2013 年春天，WeWork 的雄心壮志让它找到了一个新的总部。公司在百老汇大街 222 号签署了一份超过 12 万平方英尺的大面积租约，其办公室也在里面。奥利弗·斯通（Oliver Stone）的电影《华尔街》——一部 20 世纪 80 年代对企业贪婪进行批判的作品，就是在这栋方正的曼哈顿大楼里拍摄的。诺依曼的办公室就在戈登·盖科（Gordon Gekko）宣称"贪婪是好事"的大楼里。

规模的扩大意味着公司正在耗尽基准资本的投资。诺依曼将额外筹资的任务留到了后期，最后的情况不容乐观。此时，WeWork 的账户上只剩下最多维持一两个月的现金。对于亏损的初创企业来说，筹款总是难度较高，而诺依曼在很多事情上都习惯性地推迟，所以这对他来说并不是非常出格的行为。但是，高级员工还是担心，如果诺依曼不能成功，整个公司就会解体。

尽管看上去手足无措，诺依曼却丝毫没有停下为 WeWork 的第二轮融资寻找投资者的步伐。用风险资本家的话来说，这被称为 B 轮融资,是继基准资本的 A 轮融资之后的又一轮融资。成功的初创企业通常会进行几轮融资,一旦走上盈利的道路就会公开上市。

令 WeWork 团队高兴的是,高盛集团(Goldman Sachs)有了兴趣。虽然该银行更多的是以运作 IPO 而不是投资创业公司而闻名,但它确实有一个部门负责将客户的资金投资于早期的创业公司。在向银行介绍了 WeWork 之后,诺依曼及其员工立马给对方打了电话会议,高盛团队说他们有意向以大约 2 亿美元的估值进行投资。

这是一个巨大的数字:比 6 个月前基准资本给 WeWork 的估值高出 1 倍多。诺依曼和麦凯威的联合实体仍然持有超过 1/2 的股份,因此这笔交易将给他们带来三四年前难以想象的巨大账面财富。对于任何年轻的公司来说,这笔估值都非常高,更不用说像 WeWork 这样只开了几个办公室的公司了。何况,仅凭高盛的名号就能打通很多其他的门路。

可是诺依曼想要更多,他思考良久,又给银行打了个电话。

"不行。"他对高盛团队说。

随后是一阵尴尬的沉默。诺依曼没有讨价还价,只是告诉他们这个报价太低。他感谢了他们的提议,结束了通话。

诺依曼的下属和顾问们对此大吃一惊,很是担忧。WeWork 现在面临着现金耗尽的风险,而诺依曼却不满足于 WeWork 只有 2 亿美元的估值。

但诺依曼没用多久就凑齐了所需资金。另一家硅谷风险投资公司 DAG 风投(DAG Ventures)公司在数月前就表示出对 WeWork 的关注。该公司以押注软件公司而闻名,经常投资已经得到基准资本支持的、有前途的初创公司。

DAG 认为 WeWork 的发展不错[5],也喜欢诺依曼的干劲。他们带来了一份邀约，准备以 4.6 亿美元的估值牵头投资 4 000 万美元。诺依曼很快就找到了其他能够以较小份额加入的投资人，因为他一直在争取大量投资者，增进自身信誉。加入该轮投资的有投资银行杰富瑞集团（Jefferies）、纽约的大型不动产公司鲁丁管理以及乔伊·洛（Joey Low）——一位在以色列很受欢迎的投资者，在纽约房地产界很有人脉。

到了 2013 年 5 月，就在高盛提出邀约的数周后，一切水到渠成。

WeWork 的高管这才长舒了一口气。诺依曼赌赢了，他还有什么做不到的？

第 8 章

以"我"为尊

随着 WeWork 的发展,亚当·诺依曼喜欢用的一句话是"'我们'(We)高于'我'(Me)"。他用这句话向资助者描述"We 世代"的精神,也用这句话来美化员工面对的无休止的工作日、一直开到凌晨的会议、为了开放新场地而进行的周末加班。在公司会议上,他对员工说他们正在共同创建 WeWork,这是大家的公司,而这有时意味着要为更大的利益做出个人牺牲。

他嘴上宣扬平等主义,背地里却在进行各种对自己有利的交易。

WeWork 在 B 轮融资中筹集到的数千万美元对公司的扩张至关重要——只有这样,一个小小的创业公司才具备面对更大竞争对手的资格。有了 4 000 万美元,WeWork 可以在很多领域一展拳脚。除了实现在全球开业的意图,它还需要招募新的员工以减轻团队负担——这个团队已经很久没有休假了。除此之外,还需要更多的人去开发诺依曼承诺的尖端技术。

但 WeWork 筹集到的 4 000 万美元并非全部用于扩张，其中有一大笔钱进了诺依曼的个人银行账户。

公司将最近筹集的资金的近 1/4（900 万美元）借给了"We 控股"[1]，这是诺依曼与麦凯威创建的实体，持有他们在 WeWork 的股份。诺依曼宣称，随着 WeWork 估值的上升，他将偿还这笔贷款。

事后看来，这预示着未来更多类似的现金提款。2012 年基准资本投资时，诺依曼和麦凯威已经各提取了 50 多万美元，但诺依曼以承诺不拿工资作为一种让步。而现在，他又抽出更大的数额用于个人用途。

这样的行为与创业公司的一般发展准则背道而驰。从历史上看，创始人在公司成立之初往往穷困潦倒，只有当公司规模成长得足够大、公司成功被出售或完成 IPO 时（在证券交易所上市），创始人才可以把钱提出来，这是常理。这种理念是为了让所有的投资者和员工能同时致富；而如果创始人先富起来，这可能会削弱他们的动力。

但诺依曼不想一等再等。他的董事会成员只有他自己、基准资本公司的友好创始人布鲁斯·邓利维和经营一家私募股权公司的朋友史蒂夫·兰曼，他们很容易被说动。对于一个现在估值为 4.6 亿美元的公司来说，900 万美元或许只是个小数目。毕竟业务进展顺利，公司估值也在不断上升。

董事以及任何熟悉诺依曼的人都清楚，他已经铺张过度，无法控制私人生活的支出。他似乎很想让丽贝卡开心，想回应她的期望，为不断增员的家庭创造舒适的生活。他们设想，也许这几百万美元可以缓解诺依曼的焦虑。

事实上，诺依曼和他的妻子一直奢靡无度。他一直认为自己注定要获得财富和名声。但现在，随着 WeWork 不断成功，投资者及其所注入的投资金额逐渐增加，诺依曼想要的也在不断增多。

诺依曼夫妇的许多朋友都比他们更富有。大约在 WeWork 开始起步的时候，夫妻俩便从东村的普通的公寓搬入位于翠贝卡的面积达 5 000 平方英尺的出租套房[2]。诺依曼说服了房东自掏腰包对这套房子进行翻新。他们把地板刷成深黑色，与带来的亮橘色家具形成鲜明的对比。墙上挂满了昂贵的艺术品，公寓还在《纽约客》获得了专题报道，其设计师莱瑟·罗森博格（Laser Rosenberg）称："亚当的公司 WeWork 负责建造厨房。"

但随着获投资金的注入，诺依曼夫妇将他们的消费提高了几个档次：旅行变得更加奢侈；诺依曼开始乘坐私人飞机，有时还借用他的新投资者朋友莫特·祖克曼的飞机，还给自己配了专职司机，出行乘坐 SUV（运动型多功能汽车）。

完成翠贝卡公寓的翻修后不久，这对夫妇决定在西村肖恩·帕克的聚会场所附近购买一座建于 19 世纪 40 年代的砖砌别墅。他们为这所房子支付了 1 050 万美元[3]，抵押贷款 840 万美元，并策划了一场漫长的翻修[4]，要求在屋顶上建一个豪华的平台，在上面种满树木，还要建造"婴儿车停车库"。

除了从 WeWork 借钱，诺依曼还找到了其他牟取私利的方法：利用 WeWork 签下的大楼。

大约在基准资本入驻的时候，诺依曼得到机会以个人名义投资 WeWork 在曼哈顿的一个早期办公地点——瓦里克街 175 号大楼。他召集了一群朋友和 WeWork 的投资者，花了大约 100 万美元购买了这栋大楼的一小部分股份。尽管有一些疑虑，WeWork 董事会（兰曼和邓利维）还是允许了，因为金额不大。

此举并不属于良性的财务结构。这笔交易意味着 WeWork 要使用投资者的钱向诺依曼个人拥有一部分的大楼支付租金。而且这还存在很多隐患，比如使未来的谈判变得尴尬，因为诺依曼同时处于交易的两端，他可能会出于个人动机让 WeWork 支付比通常更高的租金。

这笔股权很快就获得了丰厚的利润。1 年后，大楼的所有者决定出售大楼，诺依曼也是该物业的经理，因此有权获得巨大的收益份额。这笔大约 100 万美元的投资变成了 300 多万美元，诺依曼获得了一笔巨大的意外之财。

看到能通过这种方式轻松赚钱，诺依曼就想故伎重施。WeWork 在选取其在芝加哥的第一处出租空间时，诺依曼就盯上了当地的一座大楼。当地开发商杰夫·沙巴克（Jeff Shapack）正试图购买位于市中心以西的前肉类包装区的一栋建筑，并加以改造。这片区域以鹅卵石街道和年轻人聚集而出名。诺依曼同意让 WeWork 租他的房子，只要他能和沙巴克共同购买该建筑的股份。诺依曼再次站在了交易的两边：一边是用自己的资金成为房东；另一边又作为租客签署合约，用基准资本和其他投资者的钱来支付租金。

这一次，投资者踩下了刹车。迈克尔·艾森伯格劝说诺依曼打消这个念头，说这种财务结构看起来很糟糕。如果 WeWork 真的想成为一个大型企业，这种利益冲突会吓跑未来的投资者，还会引发各种棘手的问题。如果 WeWork 需要就租约进行重新谈判怎么办？诺依曼的公司会与一个部分由诺依曼拥有的实体进行谈判吗？

但由于交易早已在进行中，董事会表示将由 WeWork 代替诺依曼来购买股权。之后，他们告诉诺依曼，WeWork 不应该动用资金来购买房地产。

2013 年 8 月中旬，一架水上飞机在拉奎特湖（Raquette Lake）上空盘旋。这里是阿迪朗达克山脉（Adirondack Mountains）中一个风景如画的度假胜地。飞机滑到水面上，缓缓停下，在水面上上下浮动。亚当·诺依曼走了出来。而在纽约市以北 275 英里①处，WeWork 正在举办以夏令营为主题的派对，所有员工和会员都受到了邀请。员工可以免费参加，会员则需支付一点象征性的费用加入，西海岸的新会员们甚至得到了机票补贴。随着更多的风投资金到手，WeWork 想向会员和员工展示，它与那些毫无生气的企业集团截然相反。

这家初创公司接管了整个夏令营——这里归房地产主管马克·拉皮杜斯（Mark Lapidus）的家族所有，他是丽贝卡·诺依曼的表亲。数百名与会者在曼哈顿的街角等待，而后由一队绿色大巴车接走。车程将近 5 个小时，但自由供应的酒水 5 可以帮他们消磨时间。

穿过山脉来到广阔的拉奎特湖后，乘客们下车坐船渡至湖对面的小木屋前。这些度假小屋里装满了一个 12 岁的孩子梦寐以求的一切。3 天里，参加者可以轮流玩射箭、参加高空绳索课程、攀岩、游泳、划船、骑摩托艇和玩垒球。整个周末都有吃馅饼比赛和大型团队游戏，人人都喝足了酒水。诺依曼像地主一般在营地周围巡视，看到与会者在那里排队等待船只带他们去滑水，或去湖中的其他地方，他还会插到队伍的最前面。

到了晚上，营地变成了一个音乐节现场，激光灯和烟雾机一应俱全。他们请来了 8 个乐队，组成独立摇滚乐团体——既有"啦啦喧闹"（Ra Ra Riot）乐团这样的顶流，也有像白熊猫这样的电子舞曲（EDM）乐队。观众戴着荧光头带跳舞。

当 Ra Ra Riot 表演时 6，诺依曼让他们暂时放下自己的曲目，演奏起"旅程"（Journey）乐队的《继续相信》（*Don't Stop Believing*）。首

---

① 1 英里约为 1.6 千米。——编者注

席执行官在舞台上与乐队一起歌唱。

诺依曼的贵宾（VIP）待遇——即使是在露营地——也与他的联合创始人身份形成了鲜明的对比。米格尔·麦凯威没有坐飞机来，而是选择和员工们一起坐大巴。大约从那时起，诺依曼不再向麦凯威通报某些关键决定，有些决策都是与WeWork董事私下讨论时做出的。当得知诺依曼在正式会议前就与董事会成员共进晚餐时，麦凯威常常感到惊讶。

即便表面之下有一些不和谐的声音，但对于聚集在北部狂欢的WeWork拥趸来说，那都并不明显。其中一晚，诺依曼站到乐队舞台上[7]，向大家致辞。

"谢谢，谢谢。你们的参与，才让这件事意义非凡。"他握紧麦克风，笑容洋溢。

他将目光投向下面的人群，呼喊道："我们每一个人都知道，要想在这个世上获得成功，就得去做有意义的事。我们每一个人选择站在这里就是因为这件事有意义，因为我们想做些实事，想让世界变得更好。"

他的声音越发洪亮，语速越发加快地补充道："我们还能一边做实事一边赚大钱！"

欢声雷动。

第 9 章

共同基金抢购

2014 年 2 月，亚当·诺依曼又得到了好消息。2 月 1 日，WeWork 在 3 个新城市开业，在原有纽约、洛杉矶和旧金山的基础上进一步扩张到了波士顿、华盛顿特区和西雅图。公司的金库不断被填充，诺依曼又一次筹集到了资金，这次的估值更加惊人。WeWork 现在正式成了"独角兽企业"——这是硅谷对价值超过 10 亿美元的初创企业的称呼。

为了获得这个新称号，诺依曼接受了新的资金来源：摩根大通（JPMorgan Chase）。该银行的资产管理部门，实质上是银行内部的一个私募股权集团，代表外部投资者投资了数十亿美元的资金。拉里·尤恩（Larry Unrein）是一位长期从事私募股权投资的高管，在转投摩根大通之前负责监督 AT&T 退休基金的投资。他一直希望投资 WeWork，但先前的提议没有得到银行其他人的支持。当 WeWork 想要进行 C 轮融资时，它的业绩已足以让银行信服，于是银行为尤恩开了绿灯。银行牵头向 WeWork 投资了 1.5 亿美元[1]，而其估值现在达到 15 亿美元。这是一笔巨大的资金，是 WeWork 4 年来融资的两倍多。

员工们对此很高兴，他们的老板善于以高额估价赢得财力雄厚的投资者。多亏了他的魔力，大家方能生财。对持有股票期权的员工来说，他们股票的现价是两年前基准资本投资时的 10 倍以上，至少在纸面上是如此。WeWork 成立仅 4 年，就已经成了价值 15 亿美元的公司，一如诺依曼在开设第一座大楼时所设想的那样。

但诺依曼追求的不止如此。爱彼迎很快就会获得 100 亿美元的估值[2]，诺依曼认为自己也要达到这个高度。他越来越多地将 WeWork 描述为一家科技公司。他告诉投资者，WeWork 是共享经济的一部分，它需要办公室，正如优步需要汽车、爱彼迎需要公寓一样；还说 WeWork 的技术是最前沿的。这位几乎不会使用苹果笔记本（MacBook）的企业家毫不费力地将技术因素加入了自己的推销话术。

WeWork 提供的是"空间式服务"[3]，这是对硅谷正在兴起的"软件式服务"商业模式的一种仿照。此外，WeWork 在宣传幻灯片里称公司的"每一层级都由技术驱动"。在这些介绍中，WeWork 在苹果手机和笔记本的截图中整齐地展示出数据，仿佛它们是使用办公空间的必要工具。

有了攀上高端技术的营销神秘感，以及金融系统对创业公司的渴求，诺依曼在获得摩根大通 15 亿美元估值的几个月后，就开启了创业公司历史上更加令人震惊的增值盛宴。在短短的 16 个月内，尽管业务的轨迹没有什么变化，WeWork 的估值膨胀到 50 亿美元，进而又膨胀到 100 亿美元。

促成这一切的，是一个出人意料的新角色：共同基金（Mutual

Funds），它能向硅谷创业公司注入资金。

2015年年初，加文·贝克（Gavin Baker）感到很沮丧。贝克是巨型共同基金管理者富达投资公司（Fidelity Investments）的经理，负责明星投资组合，他刚刚从一位银行家那里听说，他最大的竞争对手亨利·艾伦博根（Henry Ellenbogen）最近[4]投资了一家他从未听说过的共享办公空间公司：WeWork。艾伦博根的公司普信集团对其估值为50亿美元。

这笔交易标志着诺依曼组织的D轮快速融资的结束。诺依曼带着他那套充满科技感的幻灯片向艾伦博根推销了自己的理念，即WeWork不是乏味的房地产企业，而是对共享经济的一种押注。艾伦博根对WeWork的快速增长印象深刻，他向《华尔街日报》吹嘘说，任何看到WeWork财务状况的人都会"把它比作一个品牌或科技公司[5]，比如奇波雷墨西哥烧烤（Chipotle）或优步那样"。优步已经变得炙手可热，其估值在2014年年底飙升至410亿美元，成为美国最有价值的私人投资、风险投资支持的创业公司。

贝克精力充沛、好胜心强，长期以来一直对富达不像普信那样争取合作而感到沮丧。他给富达公司的私人市场团队发了一封电子邮件，问他们为什么没有看到WeWork公司的推介，也没有见过它的首席执行官。他认为富达公司需要和它的竞争对手站在同一起跑线上，在初创公司寻找新的投资时要把其中最热门的挖走。他不想再错过这样的公司。

如果贝克和艾伦博根（两人都是备受尊敬的共同基金经理）能早几十年在各自的公司里发达，他们就不会涉足初创企业领域，而是会专注于挑选股票——寻找那些在纳斯达克（Nasdaq）或纽约证券交易所（New York Stock Exchange）交易的顶级公司。在那些地方，公司的财务状况是公开的，全世界都可以看到。

自20世纪20年代以来，共同基金为投资者提供一种低成本的方式来买卖一揽子股票。[6]这些基金让美国人有机会把钱存起来，交给专业人士来做赌注。富达公司的创始人爱德华·约翰逊二世（Edward Johnson Ⅱ）把他的投资组合经理比作小提琴演奏家[7]——他们被授权按自己的意愿下注，各自演奏自己的旋律。几十年来，许多家庭将他们的退休储蓄和额外现金委托给富达、普信和先锋集团（Vanguard）的共同基金经理，即这些"演奏家"们——美国人财富的监护人。

但到了20世纪90年代[8]，共同基金经理的业绩经常为标准普尔500指数和纳斯达克指数等更广泛的股票市场指数所超越。由先锋集团创始人杰克·博格（Jack Bogle）倡导的指数基金，让许多人质疑共同基金经理所谓的才智。投资者不再向共同基金支付高额的费用，而开始倾向于为那些仅仅追踪上市公司指数的一揽子股票支付小额费用。像贝克和艾伦博根这样的"主动型经理人"正在失去阵地，他们能管理的资产也被这些被动型基金掠走。

此外，可供挑选的实际股票也变少了。1997年，在美国上市的公司数量[9]冲到了9 113家的高峰。当贝克和艾伦博根分别在2009年和2010年开始管理其机构的知名基金时，随着私人资本变得更加丰富，且高管们试图避免来自公开市场的额外报告压力，这一数字已经下降了1/3，降至不到6 000家。

大约在这个时候，艾伦博根做了一个有助于开创共同基金新时代的举措。早在推特的2013年IPO之前，他监督了2009年对推特的投资[10]，当时它还是一家私人公司。在推特的股份最终为艾伦博根带来了巨大的收益。到2015年，它的回报超过了普信投资的10倍[11]；到2017年，达到20倍[12]。

通常情况下，对像推特这样仍处于私有状态的公司进行投资，完全属于风险投资公司的领域。传统做法下，风险投资公司会在头几年资助初创企业，帮扶其上市，然后将接力棒交给规模更大的共同基金，后者会在公司（诸如上市后的亚马逊和谷歌等）进行IPO时购入股份。然后，风险投资家通常会卖掉他们的股份，让新的投资者入局。

但艾伦博根在推特上获得的回报令人咋舌，吸引了保守派共同基金界的注意。随后，脸书在2012年进行了IPO。当这家社交网络公司上市时，它的估值已经达到1 040亿美元[13]，获得美国公司上市时的最大估值。它已经成长为一个比惯常看到的私人公司大得多的企业。

这甚至与20世纪90年代末形成了巨大反差。例如，亚马逊在1997年上市时的估值仅为4.4亿美元[14]。这就让早期进入公共市场的投资者最终获得了超过千倍的回报。对脸书来说，这种早期成功的受益者则是私人市场的投资者，公共市场投资者的增长空间较小，因为它在纳斯达克上市时已经有了巨大的规模。

共同基金已经厌倦了错失机会。数年里，他们一直在给指数基金输钱。他们分析，要打败股市的一个好办法是购买不上市的公司。毕竟，私人投资市场不仅仅是通过经纪人进行买卖，而是受各种关系的制约，首席执行官可以挑选他们想要的投资者。交易是关于价格和条款的谈判，而不只是为几只股票下购买订单。

因此，许多共同基金向初创企业提供了资金流。他们声称只会把一小部分资金投入这个领域。但是，即使投入的只是他们所掌管的数万亿美元中的一小部分，也意味着有大量资金突然涌入科技公司或者任何可以冒充科技公司的企业。到了2015年，共同基金对风投支持的私营公司的投资从20年前的1 600万美元增加到了80亿美元[15]。这对共同基金的总投资来说微不足道,对风险投资行业来说却是一大笔钱,因为他们这个行业一年筹集的金额仅 380 亿美元左右[16]。

共同基金投资现金的涌入,将创业公司已达巨额的估值推得更高。这种情况风险重重。通常投资上市股票的共同基金经理通过数字计算、深入的财务分析和保守的长期方法去了解他们的交易对象。当然,他们可以在公共市场中被富有魅力的首席执行官征服,但这位高管仍然必须在每个季度披露大量的财务数据。首席执行官可以向公众投资者推销他的梦想,但也很容易被自己必须报告的数据揭穿。

相比之下,私人市场对于哪些指标必须报告,或哪些披露必须进行,缺乏真正的指导准则。美国证券交易委员会(SEC)和司法部可以处置公然的欺诈行为,除此之外,投资者基本上就得自行判断。而他们都在争夺同样的热门公司,其判断力必然会受到重大影响。

此外,私人市场的投资者无法像对公共市场那样即时买卖股票。这不仅会使共同基金困在糟糕的投资中,也很难确定一家公司的真实估值。投资者不得不对公司未来上市后的交易情况做出合理预测,而这,就是他们对公司的估值。

在这个领域,某些创始人大放异彩。由于需要披露的信息较少,私营公司可以刻意显示收入的增长,专门呈现投资者希望看到的细节,而对促进增长的开支提供的细节较少。首席执行官在很大程度上是在推销公司的"故事",描绘世界如何朝着对其有利的方向变化——无论是汽车所有权的过时,还是居家式酒店房间的吸引力。首席执行官总会说,收入将不断增长,利润也肯定会随之而来。

寻求大笔资金的初创公司相对稀少,这进一步加剧了风险投资行业的混乱。像富达(Fidelity Investment)这样的巨型投资公司希望花费数十亿美元,当然不想浪费时间以 1 000 万美元为单位再进行投资分配。鉴于能够一次性吸收 2 亿美元的公司相对较少,能够接受大额支票的初创公司对共同基金的经理吸引力就更大了。

贝克目睹了艾伦博根在这个新游戏中获得的成功和广泛赞誉,明白找到下一个推特或脸书这种公司的重要性。争取科技创始人成为其工作的一个关键部分。贝克后来对《华尔街日报》说:"在风险投资和私人投资中,最重要的是你是否获邀参与游戏。"[17]

能不能入门是最重要的。

2015 年春天的一个周五下午,贝克终于有机会一见诺依曼。

第一次向贝克介绍 WeWork 的银行家当时在帮助诺依曼的公司筹集新一轮资金,在贝克表示出兴趣后,他安排其第一次与 WeWork 首席执行官诺依曼会面。诺依曼来到位于波士顿金融区的富达公司总部 11 楼的一间会议室。贝克进来后,诺依曼对他说有一些事要一吐为快。诺依曼说,富达公司的人其实早就看中了 WeWork 的融资,和普信集团看中的是同一轮融资,但这一点贝克当时并不清楚。诺依曼进而解释道,他之前与富达员工的会面经历很不愉快,那些人根本不了解 WeWork 的业务,甚至都不愿意去了解,而且他们看起来蔫头耷脑的。

贝克戴着眼镜、留着胡子,比起那些西装革履的传统基金经理更容易与企业家沟通,他对此感到自得。他是一个年近 40 岁、情感热烈、性格外向的人,能和拥有远大理想的创始人相处融洽。正如他喜欢对创业者说的那样,投资领域于他是一条偶然步上的职业道路。从前在达特茅斯学院读本科时,他一直想象自己会成为一名滑雪教练[18]或登山向导。

贝克对最初错过 WeWork 的投资感到懊恼,开始着手赢取诺依曼的好感。他请诺依曼再给富达公司一次机会。诺依曼平静下来，对贝克说："与第一次相比，我从您这里感受到的能量大为不同，真是令人振奋。"

诺依曼开始向贝克讲述 WeWork 的故事。在诺依曼讲话时，贝克向富达公司内部其他基金经理发送了一封电子邮件。不到 15 分钟，诺依曼就被贝克的近 10 名同事包围了，其中包括管理富达最大和最成功的基金之一的威尔·达诺夫（Will Danoff），以及负责监督富达私人资本工作的安迪·博伊德（Andy Boyd）。会议结束时，贝克和达诺夫与诺依曼约定下周五再次会面，并参观 WeWork 在波士顿的一个办公地点。

在那次参观中，贝克、达诺夫和其他许多富达员工快速游览了 WeWork 的办公室。各楼层按计划都挤满了人，热闹非凡。诺依曼的每句话都戳中了富达团队。他向他们讲述如何重新设计富达的办公室，从而促进生产力、加大对年轻员工的吸引力——如何让他们也可以拥有像 WeWork 一样充满活力的社区。

会议结束时，达诺夫和贝克被说动了，认为这项投资前途无量。虽说还需要做进一步的工作，但他们仍向诺依曼发出了强烈的信号，即富达公司将会加入投资。

富达公司里并非每个人都这么乐观。负责私人市场部的安迪·博伊德在 2014 年评估 WeWork 时，她和团队中的一位分析师无法算出 50 亿美元的估值。这次他们的观点没有改变，这位分析师甚至提交了一份备忘录，详细说明了她对该公司的许多担忧。WeWork 的收入与物理空间挂钩——它更像一家房地产公司，而不是科技公司，所以给出的估值实在过高。即使有很高的入驻率和极少的营销支出，每栋大楼也只能产生有限的收入，和一款软件能带来的收入差距甚远。

但在 2015 年，诺依曼的故事吸引了达诺夫和贝克，这两位备受关注的投资者对 WeWork 的数据有了更多看法。富达看到了一些风险，但许多顶级投资者已经入局，WeWork 的数据看起来也很可观，现有的办公地点带来的收入已超过了它们的运营成本。更重要的是，WeWork 的收入正在飙升，其利润预测也令人瞠目结舌。据预计，WeWork 的收入将从 2014 年的 7 300 万美元[19]增加到 2018 年的 28 亿美元。鉴于其大楼的利润率如此之高，WeWork 在 2018 年的利润有望超过 10 亿美元。

最终，贝克和达诺夫的观点胜出。在诺依曼推销的"故事"中，大获全胜的可能性盖过了博伊德及其团队分析师的内部疑虑。很多像优步这样的公司的估值都呈爆炸性增长，因为其他投资者都相信它们的非凡潜力。对这两位基金经理来说，这是共同成就伟业的机会。如果诺依曼是对的，WeWork 将变成一家 1 000 亿美元的公司，这会让他们和富达公司都名利双收。如果他错了，也算不上大额损失。因此，这场赌注值得一搏。

投资最后得到了通过。

贝克带来的富达基金投入了约 1 000 万美元，达诺夫带来的大型富达基金则投入了 2 亿多美元。这对两位经理来说都是小数字，但对 WeWork 来说却是巨额支票。在凑齐其他投资者的注资，使投资额超过 4 亿美元后，WeWork 于 2015 年 6 月 24 日公布了此轮融资的情况[20]。普信的交易使 WeWork 的估值达到 50 亿美元后仅 6 个月，富达的投资使 WeWork 的估值达到 100 亿美元[21]。该公司被提升到一个全新的层级。

突然间，WeWork 成为全美国第七大最具价值的创业公司，如今人们会把它与爱彼迎、优步和快拍相提并论,其价值超过了估值90亿美元的血液检测公司西拉诺①(Theranos),也超过了除少数几个公开交易的办公室业主之外的所有公司。即使波士顿地产是美国最大的公开交易的办公室业主,其当时的估值也只在200亿美元的范围内。WeWork无疑成了纽约市最有价值的创业公司。

诺依曼本人在当时的纸面身价约为30亿美元[22]。

引入这些新资金之余,这几轮筹款也是诺依曼在另一个领域的非凡胜利。这两笔交易提高了他在公司内部的地位,并使他的个人银行账户余额大增。

看到共同基金对创业公司趋之若鹜,诺依曼为这些交易增加了条件。他也想卖掉一些自己持有的WeWork股份,还想以基金投资时的估值出售这些股份。他想从每家投资基金那里得到数千万美元。

普信询问诺依曼为什么需要这么多钱,这毕竟是一个不寻常的举动。优步的特拉维斯·卡兰尼克(Travis Kalanick)曾特意告诉投资者和员工,为了证明他对公司的承诺,他没有出售任何股份。但诺依曼解释说,这只是他整体持股的一小部分,只是几个百分点,而且这些股份所换来的钱中有数百万被指定用于慈善。诺依曼对他所资助的慈善事业一反常态地保持沉默:他喜欢保持匿名,很少披露他所捐献的对象,只说捐款的接受者包括与患病儿童和卡巴拉中心有关的团体。

---

① Theranos公司首席执行官兼创始人伊丽莎白·霍尔姆斯(Elizabeth Holmes)在其19岁(2003年)时即上大学时省下的一笔钱创办了这家公司。霍尔姆斯一度是硅谷最受瞩目的女企业家,她声称成功研发了足以颠覆医学界血液检测领域的顶尖技术,只要从病患指尖采集一滴血,便可准确测出数百种健康数值。其创办的Theranos公司吸引了大批投资人,其最高市值曾达到90亿美元,账面达45亿美元。然而随着成品迟迟无法交付,以及《华尔街日报》刊出的其内部员工爆料,霍尔姆斯的谎言和有缺陷的血液检测结果被揭露。2016年,美国证券交易委员会(SEC)以欺诈投资者和患者为由,指控霍尔姆斯及其前男友、Theranos首席运营官桑尼·巴尔瓦尼犯下11项重罪。2019年,Theranos彻底关闭。

在其他时候,他只是把钱拿出来帮助别人,当同事或朋友需要做手术时,他就为他们支付顶级医师的费用;其余的钱会不时用于一些奢侈品消费,如私人飞机旅行。他告诉他们,他个子很高,乘坐商业航班很不舒服。

诺依曼的董事会成员和以往的投资者对此表示担忧,但还是准许他售卖股票。诺依曼控制的主要实体——"We 控股"和另一个指定用于其慈善事业的实体——在与普信和富达的交易中卖出了 1.2 亿美元[23]。这是在摩根大通牵头的一轮融资中提取的 1 400 万美元之外的资金。

与共同基金的交易也使诺依曼获得了更多的控制权。在普信加入之前,诺依曼已经控制了公司 50% 以上的股份,牢牢占据主导地位。但鉴于普信购买了 WeWork 公司相当大一部分股份,其投资可能会打破现有的平衡。诺依曼随后规定,所有来自现有投资者的股份的投票权是标准股份的 10 倍。这对基准资本这样的现有投资者并没有什么影响,因为这样一来他们的投票权也在增加。

当富达公司入场时,诺依曼想再次改变条款。他在新任首席法务官詹·贝伦特(Jen Berrent)的帮助下又设计了一种结构。这位 40 出头的律师性格粗暴、干劲十足,在担任某家律师事务所合伙人时曾与 WeWork 合作。诺依曼以及其他一些早期投资者的股份将被列入一个单独的类别,每股按 10 票算。这样一来,包括基准资本和富达在内的大多数其他投资者的股份则是每股 1 票,而不是 10 票。按照贝伦特的设计,这种结构将使诺依曼在未来几年内继续掌控公司。他拥有约 30% 的股份,但即使他将其出售到只剩约 5%,他仍能完全控制公司。

因为需要董事会的批准,诺依曼在将这一新结构推向董事会时很有手段。他向富达公司解释了共同基金如果想投资就必须遵守这个新的结构，之后向董事会提出了这个要求。他告诉董事们，新的投资者已经同意这一变化，现在董事会的其他成员也应同意。

基准资本公司的布鲁斯·邓利维很惊讶，也很不高兴。邓利维劝诺依曼，说他并不需要这种程度的控制权，这种权力甚至可能反过来伤害他。邓利维试图为诺依曼描绘一幅黑暗的图景，想让他知道拆掉一切护栏会有什么后果。

他告诉诺依曼，"绝对的权力会带来绝对的腐败。"这是英国历史学家约翰·达尔伯格－阿克顿（John Dalberg-Acton）的名言。

诺依曼的回应则是指出他在基准资本身上看到的虚伪。基准资本同时也支持快拍和优步，而这两家公司的首席执行官拥有更强的投票权，从而能够牢牢控制自己的公司。来自共同基金和其他机构的大量资金的涌入，使硅谷的权力平衡发生了变化。那些看起来合拍、做起事来也合拍的创始人，拥有果断的领导力、广阔的视野，对那些渴望在下一个史蒂夫·乔布斯身上下注的投资者有很大的影响力。马克·扎克伯格在脸书上市的几年前就向俄罗斯投资者出售股份以换取这些股份的投票权，从而巩固了他对脸书的控制[24]。他还拥有 10 倍于标准股的投票权股份。优步的特拉维斯·卡兰尼克和快拍的埃文·斯皮格尔（Evan Spiegel）也做出了类似的安排。诺依曼正试图建立与谷歌同等规模的公司，而谷歌的创始人是能够控制投票的。

所以为什么他就不行呢？

邓利维的态度软化了，他向诺依曼保证他不会对这种结构投反对票。让诺依曼再重新制定条款可能会让新的投资者产生疑虑，而其他热门创业公司的首席执行官也确实有类似的举动。正如诺依曼所希望的那样，董事会随后签署同意了这一举措，交出了他们的权力，给了创始人完全的控制权。此举后来被证明是一个转折点，对 WeWork 的未来有巨大影响，就好比让一位青少年得到一辆加满油的跑车。

2015年4月的一个周末晚上，在准备敲定与富达的交易时，诺依曼在他的办公室举行了一个即兴的庆祝活动。

晚上9点左右，在位于曼哈顿下城百老汇222号的WeWork总部，只有少数几个员工还在工作。诺依曼把他的几个亲密朋友和同事拉进自己的办公室，把他们招呼到自己的酒水推车前。他们大声播放嘻哈音乐，痛饮龙舌兰烈酒，这个小型聚会变得越来越喧闹。一位高管把扬声器举过头顶，站到桌子上跳舞。

米格尔·麦凯威和正在交谈的同事走出诺依曼的办公室，以便能听到对方在说什么。透过将诺依曼的办公室与几十张办公桌隔开的玻璃墙，他们看到诺依曼拿着一大瓶龙舌兰酒，向后蓄力，准备砸出去，麦凯威侧身避开。片刻后，诺依曼丢出了瓶子，打碎了三块玻璃中的一块，碎片飞溅到了公共办公区，但没伤到麦凯威。

另一名员工紧随其后。瓶子撞到了中间那块玻璃的2/3处，蓝色的玻璃碎片立即如瀑布般落到地上。随后，第三个瓶子也被扔出，将分隔诺依曼办公室的整面玻璃墙都打碎。房间里传来欢呼声。

WeWork的一名清洁人员走了过来。丽贝卡·诺依曼的姐夫、高级主管克里斯·希尔（Chris Hill）跑出来，告诉她不要担心，他们自己会打扫的。

到了早上，三块新的有机玻璃已经到位，地板上的碎片也已经被清理干净。除了技术小组的一名成员询问自己的电脑显示器为什么会裂开，前一晚的放肆没有留下任何痕迹。

诺依曼进入了他的新时代。他有更多的钱可以乱砸，有更多的人会跟在他身后替他收拾。

第 10 章

泡沫膨胀

马克·迪克森（Mark Dixon）对眼前之事表示费解。

这位 55 岁的雷格斯公司（Regus）首席执行官无法理解他在媒体上不断看到的这家公司。它的估值这么高，业务却这么简单。他想："这不就是个出租办公空间的企业，顺便提供咖啡和酒水吗？内部定有隐情，而不是表面上看到的这么简单。我漏掉了什么呢？"

迪克森不是一个旁观者，雷格斯公司是世界上最主要的服务式办公空间的供应商。该公司从业主处租赁空间，将其装修成小型办公室，再以高价转租给其他公司。自 1989 年成立以来，迪克森已将公司的业务范围扩大到 104 个国家，租赁空间达 4 000 万平方英尺，相当于 13 座帝国大厦的面积。该公司利润丰厚，发展迅猛。股票市场对雷格斯的估值远远超过 25 亿美元。

WeWork 的规模只是它的一个零头。2014 年年底时，租用雷格斯的办公桌的人数是这家新宠创业公司的 14 倍，而且雷格斯的成立时间也比 WeWork 早 20 多年。然而，WeWork 的价值是雷格斯的 4 倍。

怎么会这样呢？

迪克森是个讨人喜欢的、乐观积极的商人，有着亚麻色头发和圆润的下颚。他出身于英国工人阶级，如今生意遍布全球，成了拥有摩纳哥大片地产和多个葡萄园的首席执行官。他 16 岁时辍学[1]，做起了三明治配送生意，后来从这个依靠自行车的小生意转向热狗生意。从中，他意识到面包能赚钱，转而成了一个规模相当大的面包制造商。再后来他又卖掉了那家企业，远离了烹饪业，因为他在租赁办公空间的世界里看到了潜在的财富。

1989 年，他进入欧洲大陆，在布鲁塞尔开设了一家商业中心，向小型企业出租办公室。他会租赁一个场地，进行装修，并安排好电话等服务设施，短期分租者则支付溢价以利用"拎包入驻"的空间。这就是简单的房地产套利。迪克森以低价租入，花点钱来修饰空间，让屋子看起来足够吸引人，然后以明显的高价进行转租。

他也不是第一个想出这个套路的企业家。事实上，这些企业确实对乐观和有魅力的创业者有奇特的吸引力，他们在经济繁荣时建立起这些企业，在经济衰退时看着它们土崩瓦解。

该行业最引人注目的先驱是一位名叫保罗·费根（Paul Fegen）的南加州律师，他在 20 世纪 70 年代为小型律师事务所快速地建立了巨大的办公空间中心。费根利用他膨胀的财富不断举办大型派对[2]。有一次邀请了 1 400 人[3]，并由好莱坞造型师为其剪去长胡须，为客人助兴。还有一次，他租下了一个滚轴迪斯科舞厅，与会者包括《财富之轮》（*Wheel of Fortune*）的范娜·怀特（Vanna White）。不过，他的快速扩张没能长久。在房地产萧条时期，他的公司于 1982 年破产[4]。费根后来成了一名魔术师[5]，在《美国达人秀》节目中展示他的纸牌技巧。

十几年后,雄心勃勃的迪克森看到了这一商业模式的吸引力,凭借技巧和时机的结合,他的想法很快就得到了验证。市场的这一需求很高,多年来他依靠自筹资金进行扩张,将雷格斯的名字传遍了欧洲。20世纪90年代末,硅谷的互联网热潮导致全球对科技创业公司和其他公司的需求激增,他大举进军美国。大公司开始热衷于这个概念,当他们转向提供卫星办公室(Satellite Office,即附属办事处)的供应商时,雷格斯获得了大量涌入的新客户,公司的规模和收入每年几乎都要翻一番[6]。作为一个和蔼可亲的推销员,迪克森用他的宣传赢得了业主和投资者的青睐:雷格斯处于颠覆个人工作方式的前沿。

整个行业也在增长。众多的美国运营商纷纷涌现。网络公司和其他公司在他们的办公室里支付着可观的租金。弗兰克·科特尔(Frank Cottle)曾建立了自己的服务式办公室网络,后来被雷格斯收购。他说迪克森对持续发展有一种特别的渴望[7]。"如果马克需要砍掉一棵树,即便他全身只有一把锤子,他也会砸到树倒了为止。"

迪克森向他的听众宣扬,公司签署长期租约的旧模式正在走向衰落。小公司的员工太少,无暇顾及办公室管理,而大公司喜欢短期租赁的灵活性。硅谷杂志《快捷公司》(*Fast Company*)在一篇长篇报道中宣布雷格斯是"办公室的未来"[8]。英国报纸则不断对迪克森和雷格斯进行介绍。迪克森曾经说:"如果我们的眼光正确,我们就有机会改变世界。"

2000年雷格斯在伦敦证券交易所上市时,投资者对其快速增长倍感兴奋,给予该公司超过20亿美元的巨大估值,达公司年收入的4倍,属于相当高的标准。就像一代人之后的亚当·诺依曼为WeWork所做的那样,迪克森对投资者说,公司的价值应该是其收入的10倍,接近于网络公司的比值。不过,即使对股市的估值感到失望,迪克森还是坐享其成。他在英国最富有的人中位列第十[9]。

网络公司萧条期随之而来。雷格斯的初创公司的租户集体蒸发,而大公司则从相对昂贵的雷格斯空间中撤退,回到签署长期租约的标准建筑中。鉴于雷格斯的快速增长,该公司基本上都是在租金高峰期或接近高峰期时签订租约,这意味着即使收入急剧下降,它仍然面临着巨大的月度账单。迪克森一直宣称雷格斯的业务是不受经济衰退影响的,但他的雄心壮志和乐观主义正遭到近乎残酷的现实考验——亏损激增。雷格斯美国分部申请了破产保护,其在美国的主要竞争对手"全球办公场所总部"(HQ Global Workplaces)也申请了破产保护。雷格斯的股票从最高点暴跌98%不止,几乎归零。

如果雷格斯是办公室产业的未来,那么这个未来还离得相当遥远。

迪克森逃过了破产的命运。虽然遭受重创,但他并没有崩溃,重组了租约并重建了公司。这一次,他追求更温和的增长,因为他深刻地认识到,对于一个可持续发展的企业来说,每年翻一番,这个速度太快了,尤其是从转租中获得的资金可能会转眼间消失。他在与业主的交易中加入了更多优惠条款。当2008年经济衰退到来时,雷格斯的情况比之前的经济衰退要好得多,这表明,只要增长适度且可持续,办公室套利业务在经济衰退中也能继续运作。

2014年,当WeWork从互惠基金中筹集资金时,雷格斯已经在适度增长中享受了多年的利润。它的规模成长巨大[10],在世界各地有超过30万张办公桌供出租,年收入超过25亿美元。

它在市场的主导地位使得WeWork从无到有的崛起变得更加令人困惑。从各种指标来看,WeWork的价值要高得多,但其规模却小得多。以100亿美元的估值计算,该公司每个会员(或雷格斯所说的"占用的办公桌")的价值大约为30万美元,而雷格斯这边,同样计算的结果是每个会员大约值1万美元。最令人吃惊的是,WeWork的估值是其2015年年收入的50多倍[11],即使对于一家蓬勃发展、盈利的软件公司来说,这也是一个令人难以置信的数字。雷格斯的估值还不到其收入的2倍。

突然间,每个人都在问迪克森有关WeWork的情况。分析师在财报电话会议上问起它,投资者向迪克森询问WeWork怎么会有这么高的价值,每个人都想知道为什么它在媒体上得到了如此大量的赞誉。

迪克森闷闷不乐地试图进行调查。大体上来说,WeWork的商业模式与雷格斯公司完全一样:长期租赁办公空间再进行短期转租。但是,WeWork肯定做了一些不同的事情,才配得上其巨大的估值——也许是某些技术投资者理解但外人并不清楚的事?雷格斯的代表参观了WeWork的场地,甚至还租用了一处,这样他们就可以从内部分析WeWork公司的业务,找到能解释这种差异的特殊秘方。

最终,迪克森和他的团队得出了一个简单而严肃的结论:WeWork有着几乎完全相同的商业模式。从资金构成种类来看,就是收入、收益、成本,没什么特别的秘方。除了炒作和痴迷于"社区"的营销宣传之外,他们找不到任何明显的差异化因素。

真相往往要比猜想更为复杂。

WeWork做了很多雷格斯没有做的事情。WeWork公开挖掘千禧一代的文化,不遗余力地吸引那些之前从未梦想过能有办公空间的成员。雷格斯的据点主要是在郊区,而WeWork则是在城市复兴的浪潮中顺风顺水。WeWork的设计风格惹人喜欢、简捷高效,能在同样的空间里装下更多的办公桌,因此诺依曼向投资者吹嘘的"能量"感觉很真实。另一方面,众所周知,雷格斯的办公室死气沉沉、毫无精神,空置率比 WeWork 的高。不管 WeWork 有什么缺点，至少它的设计并不是毫无生气的。

WeWork 存在的一个问题是，这些优势并没有带来利润。WeWork 的活力和美感并没有带来明显的租金上涨。相反，WeWork 的租金与雷格斯的租金相当。虽然脸书和领英从"网络效应"中获益，即它们的规模越大，就越能提供有针对性的高价广告，或向招聘方收取更多费用，但 WeWork 并不符合这些条件。随着 WeWork 规模的扩大，其成本也在增加（它仍然需要建造办公桌），但平均租金则趋于持平，甚至下降。会员们很少使用该公司的应用程序，那是传言为 WeWork 的实体社交网络增效的神奇灵药。它不仅没有创造出诺依曼所说的 WeWork 社区感，也没能为 WeWork 提供多少机会去推销其他服务或软件。

虽然 WeWork 更有凝聚力，它的工作人员却非常多——雇人切水果、加满免费咖啡、组织活动以及回答会员的问题。而雷格斯对咖啡收费，并在这方面赚了大钱。雷格斯还对 IT 服务和电话线收取高价，也赚了不少钱。雷格斯的这一模式虽没有使租户产生忠诚度或热情，但让自己收获了可观的利润。从本质上讲，它满足于自称是办公室出租公司。它不宣传自己的社群，因为说到底，客户就只是为了租用其办公桌。

更让迪克森感到沮丧的是，在互联网繁荣时期，WeWork 的增长速度基本上与雷格斯相同。然而，迪克森没看到的是，WeWork 同时在不断亏损，烧掉的现金远比雷格斯多。雷格斯基本上靠自筹资金进行扩张，只向私人投资者募集了一轮 1 亿美元的大笔资金，而 WeWork 在 2015 年的一轮融资中筹集了 4 倍的资金。几年后，WeWork 发布的财务数据显示，它的各个开业满 18 个月的办公场所的利润率与雷格斯的相同，除去公司经营的其他成本，只能收回运营成本的20%之多。这证实了迪克森的想法：WeWork并没有什么不同。

但WeWork的投资者并没有想到雷格斯，而是惊奇于WeWork的增长率。这些共同基金经理和风投通常会选择投资软件公司，对他们来说，找到这样一家规模可以逐年翻倍的公司是很罕见的。问题是WeWork的发展陷入一种循环中——如果它无法以巨大的估值不断引入更多的资金，它就无法维持这种扩张速度，那么对于千禧一代的人来说，它的业务看起来就和雷格斯的十分相似了。

在向朋友和员工抱怨这些数据彼此之间不吻合之后，迪克森决定采取行动。如果市场需要热闹的、竖满玻璃墙的工作间，那就这么办吧。2015年1月，他买下了一家名为"空间"（Spaces）的荷兰小公司。它的办公室看起来像WeWork的翻版，竖满了玻璃隔板，有大型公共空间以及牛仔裤和背包的气氛。雷格斯的重心从原本作为核心业务的沉闷的老式办公室转移，开始在全球迅速推出新的"空间"办公场所。

在投资者电话会议上再次被问及WeWork时[12]，迪克森能够更自信地说，两家公司没什么差异。

他说："他们在公关和营销方面做得很好，把这个业务说得像是个技术行当。但这其实就是我们在做的。"

现代资本主义就像一杯高脚杯里的香槟酒，长期以来充满了泡沫，而这些泡沫总会浮出水面，然后爆裂。

在17世纪的荷兰，这种泡沫是那些五颜六色的郁金香球茎，它们的价格飙升，以至于一块奇异的球茎能与上好的房子价格相当。在19世纪40年代的英国，这种泡沫是铁路：人们涌入过度建设的狂潮[13]，让铁路投资超过了英国当时GDP（国内生产总值）的7%。在1929年，这种泡沫引发了兴建摩天大楼的热潮，其中大多数后来长期空置。也是这种泡沫让豆豆娃卖到了 5 000 美元一个，让 1998 年的互联网公司"Kozmo.com"认为，将糖果和杂志在一小时内亲手送到大学生的家门口还不收取送货费是有经济意义的。

简单地说，这种泡沫就是一群人开始集体为某物支付高于其内在价值费用的结果。泡沫的核心是完全人为的制造品——投资者们因为嗅到引人注目的"故事"而大量涌入。大量的资本与害怕错失机会的心理相结合，其结果就是狂热躁动，公司价值不断自行攀升，投资者互相说服，认为世界已经改变，估值只会越来越高。

参与其中的人往往很聪明，甚至清楚这种疯狂。然而，从众心理有很强的摆布能力。20 世纪 50 年代，心理学家所罗门·阿希（Solomon Asch）向受试者展示了两张卡片 [14]，一张有一条线，另一张有三条线。他问，这三条线中哪一条与那条单独的线长度相同？当只和一两个回答同样问题的同伴一起回答时，受试者几乎总是回答正确。但是当受试者和一群人在一起，且这些人被秘密指示选择错误答案时，受试者往往会顺从群体的非理性选择。

在泡沫中，群体及其集体心理战胜了个人，从众胜过了怀疑。豆豆娃不会只是一时风潮，房价永不下跌。仍有更多的投资者争先恐后地加入看似不断上涨的财富制造局，进一步推高了估值。

不仅仅是 WeWork 如此。

2015 年，美国的初创企业界是一片正在濒临临界点的泡沫。同意不把 WeWork 视作一家规模不大的房地产公司，而是给它贴上价值 100 亿美元的科技企业标签，这一风险投资和互惠基金集团在向硅谷的众多年轻公司挥洒金钱。这些初创企业许诺要颠覆从床垫到咖啡的一切，其估值不断膨胀，赤字也在累加。

在硅谷初创企业这一国度的新首都旧金山，这股裹挟着资本的季风渗透到了日常生活。这座城市迅速成为亏损的初创企业的栖息地,这些企业将以前的珠宝和地毯仓库变成了有乒乓球桌和玛奇朵咖啡台的热闹办公室。风险投资支持的人力资源软件公司(Zenefits)的员工会在风险投资支持的沙拉供应商(Sweetgreen)的店里排队吃午饭,在风险投资支持的咖啡店(Philz)里喝咖啡,穿着风险投资支持的羊毛运动鞋(Allbirds)。他们通过无利润的打车公司(优步)以远低于成本的价格乘车,或通过无利润的按需代客泊车(Luxe)以低于成本的价格停车,通过无利润的初创经纪公司(Compass)购买房屋,再通过无利润的自助存储公司(Clutter)储存物品。折扣比比皆是:从风险投资基金溢出的资金变成了消费以低于成本的价格获得的产品,大规模的财富转移正在进行。一位名叫本·于(Ben Yu)的前创业者[15]由于创业公司提供免费赠品,他吃了100天的免费晚餐,从一家汽车租赁创业公司获得了数千美元,并在一家飞机共享创业公司获得了3个月的免费会员资格。泡沫已经成长为一个生物圈,没有边界可循。

当时发生的基本情况是,向创业公司投注的资金额度,其增长速度远远超过了优秀的生意理念中的数值。脸书的巨大成功,以及硅谷独一无二的现状,让资金管理者将硅谷视作投入资金的热门之地。从富达公司到养老基金,再到贾里德·莱托(Jared Leto)、科比·布莱恩特(Kobe Bryant)和林肯公园(Linkin Park)成员的这些名人,都把钱投进了初创企业。

因此,公司价值只能不断上涨,估值超过10亿美元的"独角兽"初创企业从寥寥无几到遍地开花,平均每星期就有一个新的"独角兽"公司诞生,一年内就会超过90个[16],比如专注于千禧一代的保险公司奥斯卡健康公司(Oscar Health)、玳瑁眼镜商瓦尔比帕克(Warby Parker)、以邻里为中心的网站"隔壁"(Nextdoor)。

估值的上升给人以成功的幻觉。实际上,除了投资者的需求之外,几乎没什么真正的变化。许多公司的估值飙升至数亿或数十亿,但尚未证明他们的基本商业模式能否盈利——要知道在硅谷以外,这可是公司能否生存的一个基本要求。相反,这些公司现在将投资者的钱作为收入的一部分,且通过低于成本的价格销售商品。

优步的估值飙升,超过所有其他同类公司,高达 500 多亿美元。数百万人改变了交通习惯,开始通过该应用程序召唤代驾,优步可以非常合理地声称自己带来了真正的颠覆性技术。但在当时的硅谷,这还远远不够。只是彻底改变了城市交通中的一个重要部分,难道要就此满足吗?投资者无视优步每次搭乘都在亏损的事实,只关注其有可能完全取代个人购买汽车的习惯。从邮寄包裹到运送洗衣房衣物,优步将成为所有物品的首选快递方案,能和美国联邦快递和亚马逊相抗衡。它将减少拥堵(实际增加了拥堵),开发自己的自动驾驶汽车技术(已经落后了),并产生利润(还没做到)。

那些错过了向优步注资的人急切地寻找机会。一大批初创企业号称能做到优步的 X 式按需服务,只要用户点一点应用程序,它们就能在几分钟内送到。例如,至少有 3 家随叫随到的代客泊车服务,一家名为"我洗"(Washio)的优步式洗衣店,甚至一家名为"甜圈"(Doughbies)的优步式饼干店。只需支付一点象征性的费用,消费者就能随时使用应用程序随时叫来家庭清洁工,或者在几分钟内叫来打包装箱和运送的人。唯一的问题是这些都没有任何经济意义,尽管从投资者那里获得了数百万美元,这些公司几乎都失败了。

在这个充斥着钞票的世界里,许多风险投资公司和互惠基金都意识到了这种泡沫化的环境。一些人甚至会私下谈论估值已经失去控制了。但他们仍然坚持挺进,因为每个人似乎都在玩同样的游戏。高估值的创业公司不断以更高的估值筹集更多资金。最重要的是，投资者赌的是当所有这些初创公司在几年后最终上市时，股票市场会像风险投资公司和互惠基金一样对它们感到兴奋。投资者相信，只要公共市场也在玩这个游戏，一切都会成功的，他们都能以巨大的估值出售自己的股票。

媒体本可以为这番失控的乐观踩下刹车。但在2015年，媒体把硅谷捧为顶流，大肆赞誉，而不是像后来对脸书和亚马逊那样，一旦它们的规模和影响力变得更大，就对它们持怀疑的态度。

特别是那些以初创企业为重点的媒体，更多的是在叫好鼓劲，而不是进行监督。

数字出版物《关键科技》①（TechCrunch）大谈创业公司将如何颠覆某行业和重塑世界。20年前曾宣布雷格斯是"办公室未来"的《快捷公司》杂志也是对创始人和创业公司大加赞美的坚定捍卫者。它宣称眼镜销售商瓦尔比帕克[17]和美容产品运输商"桦木盒"（Birchbox）[18]位于最具创新性的公司之列。在它们的报道中，那些呆板、作风官僚、客户服务糟糕的老牌大公司是恶棍，而那些年轻的颠覆者，即创造了设计精巧的应用程序的理想主义公司是英雄。高估值是一种荣誉的象征。

许多创业公司的记者和他们的采访对象之间存在着某种亲密关系。至少有10名《关键科技》的记者和编辑后来在风投公司工作（这些出版物的创办者就有着风投背景）。《福布斯》（Forbes）和《财富》（Fortune）杂志也推出了它们对这些创业公司的正面报道，聚焦像"西拉诺"血液检测公司的首席执行官伊丽莎白·霍尔姆斯（Elizabeth

---

① 美国科技类博客，主要报道新兴互联网公司、评论互联网新产品、发布重大突发新闻等。——编者注

Holmes)这样的企业家。《福布斯》杂志为亚当·诺依曼写了两大篇专题,其中一篇强调了"热成像技术"[19]如何帮助WeWork"充分利用每一毫米",以及其规模如何创造价格优势。

媒体和其他人都没怎么提出疑虑,科技投资者就开始将资金投入新兴企业。而这些企业将自己佯装成科技公司,乘着科技繁荣的浪潮,运用与其他初创公司相同的套路来赚取投资者的金钱。他们用千禧一代喜欢的无衬线字体做诙谐的地铁广告,取代了上一代来自整形外科医生、皮肤科医生和职业学校的广告。各种公司早就在模仿、借鉴科技界的行话。在20世纪50年代末和60年代的电子产品热潮中,无数老牌公司在其名称中加入了"电子化"(tronics)以获得更多关注。在网络泡沫时期,著名的编辑蒂娜·布朗(Tina Brown)说她那本被大肆宣传的新杂志《谈话》(*Talk*)就是"文化搜索引擎"[20]。

在这股热潮中,仿肉公司(Beyond Meat)不被称为素食汉堡制造商,而是一个像脸书或油管一样的"平台",制造基于植物原料的肉类;快速休闲烤奶酪连锁店"融化"(The Melt)[21]认为在线订购系统这样的小玩意儿能让它有资格获得类似科技公司的估值,而不是烤奶酪的估值;折扣剃须刀制造商哈里之选(Harry's)吹嘘其从重复购买者那里获得的"订阅"(这是一个在互联网公司中常见的术语)收入,并筹集了数亿美元的风险投资;床垫公司卡斯珀成了成功的科技创业公司的典型代表,在科技媒体上大肆宣扬,称把舒适的泡沫床垫打包送到客户家门口的行为就是产业革命。比起床垫制造商,卡斯珀本质上更像是一家营销公司[22],在网站上吸引关注,然后与工厂签订合同,让它们制作和竞争对手的产品类似的泡沫床垫。

WeWork同样是大众错觉的副产品,正是这种错觉使"科技"公司的估值越来越高。投资者看到的是一个增长惊人的实体社交网络，而不是一群为办公空间支付市场租金的人，也看不到这些办公空间的损失与收入增长一样快。当诺依曼告诉他们 WeWork 就像优步和爱彼迎一样时，投资者关注的是这些企业之间为数不多的相似之处，而不是众多的根本性区别，比如爱彼迎和优步其实都是轻资产运营，不用为房屋和汽车承担昂贵的 15 年租约。

这些投资者被认为是聪明人，能代表富裕家庭、使用捐赠基金或养老金进行投资，他们可以选择自己的顾问。但是，在一个充斥着资金的世界里，这些投资者害怕错过能做大做强、能赚大钱的新理念。因此，更多的时候，风险被抛在了一边，缺点也被最小化了。

随着 WeWork 在风险投资公司和创业公司中的热议不断升温，一些远离"硅谷回声室效应"（Silicon Valley echo）的旁观者开始抱有怀疑态度。

布兰登·肖伦斯坦（Brandon Shorenstein）就是其中之一。2012 年，当他遇见诺依曼时，这位时年 29 岁、出身于西海岸一个房地产王朝的子弟被诺依曼迷住了。在参观了 WeWork 位于曼哈顿下城的办公空间后，他对办公室的氛围和诺依曼招揽租客的能力印象深刻[23]。

身材修长、棕色卷发的肖伦斯坦在肖伦斯坦地产公司（Shorenstein Properties）工作。该公司拥有体量巨大的实体建筑，曾在不同时期拥有旧金山的一些标志性大楼。到了 2015 年年中，肖伦斯坦是公司执行副总裁，在当时由他父亲经营的公司内颇有话语权。

诺依曼对肖伦斯坦说自己喜欢他家公司的声望，希望能和他合作。肖伦斯坦认为这是一个很好的尝试，几个月后，他们在芝加哥达成了一项交易，WeWork 签署了一份租约，租用了肖伦斯坦在该市富尔顿市场（Fulton Market）地区购买的一栋相对较小的建筑中的所有办公空间。

但随着 WeWork 的继续发展，肖伦斯坦开始产生怀疑。第一个危险信号出现在芝加哥大楼的谈判中。肖伦斯坦准备与当地开发商杰夫·沙巴克一起购买大楼，而诺依曼说他个人也要获取大楼的股份[24]。在同一笔交易中，诺依曼打算先购买个人股份，再出让给 WeWork。潜在的利益冲突如此明显，诺依曼居然有这样的想法，肖伦斯坦非常惊讶。

肖伦斯坦看着其他知名的业主接受了 WeWork 和联合办公的理念，一个又一个大型办公室业主不断与 WeWork 签订协议。但肖伦斯坦想知道为什么投资者会把它当作一家科技公司。在他看来，这显然只是一家房地产公司。这些经验丰富的投资者到底看到了什么其他的东西？

他与诺依曼谈了几笔其他的交易，但都没有结果。后来，在 2015 年，当他在纽约参加投资者会议时，电话响了。他没空接，但电话响了一次又一次[25]。当肖伦斯坦翻看他的手机时，看到了来自诺依曼的大量未接来电。

诺依曼是从洛杉矶给肖伦斯坦打的电话。他和当时的首席财务官迈克尔·格罗斯（Michael Gros）——一位有着金色头发和闪亮白牙的前酒店高管——去那里看办公楼。诺依曼和格罗斯当时正在该市的艺术区，那里衰败的旧工厂之间散布着各种咖啡馆。两人和其他几名 WeWork 员工乘坐一辆散发着烟草味的黑色 SUV，去见一位年轻的办公空间租赁经纪人，这位经纪人正等着带他们去参观曾经制造 T 型车的福特工厂。诺依曼坚持让这位经纪人在开始参观前喝了两杯龙舌兰酒，当时还不到中午，经纪人同意了。

进去以后，诺依曼很喜欢这个方方正正的五层楼结构，它那种老式工厂的高窗带来了大量光线。他在空旷的空间里跑来跑去，看到了写着肖伦斯坦的牌子，这让他喜出望外——他认识布兰登·肖伦斯坦！于是他冲了出去，留下在身后疑惑不解的其他人。在经纪人的等待中，他反复拨打着肖伦斯坦的电话。终于接通时，诺依曼对着电话大声嚷嚷，说自己在肖伦斯坦的大楼里。

"哇，天哪，这太不可思议了，"诺依曼喜不自禁，"我要把这些全部租下来。"

肖伦斯坦被电话那头的吵闹声吓了一跳，说他们应该第二天再谈。

诺依曼回到他的员工和经纪人身边，扬扬得意。他宣布了新消息：他将接管整个大楼。然后他走到展台上的巨大广告板前，上面展示着这栋大楼的特点，他宣布道："你们用不着这个了。"随后，他拿起海报，高高举起，想要把它折成两半。

这块广告板倒没有看起来那么好折。他又掰扯了一会儿，没有成功，只是把板子弄弯了。然后他把板子扔到地上，手脚并用才勉强把它对折起来。接着他与格罗斯回到 SUV 上，飞快地离开了。

肖伦斯坦没有再联系诺依曼，但他从自己的经纪人那里得到了诺依曼行为的全部报告。这一切对他来说都太过头了：滑稽的行为、疯狂的估值。是什么让 WeWork 和诺依曼如此成功？他决定不再与 WeWork 做更多的交易[26]。他做了决定，只想远远地躲开，越远越好：诺依曼是个疯子，WeWork 是场泡沫，这事儿不会有好结果的。

第 11 章

千禧一代的猫薄荷

WeWork 的增长没有放缓的迹象。到了 2015 年,亚当·诺依曼需要更多的实体,也需要更多可以信任的人参与管理。

截至本书成稿之时(2020 年),WeWork 主要还是一个家族企业。WeWork 的领导层皆由与诺依曼家关系密切的人担任:朋友、家人、朋友的朋友。丽贝卡·诺依曼的姐夫克里斯·希尔负责运营——他的家族因伯尼·麦道夫(Bernie Madoff①)而蒙受了巨大的经济损失 **1**。2014 年以前,由诺依曼的海军朋友阿里尔·泰格(Ariel Tiger)负责 WeWork 的财务,诺依曼的童年好友兹维卡·沙查尔(Zvika Shachar)为诺依曼打杂,丽贝卡的表弟马克·拉皮杜斯经营房地产。而丽贝卡·诺依曼在前一年就已经接管了品牌和营销部门。甚至连最近雇用的首席财务官迈克尔·格罗斯(他以前是一家精品酒店公司的首席执

---

① 原文为"Bernie Madoff",作者指的应是臭名昭著的"麦道夫庞式骗局"的伯纳德·麦道夫(Bernard L. Madoff)。——译者注

行官）也是丽贝卡的表亲的童年朋友。

为了保持指数式增长，WeWork 需要做出一些改变。在这个阶段，WeWork 计划在西雅图、奥斯汀、特拉维夫和阿姆斯特丹都开设办公空间。曾几何时，开业是一件大事，为了一个办公地点，全公司的人都要跑前跑后地打理。而几年后的现在，同一天就可以有好几个办公地点开张。公司的计划是用几年的时间在全球各地都拥有办公室。

为了使公司能在飞速扩张中更好地运转，诺依曼开始引进专业人士。他以优厚的条件招募了优步的高管来寻找消费者，又从时代华纳有线电视公司（Time Warner Cable）招揽了一位经验丰富的运营——阿蒂·明森（Artie Minson），委托他担任首席运营官。如果 WeWork 要继续扩张，那他需要更资深的团队。

戴夫·法诺（Dave Fano）是一位快人快语的建筑师，他顶着光头，性格阳光，是位关键的新成员。法诺是凯斯设计公司（Case Design）的 3 名合伙人之一。凯斯设计公司聚集了不少才思敏捷的纽约建筑人才，曾为 WeWork 的一些建筑软件提供咨询。法诺和他的两位联合创始人，史蒂夫·桑德森（Steve Sanderson）及费德里科·内格罗（Federico Negro），已经成为"建筑信息模型"（该软件旨在进一步将建筑和施工数字化）的专家。在这些行业中，企业间仍在使用信息滞后的方法，相互传递纸质设计图，而不是全部使用同一软件。

罗尼·巴哈尔（Roni Bahar）是一位精力充沛的自我激励者，负责监督 WeWork 新办公室的设计和开发。他很早就看到了凯斯公司的潜力，在 WeWork 的不断加速前进中把越来越多的工作交给了凯斯。凯斯为 WeWork 制作了软件，使其能够更好地规划项目和时间表，协助它成了快速拟定新办公室设计图的高速机器。巴哈尔还委托凯斯制作了一个类似谷歌地球的互动地图，方便诺依曼向投资者展示。这个地图集成了每个城市的房屋建筑，能够预测 WeWork 可以从世界各地的城市获得多少会员和收入。这些都显示了凯斯与 WeWork 公司深入合作的潜能，巴哈尔希望收购凯斯。诺依曼觉得这一想法不错，便试图说服法诺加入 WeWork，管理其房地产和设计团队。

起初法诺并不情愿。尽管诺依曼喜欢在 WeWork 的办公室搞派对活动，但他对自己的雇员苛刻无情——工资和福利很吝啬，总要求员工加班，而凯斯则提供十分可观的休息时间，员工可以在任何地方工作，只要在规定时间内完成任务即可，员工甚至可以不用签署雇佣合同。法诺的员工学历都很高，他们可以戴着耳机，接连数天研发新项目，对外事不闻不问。凯斯团队经常对 WeWork 这些酷爱派对的年轻员工感到恼怒，他们缺乏严谨性，三天两头为凯斯团队提出新的、相互矛盾的要求。

诺依曼坚持要拉法诺入伙。2015 年的一天，他让法诺次日早上到曼哈顿西部的泰特伯勒机场（Teterboro Airport），他们要乘私人飞机去加利福尼亚看一些房产。他说，飞机上见。

早上起来后，法诺"长途跋涉"，在早上 6 点到了机场。上了飞机，他发现，尽管时间还很早，乘客们已经在边抽香烟边痛饮龙舌兰酒，很快就展现出喧闹的派对氛围。在北上之前，诺依曼在洛杉矶停了一天去开会，然后又带法诺上了一架直升机，前往纳帕酒乡（Napa wine country）参加会议。

在这次旅行中，诺依曼描绘了对 WeWork 和法诺个人职业生涯的愿景，试图以此打动他。尽管 WeWork 现在只有大约 3 万用户，诺依曼却说得仿佛很快就能有 100 万会员，而且是板上钉钉的事。他还说在未来几年里，公司将改造更多的实体房地产，超过任何其他公司。诺依曼承诺给法诺一个顶级席位，让他能为设计和建筑领域带来巨大的变化，引领整个行业与时俱进。这份许诺打动了法诺。建筑师总是受制于他们的客户，也就是工作的实际出资者。而法诺现在就有机会帮助这位客户运营业务，实现前所未有的发展规模。

WeWork 的项目现在几乎占了凯斯公司收入的 1/3。出于现实考量，法诺知道如果自己不同意，WeWork 很可能会将业务转移到其他公司，那无疑是对正在发展中的凯斯的一记重创。

法诺从加州回来后没过多久就去找合伙人讨论了这笔交易。他们同意接受。尽管凯斯的员工有一些抵触情绪，这家建筑公司还是被 WeWork 吞并了，员工们也搬进了 WeWork 的总部。

法诺和凯斯公司加入 WeWork 时，已见不到当年 12 人运作时的杂乱状态。再也没有全体员工在深夜里安装马桶、组装宜家办公桌的情况了。相反，公司的队伍中挤满了几百个年轻的理想主义者，他们渴望通过办公空间改变世界。

作为一个工作场所，WeWork 似乎代表着 20 多岁的城市年轻人的梦想：它将辛勤工作和聚会、社交融合，让人感到有回报。WeWork 的办公室文化与银行或广告公司不同[2]，公司每年的夏令营都有越办越大的夺旗游戏和音乐会：2015 年，"烟鬼组合"（Chainsmokers）乐队为换取 WeWork 的股票前来演出。WeWork 办公室里频繁举办派对，一年到头都是如此。揭牌新的办公室总部？那就举办派对。过万圣节？再举办派对。公司要在周末搞团队建设和开会？那就彻夜尽情狂欢。

更妙的是，老板本人就是风趣、酷炫和成功的化身。诺依曼有时会踩着滑板去办公室。在 WeWork 的一次年度全员峰会上，暴风雪来袭，罗尼·巴哈尔在吉普车尾端系了根绳子，拖着诺依曼的滑雪板，从诺依曼居住的公寓一路滑到曼哈顿下城的一栋大楼前，员工在那里等他。诺依曼向欢呼的人群展示了他通勤的视频。

公司文化在社交媒体上造势良好。WeWork 的员工会在 Instagram 上发布关于励志标语的照片，有涂印在 T 恤和杯子上的，还有在 WeWork 办公室里用霓虹灯大字展示的："使劲拉客""拥抱喧嚣""做你喜欢的事""感谢老天，今天是星期一""停不下来也不想停"。员工们无休止地将设计精美的新办公室、装满龙舌兰的烈酒杯和盛着普罗塞克的笛形酒杯（prosecco flutes）的照片发布在网上。朋友们会评论说"太嫉妒了"，以及"他们还招人吗"。

卡尔·皮埃尔（Carl Pierre）被 WeWork 雇来管理其在华盛顿特区的新业务时，只有 25 岁。他刚刚卖掉了一家创业公司，立刻就为 WeWork 的豪言壮语所吸引：他想改善人们的工作方式。他不希望在一个平平无奇的企业度日；他和同行们渴望听到他们正在改变世界的赞美，而不只是领一份工资。

让皮埃尔更高兴的是，WeWork 看起来就像是人们心目中的千禧年形象。好的设计正在流行，而 WeWork 美学正适合放在 Instagram 上，如融合中世纪风格和现代感的沙发放在光线充足的窗边，盛放着果汁的水罐里点缀着蜜瓜、黄瓜和柠檬，经精心设计，呈现出缤纷的模样。"这就像千禧一代的猫薄荷，"皮埃尔说，"我们完全无法抗拒。"

诺依曼对员工和投资者声称"We 世代"在工作和娱乐之间没有界限。如今，工作和家庭生活之间的分界变得更加流动。办公室里也能得到乐趣。人们不断地工作，工作狂的倾向被视为美德，是 WeWork 独特文化的组成部分。诺依曼经常把他的精神导师（spiritual adviser）——来自卡巴拉中心的老师艾坦·亚德尼（Eitan Yardeni）带进办公室。在对整个公司的讲话中，以及在每周与高级助理的会议上，亚德尼会宣扬努力工作的信条，同时也提供生活建议。

不过，尽管诺依曼那时已育有 4 个孩子，WeWork 的生活方式对年长或为人父母的员工来说还是很有难度。虽然需要通宵的情况比公司早期的几年要少，但即使是最底层的员工也要每天工作12个小时，在必要时甚至更多。会议往往持续到深夜。有时诺依曼会让助理留到凌晨1点或2点。周一晚上，整个公司都会聚在一起，参加一个名为TGIM的仪式性员工会议，通常要开到9点或10点。会议上会供应啤酒，有时还会在金属托盘上放满龙舌兰酒杯，这些托盘就像婚礼上的开胃菜一样被传来传去。

在当时，很少有人认为这种派对式的氛围有问题。2014年，WeWork的新任人力资源主管在一次员工聚会上喝得酩酊大醉，后来不得不被紧急送往医院。但这件事似乎并没有在内部引发多少关注。

只有小部分员工保持了警惕。一位前经理回忆说，他被告知要用积极的方式去"喝酷爱饮料"[①]。他大惑不解：难道这些千禧一代不知道这个说法来源于20世纪70年代的邪教及其带来的大规模自杀事件吗？

WeWork并不是唯一一个利用人们渴求归属感和使命感的组织。在WeWork发展壮大的同时，美国几乎所有由风险资本支持的创业公司都宣称自己的动机是为了"让世界变得更美好"。他们对投资者资本应负的责任在这种崇高的说辞前显得不值一提。那时的流行用语是"使命驱动"，而获得利润并非使命。至少理论上是这样。

脸书不只是一个靠广告赚钱的社交网络，它致力于"使世界更加开放，联系更加紧密"。爱彼迎也不只是短期出租公寓和民宿的预订网站，而是一个"让人们在各地都有归属感"的平台。争相成为下一代华尔街巨头的金融初创公司决心投资民主化，并将机会扩大到得不

---

① 原文为"drink the Kool-Aid"，这个短语在美国俚语中带有负面含义，意为：因盲目相信某些事情而走向极端，这种盲目行径往往会带来不良后果。——编者注

到服务的人群。

这种夸夸其谈在一定程度上其实是硅谷嬉皮士思潮的产物,因为20世纪60年代的乌托邦的理想影响了史蒂夫·乔布斯等一些早期领导人。在高度竞争的市场中,这些高谈阔论对于吸引人才是必要的。熟练的软件工程师和管理人员有大量的科技公司可供选择,有些人能在像谷歌和苹果那样的公司得到30万美元的年薪。要吸引这些顶尖人才,公司需要提供的不仅仅是薪水。

这是对众多其他商业领域风气的一种转变。华尔街的交易员解释为何选择高盛而不是瑞银时,通常不会宣称是因为这家银行能够让更多的弱势群体获取信贷,而是说这家银行提供的回报更高。

但是在硅谷,这些企业成功地将创造非凡财富与追求乌托邦主义结合起来[3]。这种思维方式可能会走入盲区。脸书大肆宣扬其正面的社会效益[4],似乎没能预见到其可能造成的负面影响。2008年,当被问及脸书对恐怖主义的影响时,马克·扎克伯格表示,社交网络的存在会使中东地区心怀不满的年轻人[5]走到一起,而不是选择暴徒的生活。他当时说:"恐怖主义并不是源于对任何人的深仇大恨,而是源于缺乏联系、缺乏沟通。"几年后,在推特和脸书的平台上招募恐怖分子的行为日益增多,他们不得不做出对抗,特别是对抗极端宗教组织实施的恐怖主义。

WeWork的官方使命是创造一个"工作是为了生活,而不仅仅是为了谋生"的世界,这句话是丽贝卡·诺依曼精心设计的。

这意味着眼光不能局限于办公室。亚当·诺依曼谈到要把业务扩展到酒店、健身房,甚至航空公司。他抛出一个接一个的新计划,甚至在处理公司事务时也是如此。他经常睡不上几个小时,可他似乎从不感到疲倦。他精力充沛,这种永不停息的动力成为他的标志。而他的头脑如泉水般不断溢出各种想法。

许多想法并没有经过深思熟虑,也没有得到太多的跟进。

他对工作人员说很想与美国太空探索技术公司(SpaceX)和特斯拉的首席执行官埃隆·马斯克(Elon Musk)合作,想讨论马斯克立志前往并定居火星的相关计划。诺依曼在 2017 年终于见到了这位企业家。在洛杉矶的 SpaceX 总部等待了两个多小时后,诺依曼获得了 15 分钟的谈话时间。诺依曼大谈想在火星上建立一个社区——等马斯克的太空运输公司最终拓展到那的时候。他还说抵达火星是容易的部分,在那里建立社区才是困难的。诺依曼后来对员工回忆说,马斯克对此不以为然,还教育他,要抵达火星才是最难的部分。诺依曼告诉员工,马斯克是一个偶像,也让他清楚了自己的位置。诺依曼和丽贝卡讲起这次会议时,她说这份谦卑的经历可能正是他需要的。

很多其他想法都像 WeWork 的火星计划这样告吹了。但到 2015 年年底,公司推进了诺依曼一个相对不那么异想天开的方案。诺依曼与两位业主签订了协议,要建立最初两个"We 生活"(WeLive)的地点——一个在纽约,另一个就在华盛顿特区外。

We 生活本质上是为 20 多岁的年轻人精心设计的大学宿舍。房间会比标准公寓小一些,每层楼都有巨大的公共厨房和游戏室。它旨在取代在"克雷格列表"上寻找室友的零散过程,为租房者提供充满"We"精神的即时社群。We 生活的工作人员将为租房者举办互动派对。

向投资者炒作 WeWork 时,诺依曼会着重强调 WeWork 接管住宅领域的前景。他会点明住宅领域在房地产中所占的比重远远大于写字楼的,而将业务扩展到公寓能让 WeWork 涉足价值数十亿美元的全新市场。根据 2014 年的预测——当时 We 生活的概念尚处于早期阶段——诺依曼向共同基金和其他潜在投资者展示,We 生活的业务能在几年内扩大到占 WeWork 收入的 1/5,到了 2018 年,每年将创造 6

亿美元的收入。

早在第一处 We 生活于 2016 年年初完工之前，诺依曼就喜欢带人参观位于华尔街 110 号的这栋 27 层楼的建筑。参观的亮点是展厅的小成品区，能让参观者感受到这里完工后的模样。

为了让展厅生动起来，WeWork 的员工被要求在有投资者参观时，放下手头正在进行的工作，前往华尔街 110 号充当模特，可以聊天或是打牌。诺依曼特别要求，当他带着投资者走进去的时候，现场要响起"声名狼藉先生"（Notorious B. I. G.）的歌曲《多汁》（*Juicy*）。鉴于他从不守时，WeWork 的员工不得不坐在那里重复听这首歌，有时长达一个小时，等待着他们的老板和未知的潜在资助者。

作为一项经济投资，We 生活实际上从一开始就注定要失败。WeWork 的主营业务能这样吸引人的其中一个原因是它的租户密度更高。WeWork 设法让每层楼中可容纳的人数达到标准办公室设计的 2—3 倍。来自会员的那些 800 美元的额外租金收入意味着该公司在每月向业主支付佣金、向员工支付报酬后还能有一些余额。

但是公寓楼不可能吸收数量超过常规 3 倍的人。首先，许多城市都制定了法规，如 19 世纪和 20 世纪初的群租公寓的腥臭环境不得出现。而且，即便大厅里放着乒乓球桌，住户也不太可能接受只有衣橱间大小的房间。现有的公寓建筑是行不通的，WeWork 必须从头开始盖房。尽管这些炒作和远大规划帮助公司从投资者那里获得了数亿美元的资金，但除了最初这两个地点，We 生活始终没能拓展出去。

WeWork 的以使命为导向、以社区为核心的漂亮话存在一个问题，那就是其创始人的生活方式越来越与之相冲突。2015 年，诺依曼搬进了公司的新总部，就在第六大道的西边，是位于 18 街街区中部的一栋不起眼的建筑。他在里面为自己建了一间宽大的办公室，按下按钮，便可将玻璃墙从透明切换到磨砂。他在房间里放了一个拳击袋,用来上跆拳道课。他经常大声播放蕾哈娜(Rihanna)①的音乐,有时锻炼完后会满头大汗地赤着脚在办公室外走来走去。他还让员工安装了一个"食烟器",一个与暖通空调系统相连接的大功率天花板通风口。这种设置一般是雪茄吧用的,但诺依曼装它是因为香烟,老技术用在了新问题上。

早年,诺依曼会在办公室里踱来踱去,定期窥视员工的电脑屏幕,偶尔停下来询问员工某个项目的进展。但随着公司人数的增加,他与普通员工的距离越来越远,许多人只在全体员工会议上听他讲话时才会见到他。诺依曼找了个团队为他的新办公室设计了一道出口。有了这扇门,他可以直接从办公室去电梯,而不必撞见大厅里的员工。

这并不是说他完全只顾自己的利益。助理们看到他在渴求更多财富和利他思想之间摇摆不定。很多时候,他看上去是真诚地想要帮助他人,特别是对那些需要帮助的小企业和雇员。例如,他想举办一个名为"创造者奖"(Creator Awards)的活动,让 WeWork 向那些对世界产生积极影响的初创企业和非营利组织赠予资金。后来,他又在全公司发起一项行动,为有需要的员工寻找匹配的骨髓捐赠者。

但随着 WeWork 变得越来越有价值,诺依曼对奢华生活的欲望也开始越发盖过他慈善的一面。除了和丽贝卡在 2013 年购买的联排别墅之外,诺依曼又开始购入更多的房子。他们在格拉梅西公园(Gramercy Park)附近租了一套大公寓。在 2016 年年初,他花了 1 500 万美元在纽约庞德里奇(Pound Ridge)买了一片占地 60 英亩(约 0.24 平方千米)的都铎式庄园。

这些增加的开支是在丽贝卡的家族遭遇财政压力的情况下发生

---

① 全名罗比恩·蕾哈娜·芬缇(Robyn Rihanna Fenty),在美国发展的巴巴多斯籍女歌手、演员、模特。——编者注

的。丽贝卡的父亲鲍比·帕特洛（Bobby Paltrow）曾以伪造慈善机构的名义募集了数百万的捐款，并因此在20世纪80年代被起诉。虽然当时仅处以联邦法官的警告，但到了2014年，帕特洛再次引起了同一位联邦法官的注意，这次是由于他没有如实报告税收。在承认对400多万美元收入的逃税行为后，在2015年年中，帕特洛被判处在迈阿密的联邦监狱服刑6个月。

就在鲍比·帕特洛的商业帝国摇摇欲坠的时候，他的女婿却在寻求进一步扩大自己的投资，真是对比鲜明。尽管董事会在2013年阻止诺依曼个人购买芝加哥的一栋办公楼——他被告知利益冲突会给公司带来不好的影响——但随着公司估值的上升，诺依曼变得更加大胆。到了2015年，他不顾董事会的告诫，又去购买商业地产。

其中一个目标是特拉维夫的萨罗纳城市综合体（Sarona complex），这是WeWork正在租赁的一栋大楼。诺依曼买下了那里的一小部分股份。这是一笔很小的买卖，但他再次在交易的两边都插上了手。

在曼哈顿出现了又一个机会。卡巴拉中心的会员、时装设计师艾利·塔哈瑞（Elie Tahari）正计划购买曼哈顿大学广场88号的一栋大楼，准备之后租给WeWork，但他的合伙人在最后一刻退出了。诺依曼急于完成交易，让WeWork入驻大楼，于是以个人名义承担了一半的购买金额。他们一共支付了7 000万美元，诺依曼亲自为贷款提供担保。他没从这笔交易中赚多少钱——WeWork在租金上得到了很好的优惠，但投资者尤其想要避免的利益冲突依然存在。

诺依曼明白，依靠向共同基金出售自己持有的巨额股票，而后换取财富以资花销，这与他的公司释放的信号相悖。在一次与《华尔街日报》记者的会面中[7]，诺依曼被报道者问及其记者同事传递的某些二手信息。这位记者同事听说诺依曼出售了超过1亿美元的股票，而报道者自己也从一位前雇员那里听说诺依曼出售了超过3 500万美元的股票。诺依曼立即否认了这两种说法。不久后,当媒体报道了诺依曼花了1 500万美元购房的事件后,报道者再次向诺依曼的代表提出这个问题。诺依曼又把报道者叫到办公室,在没有透露具体细节的情况下,说自己只出售了不到1%的股份,相当于不到3 000万美元的金额。实际上,诺依曼控制的实体已经出售了超过1.15亿美元的股票,并另外借用了2 300万美元,其中大部分份额归诺依曼所有。很多知道这次谈话的助理都对这种欺瞒感到不安。

诺依曼的员工大多被蒙在鼓里,不知道他出售股票的事。虽然诺依曼以与富达公司相同的价格——100亿美元的公司估值——向投资者出售了他的股票,他的朋友和长期雇员并没有得到同样的机会。相反,在这一轮融资之后,WeWork提出从一些长期服务的员工那里购买他们手中的股票。罗尼·巴哈尔、丽贝卡·诺依曼的姐夫克里斯·希尔、她的表亲马克·拉皮杜斯和迈克尔·格罗斯都卖出了一些股票。每人至少拿了100万美元[8],但股价明显低于诺依曼卖出的价格,这意味着他们的每股收入实际上比他的少了25%。

WeWork表示,由于税收原因,它无法支付同样的价格。而其实它轻而易举就能以更公平的方式来安排股票出售。日后WeWork将建立一个更加平等的卖股方式,能让员工得到和诺依曼相同的价格。这种操作本可以在2015年实施,当长期服务的员工在2015年发现销售价格如此悬殊时,许多人怒不可遏。

诺依曼对此另有看法。这是他的公司,他才是那个使公司价值不菲的人,当然也该是他来制定规则。

第 12 章

那些银行朋友们

2005—2015 年,在担任摩根大通首席执行官的 10 年间,杰米·戴蒙(Jamie Dimon)不仅管理着该国最大的金融机构,还经常被誉为世界顶级的首席执行官之一。他是美国国会山立法者值得信赖的传声筒,也是华尔街最引人注目的面孔。

在 2007—2008 年的金融危机中,当银行纷纷倒闭或需要美国政府救助时,戴蒙成了整个摇摆不定的行业中最稳定的人物。他拯救了两家濒临破产的银行——贝尔斯登(Bear Stearns)和华盛顿互惠银行(Washington Mutual),并协助阻止了金融系统的全面崩溃。

但在经济衰退后的几年里,戴蒙开始关注他所认为的摩根大通强大影响力中的一个薄弱点:硅谷。随着经济向科技行业倾斜,科技公司吸收了华尔街投资者的大量资金。苹果和谷歌正在取代银行和石油公司成为世界上最有价值的企业。到了 2016 年,脸书的估值超过了这家有着 216 年历史的银行的价值。

像摩根大通这样的全球性银行，其中最能赚钱和最负盛名的部门就是它的投资银行分部。它能够协助公司进行重大财务行动，引导公司进行合并或收购，帮助公司通过IPO加入公共股票市场。摩根大通长期以来一直是这一领域的主导力量，它在通用电气（General Electric）等企业巨头的收购中赢得了令人垂涎的顾问职位，同时也帮助大型私募股权集团拥有的公司进行IPO。

但当硅谷科技公司需要咨询时，戴蒙的银行并不是它们的第一选择，反而选择了它的那些竞争对手——高盛和摩根士丹利（Morgan Stanley）。金融危机后，这些竞争对手争相为最炙手可热的科技公司的IPO担当最高顾问角色，包括脸书、推特、领英（LinkedIn）、星佳（Zynga）、高朋和潘多拉（Pandora）的IPO。

到2015年，科技行业已经蓄势待发了。包括优步和快拍在内的一大批生龙活虎、体量巨大的初创企业，已经保持了太久的私有性。由于私人资金的涌入，快拍的制造商色拉布公司（SNAP）价值达到160亿美元左右[1]；爱彼迎的价值超过250亿美元，超过了酒店巨头万豪酒店（Marriott）；而优步的价值达510亿美元[2]，几近于福特汽车（Ford）的规模。

银行纷纷涌向这些初创企业。毕竟，这些公司在某个时候都会进行IPO，都会需要银行家为它们提供建议。银行家的任务是让股票市场的投资者相信，这些科创公司的真正估值甚至比私人投资者想象的还要高。风险投资公司需要出售他们的股票，而新的投资者也想加入进来。少数幸运的银行将被选为引路人。

为了赢得这份业务，银行家们施展了魅力——也敞开了钱袋。他们会免费投入数小时为创始人和他们的财务主管计算数字，帮助他们找出更好地展现其业务的方法。他们会帮创始人借贷，将贷款与其公司的股票挂钩,并给予他们低于市场利率的抵押贷款。银行甚至会从初创企业那里购买商品和服务,比如他们会为自己并不需要的软件买单[3]。

摩根大通也像竞争对手一样参与这些操作,但落后于他人,位居第三。戴蒙不愿意继续将经济中最有价值和潜在利润的板块让给高盛和摩根士丹利,他加倍努力,想让自己的银行成为硅谷的核心。

戴蒙待在加州的时间越来越长,与各种创业者会面。摩根大通的竞争对手们走进顶级甚至是中型科技公司的办公室时,常常惊奇地发现戴蒙刚刚来过。在硅谷,人们对银行业这类呆板的行业不屑一顾,即便如此,戴蒙也有其他首席执行官无法复制的威望。众所周知,他来西部时举办的晚宴能吸引来十几位创始人,他们都渴望听到这位银行家的意见。在戴蒙讲话时,一些与会者会匆匆记下他关于生活和商业的建议,以便与同事和朋友分享这位顶级银行家的智慧。

其他对湾区经济的姿态更大胆,代价也更大。金州勇士球队(The Golden State Warriors)正计划从奥克兰搬到旧金山的一个价值14亿美元的新篮球馆。这座私人出资的场馆将成为该城市财富和雄心的华丽象征。大多数人预计,命名权将由该地区的一家巨型科技公司获得,如销售力量(Salesforce)或谷歌。

但这次杀出来一个戴蒙。银行将为20年的冠名权每年至少支付1 500万美元[4]:该场所将被称为大通中心[5],坐落于新经济之都的中心地带,借以纪念旧秩序。

如果说摩根大通与硅谷的创始人有任何个人联系的话,那主要是因为银行家诺亚·温特鲁布(Noah Wintroub)。温特鲁布身材瘦削,经常留着胡子、穿着科技创业者的休闲装和背心。2015年,温特鲁布被提拔为副主席[6],时年38岁。他深受许多科技企业家的喜爱和信任,尽管很少有人认为他如高盛或摩根士丹利的竞争对手那般有影响力。

温特鲁布是芝加哥人,曾就读于纽约州北部的科尔盖特大学(Colgate University)[7],后于20世纪90年代末搬到旧金山。毕业后不久,他就去了硅谷,在1999年互联网热潮接近顶峰时加入了一家较小的咨询银行"哈姆布雷特和奎斯特投行"(Hambrecht & Quist,H&Q)。他是一个理想主义者,经常谈论技术将如何使世界变得更美好,并认为自己的使命是帮助企业家更顺利地实现这一目标。

不久后,大通银行(Chase)就收购了这家咨询银行,然后JP摩根集团(JP Morgan)和大通银行在2000年合并,温特鲁布就加入了这家巨型银行。他在互联网热潮及其后的岁月中为首席执行官提供咨询,逐步建立起了自己的知名度。随着硅谷从华尔街的优先名单上消失,他尽可能多地结识了各类科创企业家,代表银行与加州乃至世界各地的创始人取得联系。

温特鲁布的魅力在于他融合了技术乐观主义和看似强大的道德感。许多企业家真心喜欢温特鲁布,相信他是真心关心他们。温特鲁布会打电话询问他们的家庭情况。他在抒发对祖父或妻子和3个女儿的感情时,或在描述旧金山无家可归者的困境时,常会热泪盈眶。他毫不掩饰自己的情感,他和家人们因在工作之外为社会事业的付出而受人钦佩。

温特鲁布在银行的地位急剧上升。戴蒙和纽约的其他高层人士渴望在大宗交易中获得关键地位,而他则是成事的核心。该银行没有资深银行家,无法俘获科技企业家成为他们的听众。

在2012年年底的一个寒冷的日子里,诺亚·温特鲁布站在苏荷区一条铺满鹅卵石的街道上,接连不断地抽着烟,听亚当·诺依曼讲述他个人和在商业零售银行——大通银行遇到的挫折。诺依曼说大通银行很糟糕，他在那里的账户遇到了麻烦。

在纽约的一次旅行中，温特鲁布被叫去克罗斯比街酒店（Crosby Street Hotel）会见诺依曼。这是一家充满各种独特艺术品的精品酒店，受到风险资本家的青睐。来自基准资本的投资人迈克尔·艾森伯格从以色列来访，召集了一群创业者来这里喝酒。在过去的几年里，艾森伯格与温特鲁布建立了亲密的友谊关系，并希望尽早向他介绍一位自己认为极有潜力的企业家。

在室外，温特鲁布一边听诺依曼的长篇大论，一边和他一起抽烟。温特鲁布在投资银行，而不是大通银行这个庞大帝国的零售银行工作，但他告诉诺依曼自己很乐意为这位企业家亲自打电话给客户服务部。诺依曼接着抱怨说，自己正在建立一个巨型公司，但甚至无法与摩根大通的任何人谈论如何获得商业贷款的问题。

在纽约冬日的寒风中，温特鲁布把自己的名片递给了诺依曼，答应帮助他。

他们会面之后，温特鲁布与诺依曼继续保持联系。这位银行家对WeWork改变企业使用房地产的方式和颠覆巨大产业的前景愈感兴奋。他决定让他在银行的导师吉米·李（Jimmy Lee）见见诺依曼。

李远比迈克尔·道格拉斯（Michael Douglas）更像好莱坞版的华尔街大亨。李留着一头柔顺的银发，经常穿着细条纹的西装、吊带西裤，打着爱马仕的领带[8]。其衣着与魅力就像他本人与大多数大公司和私募股权公司的首席执行官的紧密关系一样具有传奇色彩。当鲁珀特·默多克（Rupert Murdoch）或亨利·克拉维斯（Henry Kravis）[9]考虑做一笔交易时，李常常是他们的首选。

李当时大约 60 岁，是这家银行在纽约的顶级交易员，正在协助戴蒙提高该银行在科技界的地位。他曾将温特鲁布收归麾下，而温特鲁布则将李介绍给他认识的科技界首席执行官。尽管他们对穿西装的男人有抵触情绪，但李的魅力、豪迈和智慧总是能吸引温特鲁布的这些潜在客户。温特鲁布和李的合作关系——他们里应外合的玩法——使摩根大通在与领英和脸书等巨型科技公司的交易中担任了关键角色，甚至还能成为领导者。他们不断取得进展，并且杰米·戴蒙对此十分看好。

温特鲁布让李去见诺依曼。温特鲁布说，这位企业家有可能改变整个房地产行业。李对此表示怀疑。他告诉温特鲁布，房地产行业可是块难打的铁，但他同意与诺依曼见面并参观 WeWork 的一处办公地点。

到达 WeWork 在曼哈顿下城的办公室时，李说自己只有不到 15 分钟的时间能用来参观，[10] 结果他留了近 3 个小时。李拒绝了诺依曼提供的龙舌兰酒，但他对诺依曼在美国和世界范围内建立 WeWork 办公地点的想法印象深刻。在离开诺依曼的办公室之前，李说摩根大通应该考虑借钱给 WeWork，以便它能够更快地扩张。

这次会议促成了 WeWork 的一项重要交易。两家公司都看到了对方的优点，虽然一家是高利润的金融机构，其起源可以追溯到亚历山大·汉密尔顿（Alexander Hamilton）[11] 和亚伦·伯尔（Aaron Burr），另一家则是成立 5 年、仍在亏损的初创公司。为了赢得 WeWork 多年后的 IPO 业务，李和温特鲁布帮 WeWork 申请了大额信贷额度。等到 2015 年，这个额度最终会增长到让 WeWork 获得超过 5 亿美元的债务[12]。这个信贷额度实质上是一笔贷款，对 WeWork 说服那些担心公司会破产的业主来说至关重要。现在，WeWork 将有美国商界最负盛名的公司之一摩根大通为其部分租赁提供支持。

诺依曼看到了这笔钱的力量,并认识到摩根大通的雄厚财力能给他带来多大的帮助。他也真心喜欢李,李散发出的自信吸引了这位爱借人名号的企业家。

实际上,李很快就提醒诺依曼,是他需要银行,而不是摩根大通需要他。在温特鲁布的要求下,李向《福布斯》杂志引用了关于诺依曼的一段话,但他对诺依曼甚至没有打电话致谢十分不满。他对温特鲁布说:"我不会再理亚当·诺依曼了。"温特鲁布将李的不满转达给了诺依曼。不到 4 个小时,诺依曼就将一份刻好字的礼物送到了李的办公室,说他其实已经为这个忙了好几天。

但在 2015 年 6 月,摩根大通遭遇剧变,62 岁的李于康涅狄格州的家中,在跑步机上锻炼时突然死亡[13]。他的死让朋友和客户大为震惊,许多人都与他有正在进行中的业务。

诺依曼看起来尤其悲痛。他参加了在曼哈顿中城圣帕特里克大教堂(St. Patrick's Cathedral)为李举行的追悼会,之后在 WeWork 的网站写下长篇悼念文章,称李是"最后一位老派银行家,谈生意时会与人握手,做决策时以人而非数字为本"[14]。按诺依曼的说法,"他是你能拥有的最好的合作伙伴"。

诺依曼在李死后与温特鲁布一直保持着沟通,但他对银行的兴趣降低了。诺依曼喜欢高层人士向他献殷勤。李符合这个条件,但温特鲁布则不然。而且在诺依曼看来,戴蒙没有给他足够的关注。

诺依曼特意让温特鲁布明白,其他银行正虎视眈眈。诺依曼会在谈话中漫不经心地提到高盛集团,且已经达成预期的效果:银行家因此被逼得更加渴望赢得他的业务。

随着诺依曼知名度的上升,高盛也在努力接近 WeWork,其部门在 2014 年投资了 WeWork,从那时起,它的投资银行团队就很乐意为 WeWork 提供建议。对于 WeWork 公开上市时的估值，他们给诺依曼及其团队的数字可谓大胆。负责这项工作的是金·波斯内特（Kim Posnett）和她的同事大卫·路德维格（David Ludwig），后者是高盛集团的老员工，1996 年毕业于宾夕法尼亚大学（Pennsylvania）的沃顿商学院。

到了 2015 年年底，诺依曼再次有了筹资的念头，并向自己的投资银行的新朋友们征求关于估值和后续操作的建议。温特鲁布对他能否以更高的估值筹集到更多资金表示怀疑——诺依曼刚刚从富达公司和其他公司筹集到了 4 亿美元，但诺依曼还是坚持要这么做。

诺依曼从高盛那儿得到了不同的答案——这家看涨。高盛团队绘制了图表，WeWork 将其用于向董事会汇报。这些信息强化了诺依曼一直以来所宣扬的观点：等 WeWork 在股票市场上交易时，它的价值甚至可能跨过 100 亿美元大关。为了证明这一点，高盛挑选了与之相似的公司：那些超级快速增长的科技公司，如网飞（Netflix）和亚马逊。

随着吉米·李的去世，摩根大通突然变得没那么有吸引力了。而另一方面，高盛却给出了所有"正确"的信号。

此外，高盛在亚洲有很深的人脉，那里遍布着 WeWork 未曾接触过的资助者。诺依曼同意让高盛安排一次去亚洲的筹款之旅。

当其他银行都在往西边看时，WeWork 已将目光投向东方。

第 13 章

拿下世界吧

亚当·诺依曼沉迷于集资。朋友们眼看着他热衷于寻找新财源、渴求达成数亿美元交易的快感,以及在 WeWork 的估值和个人净资产上升时的兴奋。要是有员工试图引入资助者,他就会变得神经过敏、十分蛮横。有时,在与业主或潜在投资者进行了愉快的会面之后,他的脸上会露出非常灿烂的笑容,仿佛知道自己已经赢得了另一个皈依者。

WeWork 的一名员工说:"他简直像个追求性感小妞的年轻小伙。"他曾目睹诺依曼百般劝诱那些财大气粗的投资者。就算这个人没被迷住,总会有人愿意上钩。

每一次成功都让诺依曼更有底气。之前,在 WeWork 估值 15 亿美元时,助理和顾问中几乎没人觉得他能以 50 亿美元的估值进行融资,但他做到了。随后,诺依曼又让公司以 100 亿美元的估值进行融资,再一次让怀疑者无话可说。麦凯威在 2015 年的一次房地产专业人士聚会上说,诺依曼"可能是世界上最会集资的人之一"¹。

朋友们发现对诺依曼来说这种筹款除了能带来刺激,还另有使其着迷之处。对他来说,公司的估值是衡量他能否与硅谷的知名人士相提并论的一个标准。WeWork 的估值达到了 100 亿美元,与优步、爱彼迎和快拍一样,是目前最大和最热门的创业公司之一。公司估值越高,WeWork 和诺依曼就越能在硅谷的大人物中赢得一席之地。越来越多的杂志打电话来,想让他做封面人物;越来越多的名人想参加他举办的活动;越来越多的政府和行业首脑来找他。100 亿美元的估值也让 WeWork 排在估值为 85 亿美元的"声田"(Spotify)之前²,将通信公司"施来客"(Slack)和共享汽车公司"里飞"(Lyft)甩在身后,后两者在 2015 年年底的估值分别为 28 亿美元和 25 亿美元。网站和报纸按估值对大型初创企业进行排名,所强化出的这种社会秩序直击了诺依曼的不安全感和自恋精神。他一直认为,WeWork 的估值需要冲得更高。

在 2015 年的秋天,诺依曼在与高盛公司交谈后制订了一个计划。世界第二大经济体正涌现出大量投资者,他们都希望参与全球公司的崛起。诺依曼醉心于将 WeWork 发展到这个世界上人口最多的国家。他经常对员工说,任何想要建立全球性公司的人都应该在中国发展。展望中国也为 WeWork 提供了筹集更多资金的好借口。这是优步的特拉维斯·卡兰尼克之前用过的新颖举措,他于 2014 年在中国推出了叫车服务³,并正在为其中国业务筹集超过 10 亿美元的资金。

诺依曼的现有投资者对他的筹款计划并不高兴。基准资本的布鲁斯·邓利维和迈克尔·艾森伯格——此时已经离开基准资本开始经营自己的公司,一直在推动诺依曼改善现有业务。他们敦促他不要过度扩张。为什么不专注于主营业务?许多投资者只是希望诺依曼能够上市。成为上市公司通常能给企业带来亟须的监督，他们认为这也许能让诺依曼对自己的天马行空负责。此外，只要 WeWork 上市，他们就能抛出所持股票，收割纸面价值上的巨大回报。基准资本最初投入了 1 500 万美元，在随后的几轮投资中又投入了一些。按照 WeWork 100 亿美元的估值，其所持股份的纸面价值远远超过 10 亿美元。而只要 WeWork 保持私有，他们就很难出售任何股份。

当然，诺依曼没有必要听他们的建议，公司完全在自己的控制之中。即使是对于最重大的决定，董事会成员也总会屈从于诺依曼的意志，投"反对"票的情况不可能出现。即使董事们对此苦恼，最终也会配合他的计划。

于是，诺依曼接着推进计划。他告诉助理们，想以更高的估值（在 150 亿至 200 亿美元之间）进行融资。公司业务从 5 月份起就没再变化，但这并不重要。WeWork 现在是一家热门公司，跻身世界上最有价值的创业公司之中，他能说服别人按这种标准进行投资。

不过这个任务面临着众多阻碍。显而易见的问题是，WeWork 在几个月前刚刚以 100 亿美元的估值进行过融资，在那之前没多久也曾以 50 亿美元的估值做过融资，为什么现在它的估值就能超过 150 亿美元呢？除此之外，还有一个不容忽视的现实是，硅谷创业公司的泡沫开始漏气了。

2015 年 10 月，《华尔街日报》发表了一篇文章[4]，揭露了价值 90 亿美元的血液检测初创公司"西拉诺"的骗局，其喜欢穿黑色高领衣的创始人经常被比作乔布斯。约翰·卡雷鲁（John Carreyrou）的文章说，西拉诺关于其技术的许多核心主张是错误的，对专事炒作的机构提出尖锐指控。在硅谷，创新和颠覆占据主导地位，而批评性问题往往被视作愤世嫉俗，得不到关注。

与此同时，许多被高度炒作的初创公司无法达成其用来吸引投资者的极具雄心壮志的目标。突然间，像云存储创业公司"云盒"（Box）[5]和美国移动支付"方块支付"这样的公司以低于它们上次从投资者那里筹集资金时的估值上市——这在创业公司的土地上几乎是一片禁区，因为一切都本应"向上向善"，任何其他结果都会给成功带来瑕疵。

一些人对涌入该行业的资金量表示担忧，偶尔甚至有人公开称这就是一个泡沫。这其中就有投资优步的基准资本合伙人比尔·格利（Bill Gurley）。格利是硅谷备受尊敬的人物，他是一位带着得克萨斯口音、体态笨重的前分析师，他在备受关注的个人博客上发出警告："后期投资者极度害怕错失购买股份[6]，从而失去成为'独角兽'公司股东的可能，他们基本上已经放弃了传统的风险分析。"他写道："我们正处于一个风险泡沫中。"

诺依曼从他的一个投资者那里得知了这段文字，很不高兴。他在拉斯维加斯一家银行举办的活动中与格利当面对质。诺依曼提醒格利说，正是这种兴旺的气氛帮助了他们两个人，提升了 WeWork 的估值。

诺依曼有理由进行辩解。WeWork 至今为止获得的成长，其最主要的因素就是它有能力吸引越来越多的资金。如果筹款机器关闭，WeWork 的增长也会随之停止，其高额估值也会随之下降。

公司需要越来越多的资金和越来越高的估值，因为它的亏损也越来越大。2014 年，WeWork 的收入为 7 400 万美元[7]，但据其记录显示，运营亏损高达 8 800 万美元。这还是在 2014 年年底前的几个月，WeWork 告诉投资者预计会有 420 万美元的运营利润[8]的情况下。进入 2015 年，它进一步偏离了预期盈利的轨道，没有实现预测的 4 900 万美元的营业利润，而是以 2.27 亿美元的营业损失结束了这一年。

无论是不够关注,还是诺依曼的借口太具说服力,投资者对未完成利润目标的问题并不感到担忧。WeWork 正在实现其收入目标,并在像承诺的那样快速地开设网点。

WeWork 的一些共同基金投资者确实开始有其他担忧,但他们更关注诺依曼本人。普信集团对诺依曼在 2015 年巩固公司控制权的举措感到失望,对 WeWork 基金经理的担忧也从此开始不断积累。

富达公司在投资后也很快表示对诺依曼感到不安。在 6 月宣布交易时,诺依曼告诉《华尔街日报》,不是他在寻找资金,而是投资者在找他。他说:"我们并没有寻找这个机会,我们一直在收到各种报价,只是一直没有理会。"

这对富达投资组合经理加文·贝克来说是个新鲜的说法。他是从一位试图帮助 WeWork 寻找投资者的摩根大通银行家那里听说了 WeWork 的融资轮后,才进行投资的。贝克被惹怒了。读完这篇报道后,他给诺依曼打电话表示不满。他告诉诺依曼,这不仅让富达公司丢了脸面,而且信息不实,让人难堪。(不过贝克很快就原谅了这个轻视行为,还定期为诺依曼提供咨询。)

现在诺依曼急于把这些过去的错误陈述放在一边,开始在全球范围内寻找基金。像往常一样,他能非常灵敏地嗅到资金的来源。尽管硅谷有些泄气,但在中国仍有许多资金渴望进入美国公司。科技在中国一直炙手可热,许多投资者以及像阿里巴巴和腾讯这样的巨头企业,正试图在全球范围内进行更多投资,特别是在美国。诺依曼所要做的就是找到合适的对象。

2015 年秋天,诺依曼与迈克尔·格罗斯一起飞往中国。在一个月的连续两次旅行中,两人乘坐私人飞机在全国各地穿梭,从与业主会面到向潜在投资者推介,所有这些都是由高盛公司安排的。

格罗斯曾是陷入困境的精品连锁酒店摩根酒店集团（Morgans Hotel Group）的首席执行官，在此之前，他从事了多年银行业和对冲基金的金融工作，现在成了诺依曼的忠实助理和亲密朋友。他从WeWork的首席财务官的位置调任到此，头衔是副主席，但他在公司的额外价值主要是帮助诺依曼在筹款会议上发光发热。这位康奈尔大学的毕业生拥有年轻的外表，散发着诺依曼所缺乏的文雅。他有能力表现得非常平易近人，从而吸引华尔街和私募股权人群。与诺依曼一样，格罗斯在正常的业务过程中也不使用电脑——对于要说服投资者相信WeWork是一家科技公司的两个人来说，真是讽刺。

诺依曼经常不满意助理们的工作。但自从格罗斯在2013年加入WeWork，诺依曼几乎一直把他当作知心好友和支柱。起初，是格罗斯帮WeWork引入了一些精品酒店的元素，让诺依曼意识到公共空间的氛围和音乐的重要性。而在筹集资金的过程中，也是他把诺依曼的宏伟语言翻译成投资者可理解的术语，让他们听完诺依曼大谈联合世界后能够看到其中的来钱之处。

在某种程度上，格罗斯的任务是为派对预热——让投资者产生兴趣，好让诺依曼能够吸引他们。他之后多次称自己是诺依曼的"热身人"（Fluffer①）[9]，直到WeWork的首席法务官詹·贝伦特叫他别再这么说。他会选择播放20世纪90年代的嘻哈歌曲让公司活动甚至是例行的投资者会议变得生动起来。诺依曼会把格罗斯称为"副主席，也是首席DJ"[10]。有一次，在其位于汉普顿的海滨别墅，他和诺依曼向一位来自老虎环球（Tiger Global）的投资者示好。在乘坐直升机抵达后，这位投资者——斯科特·施莱弗（Scott Shleifer）与两人喝了

---

① "Fluffer"及后文的"fluffy dog"在美国俚语中含有非常下流的意味，在公共场合使用这个词语是不恰当的，因此詹·贝伦特阻止了格罗斯在公共场合使用这个词语。——编者注

很多酒，以至于吐在了格罗斯的"毛绒狗"（fluffy dog）上，老虎环球最终并没有投资。

他们在中国的推介会遵循类似的模式，会议经常在上海和香港的五星级酒店的会议室举行，诺依曼对 WeWork 的发展前景充满了信心。3 年前，只有少数几个知名投资者向 WeWork 投入资金。而现在，诺依曼可以列出世界上最大的两家银行——高盛和摩根大通，作为公司的支持者。潜在的投资者希望看到 WeWork 像优步或爱彼迎一样，而不是像雷格斯那样的办公空间公司。

诺依曼对每个客人落座的位置非常讲究。客人入场前，他会要求员工反反复复地排列座位。他会向参会人员展示由 WeWork 员工制作的宣传视频，这些视频中，办公室看起来就像充满活力的蜂巢，千禧一代对自己的工作乐在其中。

酒水几乎总是形影不离——比中国商务餐的习惯数量更多，并且经常在筹款谈话中扮演主要角色。会议期间的飞行途中也总是充斥着酒精。早上开会时，诺依曼经常迟到，看起来宿醉未醒。在一次与中国联合办公公司优客工场（UrWork，后改为 UCOMMUNE）的会议中途，服务员直接端着放满龙舌兰酒和啤酒的托盘进入会议室，于是与会人员纷纷喝了起来。

他的推介似乎引起了弘毅投资（Hony Capital）的特殊关注，这是一家从国家支持的联想控股（Legend Holdings）有限公司分拆出来的私募股权公司。弘毅投资由赵令欢（John Zhao）领导，他是一位友好的前技术主管，在从商前学习过物理学，曾获得西北大学（Northwestern University）的 MBA 学位。弘毅投资渴望走向世界，最近进行了两项引人注目的跨界投资：它收购了英国比萨连锁店"比萨快递"（PizzaExpress），并向一家新的美国电影制片厂胜图娱乐（STX

Entertainment）投入资金。

当时 50 岁出头的赵令欢和诺依曼几乎一拍即合。他后来说当时听诺依曼介绍了几分钟就认定了这个业务。他喜欢谈论全球企业和本地企业的融合——"全球化（global）应该是'glocal'"。随着双方反复提起这个词，诺依曼很快就喜欢上了这个概念。

没有演讲的时候，诺依曼飞驰在上海和北京的街道上，四处打探合适的大楼。会议的间隙，诺依曼对中国的求职者进行了高频面试。他会直接把他们带到车上，到了自己的目的地再把他们放下。

在第二次为期一周的旅行结束时，高盛调查了融资情况，发现有兴趣的人相对较少。诺依曼在推销中表现得很强势，明确表示要得到 150 亿美元以上的估值，而不是按惯例对价格含糊其词。强硬的结果就是吓跑了大多数潜在投资者，只有一家私募股权公司可能对低于 120 亿美元的估值感兴趣，但没有其他人出价。

不过，赵令欢很感兴趣。在没有确定具体价格的情况下，他表示有兴趣以高于 150 亿美元的估值购买股份；与仅有的另一个真正感兴趣的参与方相比，他开出的价格足足多出了 30 亿美元。

诺依曼很兴奋。弘毅投资同意给 WeWork 注入数亿美元的资金，这可以使该公司向亚洲进行大规模扩张。他认为这将带来一场变革，WeWork 可以成为其想象中的真正的全球性公司。

两人达成一致。双方都同意，最终的估价将在赵令欢不久后来纽约时确定。

之后，两家公司花费了数月的时间来完成交易。WeWork 团队认为弘毅投资的员工对这项投资持怀疑态度。与富达公司的情况一样，低级别的数字分析员似乎不理解 WeWork 的估值怎么会这么高。但最终，赵令欢对诺依曼的热忱赢得了胜利。赵令欢后来从其他一系列大牌中国投资者那里筹集资金，包括阿里巴巴的创始人马云，与弘毅一起进行投资。在交易完成前不久，赵令欢在纽约和诺依曼一起庆祝。诺依曼邀请他参加 WeWork 新址的员工聚会。到了深夜，诺依曼邀请一群人到华尔街 110 号的楼顶上，一杯杯的龙舌兰酒在人群中传递。诺依曼拿出灭火器朝人群喷洒泡沫，赵令欢被喷得满身都是[11]。

在耗时几个月的谈判和尽职调查开展之前，诺依曼即将结束在中国的筹款之旅，他和赵令欢决定为他们即将到来的合作关系举行一个简单的庆祝活动。当时诺依曼和格罗斯在香港，所以赵令欢把他们带到了战车俱乐部（Chariot Club）。该场所仿照伦敦和曼哈顿的高级社交和商业俱乐部建立，古板老调，只准许会员进入。这群人找了一个包间，点了北京烤鸭。在等待上菜时，随着酒精不断冲击空虚的胃，他们说话的分贝不断提高，能量也随之上涨。格罗斯拿出蓝牙音箱，大声播放肖恩·卡特（Jay-Z）的音乐，房间外的客人都能听到。几个人起身离开时都已经喝得酩酊大醉。他们走过餐厅时一直开着扬声器，周围稳重的、穿着西装的食客们瞪眼看着他们，诺依曼和格罗斯跌跌撞撞地走向电梯。在外等待的轿车将把他们送去坐私人飞机。两人走出俱乐部开始吟唱时，里面的人仍能听见他们的声音。

"我们要拿下世界！"他们叫嚷着，"拿下全世界！"

第三部分

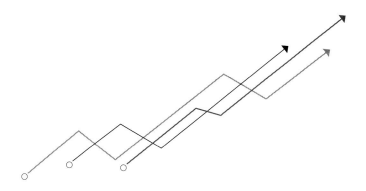

第 14 章

贵人相助

他怎么不应门?

在 2016 年 1 月的某天,早上 8 点左右,来自 WeWork 的高管和助理在班加罗尔的栀子花豪华精选酒店(ITC Gardeni)的大堂里面带愁容地交谈。他们经历了近 20 个小时的旅程来参加名为"印度创业"的会议。这个会议是印度总理纳伦德拉·莫迪(Narendra Modi)的心血和结晶[1],他渴望让印度成为对创业者更具吸引力的地方。

这件事发生在诺依曼结束中国的冒险活动后不久。这次长途旅行也不是为了观光玩乐。在会议正式启动之前,亚当·诺依曼的早期投资者和顾问马克·希梅尔已经在全国不同城市安排了一系列与潜在投资者和合作伙伴的会议。

而现在,代表 WeWork 的团队在五星级酒店的华丽大厅里焦急等待——距离第一次投资者会议的约定时间越来越近,他们遇到了一个严重问题——没人能叫醒诺依曼,甚至不知道他人在哪儿。虽然诺依曼经常在会议上迟到，但这种音信全无的情况很罕见，令人不安。

好几位高管和诺依曼的助理反复给老板打电话，但都没人接。

在场的人里有新的通信主管珍·斯凯勒（Jen Skyler）、首席税务官弗朗西斯·洛博（Francis Lobo）以及丽贝卡·诺依曼的侄子卢克·罗宾逊（Luke Robinson）。洛博和罗宾逊交换了紧张的眼神。前一天晚上，他俩和诺依曼在酒店游泳池里喝着龙舌兰烈酒，分享着故事，后来又回到他的酒店房间继续痛饮，玩得比其他人更晚，他们很高兴能有这个难得的机会和老板加深感情。诺依曼还通过脸书给纽约的朋友和员工打电话，在别人工作的时间里开玩笑、逗弄他们。

大厅里的这群人每过一分钟都变得更加焦虑，最后只得求助于酒店安保人员。安保人员打开了诺依曼房间的门。他们在房间里发现了诺依曼：他失去意识了，但还活着。

希梅尔试图向大家掩饰这种玩忽职守的行为："你们不了解这个人身上的所有压力。"他的生意规模巨大，具有天价估值。他还有4个孩子，这是他排解压力的方式。

等诺依曼终于被唤醒时，预定的会议已经结束了。诺依曼花了一下午的时间在水疗中心休养。

2016年年初，在WeWork高速增长下，他们的业务场所数量猛增到65个。大多数场地仍设在美国的城市，但公司已经进入了欧洲和以色列的市场，并且拥有了来自弘毅投资的资金，这意味着它很快也将成为中国市场的一员。而现在，诺依曼看到了在世界第二大人口大国一展拳脚的机会。

当诺依曼收到总理办公室发出的在"创业印度"演讲的邀请时，他告诉自己的团队，要他去的条件是确保他能和莫迪进行一对一的会谈。诺依曼向来知道该怎样从这种会议中获取最大价值。在房间里一对一的私密情况下，他可以与对方深入沟通，施展个人魅力。他也知道，为催生更多联系，之后该如何大张旗鼓地炫耀他与这位知名人士的纽带，无论他们的互动实际有多么短暂。莫迪总理这个名号就足够响亮。

诺依曼得到了能与曾为亲商候选人的莫迪坐下来面谈的机会，时间安排在他离开印度的两天前。在会议前几天，诺依曼请了自己的父亲多伦（Doron）从以色列飞来这里，坚持让他加入新德里的会议，这让团队十分惊讶。

这并非一次深入的对话。诺依曼向其他人回忆道，莫迪接受了让WeWork进驻印度的提议，还要求诺依曼帮忙解决印度的住房危机。诺依曼向他承诺，WeWork会想办法做到这一点。诺依曼之后对员工说，WeWork不仅能解决印度的住房危机，还能解决全世界的住房危机。

次日，诺依曼登上了新德里维基扬会议中心（Vigyan Bhavan）的舞台。他穿着飘逸的白衬衫和绰号为"莫迪马甲"[2]的高领海军蓝马甲，因为这是总理的首选服装。在数百名听众面前，当地的首席执行官[3]介绍诺依曼白手起家，经历了种种失败，最终大获成功，他的故事是"创业者典范"。这正是诺依曼喜欢的介绍方式。诺依曼一边在椅子上轻轻摇晃身体，一边告诉大家WeWork在6年内发展了多少，以及它是如何准备好在全球范围内爆发式扩张的。

他说："我们的业务已经遍布19个城市[4]、7个国家、3个大洲，而这才刚刚开始。"他提到了印度大量的年轻工人和初创企业，宣称对WeWork来说，印度"可能比欧洲更大"。他对全神贯注的听众说，筹资并不是什么大问题。"如果你的业务优秀，筹资就不是难事。"

有位沉稳的日本商人坐在观众席上，一边听一边跟着点头。这个人准备开出印度企业家们所见过的金额最大的几张支票。

孙正义（Masayoshi Son）是总部位于东京的科技联合集团"软银集团"的创始人兼首席执行官，时年58岁，身穿黑色西装外套和白色衬衫，笑容可掬，身材瘦小。他来这里是为了在科技界打下自己的烙印。孙正义将在当天晚些时候登上同一个舞台，他会用鼓动人心的措辞描述印度的未来，宣布这是"大爆炸的开始"[5]。孙正义近期已经向印度的公司投资了20亿美元。在舞台上，他承诺在未来几年还要提高这个数字。

但孙正义的野心远不止于此。软银的投资组合包括从电信巨头斯普林特（Sprint）一直延伸到在印度和中国的叫车服务初创公司的股份。它早已是世界上最知名的科技投资者之一，经历数次起伏而屹立不倒。孙正义在科技界被简称为"马萨"①（Masa），他喜欢跟人说，在2000年的3天时间里，他曾是世界上最富有的人[6]，只是之后在网络公司浪潮的消逝中几乎失去了一切——损失超过700亿美元。

孙正义最著名的投资是在2000年引领着一轮2 000万美元的融资，并冒险将这笔资金注入了刚起步的阿里巴巴。到2016年，马云创立的这家科技公司已经体量巨大，软银在其中持有32%的股份，价值约为400亿美元，而且还在快速增长。但孙正义在盯着更大的目标。他渴望成为世界上最富有的人之一，也渴望软银成为地球上最有价值的公司之一。

孙正义比诺依曼大20岁，比后者矮一英尺左右。两位创业者有许多共同的特征，都有着极大的野心和坚定不移的乐观精神。孙正义摒弃了诸如西装革履在内的许多保守的日本商业传统，经常穿着优衣

---

① Masayoshi，"正义"的缩写。——译者注

库的背心或休闲毛衣。虽然他总是笑容亲切、语气平和，但他的做事风格与常见的日本人习惯不同，非常大胆和直接。

虽然孙正义把巨大的财富押在了技术上，他本人从来不是一个搞电脑的高手，甚至对这个行业也没有深入研究。相反，他专注于与具有专业知识和权势的人建立联系。

20岁出头时，孙正义在医生的建议下狂热地学习了高尔夫，当时他得了重病，正在康复。他的父亲患有肝硬化[7]，因此孙正义戒了酒，以说服父亲跟随自己的步伐。40岁以前，他几乎没再喝过酒[8]。但是，他仍然懂得如何用酒款待潜在的商业伙伴，通过说服商界和政府的高层人士与他合作来建立自己的财富帝国。20世纪90年代的日本媒体称他为"Rojin-kiraah"，即"老人杀手"[9]，因为他有能力招揽商界的年长巨头。

孙正义喜欢有远见的企业家，而诺依曼则把这位硬朗的、自我成就的亿万富翁视为偶像。尽管看起来不搭，但认识他们二位的人都预言他们会立即擦出火花。

1957年出生的孙正义在一个外来者的家庭中长大。他的祖父母从韩国移民到日本，这意味着孙正义无权获得公民身份。在1945年或"二战"结束前到达日本的韩国移民通常被称为"Zainichi"[10]，大致翻译为"留在日本的人"。由于出身，孙正义及其家人也被禁止担任政府工作。

他的父亲光法（Mitsunori）在日本西南部岛屿的贫穷小村庄里，为家人造起一座棚屋[11]。凭借毅力和节俭，他们逐渐进入了中上层社会。光法的许多营生通常是不太体面的，比如走私烈性酒，以及建立小型的连锁赌博场所[12]，也就是弹珠机游戏厅。孙正义的父母将姓氏从"孙"改为"安本"（Yasumoto），以掩盖他们的韩国血统[13]，这在日本是比较常见的做法。

到了孙正义十几岁的时候，他们已经住在国际大都市福冈的一套大房子里。有朋友记得那是在当地少有的大到能放下乒乓球桌的房子[14]。孙正义的父亲也攒够了钱，把儿子送去参加加州大学伯克利分校的短期高中交流项目[15]。在美国的短暂停留激励了孙正义回到美国完成高中学业。

孙正义到了北加州就开始以狂热的速度前进。这种狂热后来成为他商业生活的标志。在学习了几个月的英语后，他加入了高中二年级，并说服校长让自己参加大学入学考试。他通过了。就像他后来对自己的传记作者说的那样，他在1974年没有毕业就离开了高中，以免浪费宝贵的时间。

孙正义很快进入旧金山附近的一所社区大学，并在那里邂逅了他未来的妻子大野雅美（Masami Ohno）[16]。她也是来自日本的交换生。在那所学校过了不到两年，孙正义就回到了加州大学伯克利分校。大学的课程，包括工程课和经济学，对他没有什么吸引力。当时的朋友和同事们都记得孙正义对赚钱的执着。孙正义说那时他每天都会动脑筋想出一个发明的点子[17]。

在父亲的帮助下——他在接下来的几年里定期给儿子寄钱[18]——孙正义敦促他的朋友、加州大学伯克利分校少数几个来自日本的本科生之一陆弘亮（Hong Lu）成为他的商业伙伴，而不是去冰激凌公司做排定的工作。为了说服他，孙正义每天给陆弘亮打好几个电话[19]，还去打扰他的未婚妻和她的家人们。他用越来越冠冕堂皇的措辞，给陆弘亮描绘他可以从尚未成形的商业尝试中赚到多少钱。

其中一项冒险是孙正义在父亲的帮助下，将从日本进口的"太空入侵者"[20]等街机游戏安装到伯克利各地的餐馆和酒吧里。这些设备让他很快收获了大量的现金，使他们买下了离自己校园不远的街机厅"银球花园"[21]。

另一番赚钱的行当是销售电子文本转语音设备，这件事要更复杂。

加州大学伯克利分校的物理学教授福雷斯特·莫泽（Forrest Mozer）发明了一种设备，能够用目标语言说出用户选择的常见短语，而且发音正确。孙正义对这个想法很感兴趣[22]，计划在日本的机场售货亭销售这种设备。因为这个设备显示出非凡的潜力，本身没有多少技术专长的孙正义聘请了兼职研究人员的团队，为他构想出的类似设备制造原型。在继续自己本科课程的同时，孙正义还定期与陆弘亮一起飞回日本[23]，与电子公司开会谈他的产品线。孙正义日后夸口说，自己最终以大约100万美元的价格将翻译器的专利卖给了夏普公司[24]。

莫泽直到数十年后在报纸上看到孙正义的专题报道，才发现他已经出售了这个设备[25]。莫泽从未因他为此设备所做的工作或其他人使用该设备而获得报酬。（软银否认了这一点，称孙正义记得给莫泽付过钱。）

孙正义于1980年毕业。因为父亲生病了[26]，他觉得有义务回到日本。陆弘亮以200万美元的价格买下了孙正义在他们联合公司的股份。1981年，孙正义回到日本，并在陆弘亮给他的那笔钱的支持下成立了软银。这家公司最终将成为孙正义实现宏伟愿景的垫脚石。孙正义把公司描述为一家人们可以购买或出售软件的银行。他很快就与国内外的软件公司达成了各项交易，并且经常卖力推销，让自己成为对方在日本的唯一经销商。

孙正义注意到软件分销业务就像街机业务一样，但比它更好更强。一旦他达成许可软件的交易，就可以迅速在全国范围找到买家，获得高额收入。

但这还不足以满足孙正义更大的野心。他很快将公司的重点扩大到计算机行业的贸易出版物,买下了《电脑周刊》(*PC Week*)和《电脑杂志》(*PC Magazine*)的日文版。从表面看,这些投资令人费解:孙正义对新闻印刷业没有特别的兴趣,这些出版物甚至并不盈利,但它们确实在提高软银的品牌知名度以及孙正义的个人名气方面表现出色。

微软的比尔·盖茨让孙正义十分着迷。1987 年,孙正义决定让他成为杂志的封面人物,并亲自飞到西雅图对他进行采访[27]。在进行了一小时的会面之后,盖茨带着孙正义参观了微软的总部,并告诉孙正义,他为了了解这个行业,会虔诚地阅读电脑杂志《电脑周刊》(美国版)。后来的 10 年内,孙正义也坚持订购这份出版物。

在接下来的 10 年里,孙正义在日本国内扩张自己的帝国,变得越来越富有,但他仍然渴望得到更多。只有进入比尔·盖茨和其他科技巨头的轨道,孙正义才会感到满足。为了达到这个目标,他决定直接去买下他们最觊觎的舞台。

孙正义在创办软银后会定期返回美国,密切关注科技发展,在 11 月对拉斯维加斯进行为期一周的访问是其中的一个重要部分。每年有超过 10 万人[28]飞往内华达州(Nevada)参加计算机经销商博览会"Comdex"(即 Computer Dealers' EXhibition)。这个成立于 1979 年的大会[29]已经发展为个人电脑行业的全球博览会,随着科技行业的发展,其规模不断扩大,地位也不断提升。盖茨、甲骨文公司的联合创始人拉里·埃里森(Larry Ellison)和英特尔公司的首席执行官安迪·格鲁夫(Andy Grove)等科技界名人会在此竞争关键发言人的位置,而各家公司会推出最新奇的小装置和带有未来主义色彩的产品,如高密度光盘、英特尔的奔腾专业计算机芯片和等离子管显示器。Comdex 的参加者能提前看到这类即将上市的技术，有时甚至能提前一年。

1993 年，Comdex 的联合创始人谢尔登·阿德尔森（Sheldon Adelson）想出售贸易展业务。在这一年的大会期间，孙正义在阿德尔森近期购买的产业——著名的金沙赌场（Sands casino）里找到了阿德尔森[30]及其执行团队的几个成员，并提出了一项交易。孙正义穿着整齐的灰色西装，郑重其事地走进会议室，向阿德尔森和他的团队鞠躬问好。孙正义称赞他们创造了世界上最伟大的技术会议。他说，现在是时候让软银经营它了。

阿德尔森和合伙人疑惑地盯着孙正义，对他的背景和财富知之甚少。孙正义说，我可以把生意做得更好[31]，并说他们收费太高，还有太多的繁文缛节。阿德尔森让孙正义去筹集更多的钱再回来。如果他能做到，到时候他们可以再多谈谈。

阿德尔森把孙正义送出门外，关上门后翻了个白眼。曾与阿德尔森合作出售 Comdex 的高管杰森·丘德诺夫斯基（Jason Chudnofsky）说："当时很难把他当回事。"

不到一年，孙正义就有了足够的可支配资金。1994 年 7 月，软银在日本股票市场上市[32]。他持有该公司大约 70% 的股份，价值超过 20 亿美元。

1995 年年初，孙正义回到了拉斯维加斯，这次储备了大把的资金。阿德尔森一直希望以至少 3 亿美元的价格出售 Comdex，苦于找不到买家[33]。虽然孙正义谈判起来十分激进，但他也有这样一种特质：如果某个想法或创始人能让他着迷，他最终支付的金额甚至会大大超出卖方所预想的范围。软银同意支付的是大约 8 亿美元[34]。孙正义确信这一步会为其赢得尊重。他对丘德诺夫斯基说："如果我拥有通信工具，我将拥有整个行业。"

从财务角度来说，孙正义对 Comdex 的投资并不顺利。这个贸易会议的母公司在 21 世纪初宣告破产[35]。但事实证明，这次收购确实为他建立关键的人脉关系网打通了渠道，孙正义开始与盖茨、埃里森、格鲁夫和其他有全球影响力的人发展友谊。在日本，他已经成为名人。

凭借新增的强大科技社交圈，孙正义迅速进入交易模式，以令美国投资者震惊的高价迅速地吞并各种公司。软银花了近 20 亿美元[36]收购了拥有《电脑杂志》的出版公司"吉夫·戴维斯"（Ziff Davis），几个月后又花了 15 亿美元收购了生产计算机内存条的金士顿科技公司（Kingston Technology）。

这对孙正义来说只是牛刀小试。到了 20 世纪 90 年代末，他已经全面进军互联网，抢购各种新兴网络公司的股份。他创立了当时世界上最大的创业投资基金之一[37]，拥有近 20 亿美元的资金，最终投资的公司数量超乎想象[38]——超过 400 家。虽然他从软银的 IPO 中获得了数十亿美元的现金，但这还远远不够。他开始迷恋上了债务融资。他用软银做了很多债务，自己借了更多——用他在软银的股票作抵押，以便为越来越大的赌注提供资金。

随着网络泡沫的膨胀，孙正义不断地投进资金。他在加州创建了一个独立的风险投资基金，同时使用软银自己的和外部投资者的钱。资金涌入各种类型的网站，如电子商务网站"买吧"（Buy.com）、在线股票网站"亿创理财"（E*Trade），以及网络托管服务"地球村"（GeoCities）。他在即时配送业务方面下了很大赌注。他扶持了在线配送公司"科斯莫"（Kozmo.com）和在线食品杂货递送公司"网络货运"（Webvan）。他在 1999 年对《福布斯》称[39]，自己拥有所有美国互联网财产公开上市价值的 7%—8%。

软银的股票在 2000 年 2 月达到顶峰[40]，估值约为 1 900 亿美元，这一高峰与科技股的整体峰值相吻合。

大萧条随之而来。投资者意识到他们所创造的泡沫的严重性,于是纷纷逃离互联网股票。像"网络货运"和"科斯莫"这样"烧钱"的公司很快就消失了。孙正义,这个被认为是(或者说渴望成为)日本的比尔·盖茨或沃伦·巴菲特的人,眼看着自己的大部分财富蒸发。由于严重依赖债务为他的巨大赌注提供资金,孙正义的处境岌岌可危,他的杠杆率很高,容易受到经济衰退的影响。到了当年年底,随着网络泡沫的破灭,软银的股票已经损失了 90% 以上的价值。他失去的财富比以往任何人都多。

就投资者损失的资金额度而言,软银的投资组合经历了数个最为惨烈的失败。它最大的赌注之一"网络货运"停止运营并宣布破产 [41],让投资者损失了大约 8.5 亿美元,并导致 2 000 名员工失业。

但是,孙正义仅凭一个赢家就抵消了软银在网络时代的大部分损失:搜索引擎雅虎(Yahoo)。在 1995 年首次投资后,孙正义让雅虎的创始人杨致远(Jerry Yang)和大卫·费罗(David Filo)收下了 1 亿美元——比他们自己提供的报价或实际需要的还要多 [42]。当雅虎在 1996 年上市时,软银拥有该公司大约三分之一的股份。软银还帮雅虎的创始人在日本成立了公司。后来该公司的价值远远超过了其美国分部,但软银始终持有公司 60% 的股份。

就在互联网热潮消退之前,孙正义成功地播下了自己东山再起的种子,这颗种子将从他财富帝国燃烧的灰烬中生长发芽。2000 年 1 月,软银牵头向由精力充沛的新人企业家马云经营的公司投资了 2 000 万美元 [43]。

孙正义喜欢说,他把赌注压在阿里巴巴的创始人马云身上是因为喜欢对方眼中的光芒。马云那时说:"我们没有谈论收入 [44],甚至没有谈商业模式，只是谈了一个共同的愿景。我们做事都很果断。"

当时的阿里巴巴是中国一家新兴的电子商务公司，将全国的制造商和买家联系在一起，进而改变中国的互联网和零售业。孙正义的投资被称为有史以来最出色的单笔投资之一。

除了这项投资外，在21世纪初的这段时间，孙正义长期留在日本，致力于建立本地的高速互联网网络。他发现官僚机构很难应对。他曾一度崩溃，甚至径直走进日本电信部，威胁要用打火机自焚[45]，除非电信部帮忙。在4年内，这家公司——雅虎BB（Yahoo BB）——使日本的互联网速度远远超过了美国的平均水平，他也拿到了来钱的特许经营权。

2006年，孙正义为恢复元气的软银开拓了移动行业，花了大约150亿美元收购了沃达丰（Vodafone）在日本的业务[46]。通过与史蒂夫·乔布斯直接谈判[47]，他获得了苹果手机的独家经销权，迅速将他的手机公司推上了第一梯队。

到2012年，孙正义又开始心痒难耐，渴望再次成为美国市场的生力军。他重拾移动电话业务，开始尝试收购斯普林特和电信移动（T-Mobile）——此举是为了与美国电话电报公司（AT&T）和威瑞森通信公司（Verizon）竞争。他在2012年年底宣布了一项216亿美元的交易，收购了斯普林特70%的股份[48]。孙正义说苹果公司的蒂姆·库克（Tim Cook）和其他人向他保证，收购电信移动的交易也能通过美国监管机构的审核。孙正义购买了美国有史以来最昂贵的房屋之一，他花费1.17亿美元在加州伍德赛德买下了一个占地9英亩的庄园[49]，紧挨着沙山路的风险资本的最中心。此举像是要宣布自己已重返硅谷精英阶层。

孙正义的雄心壮志仍未止步。他经常谈起软银的300年增长计划[50]，要让它成为世界顶级的技术公司，要站在每一次重大转变的最前沿。在给投资者的幻灯片演示中，他描绘了软银和科技在未来30年的发展道路。人类和机器人将逐渐形成共生关系[51]，大脑和计算机芯片将相互依存。他告诉投资者，软银将协助治愈人们的悲伤，增加人们的幸福感。其中一张幻灯片显示，未来人类的预期寿命将为200年。

其中一页这样写着："人生中最悲伤的事莫过于孤独，而软银致力于让人们开心。"[52]

2013年，孙正义想打造全美顶尖的移动运营商的计划失败了。虽然他有能力买下斯普林特，美国政府却不允许他购入电信移动[53]。孙正义想让软银成为世界上价值最高的公司，而拿下美国的移动通信市场正是他宏观计划中极为关键的一步。助理们说孙正义对这个愿景极为看重，他没能将斯普林特和电信移动整合，这次失败让他一度郁结。

当然，他的财富仍在升值。阿里巴巴已经成长得十分庞大，而软银拥有其中很大一部分股份。孙正义开始寻找其他商机，在全球搜罗可以投资的领域。他在2016年年初前往印度正是抱有这样的想法。他渴望了解印度的公司，因为他已经许诺要为其注入数十亿的投资。

当亚当·诺依曼在印度的时间接近尾声时，他不仅见到了莫迪，还与该国的潜在合作伙伴取得了联系，他们有可能成为WeWork扩张的关键。诺依曼在印度的最后一晚，孙正义邀请他参加软银为数百名客人举办的招待会。在印度最好的酒店之一利拉宫（Leela Palace，那里能看到新德里的餐馆）中，孙正义全神贯注倾听着诺依曼的讲话。

在离举办鸡尾酒会的地点稍远的一个长椅上,两位企业家凑向彼此,一口气谈了半个小时,各自抒发商业愿景。谈话结束后,诺依曼继续与其他与会者交际,为软银的其他核心高管——尼科什·阿罗拉(Nikesh Arora)和阿洛克·萨马(Alok Sama)——讲些离谱的故事和不着调的笑话。他的团队看出孙正义对诺依曼很感兴趣。

很快,他们将再次有所交集。

第 15 章

事有蹊跷

亚当·诺依曼和少数几个工作人员乘坐私人飞机从纽约穿越大西洋向东飞去。他们的目的地是西班牙北部的圣塞巴斯蒂安（San Sebastián），这是法国以西巴斯克自治区（Basque country）的一座小城市，大西洋从这里流入比斯开湾（Bay of Biscay），形成得天独厚的冲浪条件。

WeWork 的这些人就是去冲浪的——但不是去海里。他们要去参观一家名为"波浪花园"（Wavegarden）的新兴创业公司，该公司由巴斯克工程师何塞马·奥德里奥佐拉（Josema Odriozola）经营。

这家成立了 9 年的公司会制作"冲浪池"，一种比奥运会泳池还要大的水上运动场所，可以根据需要创造出 8 英尺高的海浪。这个产品的潜力是让世界上的任何人都能冲浪，无论他们离海滩有多远。

冲浪已经成了诺依曼新的热爱。他在长岛，在汉普顿东部——他和妻子丽贝卡于 2012 年在那里买了一套房子，有时也在离城市较近的洛克威（Rockaways）练习自己的技能。他跟朋友们说，冲浪能让他头脑清醒、精神振奋。他特别喜欢在夏威夷冲浪，他在考艾岛（Kauai）北岸雇了知名的冲浪者团队来指导自己，并带他们见识岛上著名的哈纳雷湾（Hanalei Bay）的最佳海浪。冲浪是他与丽贝卡的共同爱好，丽贝卡很多时候会与他一起出行。

阿蒂·明森于 2015 年加入 WeWork，担任总裁和首席运营官。其因为一次通宵工作见识到了老板对冲浪的热情。两个人工作到凌晨一点半左右的时候，诺依曼说自己已经好久没冲浪了[1]，很怀念那种感觉。明森就提出可以借用他的海滩别墅，离长岛的城区很近，只要诺依曼想去可以随时去。后来明森离开了办公室，睡了几个小时，第二天早上睡眼蒙眬地赶回公司参加 8 点钟的会议。他大吃一惊地发现办公室里穿着泳衣的诺依曼，看起来精神抖擞、活力十足——他已经去明森所说的地方冲过浪了。

虽然诺依曼热爱冲浪，这项运动的注意事项却并不符合他的喜好。其中一个关键因素是划水。通常情况下，冲浪者要从岸边出发，乘着冲浪板划向海面。然后他们要继续划水，直到浪涌来临，才能抓准时机猛地站起来冲浪。划水是支撑所有其他技能得以展现的平台——先苦后甜。

诺依曼却不这样做。

他用的是极为急功近利的方式。在他的许多冲浪活动中，他会搭乘由自己的冲浪教练掌舵的水上摩托艇，随马达的鸣响冲入海中，船后拖着冲浪板。一旦诺依曼被带到理想的地点，他就只需等待浪涌的时机——这是一种叫作"踏浪"（step off）的技术。

他曾对一位同事说："我这么冲浪是因为我没时间去划水。"

大多数冲浪者认为乘坐水上摩托艇追浪是在作弊，就像登山者靠直升机略过大部分路程。考艾岛的一些冲浪点甚至禁止他们这样做，不过诺依曼和他在当地备受尊敬的冲浪教练能够绕过这些规定，不会惹上什么麻烦。

对冲浪的热爱是诺依曼在 2016 年年初来到巴斯克地区的原因。早些时候，诺依曼曾要求比自己年长的助理罗尼·巴哈尔研究冲浪池的新生业务。巴哈尔在 WeWork 总是从一个新项目跳到另一个项目。他和诺依曼一样喜欢好高骛远。他接受了诺依曼的愿景，要建立一个无所不包的 WeWork 体系，远不局限于租赁办公室。

巴哈尔注意到千禧一代对冲浪等运动的追捧。他认为"波浪花园"的技术可以使这项运动面向更广泛的人群。人们不再需要靠近海洋来冲浪，他们可以在得克萨斯州或伊利诺伊州的中部建立一个冲浪胜地。随着 WeWork 的迅速扩张，巴哈尔认为"波浪花园"的设施可以作为一项福利提供给任何拥有 WeWork 会员资格的人——当 WeWork 发展成为一个全方位的生活方式品牌时，这将成为一种特权。诺依曼曾对朋友们说他认为推行冲浪是一种建立社区的好方法，因此他对这个想法很感兴趣。WeWork 甚至可以把冲浪池作为巨型办公园区的一部分。

在西班牙，工作人员试用了"波浪花园"的技术。冲浪池比一个足球场还大，中间有一个机械脊柱，连接着一个类似扫雪机的机械手臂，可以在水中推出一个接一个的波浪。

诺依曼觉得眼前一亮。经过几个月的谈判，交易在 2016 年 5 月达成。WeWork 用现金和股票的组合方式支付了 1 380 万美元[2]，获得了该公司 42% 的股份。这个份额并没有给 WeWork 带来完全的控制权，但给了它足够的影响力。

在外人看来，这项投资实在令人费解。联合办公公司"勤勉"

（Industrious）的首席执行官詹米·霍达里（Jamie Hodari）就是其中一个[3]。诺依曼在会议上想要打动霍达里，便对他说 WeWork 的最新收购"引起了波澜"。起初，霍达里以为这是个比喻，直到诺依曼给他看了一段视频。霍达里认为这件事很荒唐。

霍达里这样的外部人士也许会对这笔交易感到疑惑，但在 WeWork 公司，这件事并不显得特别奇怪。诺依曼的愿景让员工们沉醉其中。如果老板认为购买一家冲浪池公司的股份是打造社区的方式，那他一定是有理由的。董事会也批准了这项交易。WeWork 开始涉足冲浪业务。

在 WeWork 将资金投入"波浪花园"的同时，它自己却仍在为主营的办公空间转租业务的营利问题而挣扎。

尽管 WeWork 的收入增长被描绘得很乐观，但该公司越是扩张，损失的钱就越多。基本上每一年，WeWork 都需要靠筹集大量资金才能维持运营。要让诺依曼有理由将 WeWork 比作一家科技公司，就需要更多的资金来维持公司所需的快速增长。如果把 WeWork 比作火箭飞船，那它就是一艘需要不断在空中加油的火箭飞船。

当然这并不是 WeWork 向投资者提出的计划，也不是 WeWork 的内部计划。在 2015 年年初，WeWork 预计[4]其收入将增长 153%，达到 2.02 亿美元，预计其支出只增长 37%，达到 2.2 亿美元——就像软件公司那样，一旦客户开始大量购买其产品，就可以削减支出的增长。

但 WeWork 在 2015 年年底的财务状况与软件公司看上去完全不同：收入几乎与预期完全一致，但支出为 4.14 亿美元，与收入的增长一样快。WeWork 每赚 1 美元就花 2 美元，并非可持续的模式。在 2016 年的前 6 个月，也发生了类似的情况：它的收入为 1.78 亿美元，亏损 1.91 亿美元。这家公司每天都在损失 100 万美元。而在 2010 年成立之初，公司全年的花销甚至都不到 100 万美元。

到目前为止，诺依曼在很大程度上成功地说服了私人投资者，一次又一次地让其他人忽略了这些尴尬的损失，把它们归结为快速增长而不可避免的成本花销。他把投资者的目光引向所描绘的未来——一家具有颠覆性的科技公司，一旦成为全球范围的首选工作场所，巨大的利润就会随之喷涌。毕竟，其他像优步、里飞和快拍这样的深受投资者喜爱的初创公司也在大量亏损。他说，这些公司都只是想闯入热门行业，为达到目的不惜一切代价。而与这些众多初创公司不同的是，WeWork 在相似的前进轨道上并没有明面上的大型竞争对手。

这与传统初创企业的融资方式有很大不同。一般来说，初创企业会从风险资本家那里筹集两到三轮资金，到了这个时候它们就已经盈利或（有希望）接近盈利，并将进入公共股票市场。在那里，他们将进行 IPO——向公众市场披露自己所有的财务状况和风险，然后开始在更容易筹集资金的证券交易所公开交易。亚马逊成立后只用了 3 年时间就上市了；苹果公司在成立后用了 4 年时间上市。

然而，如今的初创企业保持私有化的时间更长，这要归功于那些试图进入热门初创企业的庞大投资者群体。到 2016 年，优步已经成立 7 年了，仍没有具体的上市计划。WeWork 是 6 年；爱彼迎是 8 年。保持私有化意味着创始人的日子过得更轻松，不需要面对媒体和投资者对季度收益报告的审查。

但是缺乏监督会让问题在这些公司内部不断发酵。像优步和里飞这样的公司已经习惯了亏损，投资者不会对此太过关注。有很多这样的初创公司，其整体理念就是保持收入增长，而不是遏制过度支出。只要首席执行官能够在一对一的会议上说服大型投资者继续依照更高的估值给他们提供更多的资金，这种方式就能发挥作用。这也意味着创始人可以把更多的时间花在那些在外部投资者看来是浪费的"宠物"项目上——爱彼迎的布莱恩·切斯基后来进军了电影制作业务[5]，优步成立了一个飞行汽车部门。这些公司停留在漫长的成长期中，活在风投资本的庇护下。

然而，到 2016 年年中，诺依曼在私人市场上的自由似乎已经走到了尽头。他基本上已经找遍了全世界所有愿意用资金浇灌初创企业的私人投资者。而按照 WeWork 目前的支出和扩张轨迹，公司未来仍需要大量的资金来维持运营。

对诺依曼和他的员工来说，让公司上市的做法似乎更合乎逻辑。他们认为股票市场会十分欢迎像 WeWork 这样快速增长的公司。当然，向公众发售股票的另一个好处是 WeWork 的投资者和员工将能够出售股票，真金实银地获取自己的账面财富。那些在基准资本加盟时期就在公司工作的员工，特别是那些担任高级职务的员工，已经看到了自己的股票期权能换取的巨大收益。许多人都拥有价值数百万美元的账面财富。

员工们开始准备相关工作。他们很快得出结论，公司需要改掉大手大脚花钱的习惯。虽然 WeWork 的董事会并没有因公司达不到指标而加设规定，但公共市场可能不会像私人市场的投资者那样宽容。

诺依曼让包括戴夫·法诺和詹·贝伦特在内的高管们仔细审查公司的财务状况，寻找改善公司运营的方法。法诺致力于寻找更便宜、更快速的施工技术以削减设置新场地的成本，因为这是一个巨大的支出源头。

与此同时，诺依曼越来越信任 WeWork 的首席法务官贝伦特。贝伦特来自威凯律师事务所（WilmerHale），对法律以外的问题也十分敏锐，并协助过诺依曼成功地从投资者那里争取到了更多的投票控制权。随着股票的上涨，诺依曼扩大了她的职权范围，把WeWork的文化部门也交给了她，并让她采取措施重组员工，在人数上节约成本。

在WeWork扩张的过程中，其职员的规模确实膨胀了很多。此时，公司有1 000多名员工，而一年半前人数在250人左右。高级员工们认为WeWork应该去除冗员，诺依曼对此表示同意。为"波浪花园"支付了1 380万美元后，不到一个月，WeWork就开除了公司里7%的员工[6]——将近70人，并且暂不招收新人。领导评分不高的员工尤其危险，很多人都被赶出了公司。彭博社（Bloomberg）在2016年6月3日的一篇报道中爆出了这一消息，不久之后又发了一篇关于公司未达成指标的报道。

这种激进的成本削减措施使员工们感到震惊，因为他们的文化是以乐观和奋进为前提的。在解雇事件公开后的几个星期，诺依曼在一次全体员工聚会上说起了大家心知肚明的这个问题。他站在总部的一大块空地上，用比往常更阴沉的语气告诉员工：裁员是个艰难的举措，但如果公司要完成自己的使命，就不得不这么做；有些人表现不佳，而WeWork渴望打造卓越的企业文化。他还宣称，公司在未来会有更好的发展。

随即，气氛陡然一变。诺依曼叫出了一位惊喜嘉宾[7]来到台上。嘻哈先锋组合"快跑DMC"（Run-DMC）的达里尔·麦克丹尼尔斯（Darryl McDaniels）现身台前，与诺依曼拥抱，开始演唱《事有蹊跷》（*It's Tricky*）等热门歌曲。随后诺依曼在台上拍手示意，工作人员们端着大金属托盘涌入会场，伴随着表演在人群中穿梭。盘子上放着盛满龙舌兰烈酒的酒杯。

把波折留在身后，让派对热烈继续。

第 16 章

每分钟 10 亿美金

孙正义感到焦头烂额。

他打造了软银 30 年。到 2016 年夏天，他的个人财富约为 170 亿美元[1]。在这一年里，他取代[2]优衣库的创始人柳井忠一成了日本福布斯亿万富翁榜的第一名。

但这还不够。他已经 58 岁了，仍不能与杰夫·贝索斯、马克·扎克伯格和比尔·盖茨这些科技界巨擘相提并论，甚至在谈话中都鲜被提及。他仍然渴望实现自己的愿景，在有生之年建立世界上最大的公司。然而，要将软银推入美国商业界上层，他所依赖的主要工具——移动运营商——的收购进展并不顺利。

2013 年，参照孙正义在日本电信市场上成功执行的策略，软银以近 220 亿美元的价格收购了斯普林特，计划将其与电信移动合并，打造美国无线领域的一支绝对主力军。但是，孙正义没预料到奥巴马政府对这个交易的敌意。到了 2016 年，斯普林特的影响力式微，资金流失，债务缠身。

购买公司并对其继续经营并不能让孙正义得偿所愿。想要更进一步，看来需要通过他人——通过专注投资来实现。软银长期以来一直是科技投资领域最活跃的参与者之一。而现在孙正义设想的投资规模要比过去大得多。他认为，如果能有巨大的资金量，只需要将资金投向某家创业公司，不给其他的竞争者，就能在一个特定的行业中指定赢家和输家，在赢家通吃的世界里先发制人。他认为，这些赢家将变得价值连城——理想的情况是让软银在能成为第二个脸书或谷歌的公司中拥有大量股份。

要创建规模空前的基金池，只用自己的钱是不够的，孙正义需要引入其他人的资金。他需要几百亿美元，比任何私人投资基金筹集过的金额都更高。

网络泡沫破灭后，孙正义主要依靠对阿里巴巴的成功投资，恢复了声誉。但现在他想筹集的资金比华尔街最大的私募股权投资公司所筹集的还要多。黑石集团（Blackstone Group，即佰仕通集团）和阿波罗集团（Apollo）是私募股权投资领域最具分量的巨头，即便如此，它们也从没为一个基金筹集超过 250 亿美元的资金。历史上最大的风险投资基金只筹集了约 30 亿美元。

更重要的是，以风险投资公司筹集资金的传统方式，几乎不可能凑齐这笔钱。一般而言，投资于这些基金的养老金和捐赠基金最多只是些几亿美元的大型资金板块。只有一种投资者有能力提供孙正义所寻求的资金类型：极其富裕的国家。

为了挖掘这些财富，他需要一位领导人愿意为他承担风险。这种巨额资金需要的不仅仅是民主国家养老基金的技术专家，还需要一位国家元首，或接近国家元首的人——一位拥有巨大权力的领导者，愿意给予孙正义及其所宣称的帮助增长国家财富这一愿景极大的信任。

这进一步缩小了名单。全世界只有少数几个候选人。

中东地区由君主领导的石油国家——阿拉伯联合酋长国（United Arab Emirates）、卡塔尔（Qatar）和沙特阿拉伯（Saudi Arabia）——都有巨大的主权财富基金，这些国家化石燃料丰富，民主程度低，理论上有能力为他们真正相信的投资注入数百亿资金。

孙正义最初将目光投向了卡塔尔，这个位于波斯湾（Persian Gulf）的小国还不如马萨诸塞州（state of Massachusetts）大，但充盈着天然气带来的财富。在乘坐私人飞机去向卡塔尔人推销的途中，孙正义一页页播放着他的展示文稿。他希望卡塔尔人能投入总基金规模中的大头部分，他把这个规模定为 300 亿美元。

但看到这个数字时，孙正义犹豫了，于是重新编辑。他删除了"3"，用"1"代替，并在最后加上一个"0"。

1 000 亿美元。

他对自己的助理拉吉夫·米斯拉（Rajeev Misra）说道："人生苦短，要敢想得大。[3]"

卡塔尔人不置可否[4]。孙正义于是把目光投向其他地方。沙特阿拉伯（简称沙特）是该地区人口最多的国家，与邻国相比，它历来是一个不太热心的投资者。卡塔尔和阿布扎比（Abu Dhab）大量投资于世界各地的产业，而沙特阿拉伯王国则将其财富基金主要投资于国内公司。但孙正义和助理们看到了沙特阿拉伯王国的旧秩序已经开始酝酿变化，有一位新的国王和一位冉冉升起的王子——穆罕默德·本·萨勒曼（Mohammed bin Salman）。他是一位 31 岁的年轻人，在国内掌握着巨大的权力，似乎注定有一天要领导这个国家。和孙正义一样，穆罕默德王子也渴望在世界范围有所作为。

孙正义需要安排一次会面。

副王储穆罕默德（Deputy Crown Prince Mohammed）在沙特阿拉伯的崛起既迅速又出人意料。

穆罕默德王子的父亲萨勒曼·本·阿卜杜勒-阿齐兹·阿勒沙特（Salman bin Abdulaziz Al Saud）于 2015 年 1 月成为国王，掌控了以行动缓慢和保守著称的世代沿袭的君主制国家。重大决定往往由国家创始人阿卜杜勒·阿齐兹·本·沙特（Abdulaziz bin Saud）的后裔协商一致做出，关键的政府角色则由这个大家庭的不同派别分担[5]。

但当时 79 岁的萨勒曼国王开始打破缓慢、稳定和可预测的沙特风格。2015 年，他将沙特经济和军队的控制权交给了他 29 岁的儿子穆罕默德——众所周知的宠儿。这两个职位都具有极其强大的权力，传统上由不同分支的家族血脉分别担任。

穆罕默德王子高大魁梧，面带灿烂的微笑，魅力十足，很会交际。他被称为 MBS①，随身带着 iPad，既向人炫耀自己对科技的掌握，也向人展示自己在昼夜不分地工作，与他的那些当权者长辈们形成对比。穆罕默德王子没有其他亲属的教育背景和精明世故。大多数沙特男性王室成员都在美国或英国的精英大学就读，而穆罕默德王子只在国内接受过教育，但他已经证明自己是位精明的商人[6]，在王室与企业之间不那么泾渭分明的领域与沙特的公司做交易。在他父亲登上王位后，穆罕默德王子走上了政府的关键岗位，他渴望让沙特成为中东地区的主导力量。

自从 20 世纪 30 年代在沙特阿拉伯的沙地下发现石油以来，这个王国一直是典型的石油国家。市民们因此得到了超低价的天然气和体

---

① 即其姓名的首字母缩写。——编者注

面的国家服务。虽然相邻的其他洲都在大力发展其他产业——旅游、航空、贸易——但在沙特首都利雅得（Riyadh），这些产业从未得到优先发展。穆罕默德王子希望对经济也进行一次较大的调整。

但在穆罕默德王子得势时，离硅谷几个州外的另一场泡沫正在破灭。数年的水力压裂法热潮使得克萨斯州西部和北达科他州（Dakota）布满了新油井。世界面临着供过于求的局面，导致油价暴跌了将近三分之二，沉重打击了王国的命脉。

穆罕默德王子决定，国家需要多样化的财富模式，不再只专注于石油，而是将鸡蛋放在其他篮子里。他开始谈论沙特阿拉伯成为新的世界经济中心的未来。他把此想法整合进名为"2030年愿景"的计划，并在2016年公之于众。为了给这个愿景提供资金，他决定，沙特阿拉伯将通过IPO向投资者出售其国有石油企业阿美石油公司（Aramco）的大额股份。为了在世界范围中占据突出地位，据称他倾向于选择纽约证券交易所[7]作为交易场所，将王国置于全球经济的舞台上。王子说，通过IPO出售股票，应该能够筹集到大约1 000亿美元的资金，注入该国的主权财富基金。这个基金将用于投资全球的其他商业活动。他在4月对彭博社说："毫无疑问，这将是地球上最大的基金。"[8]

突然间，许多人将该宣言归于渴望权力的年轻王室成员的冲动，沙特阿拉伯因此成了华尔街银行和巨型基金经理们在全球最重要的潜在客户。他们即刻动身，想方设法要去结识这位王子。

在一系列符合君权的行为中，穆罕默德王子要求银行首席执行官和高级管理人员在短期内飞往利雅得，以了解他们对沙特阿美石油公司IPO的预测情况。2016年年底的一个晚上，他让摩根士丹利、EVR投行（Evercore）、汇丰银行（HSBC）和莫里斯（Moelis）的几位首席执行官以及杰米·戴蒙的一名高级助理在小候机厅里从中午一直坐到晚上 8 点左右,然后才开始与他们一个个单独面见,最后在半夜召集了特定的首席执行官开会。

至于把那笔预期获得的 IPO 的财富用在哪儿,穆罕默德王子对硅谷的耀眼光环特别感兴趣。他喜欢新兴技术的概念,后来还计划建立一个价值 5 000 亿美元的未来城市,名为"未来新城"(Neom)。他设想将其作为世界上最尖端技术的展示平台,还要配备飞行汽车和机器恐龙。

他只追求极致。2016 年 6 月,当沙特王国还在筹划阿美石油公司的 IPO 的初期阶段时,他就指示沙特主权财富基金——公共投资基金(Public Investment Fund,PIF),向优步开出一张 35 亿美元的支票。这是该国财富基金有史以来最大的一笔国际投资,也是对美国创业公司金额最大的单笔投资之一,使 PIF 在该公司的董事会中拥有一个席位。[9] 若想引起硅谷的注意,那他真的做到了。

这笔交易标志着新时代的开始。由和蔼可亲的私人银行家亚西尔·鲁梅扬(Yasir al-Rumayyan)领导的 PIF 开始增加员工,为将来的一波投资浪潮做准备。要投资的这些公司大大超出了以往该基金会选择的与沙特能源相关企业的范围。但是,有些人对这个基金的能力及作用仍有一些担忧:优步的董事会成员、银行家和基金经理在与鲁梅扬会面时经常感到困惑,因为他们认为此人对金融似乎没有深刻的理解,却在负责世界上最大的基金之一。

2016 年 9 月,穆罕默德王子在前往中国参加 G20 峰会的途中,对亚洲进行了一次旋风式的外交政策之旅。在会议之前,他会加紧路过日本与日本首相会面,但也会有时间参加一些其他会议。

孙正义的助理们看到了机会。引路人是米斯拉,他是德意志银行（Deutsche Bank）的前高管，身上经常弥漫着尼古丁散发出的气息。这位在新德里长大的经营者在软银的职位一路攀升，被安排监督即将成立的基金。他求助于从前的德意志银行的同事[10]，这些同事与沙特阿拉伯有更深的联系，曾发起过一个后来被称为"中心"（Centricus）的基金①。他们利用自己的关系，成功地赢得了一个机会：沙特王子将在途经日本时与孙正义见面。

这次牵线搭桥最终会为中心公司带来1亿美元的报酬。

2016年9月，穆罕默德王子带着大约500名随行人员抵达日本，他们一共需要乘坐13架飞机[11]。日本是亚洲之旅的中间站，前后还有巴基斯坦和中国。

王子在东京市中心的赤坂离宫会见了孙正义。这是一个有近120年历史、为日本王储建造的华丽建筑。

孙正义着休闲款米色西装外套，没有打领带，坐在穆罕默德王子旁边。他拿着20页宣传资料，快速说明了软银的拟议基金将如何帮助沙特阿拉伯摆脱对石油的依赖——通过尽早介入下一个世界顶级的科技公司。

孙正义对留着胡子、六英尺高的穆罕默德王子说，自己可以给他和王国一份1万亿美元的礼物[12]，并让沙特阿拉伯成为技术革命的中心，而技术革命正在迅速转变所有能想到的行业。孙正义说，要完成这一史无前例的投资壮举，穆罕默德王子只需给他1 000亿美元。

孙正义列出了自己对阿里巴巴投资以及软银的其他成功案例。他描绘了一幅愿景，讲述超大型基金如何使他们能够提早介入最热门的公司，使他们能塑造整个行业。他向穆罕默德王子概述了自己如

---

① 总部位于伦敦的全球投资公司，专注于私募股权和咨询业务。——译者注

何让有些国家不再使用电力，转而使用太阳能的计划，帮助软银在由技术和人工智能主导的世界中脱颖而出。［孙正义经常谈到"奇点"（Singularity），即计算机的智能和能力将在未来的某个时刻大大超过人类的说法。］

凭借这种力量和识别初创企业潜力股的敏锐嗅觉，孙正义说能将沙特阿拉伯的投资回报率提高到 10 倍。

他的推销奏效了。

穆罕默德王子同意给他 450 亿美元。虽然没有他提出的 1 000 亿美元，但这也是一个天文数字——这是有史以来对任何风险投资基金，甚至任何私募股权基金的金额最大的承诺，也是孙正义的一场非凡胜利。他将立即成为硅谷和全球最具影响力的初创企业出资人。

很快孙正义需要填满这 1 000 亿美元的基金池——他最后从阿布扎比基金获得了 150 亿美元，并从软银中拿出了 300 多亿美元——此刻的东京将惊叹于这一成就。虽然穆罕默德王子在会议之前就已了解孙正义提案的一些细节，但考虑到支票的规模，这个决定下达的速度依然快得令人瞠目结舌。当孙正义结束与穆罕默德王子的第一次会议时，因为对方承诺了这么大一笔钱，软银的内部团队和他们雇用的咨询公司都十分震惊。

孙正义日后在接受采访时吹嘘说，自己"在 45 分钟内就收到了 450 亿美元"[13]。他更直白地补充说："每分钟有 10 亿美元。"

甚至在沙特阿拉伯的支票结清之前，孙正义就已经迫不及待地想要使用王子承诺的 450 亿美元了。

2016 年 10 月，在利雅得与王子进行了另一次会面后，孙正义与助理阿洛克·萨马飞往印度，他将在那里会见软银投资的几家公司的首席执行官，包括印度经济连锁酒店 OYO（OYO）、印度电商平台"闪易"（Snapdeal）和印度本土移动平台广告公司"印移动"（InMobi）。他们都很紧张。尼科什·阿罗拉原本在负责对印度的投资，并且是他们在软银的主要联系人，曾有望接替孙正义。但阿罗拉在几个月前突然被软银赶走，所以这些 CEO 对软银未来的计划一无所知。

孙正义很快就坐到新德里利拉宫的一间会议室里。这是他第一次见到亚当·诺依曼的那家五星级酒店。CEO 们已经等了一个多小时。孙正义气喘吁吁地对迟到表示歉意[14]，语速比他们习惯的要快得多："我与沙特阿拉伯的王子进行了最令人惊奇的会晤。"他说，这位王子会给他 450 亿美元，他将有 1 000 亿美元用于投资和打造未来的愿景。他忘乎所以地说这将是有史以来金额最大的基金。

这些 CEO 中的任何一个人都能从中分一杯羹，但必须证明自己的赢面。如果他们能展示自己能够成为所在行业的头号玩家，就能得到"无限的资金"[15]，否则就一分钱没有。

孙正义也想将自己的远大理念灌输给他们。在到达酒店的前几分钟，他给汽车租赁公司"欧拉出租"（Ola Cabs）的首席执行官巴维什·阿加瓦尔（Bhavish Aggarwal）打了电话[16]。孙正义问他："如果我再给你 1 亿美元，你会为印度创造 100 万辆电动汽车吗？"当时，欧拉出租以类似优步的方式为司机和乘客搭线，但自己并不拥有车辆。阿加瓦尔不敢置信地说："我们可以造出这些车辆，改变印度的交通系统。"

信息量太大了。坐在孙正义周围的创业者们问了几个关于基金的问题，以及他到底想让他们做到什么。孙正义的回答很含糊，但他的声明很大胆。他现在有钱，可以打造出全球最大的公司，大到足以改变每个行业。

向在场的人发出的信息很清楚：孙正义能够资助这场竞争并选定赢家，他将造出一位王者。

第 17 章

诺依曼与孙正义

2016 年 12 月 6 日,孙正义前往特朗普大厦。他飞来纽约就是为了与新当选的总统见面。唐纳德·特朗普(Donald Trump)出人意料地战胜了希拉里·克林顿(Hillary Clinton),让世界上大部分人大受震撼。孙正义渴望获得美国新政府的青睐,特别是在奥巴马政府粉碎了他对斯普莱特和电信移动交易的希望之后。

孙正义将加入显贵的行列。从马云这样的商业巨头到坎耶·韦斯特(Kanye West)这样的名人[1],以及那些渴望在政府工作的人,所有这些人都将公开朝拜这位当选总统的富丽堂皇的金阁。

虽然孙正义拥有的财富可能足够让他获得与特朗普见面的机会,但他依靠一位中间人安排了这次会面——他常年的商业伙伴谢尔登·阿德尔森[2]。这位赌场巨头在资助特朗普的竞选中发挥了重要作用。几十年前,就是阿德尔森曾将位于拉斯维加斯的计算机经销商博览会业务卖给了孙正义。

在轮到他出席之前，孙正义将在第 18 街和第六大道上稍做停留。他想见识一项很有潜力的投资，不会花太多时间。

在 WeWork 的第 18 街的总部，一群高级职员在为孙正义的访问做准备。经常会有潜在的资助者被带来 WeWork 的办公室。但为了接待孙正义这个地球上最有钱的创业公司投资者，亚当·诺依曼和他的员工们拿出了所有花样。

自从诺依曼在印度与孙正义见面后，他和自己的团队就一直在留心软银，希望能从孙正义身上得到机会。诺依曼和格罗斯找到了孙正义方一位主要顾问——马克·施瓦茨（Mark Schwartz）。此人是高盛集团亚太区业务的主席，刚刚帮他们完成了在中国的融资轮。施瓦茨是软银董事会成员，也是孙正义长年的心腹好友，他在幕后帮助诺依曼促成了此次纽约会议。

在这个预定的日子里，一切都事先做过安排。必须营造正确的氛围，不能有空桌子，不能漏掉音乐方面的细节，甚至连气味也很重要。高管们命令一名员工在主厨房制作华夫饼，这样烹饪面包的香甜气息就会飘散在整个空间中。

只有一个问题——孙正义姗姗来迟，而且来得非常晚。

孙正义在预定时间的一个半小时之后终于抵达，他对诺依曼说："真不好意思，但我只有 12 分钟的时间。"[3]

诺依曼带他对办公室进行了旋风式的快速参观。重点之一是 WeWork 的研发室，这是 WeWork 用来演示新产品的地方，好像在卖弄其真实的技术实力。这里有一张桌子，可以根据会员喜欢的高度升降；有一座电话亭，它的温度和灯光设置可以根据喜好调整；还有一个显示全球的屏幕，让用户可以放大查看 WeWork 在某一城市的项目。

实际上，这些小玩意儿在 WeWork 的业务中处于边缘地位——升降办公桌后来直接被取消了——但对诺依曼来说,展现它们是为了一个重要的目的:孙正义是一位技术投资者,诺依曼决心向他表明,技术正是 WeWork 的核心和关键。

12 分钟很快就过去了,孙正义还想继续谈下去。但他需要前往北边 38 个街区以外的特朗普大厦,于是建议诺依曼和他一起上车[4]。

诺依曼拿着打印好的幻灯片,和这位日本投资者一起坐上了越野车,准备做最后的推销。但令这位 WeWork 的创始人惊讶的是,孙正义其实已经做出了决定。他向来能凭纯粹的直觉下最好的赌注,而且他相信诺依曼是个特别的人。

孙正义给出了一个提议。当他们的汽车在拥挤的曼哈顿街道上向北行驶时,他告诉诺依曼,他想对 WeWork 投资超过 40 亿美元的金额。

这真是不可思议。迄今为止,WeWork 总共筹集了 17 亿美元,这已经是了不起的成就。每当诺依曼找到一个愿意投入几千万,甚至几亿美元的新投资者时,就像变魔术那样神奇。他的筹款成果已经一次又一次地震惊了一个个财务顾问。而现在,仅凭 12 分钟的参观和短暂的乘车过程,孙正义就想投入超 40 亿美元?

这是一笔巨大的资金,从没有创业公司收到过这么大的投资金额。随着汽车在市区内行驶,诺依曼和孙正义在一张纸上草拟了一笔交易——孙正义用红色墨水,诺依曼用蓝色墨水。

不久之后,孙正义出现在特朗普大厦的大厅里[5],他与新当选总统都面带笑容地从镀金的电梯里走出来,向一排排的摄像机和记者讲话。打着鲜红领带、穿着西装的特朗普将手轻轻放在孙正义的背上,后者的西装外套里打着红色领带,穿着红色毛衣。

"这是来自日本软银的'马萨',"特朗普说,"他刚刚同意在美国投资 500 亿美元,并提供 5 万个就业机会。他是工业界的伟大人物之一。"

细节被一带而过。孙正义似乎只是在重新包装现有的计划，仿佛这些计划是由这位痴迷新闻界的胜选总统所带来的结果。

当孙正义站在那里概述他的美国消费计划时，软银还无人知晓其老板刚刚向诺依曼的公司承诺了超过 40 亿美元的投资。如果他们知道，一定会震惊不已。毕竟，软银以前曾考察过 WeWork，但没看中对方。一年多以前，软银高层可不同意投资 WeWork。众所周知，孙正义的长期助理尼科什·阿罗拉对 WeWork 有强烈的抵触情绪。软银的一位基金经理曾向他推介 WeWork，他痛斥对方是傻瓜，说没有利润的房地产公司怎么可能像科技公司一样扩大规模。但 2016 年年中，阿罗拉在一场权力斗争中离开了软银[6]。

这名基金经理也曾在孙正义的东京办公室向他推销过这笔交易，但他显然缺乏诺依曼的魔力。孙正义觉得他的话很无聊，话题很快就转到了其他潜在的想法上。

当孙正义在特朗普大厦与新任总统合影时，诺依曼兴高采烈地冲回了总部。在回程的车上，他给史蒂文·兰曼打了电话。兰曼是他的朋友兼董事会成员，也是他最早的投资者之一。诺依曼对兰曼说，他起初被这个金额震惊了，但随后就有一种劝对方再加码的冲动。"但我可以听到你在我耳边说，收下吧，答应吧。"

回到 WeWork，诺依曼冲进阿蒂·明森的办公室，挥舞着写有红色和蓝色字样的纸，滔滔不绝地讲着几乎毫无逻辑的话。明森没搞清楚发生了什么事，也没有意识到这张纸代表着超过 40 亿美元的新融资。诺依曼跑进詹·贝伦特的办公室把她也拉了过来。

诺依曼拍下了那张纸的照片。这些潦草的字迹所写的内容实际上是比较复杂的。诺依曼和孙正义达成的想法是把全球分割成若干独立的实体——每个实体都有自己的区域资金，允许中国和日本等地的当地投资者加入。贝伦特和明森将这张纸交给了 WeWork 的总法律顾问杰拉德·德·马蒂斯，让其将它做成一份正式文件。

当他们开始真正理解这份融资交易的巨大体量时，诺依曼已经耽搁了《商业内幕》会议的时间，他和联合创始人麦凯威本来要在会上发言。

诺依曼穿着印有"一起生活得更好"字样的衬衫和黑色西装外套，跳上一辆面包车。麦凯威、WeWork 的公关团队成员和他的顾问正在车里等他。在驶向林肯中心的途中，诺依曼向自己的联合创始人展示了他手机里的临时合同。他和麦凯威互相拥抱，击掌相庆。

对于如何让 WeWork 迅速成为不可阻挡的全球房地产巨头，巨额资金的注入就是答案。执行团队和董事会的大部分成员都和诺依曼一起欢呼雀跃。而不久之后将作为软银代表加入董事会的马克·施瓦茨向诺依曼和几位高管提出了告诫。

施瓦茨给他们打预防针说，马萨做事极端，忽冷忽热，他只是现在对这个问题非常热心，但如果他改变态度，就会给 WeWork 招来麻烦。

第 18 章

疯狂列车

亚当·诺依曼很惊慌。几个小时后，他就要乘坐黎明前的航班前往东京，完成软银的第一笔巨额投资交易，但他忘了要送上谢礼。孙正义为他的公司投入了 44 亿美元——这是他们最终确定的数字，而他甚至连一瓶苏格兰威士忌都没有，两手空空，如何表示感谢？

诺依曼在 WeWork 总部来回踱步，思考着他能带给孙正义的礼物。这份礼物需要大胆，需要惊人。然后他灵光一闪：一幅占据了他办公室的整面墙的巨大拼贴画。

这是 WeWork 在 2015 年委托以色列艺术家"洛夫卡"（Lovka，超爱）制作的混合媒介作品。用白色小写字母拼出 WeWork 的字样，字体略带衬线，几乎横穿了整个白色框架。在字母和框架之间，几乎每一寸都填满了对应技术和艺术历史的物品形象——键盘、画笔、电路板、电池、计算器。洛夫卡称这件作品表现了产品快速淘汰和创新的影响[1]。对许多参观者来说，它很令人着迷。

但这幅作品有 8 英尺宽，根本无法装入他们为这次旅行租用的私人飞机。当他们在周三凌晨 5 点左右前往机场时，诺依曼告诉团队，他们必须想办法在周五之前将这幅拼贴画送到东京，然后再返回纽约。

这个要求难度很高。因为巨型货运需要提前数周的安排，灵活性较低。WeWork 的员工争分夺秒，向他们的物流承包商恳求帮助。承包商罗加物流公司（Logistics Plus）[2] 设法让这件作品搭上了飞往赫尔辛基（Helsinki）的货运航班，在那里停留 8 个小时，然后送至东京，通过海关，这样可以在周五下午 5 点前送达软银的总部。

最终，这个货物在周五下午 4 点 54 分被送到了目的地。WeWork 为这个艰难的任务支付了大约 5 万美元[3]。[罗加物流公司为这一壮举感到非常自豪，它的首席执行官后来在一篇博文中详细介绍了当时的情况，并引用了穆罕默德·阿里（Muhammad Ali）的名言"万事皆可能"，以及温斯顿·丘吉尔（Winston Churchill）的名言："永远，永远，永远，永远，永远，永远不要放弃。"] 诺依曼和孙正义拥有众多的工作人员和成堆的资金可供支配，而这足以表明他们能使不可能的事情变成可能。

在诺依曼日本之行的前几个月里，WeWork 努力确保孙正义在汽车里私下承诺的几十亿能够真正实现。

交易的关键是通过软银的尽职调查程序，在此期间，WeWork 要确保公司数据正常。

事实证明，软银的许多人对其老板达成的这个交易毫不兴奋。当孙正义在 2016 年年底通知下属自己承诺向 WeWork 投入超过 40 亿美元时，他们都感到震惊。软银愿景基金应该为未来的科技巨头助力，那么孙正义把它投入一家被高估的房地产公司去做什么？

软银愿景基金的高管维卡斯·帕雷克（Vikas Parekh）被指派来落实这笔交易。作为波士顿咨询公司和"科尔伯格·克拉维斯·罗伯茨"（KKR）的前高管，以及哈佛商学院的毕业生，这位年近40的旧金山高管对这项任务充满了警惕。帕雷克听说了关于诺依曼的行为和公司财务状况的故事——都是危险信号。在早期谈判中，与WeWork同行的互动也没有减轻他的担忧。

软银的尽职调查团队发现了一些令人担忧的问题。他们发现根据WeWork之前的规划，应该有巨大的短期利润，但很明显，WeWork却出现了越来越大的亏损。公司运营已经严重偏离了指标，而这些赤字都不是好现象。

诺依曼急忙清理其他潜在的担忧来源。特别麻烦的问题来自一个共同基金，也就是普信集团。这个曾经热情洋溢的投资者后来总是好管闲事。它对诺依曼加强对公司的控制和出售更多股票以保证自己奢侈生活的举措提出了反对意见，这让他很沮丧。最近，它还开始公开报告自己在各家私人创业公司的股份的价值。在WeWork以160亿美元的估值向弘毅融资后，普信对自己持有的WeWork股份的评估结果是WeWork公司的估值约为120亿美元[4]，而不是160亿美元。数字公开后任何人都能看到，诺依曼对此很不高兴。

愤怒的诺依曼把矛头对准了普信公司。他和阿蒂·明森给对方打了一个电话，提出了普信应该提高WeWork估值的理由。这家位于巴尔的摩（Baltimore）的公司的高管们拒绝了，告诉诺依曼是公司的其他部门负责进行估值。诺依曼不依不饶，但当他发现没辙时，便让明森来完成这次充满寒意的电话会谈。

到最后，这些危险信号根本不重要。连在软银内部，下属有理有据的反对意见也不被重视。一旦孙正义做出决定，他的团队就应该执行，而不是质疑它。孙正义想要推进。

到了 2017 年 3 月，交易的主要细节已经敲定，显然已是板上钉钉的事。诺依曼和詹·贝伦特、迈克尔·格罗斯以及其他一些高管一起飞往东京，巨大的拼贴艺术品紧跟其后。他们与孙正义会面，并敲定了先支付 3 亿美元的合同。

最终成型的交易或多或少与几个月前在曼哈顿时他们在汽车后座上达成的协议相同。44 亿美元将划分为两个主要部分。最大的一部分，31 亿美元[5]，将是交给 WeWork 资助其扩张的新资金。其中，部分资金被进一步分配给 WeWork 在世界各地不同国家和地区——中国、日本以及太平洋地区的其他国家的分部。总的来说，WeWork 的估值将因此上升到 200 亿美元，软银将获得 WeWork 的两个董事会席位，不过诺依曼仍保有对公司的完全控制权。

软银将再花 13 亿美元从 WeWork 现有投资者和员工手中购买他们的股票。这次所谓的二次发行对那些可以出售所持股票的大约 10% 的人来说将是一笔巨大的意外之财，同时也使软银能够扩大其所持股份。WeWork 远未能实现盈利，离上市也还早，股票市场还没有对这家时髦的公司究竟能否配得上科技估值进行评判。然而，许多高管和投资者都已经计划好在这笔交易中为自己谋取利益。

基准资本公司将卖出价值 1.28 亿美元的股票，由此，邓利维的基金将从最初投入的 1 500 万美元中获得巨大回报。诺依曼在卡巴拉中心结识的马克·希梅尔和塞缪尔·本－阿夫拉哈姆将共同出售超过 1 亿美元的股票。

最大的赢家是诺依曼。他控制的实体——也包含米格尔·麦凯威的股票——将售出 3.61 亿美元，这对在 2010 年将相对微薄的积蓄投入公司的创业者来说是巨大的回报。加上之前几轮出售的 1.3 亿美元，这次套现⁶是美国创业公司的 CEO 在 IPO 或出售公司前最为赚钱的股票销售之一。

当第一笔 3 亿美元交易的所有文书工作完成后，诺依曼让东京会议室里在场的人都大吃一惊：他宣布自己不会签字，得等代表他进行谈判次数最多的人——首席法务官詹·贝伦特——来共享这一时刻。这让孙正义突然激动起来，他要求道：她在哪里？她现在就得来。

自 2014 年加入 WeWork 并担任首席法务官以来，贝伦特在 WeWork 如日中天。她是个工作狂，有一头棕色直发，因为受到共事的创始人的吸引而全身心地投入执行诺依曼的指令和实现其愿景的工作。她严肃的举止和干劲使她在公司内不怎么受欢迎。她会在 WeWork 总部内经过直隶下属时从不打招呼，并且欣然承认自己缺乏同情心。她也有粉丝，包括在她手下工作的律师，他们往往来自顶级公司。尽管如此，但是连批评她的人也敬佩她的智慧。

此外，她是诺依曼和公司的狂热信徒，甚至在 WeWork 找到了她的人生伴侣。她会向别人说自己如何在哄睡儿子以后继续熬夜，维持 WeWork 的运转。任何时间，不论昼夜，如果她没有在 5 分钟内回复邮件，员工都会感到奇怪。除了帮诺依曼获得更多的投票权外，贝伦特还是筹款过程中的一个重要角色。她与明森一起构建了与软银的交易，使这家日本企业集团难以退出。

因此，当她来东京参加签名会⁷，看到诺依曼暂缓了进程时，她对他说不需要等她来的。

诺依曼回答说："我们需要等你来，是你做了这笔交易。"贝伦特日后对全体员工说，这对她来说是一个感人的时刻，给了她一种归属感。

在贝伦特在场的情况下，孙正义和诺依曼签署了文件，确认了投入 3 亿美元的资金，并为剩余的钱款进入 WeWork 的银行账户创造了条件。

不久之后，这群人去了孙正义的主餐厅，其规模与曼哈顿中城的典型餐厅相当，不过只有少数几张桌子。透过近乎落地的窗户，东京的景色与简约的房屋空间相融合，让与会者感觉自己好像在城市上空飘荡。

孙正义希望诺依曼能见一个人，而不只是吃一顿私人庆祝午餐：他带来了滴滴出行的 CEO 程维。滴滴是中国常用的网络租车公司之一，它与优步在中国进行了一场血腥的领土争夺战，最终取得了胜利，吞并了优步在中国的业务[8]。程维是孙正义投资的最大受益者之一。他已经获得了多轮融资，并且正在与孙正义就向滴滴出行再投入 60 亿美元进行对话[9]。孙正义说，他很高兴这对企业家能见面。英语并不流利的程维由一名翻译陪同。

对孙正义来说，他似乎想让诺依曼学到一课。在向诺依曼盛赞程维之后，孙正义直视诺依曼，告诉他程维在中国市场击败了优步的 CEO 特拉维斯·卡兰尼克，并不是因为他比卡兰尼克聪明，而是因为他足够疯狂。

孙正义问诺依曼："在一场战斗中谁会赢？是聪明人还是疯子？"[10] 他继续说，疯狂是获胜的方式，"你还不够疯狂。"

对在场的诺依曼的助理们来说，这些话似乎是不祥之兆。诺依曼已经是他们中大多数人认识的最为疯狂的人，连他本人都知道自己是个疯子。而现在，一个在参观了公司 12 分钟后就同意投资 44 亿美元的人对诺依曼说，他需要更加大胆、更加果断。

这对这家成立了 7 年的公司来说是一个决定性的时刻。孙正义的这句话立刻印在了诺依曼的脑海中。他急于向别人宣传这位科技投资的神谕者对他所下的进军命令。他从东京给朋友打电话，惊叹于孙正义对他的建议。回到美国后，他也不断重复这个故事。

而随着时间的推移，他也确实不负所望。虽然很难想象，但他和WeWork真的变得更加疯狂了。

不过，这次旅行并不是全程都喜气洋洋的。

在宏大计划和欢声笑语中，软银向诺依曼提出了一个要求，而就是这个要求差点让整个合作关系毁于一旦。

在行程的第二天，孙正义说诺依曼应当见见他愿景基金的最大的投资者，也就是沙特PIF和阿布扎比的穆巴达拉公司（Mubadala）的代表，这一点非常重要。孙正义仍在敲定他们对愿景基金投资的最终细节，但他想确保他们对WeWork感兴趣。毕竟软银给WeWork提供的数十亿美元将来自他们。

诺依曼走进了软银的一间会议室，里面有几十位来自软银、穆巴达拉公司和PIF的代表，包括沙特基金的负责人亚西尔·鲁梅扬。诺依曼像平常那样说了一句希伯来语的问候"您好"（shalom），并补充说"Salaam alaikum"，类似阿拉伯语中的问候，意思是"祝你平安"。

诺依曼在巨大的椭圆形会议桌前坐下，开始描述WeWork将成为全球房地产主导力量的雄心壮志，孙正义也在一旁补充。在场的WeWork员工已经听过很多次这样的演讲了，让他们惊奇的是，在没有事先练习的情况下，尽管孙正义和诺依曼的口音和习语有明显的不同，但他们对未来的看法却如出一辙。他们似乎对WeWork的发展方向的想法完全一致，说辞也十分相似。

在离开之前，诺依曼经历了一场不怎么愉快的互动。诺依曼告诉其他几个人，软银问他是否考虑做出承诺不把软银的任何资金交给以色列军队。软银说,以前从没有一个阿拉伯国家向以色列人经营的创业公司投资这么多,而且中东的投资者担心,如果诺依曼以之前那种方式重新分配他们的资金,会给他们带来麻烦。(软银发言人否认公司提出过这一要求。)

诺依曼及其团队登上了返回纽约的飞机,他向员工吐露了这个令人震惊且有点令人困惑的要求。虽然诺依曼无意捐钱支持以色列武装部队,但他被这个问题冒犯和激怒了。他觉得这有反犹太主义的意味。

不知为何,直到此时,诺依曼才意识到这笔 44 亿美元交易的全球意义。他突然意识到接受孙正义的钱也就是接受了沙特阿拉伯和阿联酋的钱所带来的地缘政治影响。当时,这两个阿拉伯国家都没有与以色列建立外交关系,以色列人也不被允许进入这两个国家。这一切都与 WeWork 提倡的包容和平等相矛盾。

尽管刚刚签署了巨大交易中的第一笔 3 亿美元的款项,诺依曼还是威胁说要退出。

"这笔钱会荼毒我们。"他表示。

贝伦特和其他助理手忙脚乱地安抚他,劝他不要反应过度。他们觉得这笔交易太大了,而且已经进行到了这一步,不能因为这个就把事情搞砸。他们对诺依曼说沙特阿拉伯的钱无处不在。贝伦特动之以情。她对诺依曼说:"我自己是犹太人,也是同性恋,在许多方面都不被沙特政府以及许多其他群体的人接受。让我们拿着他们的钱去做一些好事。"

诺依曼花了几个月的时间纠结收下这笔钱的意义。在纽约的漫长会议中、在持续到深夜的聚会中,他会讨论如果 WeWork 做得够好,让软银愿景基金真的能赚回原始投资的 10 倍,那这意味着什么。是否意味着他亲自参与了资助沙特政府？如果他们用那些钱做了什么负面事情，是否意味着他也有责任？怎么能确定这些事不会发生呢？

诺依曼妥协了。虽然他没有对如何使用这笔钱做出承诺，但团队将很快开始工作，以敲定这笔巨额投资的其余部分。

第 19 章

收益，倍数，估值

31 亿美元。只是念出这个数字就足以让人腿软。WeWork 可支配的新资金——软银的新投资额，减去用于收购现有股东的部分——是美国创业公司有史以来第二大的私人投资资金，仅次于沙特阿拉伯对优步的投资。这比 WeWork 在 2016 年全年的花费多 4 倍，比它在 2014 年全年的花费多 20 倍，当时它吸引了共同基金的资金。这笔钱足以为整个旧金山公立学校系统提供近 5 年的资助[1]，也足以买下一家航空公司——维珍美国航空公司（Virgin America），这家公司在前一年以 26 亿美元的价格出售。这笔钱比《纽约时报》的市值还高，相当于 12 个《华盛顿邮报》[2]，杰夫·贝索斯在 2013 年为收购该报支付了 2.5 亿美元。

亚当·诺依曼急于开始支出这笔钱。这一刻标志着诺依曼和 WeWork 开始了新的篇章：公司的成本开始失去控制，资金被投入各种与 WeWork 核心业务没有明确联系或假托联系的初创计划。

诺依曼渴望兑现他对软银、其他投资者和员工的承诺，他为即将到来的支出狂潮加足了油门。WeWork 绝不仅仅是一家房地产公司。但问题是，当诺依曼开始花费巨资为 WeWork 建立更加广泛的愿景时，他似乎从未清楚地确定公司的本质，只知道它不应成为什么。

根据诺依曼多年来的宣传，WeWork 是一家致力于打造社区的公司，它为人们带来了一种新的工作和生活方式，让人可以在办公室和附近的人建立联系并开展业务。或者说，尽管不是一家房地产公司，但它正在颠覆全球的房地产市场。诺依曼经常称其为一家科技公司——它只是像优步使用汽车那样使用办公室，但并不总是如此。最重要的是，他醉心于在快速增长和巨大的愿景中将 WeWork 包装成科技创业公司。

即使到了 2017 年年中，在《关键科技》活动的一次公开采访中，诺依曼也很难回答 WeWork 算是什么类型的公司这一简单问题[3]。"我们曾经把自己看作一家社区公司，但我们现在认识到自己还在探索什么类型的公司是我们最适合、最想要的。"他补充说，那既不是房地产，也不是科技。

不论究竟是什么类型，诺依曼坚持说，与其收入相比，WeWork 的估值很高——他将之称为公司的"倍数"。

诺依曼提供了各种解释来说明高估值的原因。2017 年他在《关键科技》对听众说："对那些真正以他人希望的方式对待他人的公司，你会看到一个非常令人兴奋的倍数。"同年晚些时候，他向一位采访者解释说，WeWork 的估值和规模"更多的是基于我们的能量和精神[4]，而不是基于收入的倍数"。

一家公司成立了 7 年仍不能说清楚自己的核心业务，这不常见。并且，WeWork 的财务状况看起来仍然很像房地产公司，这让它模糊不清的形象更使人困惑。几乎所有的收入都来自办公室租金，也就是所谓的"会员费"，而其他收入来源充其量只能算是边缘收入。

WeWork 的高估值，以及使其达到这个高度的营销方式，并非出于虚荣，而是有更为重要的原因。估值是 WeWork 存在的核心，也是其面临的困境。WeWork 花了很多钱来开设新楼盘，在全球范围扩大足迹，因此它必须继续筹集越来越多的资金来保持其快速增长的步伐。但投资者会投钱，仅仅是因为公司的快速增长。如果他们把它看成普通的房地产公司，他们就不会将其估值定为 200 亿美元，当然也不会有人给它 31 亿美元。

其他人也开始注意到这个矛盾。

喜达屋资本集团（Starwood Capital Group）的著名房地产投资者巴里·斯特恩利赫特（Barry Sternlicht）在 2017 年对《华尔街日报》说，"如果你把它定位为一家房地产公司，它就不值得投资"[5]，而诺依曼"把它粉饰成了一个社区，这就把它引入了科技领域"。

在软银的钱注入进来的时候，WeWork 的身份危机已经成了潜在的重大问题。如果诺依曼不能解除其他人对 WeWork 只是个房地产公司的疑虑，将来的投资者就有可能质疑公司现在的估值，更不用说诺依曼想要寻求的更高估值了。多年来，诺依曼一直在用一则令人信服的故事宣传公司：依靠不断变化的千禧一代的劳动力创造出崭新的全球巨头，这些人向 WeWork 寻求的将不只是办公空间，还会考虑生活的各个方面。正是这则故事——而不是 WeWork 当时的具体财务状况——让它赢得了众多投资者的青睐。

诺依曼甚至公开承认这一点。在一次与初创房地产经纪公司"指南针"（Compass）（该公司后来从软银融资数亿美元）的高管会议上，他问对方的首席执行官和员工，从各自的收入出发，为什么 WeWork

的估值要比"指南针"高得多。在房间里的每个人都给出了答案后,诺依曼说他们每个人都错了。

产生差异的真正原因是什么?

"我的故事。"他说,因为他的故事比他们的要好得多。

诺依曼开始使用软银的资金,想要将这个故事变成现实。

而在公司内部,尽管领导层花了很多时间来否认 WeWork 是一家房地产公司的事实,但它的收支模式仍旧与房地产公司相仿。为了使公司在最终的 IPO 中处于有利地位,诺依曼和员工想要展现出公司能从办公场所以外的地方获取收入——他们可以从社区赚到更多的钱。

为了支撑这个故事,诺依曼将目光投向了外界的那些科技公司,它们有可能帮助 WeWork 向未来的投资者展示自己实际上也是一家科技公司。诺依曼对技术的理解还处于非常初级的阶段,这对他来说绝非强项。周围的人对他能够向投资者如此清晰地谈论人工智能这些概念而感到惊讶,毕竟他本人对此并不熟练。

但诺依曼有抓住宏大概念的诀窍。他看中了"会面网"(Meetup.com,活动策划网站)。按照创业公司的标准,会面网已算"年老失修",大体上停滞不前。它成立于 2002 年,而对硅谷的炒作和投资浪潮来说,这一年的"旱情"却承接着不同的潮流。这个网站的功能是让人们计划活动并以此邀请朋友或陌生人。2004 年,在霍华德·迪安(Howard Dean)的总统竞选中,他的支持者就使用过这个网站。那些围绕兴趣爱好组织游戏和活动的人们也开始使用它。在概念层面上,它与 WeWork 有着共同的精神:试图在一个日益脱节的时代中实现个人层面的社会互动。

诺依曼还在会面网看到了其他的潜在商机。会面网有一个庞大的电子邮件数据库。诺依曼认为，WeWork 网站可以联合会面网举办活动，将所有访问者转变成会员。会面网的财务状况不是很好，尽管已经经营了 15 年，却并没有产生良好的效益。

诺依曼出手了。他指示 WeWork 为这家公司支付了 1.56 亿美元[6]，比起 WeWork 尚未完全到账的 31 亿美元，这个数目可不小。

另一项早期收购是"熨斗学校"（Flatiron School）。这是一个"编码训练营"，提供为应用程序和其他软件编程的速成课程，那些希望转入技术领域的人通常会选择加入。WeWork 首席运营官阿蒂·明森看好这所学校的前景，但它也不是一家突出的科技公司。它在 2017 年的收入仅有 1 100 万美元[7]，亏损 200 万美元。但明森认为该公司能帮 WeWork 增加用户，其中一个原因是它的教室也需要空间。WeWork 以现金和股票混合的方式为该公司支付了 2 800 万美元，并计划进行大规模扩张。

这两起收购令人费解，而且似乎很随意。如果 WeWork 想成为一家科技公司，为什么它的前两笔大收购买的是一家挣扎了十年半的在线活动策划网站和一所营利性职业学校？两者都不能为现有会员提供多少利好。诺依曼继续向许多其他方向进发。WeWork 在高盛集团的前总部开设了一家名为"随 WE 而起"（Rise by We）的健身房。诺依曼和法诺向娱乐和媒体的传奇巨头、旅游网站"速达"（Expedia）的董事长巴里·迪勒（Barry Diller）推销，希望能在西雅图为其公司设计和建造一个新总部。诺依曼还试图说动迪勒在其园区的办公场所旁边建一个"波浪花园"的冲浪池[8]。迪勒拒绝了，但同意让他们尝试重新设计"速达"在芝加哥的一个小分店。

也许开办一所新小学是最大胆的想法。这个项目的策划者是丽贝卡·诺依曼[9]。她在 2017 年对彭博社说，他们的理念是要培养"有主见的全球公民",并让其"了解自己的超级力量是什么"。公司委托正在为谷歌设计新总部的精力充沛的丹麦"明星建筑师"比亚克·英厄尔斯（Bjarke Ingels）来设计他们的首期空间。

WeWork 的董事会对此持怀疑态度，但还是允许交易进行。虽然早期董事会逆来顺受，但现在软银已经改变了整个局面。依靠新增的两个董事会席位，软银的存在冲淡了像基准资本的布鲁斯·邓利维这样的老董事的影响力。软银给 WeWork 安排了 200 亿美元的估值，对 WeWork 有很多远大的想法。只有办公室是远远不够的，孙正义鼓励诺依曼要能拿出更多的东西。正如诺依曼经常提醒董事会的那样，他是一个很有远见的人。

这些受众确实喜欢这个说法。对许多硅谷投资者来说，这种零散的支出也许代表着 CEO 很有远见。这种创始人例外论的拥护者总是会用杰夫·贝索斯举例，他将亚马逊推广到了电子书阅读器、云存储和电影制作领域。（当然，贝索斯开始为广泛投资斥巨资时，亚马逊已经开始盈利了。）而且，马克·扎克伯格也曾亲自为脸书收购 Instagram 进行谈判[10]，在达成交易的基本条件后才通知自己的董事会说公司要掏出 10 亿美元。

在每一个类似的成功故事的背后，大型初创公司亏损的情况要多得多。这些公司在闯入自己专业领域之外的大型新领域时，常常引用创始人的愿景。爱彼迎的首席执行官说要重塑航空旅行，还尝试进军电影制作。滑板车公司"莱姆"（Lime，短途出行共享平台）推出了汽车租赁业务，还启动了一家零售店。不过，诺依曼的行为之所以引人注目，主要还是因为他为这些举措投入了大量资金，特别是考虑到他的公司在自己核心业务上的亏损程度。

除了这些有问题的经营项目，为了容纳越来越多的员工和高管，WeWork 在自己办公室上的支出也在逐渐增加。2017 年秋天，WeWork 决定购买位于第五大道和第 39 街的"罗德与泰勒"旗舰百货店（Lord & Taylor，老牌高档百货商店）。诺依曼想将这座标志性建筑改造成新的总部，使其象征城市房地产的新权力代理人的到来。随着大型百货公司的时代即将结束，WeWork 将重铸"罗德与泰勒"的骨架。比亚克·英厄尔斯也被邀请重新设计这座建筑。

在旧金山，诺依曼醉心于"销售力量"大厦。这座圆形的酷似方尖碑的大楼由开发商波士顿地产公司（Boston Properties）建造，它像一枚 1 000 英尺高的导弹，将成为该市最高的建筑，重新定义旧金山经济崛起的天际线。"销售力量"已经租下了其中的一半，而业主要的租金是全市最高的。

诺依曼对员工说他们需要进驻这座大厦。WeWork 将在这里设立自己的办公室，作为西海岸总部。WeWork 最终以每平方英尺 80 美元的价格签下了三层楼，共 7.6 万平方英尺。按照 WeWork 的标准，这份租约十分昂贵。随着公司对空间不断改造，预算也不断增加。诺依曼设想了一个中庭，要有一个连接各楼层的大型通风、开放的楼梯。这样的改造需要巨大的结构加固[11]，装修成本超过了每平方英尺 500 美元——约是 WeWork 标准办公地点价格的 3 倍。

WeWork 的扩张并不局限于这些庞大的空间。在曼哈顿中城，似乎每隔几个街区就有一面印有 WeWork 标志的黑色旗帜在新办公室外飘扬。从圣保罗到法兰克福，再到孟买等城市，WeWork 的办公地点也在不断开放。到 2017 年年中，WeWork 有超过 12 万名会员，分布在总计 600 万平方英尺的空间，这相当于两座帝国大厦，或者说，相当于其最初在 154 大街的办公空间的 188 倍左右。公司现在有超过 2 500 名员工，是 3 年前约 250 人的 10 倍。

要维持这种增长速度已经十分困难。诺依曼想保持每年翻一番的增长速度，而这需要数量庞大的租赁费用和资金。

随着经济复苏，商业业主不再急于寻找租户。许多较好的办公场所——那些漂亮的仓库式空间——也已经不复存在，WeWork 不得不租赁枯燥的传统办公大楼。办公市场的变化意味着 WeWork 最基本的成本，也就是租金，在许多情况下比早年翻了一番，它的会员费却没有变。

诺依曼对房地产团队没有实现它原本雄心勃勃的目标感到沮丧，在 6 月份的一个晚上，他召集了 8 点的会议，却迟到了一个小时，让欧洲的同事们睡眼惺忪地等着他。他明显喝醉了，比平时的表现更为夸张。

他首先试图让房间里的人振作起来，把附近放置的龙舌兰酒递给大家，指示员工喝干烈酒。然后，他在房间里醉醺醺地转了一圈，乐呵呵地向每一位经理问好。每经过几个人，他都大喊大叫，鼓励他们要更加卖力，要签署更多的租赁合同。他喊出了各种更难达成的新的目标，而且明显是随性而起。

一位与会者潦草地记下了诺依曼说的这些数字。会议开始时，他们的目标是在年底前签署足够放置 22.5 万张办公桌的房地产租约，而现在这一数据升高到了 27.5 万张。诺依曼在明显醉酒的状态下，似乎只因一时兴起，就把年度目标提高了 20% 以上。尽管在早期，能完成较高的目标有助于激励员工，但那晚临时增加目标可不是闹着玩：这些目标被输入 WeWork 的内部系统，成为可能影响员工的薪酬基准。

当然，放置更多的办公桌意味着 WeWork 需要找到更多的用户去租下这些桌子。

WeWork 在开业初期依靠免费广告网站克雷格列表和用户的口口相传得到新会员。后来，它不断开展技术交流会和其他活动，展示自己的空间，吸引潜在租户。再后来，它依靠推荐奖金、在线广告以及给雷格斯办公室的用户打电话等方式。最终，它开始向经纪人支付佣金以获取租户。

原本，诺依曼很喜欢吹嘘他们在营销方面不用花钱，就能像早期的脸书那样能够迅速扩张。但到了 2017 年，他开始在这方面砸重金。为了引起房地产经纪人的兴趣，公司开出了高额的报酬，比如按租赁价值的 20% 提成[12]，比雷格斯公司等竞争对手支付的市场价格高出一倍。（它还曾做过一个时间较短的销售推动活动[13]，为一些经纪人提供 100% 租赁价值的奖励。）

那些突然出现的竞争对手给 WeWork 带来了额外压力。他们在全国范围内散布着类似 WeWork 的办公室。诺依曼渴望在这些公司形成真正的威胁之前击垮它们，并抢走它们的租户。

其中一个快速成长的竞争对手是勤勉（Industrious）公司。这家公司由詹米·霍达里领导，他是一个有吸引力的布鲁克林人，拥有法律和公共政策学位，此前曾在非洲经营一家非营利的教育机构。诺依曼邀请霍达里和他一起去亚特兰大查看一些建筑，这是他试图与勤勉公司达成交易的过程中的一部分。2017 年夏末的某一天，他告诉霍达里第二天早上到汉普顿和他一起乘坐他的私人飞机。霍达里在凌晨 4 点左右打了一辆优步[14]，等了很久，才见到迟到的诺依曼。

在飞往亚特兰大的途中，诺依曼喝着血腥玛丽鸡尾酒、吃着水果，向霍达里预告了勤勉公司之后会面临的状况。他说自己有数百名员工已经准备好发动攻击。

"只要我一声令下[15]，他们将联系你所有的客户，让他们知道可以免费来 WeWork。"他坐在霍达里身边说，WeWork 将免除客户一整年的租金，"你会失去 1/3 的客户。"对于留下的那些人，他会提高筹码，为他们免除两年的费用。

霍达里被吓到了，但认为这不可能发生。他们几乎不存在竞争关系：勤勉公司的规模要小得多，外面还有那么多的租户可以找。他觉得没有哪家企业会仅仅为了招惹竞争对手而在经济上采取如此不理性的行为。

但诺依曼并不是在虚张声势。不久之后，霍达里的员工收到了租户们转交给他们的 WeWork 的开价，发现 WeWork 确实在向任何"叛逃者"提供巨额折扣。[16] 类似的进攻也发生在其他众多的竞争对手身上，甚至那些只有单一场所的小型联合办公公司也没能逃过。

累积起来的这些花销，使 WeWork 在 2017 年创下了 18 亿美元的支出 [17]。支出的增长速度远超收入的增长速度，2017 年公司的收入总额为 8.66 亿美元。初创公司成立 7 年后，其损失往往都在缩小，或不应出现损失。

亏损越来越大，各种规划也总是来不及完成，这些本应让投资者和诺依曼身边的员工感到震惊，更不用说诺依曼本人。但不断膨胀的估值让所有参与者都变得盲目。人们很容易相信一切都在顺利进行，因为单看纸面上的数字，每个人都在变得越来越有钱。

诺依曼的首要任务不是纠结于损失，而是增加收入。对身边的人来说，原因是显而易见的：投资者们很容易为诺依曼所说的 WeWork 迅猛的增长速度所迷惑。在与软银的交易中，WeWork 的估值是其收入的 20 倍——即使对软件公司来说也是十分可观的收入倍数，更不用说这是家房地产公司。（雷格斯的估值仍不到 2 倍）。

一位高管回忆说："他经常会在餐巾纸上画出收入、倍数、估值的草图,他说我们必须达到 100 亿美元的收入,因为这样能得到 2 000 亿美元的估值。"

收入越大,估值就越高。其他方面就不重要了。

诺依曼为了公司发展而广泛尝试的努力,有一些得到了回报。

到 2016 年,WeWork 开始了一项实验:向大公司转租空间。这项实验最初由罗尼·巴哈尔领导。WeWork 的企业部门开始与大型企业签约,这些大型企业(企业客户)会占用整个楼层,甚至整座大楼。这是一种完全不同的模式,因为这些企业甚至不会与在同一办公空间的其他任何公司互动。

这项实验变成一种大买卖——其最初受到董事会的抵制,但诺依曼坚持这样做。亚马逊很快成为该公司最大的转租者,从旧金山到班加罗尔,在几个城市中租用了数千张办公桌。微软、"销售力量"和脸书都渴望得到 WeWork 的办公空间。WeWork 可以在几个月内为这些公司提供整个楼层,而一般的租赁合同需要用户给出 10—15 年的承诺。这对快速增长的公司来说是一个很有吸引力的提议。

虽然这一宣传为诺依曼赢得了那些大名鼎鼎的客户和业务快速增长的机会,但对企业客户的关注最终削弱了诺依曼已经难以加强的 WeWork 的核心宗旨之一:社区化。这些企业客户通常与 WeWork 的会员分开,待在自己的楼层,用自己的会议室,喝自己的水。企业客户只把 WeWork 当作一个外包公司——只负责为他们租赁、建造和管理空间。实体社交网络并没有从中受益。

即使在 WeWork 更传统的办公空间里,在那些较小的公司之间,各种问题也在发酵。在诺依曼的指导下,WeWork 自己的研究部门在 2017 年年底进行了一项调研[18],研究在自己的办公空间的社区亲密度。这项研究调查了 WeWork 的 554 名会员与其他会员的互动情况,标题是:"我们的会员是朋友吗?"

答案是否定的。

研究报告称,"WeWork 没有我们预想的那么具有社区精神",69% 的会员除了同事之外,在 WeWork 没有任何朋友,即使是使用广义的"朋友"作定义。这项研究作为学术性报告发布在 WeWork 内部网络上,与之前一位会员的研究相呼应。那份研究中也发现了类似的问题。即使在专门为了鼓励相互合作而设置成开放式的办公室里,也很少有人知道其他人的名字。报告指出:"WeWork 的普通会员并没有与所在大楼里的其他人建立起社交关系。"

作者在报告中写道,该结果具有冲击性,就连主导这次研究的团队也对此十分惊讶。他们认为这一定是因为之前对问题的表述存在谬误,于是联系了所有受访者进行后续询问。结果,得到的反馈没有变化。他们开始接受这个不愉快的现实。难道公司营销中所有对社区的宣扬就真的只是炒作而已?这与早期曼哈顿那些联系紧密的办公室形成了鲜明对比。

研究作者声明:"这个结果实在是令人难以置信,与我们所强调的社区力量的许多话术相冲突。"

这些结论依然没有引起足够的重视。在公司内部,被广泛接受的信念难以动摇。员工们相信 WeWork 空间就是一个个社区。诺依曼如此宣布道,管理者们也如此反复强调,也就感觉足够真实了。

第 20 章

社区调整后的利润

截至 2018 年，尽管进公司只有 3 年时间，阿蒂·明森已经在 WeWork 高级领导层令人反感和动荡不安的旅程中经历了好几次濒死体验。

明森于 2015 年被 WeWork 聘用，让他代表理性发声，这是包括基准资本和迈克尔·艾森伯格在内的投资者向诺依曼施压的结果。诺依曼让明森担任总裁和首席运营官——类似于脸书的马克·扎克伯格的助理雪莉·桑德伯格（Sheryl Sandberg）的身份。第二年，明森已然失势。诺依曼对新建筑开工延迟的事感到挫败，便开始排挤明森。其新职务是权限更为狭窄的首席财务官。这是一个羞辱性的调任。

在此之前，明森的事业发展轨迹几乎一帆风顺。明森在皇后区一个离海滩很近的爱尔兰移民的中产阶级飞地长大，学习成绩优异，因此进入里吉斯高中（Regis High School）学习[1]，令人艳羡。这所位于曼哈顿的免学费、全男生的天主教学校被广泛认为是全市最好的学校之一。学生们在此学习拉丁语，许多人顺利进入常春藤盟校和其他大学。明森也是一名越野跑运动员，因为学习成绩很好，被乔治敦大学（Georgetown）录取。

大学毕业后，明森在企业财务领域不断攀升。他在安永会计师事务所（Ernst & Young）和美国在线（AOL）工作过，后来又成为时代华纳有线电视公司的首席财务官。诺依曼招募他时，承诺让他在美国最具颠覆性的初创公司之一获得领袖席位。明森在时代华纳有线电视公司的老板罗伯特·马库斯（Robert Marcus）在宣布他离开并加入WeWork 的新闻稿中称他是"美国最好的首席财务官"[2]。

到了 WeWork 后，明森与诺依曼形成了明显的对比。他举止严肃，很少喝那些经常在总部发放的龙舌兰酒，甚至可能都没碰过。他上班时通常穿着西装外套，把纽扣衬衫塞进牛仔裤里，在风格休闲的WeWork 总部显得很扎眼。一些员工叫明森"老爸"。

在被"贬"为旁观者后，明森努力向诺依曼重新表明自己的态度，包括帮助他实现个人追求：获得更多的钱。2016 年，当诺依曼想从摩根大通借到近 1 亿美元时，明森帮他弄清了贷款的细节，将其与WeWork 股票挂钩。这种公私纠葛很不寻常，以至于摩根大通的一位银行家在与明森谈判时，对他的身份感到困惑。这位银行家想知道，为什么公司的首席财务官会为首席执行官的个人贷款进行谈判。当贷款完成后，诺依曼接到了摩根大通高层管理人员玛丽·艾德斯（Mary Callahan Erdoes）的电话，她向他表示祝贺。

2017 年公司年度夏令营期间，麦凯威在台上采访了明森。麦凯威带着笑意，抱怨提交个人费用的过程烦琐以及对成本的担心。麦凯威问他，为什么财务就不能有趣些？那天晚上，明森在一旁看着财务团队的十几名成员在 6 张乒乓球桌上玩了几轮转杯游戏，抱怨麦凯威的批评。他们喝了很多轮。明森的助理马克·菲茨帕特里克（Mark FitzPatrick）跳上一张乒乓球桌，高呼："财务也可以有趣。"

最终，诺依曼又对明森热情起来，这位首席执行官在华尔街 110 号的顶楼，也就是"We 生活"在曼哈顿下城的地址，为财务部门举办了一个派对。到了晚上，在位于曼哈顿下城的一个高层的热水池附近，诺依曼和其他几个人抓住明森的肩膀和腿，把穿戴整齐的"老爸"扔进了热水池。他的钱包还在口袋里呢。

这算是 WeWork 给明森的一次"洗礼"。

总的来说，明森还是很乐意充当诺依曼和 WeWork 的宣传员的。2018 年年初，在麦迪逊广场花园（Madison Square Garden）的剧院举行的公司全球峰会上，明森穿着纽约尼克斯队（New York Knicks）的球衣上台。他对当时已达数千人的员工们说，他们正在为有史以来增长最快的公司工作。他用幻灯片展示了 WeWork 的成长，并将其与历史上标普 500 指数中增长最快的一些公司进行比较。他说，WeWork 把其他公司都比下去了。

不过，也因为这种快速增长，WeWork 有一个连续不断的需求：更多的资金。

到了 2018 年，当公司耗尽软银的数十亿美元时，明森看到了能以不同于标准投资回合的形式来筹集资金的机会。他想利用华尔街的债券市场，采用一种几乎像股票一样能在投资者之间交易的债务形式筹集资金。

这将是一次飞跃，几乎算是一次初级 IPO，同样需要向广大潜在投资者全面披露 WeWork 的财务状况。其目的是使 WeWork 在华尔街和购买公共股票的大型投资者面前具有合法性，为将来的公开上市铺平道路。此举将使 WeWork 能在不出售公司股份的情况下借到数亿美元。明森将规划这一进程。

明森认为越早行动越好，因为 WeWork 最终仍需要上市，毕竟几乎每个大型公司都会这样做。明森与摩根大通的诺亚·温特鲁布和高盛的大卫·路德维格等银行家保持着密切联系。他们不断说，根据 WeWork 的增长情况，它会在股票市场上大放异彩。公开募股显然是最终目的：员工和投资者可以出售所持股票，收获他们在 WeWork 的财富，而 WeWork 能从股票投资者那里筹集更多的资金。软银的钱毕竟不会持续那么久，尤其是在 WeWork 的亏损不断增加的情况下。

诺依曼本人可能会是个潜在的障碍。诺依曼似乎总是对上市的想法感到不舒服——很难想象他每隔 3 个月就与分析师举行一次干巴巴的财务电话会议，而明森正在考虑如何让他适应这种新的变化。明森认为，发行债券可以作为上市前的适应性操作，迫使 WeWork 每季度向投资者报告数字，并更加遵纪守法地控制支出。

通常情况下，像 WeWork 这样的亏损公司是没有能力承担大量债务的。债券投资者希望看到公司产生现金来偿还债务，或者至少能拥有一定的资产，这样如果公司无法支付利息，可以用资产进行扣押。但当时是非常时期。低利率使得投资者敢于为更高回报的承诺而冒险。在 2016 年，另一家亏损的创业公司——优步通过利用债务市场筹集了 11.5 亿美元[3]。

不过，优步的数字看起来还是比 WeWork 的好。尽管优步在不断亏损（它实际上每单生意都是亏本的，是用风险投资的钱给消费者让利），但其财务状况至少还是在向好的方向发展，亏损在收入中的占比正在缩小。但是，WeWork 的支出是其收入的两倍，即使 WeWork 在不断发展，此般状况也没有得到改善。明森对 WeWork 的财务状况相对乐观，但他明白其亏损占收入的 100%，如此巨大的亏损会引发问题。他和诺依曼试图说服人们，亏损并不像他们所看到的那样。

一种方法是根本不谈亏损，甚至转而谈论 WeWork 没有的东西：利润。诺依曼经常在公开场合和私下里提到 WeWork 的"利润"。2015 年，他对《华尔街日报》说 WeWork 是"可盈利的"[4]。2016 年，他对全体员工说："我们不需要再筹集更多资金[5]。我们的盈利业务目前正势如破竹般发展，定会越来越好。"2017 年，他在美国科创类网络媒体《关键科技》的会议上说，根据衡量盈利能力的标准，公司一般会在收支平衡点周围"徘徊"[6]。实际上，如果根据这个衡量标准来计算，WeWork 当年将损失超过 1.9 亿美元。

关于亏损明森的措辞更加谨慎。当投资者询问有关亏损的问题时，明森经常告诉他们，他们并不了解 WeWork。他会说："公司亏损只是因为它的增长速度。只要停止扩张或放缓增速，公司就能立即实现盈利。一旦 WeWork 的所有场地都被填满，它从会员那里获得的租金就会远远超过它在场地和员工方面的支出。"助理们相信这就是诺依曼所说的 WeWork 盈利的意思——尽管他并不总是给出免责声明。

为了吸引投资者，WeWork 需要更直接的东西。根据会计规则，WeWork 需要披露利润和损失，这是其中一个问题。为了在这些标准数字之外显示某种盈利能力，明森转向了他们一直向投资者展示和在内部规划时使用的一个公式，并以 WeWork 风格进行改造："社区调整后的 EBITDA"[7]。

按照投资者的传统理解，EBITDA 是"未计利息、税项、折旧和摊销前的利润"（earnings before interest, taxes, depreciation, and amortization）"的简称，即息税折旧摊销前利润。虽然这个术语不是最利落的缩写——它的发音是"益-必-达"——但它是一个被广泛使用的指标，能让投资者了解一个企业的盈利情况，同时剔除了波动的会计费用和其他项目，例如税收。实质上，它通常显示一个企业在会计调整之前每季度产生多少现金收入或损失。

与 EBITDA 不同，"社区调整后的 EBITDA"这个词并不是投资界的主要政府监管机构——证券交易委员会——认可的衡量标准，它的存在有一些误导性。首先，它抹掉了一大批其他费用[8]，如 WeWork 的设计部门和技术团队的费用，以及所有的一般费用和行政费用。在明森看来，这种省略是为了给投资者提供一个简明的数字，让他们知道各个经营地点获得的钱远远多于其运营成本，而 WeWork 之所以显示出巨大的"净亏损"，只是因为与其快速增长有关的其他成本。实际上，该指标还剔除了那些用于包装大楼的成本，如销售和营销的费用。

不过，最大的伎俩是与 WeWork 支付租金的方式有关的复杂策略。当 WeWork 签署长达 10 年或 15 年的租约时，业主通常会免去第一年的租金，这与公寓业主提供的首月免租并无不同。鉴于 WeWork 的发展速度，这意味着其大量的场地——超过 40% 或 50%——在任何时候都不需要支付租金，但同时能从会员那里获取月度租金。这使得 WeWork 的一些场所在账面上看起来十分盈利，因为还没有实付相应的巨额租金成本。

鉴于这些租金空缺期可能会误导投资者，监管机构要求公司在报告收入时，将这一年的免租利益分摊到整个 10 年期的租约中。这种做法被称为"直线法折旧"（straightlining），意味着公司必须报告每年支付 90% 的租金，而不是按第一年零租金和其余年份 100% 租金报告，尽管它实际上在第一年没有向房东付过钱。

社区调整后的 EBITDA 为 WeWork 提供了一条规避这些会计规则

的途径——完全合法,并向投资者充分披露——从而使其能够显示出可观的"利润"。实际上,这只是一个向华尔街展示诺依曼多年来所言的公式。他经常吹嘘 WeWork 惊人的利润率,说它的场地所产生的收入比其运营成本高出 30% 或 40%。

很少有人理解这一举措的严重性。普通的债券投资者可能并不了解房地产租赁的复杂性。但其后果非同寻常。按照正常的衡量标准,2017 年 WeWork 的收入翻了一番[9],达到 8.66 亿美元,而同年的亏损翻了一番多,达到 9.33 亿美元。但如果使用明森的新定义,WeWork 实际上已经产生了 2.33 亿美元的利润。

明森和菲茨帕特里克认为这个指标突出了 WeWork 场地的吸金能力。明森经常对团队和外部投资者称 WeWork 的商业模式很像电缆业务。在电线杆上铺设数英里长的电缆,并将其送入人们的家中,这些成本很高。但是一旦客户开始注册,人们家中的有线电视盒就会每月向公司"交钱"。通过社区调整后的 EBITDA,明森找到了一种方法,将 WeWork 缥缈的盈利能力提炼成一项可以提供给华尔街的计算公式。

当他们为即将到来的债券销售与潜在的投资者会面时,这种衡量标准似乎很受欢迎。诺依曼对进展感到高兴。紧接着,将之用于出售债券、详述了 WeWork 所有财务数据的 254 页文件流入了媒体的手中,《华尔街日报》《金融时报》和其他媒体也提醒世人要注意 WeWork 这一名字有趣、异常激进的指标。"社区调整后的 EBITDA"在网上遭到了无情的嘲讽。在推特上,用户质疑 WeWork 是否是下一个"Pets.com"(一个 20 世纪 90 年代的网络公司,在网上销售宠物食品和配件)。博客"交易破坏者"(Dealbreaker)称这个指标是"硅谷的一堆令人愤怒的思想垃圾"[10]。

诺依曼被打了个措手不及，对 WeWork 的财务状况或社区调整后的 EBITDA 遭受的公开打击毫无准备。在这之前，他已经享受了媒体多年的献媚。就在几个月前，《纽约时报》还在周末刊登了一篇关于 WeWork 的报道，题为《WeWork 的宣言：先是办公空间，下一步是全世界》，让公关人员很高兴。

这一次，诺依曼的个人魅力并不能解决所报道的问题。这是第一次，WeWork 的数据出现在媒体和众多投资者面前。这些经过修饰和调整的数字，加上诺依曼的说辞，也没能立刻迷惑投资者。

不过很多投资者仍然热衷于此。4月下旬，当他们准备敲定定价时，摩根大通的银行家们告诉明森，WeWork 仍有足够的需求，可以比他们最初预期的 5 亿美元多筹集 2 亿美元的资金。在一个低利率的世界里，投资者愿意在公司身上赌一把，以获得稍高的回报。银行家问：WeWork 是否想出售更多的债务？

明森给诺依曼打电话。那天是诺依曼的 39 岁生日，他在自家庞德里奇占地 60 英亩的"农场"里泡着热水澡，周围都是朋友。明森解释了这一需求，问他是否愿意承担 7 亿美元的债务。诺依曼想了想，然后高声向他的朋友们喊道："39 乘以 18 是多少？"

数字 18 在犹太教中实际上是一个幸运数字。诺依曼飞快地做了计算，向明森传递了答案。他说，WeWork 应该将债务数额增加到 7.02 亿美元。

香槟酒开得太早了。在举债的一天之内，WeWork 的债券价格开始下跌。在交易的第 3 天，债券价格跌到了 1 美元 97 美分，然后在接下来的两个星期里跌到了 94 美分。100 美分一般意味着投资者还有希望得到全额偿还。如此迅速地跌破这一关口是非同寻常的，这表明市场并不像明森他们预期的那样看好 WeWork。明森开始极为关注债券价格。在会议期间，他每隔 5—10 分钟就会查看一次。

然而，诺依曼认为这是一场公共关系灾难，而不是一场财务灾难。他感到既愤怒又尴尬，在随后的几天里召集财务团队和通信团队开了几次会，要求他们设法解决这个问题。

诺依曼问是否可以自己买回一些债券。这是一个奇怪的要求，几乎从来没有公司在筹集资金后这么快就回购自己的债务。但财务团队说这在技术上是可行的，而且可能会使债券价格提高，就像公司回购自己的股票时一样。诺依曼批准了这个做法。

在经历了向投资者出售 7.02 亿美元债券[11]的麻烦后，花了好几个月的时间，WeWork 最终付了 3 200 万美元[12]回购了一部分它自己出售的金融工具。

第 21 章

亚当的方舟

"该死,我可太想成为亿万富翁了。"

在 WeWork 早期,迈克尔·格罗斯偶尔会为诺依曼播放特拉维·麦考伊(Travie McCoy)的说唱歌曲《亿万富翁》,以此来鼓舞他。在一次乘坐私人飞机的跨国旅行中,格罗斯一边大声播放这首歌一边吼着歌词。

在诺依曼陶醉于这一刻时,格罗斯对他大喊:"我想上《福布斯》杂志的封面!"

到了 2018 年初,随着软银的资金到手,诺依曼在纸面上的身价约为 50 亿美元。他不仅成了亿万富翁,还真的登上了《福布斯》的封面[1]。

曾经看似疯狂的梦想就在诺依曼眼前成功显现了,他的野心变得更加夸张。他对别人说,WeWork 将成为世界上第一家价值一万亿美元的公司。(实际上,苹果公司将成为第一家实现这一里程碑式的公司,并于 2018 年 8 月实现了。)

如果 WeWork 要成为地球上最有价值的公司，它需要做的就不仅仅是租下别人的房产。诺依曼认为公司应该买下属于自己的房产。从 WeWork 成立以来，他就一直很羡慕业主。他观察到房东才是在建筑物价值上升时收割回报的人，这种情况让他很不满。他向房东抱怨说自己是那个让大楼增值的人，可因此变富的人却是他们。

诺依曼曾尝试过买下 WeWork 租赁的几栋大楼的一部分。然而，由于董事会的反对，他没有继续下去。不过他还是渴望 WeWork 能够涉足有关所有权的业务。他和别人说，如果星巴克或全食超市在成为全球巨头时买下其门店周围的房地产，他们将能赚取数十亿美元，因为是他们的存在提高了周边社区的价值。他设想：是不是 WeWork 也能做到？

2016 年，诺依曼与其董事会成员兼长年的友人史蒂文·兰曼达成协议，成立了一个私募股权基金，专门购买 WeWork 正在租赁的大楼。两人创建了一家名为"WeWork 产业投资"（WeWork Property Investors，WPI）的公司，由 WeWork 和兰曼创办的私募股权公司罗纳集团共同所有和经营。这家公司将向其他投资者筹集资金，然后购买 WeWork 所租的建筑。

这个概念是有其优点的。空置率高的建筑往往价格较低。一旦有租户签订长期租约，建筑物的价值就会大幅上升。从理论上讲，用这个基金可以先拿下廉价的空楼盘，再让 WeWork 签署租约，几乎能使其价值立刻得到提升。

诺依曼、格罗斯和其他人认为使用这种方法可以建立起一个巨大的产业，使 WeWork 在许多方面受益：它可以自己当房东，还可以通过经营基金赚钱。他们设想这将成为 WeWork 的一个巨大的分支产业，在未来几年内可以从其他投资者那里筹集数百亿美元的资金。他们认为到时候能够抛售出极高的金额，使WPI成为世界上最大的房地产私募股权基金之一。

一如既往，真实的情况要复杂得多。该业务中的利益冲突纠缠不清，因为WeWork会站在每笔交易的双边。从理论上讲，罗纳集团希望WeWork为租用建筑支付高租金，而WeWork则希望支付低租金。这就像两个财迷心窍的朋友共同拥有一栋房子，但只有一个人住在里面，这必然会使双方为租金成本而发生争斗。

作为租户的WeWork需要同时[2]与作为基金经理的WeWork和作为基金经理的罗纳集团达成协议。而罗纳集团又是WeWork的投资者，兰曼是其董事会成员。诺依曼负责监督WeWork的工作人员进行租赁谈判，同时个人持有与WeWork员工进行租赁谈判的实体的50%的控制权。罗纳集团和兰曼的混合参与是不寻常的做法，WeWork的多位高管认为整个事件很混乱，他们对此表示沮丧，彼此都对所有这些利益冲突表示担忧。当然，这些冲突是要向投资者披露的，其中一些冲突甚至是这个基金的吸引力之一。投资者相当于在购买必然有WeWork作为租户的建筑物，这是一个有价值的方案。但罗纳集团也面临着自己的内部问题：两名房地产高管对这个战略感到不满，并向房地产行业的其他人表达了对这种存在利益冲突的结构的担忧。结果两人都被调离，退出了基金的工作，后来离开了罗纳集团。

该基金进行投资后，WeWork的高管确实遇到了利益冲突。该基金同意购买伦敦一座名为"东部低价51号"（51 Eastcheap）的大楼后，WeWork负责房地产的高管对WPI要求他们支付的租金价格表示不满。然而，WPI为这栋大楼支付了6 100万美元，其前提是WeWork会支付支持这一价格所需的租金额度，WPI认为其所要求的租金价格符合这栋大楼和这个地区的实际情况。最终，诺依曼介入了。他似乎希望这个新生的基金在早期的投资中表现良好，他告诉 WeWork 他认为这个价格是公道的。于是他们付了钱。

尽管 WeWork 与 WPI 做了交易，但诺依曼仍然坐立不安、精神紧张，他认为自己的动作还不够快，不能让孙正义满意。在 2018 年年初，让 WPI 从养老基金和其他投资者那里筹集到数十亿美元的希望还没能实现。诺依曼自然而然地转向了更宏伟的计划。他想象着在公司中创立另一家公司。他开始向其他人透露想从零开始创建地球上最大的房地产投资公司的想法。如果资金充足，这个公司就可以买下 WeWork 需要租赁的大量房产，维持它的指数式增长，还可以从头开始建造新的楼房。

这个私募股权的新基金将得到一个圣经式的名字，匹配其圣经般的宏伟壮志。诺依曼参照诺亚方舟的故事，将它命名为"方舟"（ARK）。诺依曼的想法是通过进军房地产所有权的业务，WeWork 可以更快、更有效地扩张，以期上市后收获金融财富。诺依曼还对一些人透露了这个名字的另一个灵感来源：这三个字母代表着亚当（Adam）、丽贝卡（Rebekah）和孩子们（kids）。公司高层也不确定他究竟是不是在开玩笑①。

与开业时只有几亿美元的罗纳基金不同，诺依曼对房地产风险投资有着巨大的野心。他想在 2018 年年底前筹集到 1 000 亿美元。从更深层的角度来比较，世界上最大的房地产基金管理公司黑石集团³的房地产资产在最近才超过了 1 000 亿美元，这还是在公司已经成立了 30 多年，拥有多年出色业绩才达成的。而诺依曼希望能在一夜之间达到这个目标。

---

① 诺依曼用自己家族成员名字的首字母作为基金的名字，与安然公司有着令人毛骨悚然的相似之处。当时，安然这家高歌猛进的能源公司毁于欺诈行为，而其中的关键点就是名为"LJM"的小实体，它以夸大的估值从安然公司购买资产。这个实体就是由安然（Enron）的首席财务官安迪·法斯托（Andy Fastow）创建的，其名代表了他的妻子和两个孩子姓名的首字母。[约翰·R. 埃姆施维勒（John R. Emshwiller），"在安然的审判案中，'LJM'是一把双刃剑"。华尔街日报，2006 年 2 月 22 日。]

助理们还是制订了一个计划，向全球的巨型投资者筹集资金。最大的份额将向沙特提出[4]，他们想从该国筹集1 000亿美元，数额大到可笑。沙特确实已经向孙正义承诺为其愿景基金提供450亿美元，但他们也并不是可以无限制地拿出几十亿美金的储备。截至2017年，该国主权财富基金的全部规模——该国需要用来投资的资金主体部分——为2 300亿美元。助理们曾前往沙特展示1 000亿美元的基金计划，但没能与对方达成任何交易。

其他投资候选人包括一系列顶级的共同基金、主权财富基金和银行。这项筹资计划是为了配合WeWork为该业务规划的另一轮投资，但一份内部报告敦促有关人员告知投资者，WeWork并不需要这些钱，它只是想在未来进行IPO之前让更多的投资者加入。这份报告在一张名为"收敛幻想"的幻灯片上写道："我们不需要更多的资金。"[5]

诺依曼对此有数不清的宏伟计划。他希望WeWork能共同开发世贸中心2号大楼[6]——这是世贸中心所在地的最后一座大楼，并与业主兆华斯坦地产公司（Silverstein Properties）达成了初步协议。但这笔交易后来不了了之。

诺依曼热爱的是能拥有房地产实体的想法，而WeWork的其他人则是出于不同的原因看到了"方舟"的潜力。贝伦特和明森认为成立这个基金会是一个对WeWork进行金融规划的机会。这两位高管虽然依然相当看好WeWork，但他们知道公司的亏损不能一直这样扩大下去。让WeWork转向盈利的方法是找其他人来支付装修和建造办公室的费用，而这些花费正是WeWork开支最大的一部分。

他们认为，"方舟"可以成为救世主。他们的想法是让"方舟"利用从全球房地产投资者那里筹集到的资金，将WeWork运营得更像一个酒店管理者，就像万豪酒店一样。这家公司通常没有自己的酒店，也不进行租赁。相反，酒店业主会花钱建造酒店，然后付钱给万豪这样的酒店公司来管理。这就是他们的计划，让 WeWork 成为"轻资产"。

诺依曼有自己的金融工程计划。除了企业方面可能获得的利益外，"方舟"还为他提供了能够获得更多财富的薪酬方案。他让员工制订了一个计划，让他在这个基金中能拥有个人股权。他作为 WeWork 的最大股东，按计划能够间接看到数十亿的纸面收益，而现在这个操作在此之上又增加了一笔收益。

这是一个明目张胆的抢钱行为。他的股份并不像普通的基金投资者的那样。他想从"促销"中分一杯羹——这是一种私募股权基金经理用来获取基金返利的超额部分的工具。通常情况下，基金背后的公司会得到这份"促销"，也就是说，如果基金表现良好，WeWork 就会获得收益。但在这个计划中，诺依曼将自己个人的利益置于 WeWork 之上，想要获得个人财富。

相比之前诺依曼购买房产的行为，这样做更是明目张胆地不顾利益冲突，他在"方舟"基金购买的所有房产中都具有潜在的巨大利益。异议者们担忧的事情数不胜数。如果遇到财务问题，需要解除租约，那 WeWork 所面临的情况无异于选择不再向自己的首席执行官支付租金——这几乎是不可想象的场面。

最终员工们说服诺依曼放弃了这个做法，因为它实在会造成太过极端的利益冲突。取而代之的是，"方舟"将由诺依曼任命的人员来领导，他自己则在基金中没有特殊所有权。高管们在 2018 年春天开始为该基金筹集资金、寻找新的楼盘，希望让实体建筑的所有权成为 WeWork 的全新支柱。

然而，没过多久，诺依曼的野心就继续膨胀。仅有一个新支柱是不够的。

第 22 章

承载着 3 万亿美元的三角形

硅谷那些最热门的创业公司的 CEO 一个接一个地前来东京"朝圣"。有些人飞到东京,在酒店房间里等了好几个小时,才被叫去见面。对另外一些人来说,这次旅途很短,只需乘坐优步到加利福尼亚的伍德赛德(Woodside),离沙山路(Sand Hill Road)不远。如果他们幸运的话,会议上会提供餐食。

随着软银开始使用它的 1 000 亿美元的愿景基金,创业界开始投来目光。在此之前,从未有如此大规模的新融资渠道向科技板块开放。这笔资金超过了爱尔兰的年度预算,也超过了绝大多数科技公司的价值,除了那些最大的巨头。该基金的数十亿美元有可能重塑那些刚起步的行业,只用一张支票就能决定赢家和输家。而这一切都由一人掌控。孙正义希望亲自出马选择每一位受惠人。

在孙正义看来,他的本能和直觉[1]——他从一个创始人那里得到的感觉——往往是比数据和分析更重要的决定性因素。

他在谈到自己对初创企业的投资策略时说:"感受会比只看数字更重要。你必须能感觉到那股力量,就像在星球大战中一样。"

孙正义开始疯狂地撒钱。

他的主要目标是"独角兽"公司,即价值超过 10 亿美元的初创企业。许多人认为这个行业的价值被高估了,充斥着惯于给出承诺却难有利润的公司。但孙正义想要深入挖掘。

正如孙正义对投资者所说:"我们是'独角兽'猎手。"[2]

软银员工的任务是调查"独角兽"公司的情况并寻找其发展前景。在投资之前,工作人员会努力对这些公司进行长篇的尽职调查——突出它们的风险和优点。但是,鉴于最重要的决定是由孙正义做出的,这些公司都有相似的性质,即孙正义最看重的特质:它要有一个鲁莽轻率,甚至是傲慢的创始人,怀揣着特别大胆的愿景。

与孙正义的会面往往遵循相似的模式。孙正义会在办公室或他在东京或加州的豪宅里与企业家见面——有时还会带他们参观房间,展示他拥有的一幅拿破仑的珍贵画作——然后询问其企业的情况及其追求。然后创始人可能会说,"我们想要 1.5 亿美元。"

孙正义则会回答:"你的想法不够大胆,你需要成倍增长你的资金。"尽管他看上去对申请者的公司或所在行业知之甚少,他却会对创始人说:你们应该在销售方面进行更多投资,你们应该在竞争对手之前主导其行业——即使是对那些似乎并不适用于这种逻辑的业务。

最终通过这个简短的会议——有时只有 20 或 30 分钟的时间,孙正义会说服创始人接受面额更大的支票。1.5 亿美元的要求可能会变成 5 亿美元的报价。如果创始人看起来不情愿,提议就会变成威胁。孙正义会指出,如果创始人拒绝他的钱,那他就去资助其竞争对手。亏损几乎不被谈及。孙正义认为只要公司能击败行业里的其他竞争者，这些亏损就能被抹去，就像领英和脸书在做大其网络后就能盈利一样。

资金流向了像"足量"（Plenty）这样的初创公司[3]。这是一家室内养殖公司，与孙正义开了 30 分钟的会就得到了 2 亿美元的承诺，是它原本寻求额度的两倍。资金还流向了外卖应用"飞门"（DoorDash）、在线购房公司"启门"（Opendoor）和房地产经纪公司"指南针"。孙正义在无人驾驶汽车上投注了数十亿美元，尽管人们在日益担心自动驾驶技术还远远没有进入全盛时期。他向"苏梅比萨"（Zume Pizza）投入 3.75 亿美元，这家公司承诺由机器自动制作比萨，并可以由送餐车在途中烹饪。而一年多后，它的比萨业务就关闭了。

孙正义梦想着在他的"独角兽"群之间建立起一种协同关系，让软银与它们进行业务合作。他说，人工智能将是它们的共同点。然而实际情况下，在他斥资收购的大部分公司中，人工智能只是一个边缘工具。但孙正义或许真的相信那些夸大其词的创始人，或许看到了比既有事实更多的东西。例如，他向投资者吹嘘 WeWork 是一家人工智能公司，宣称在 WeWork 场地内放置的传感器和人工智能的结合将对业务产生有价值的帮助。他说，"WeWork 将分析人们如何交流"[4]，并"向他们推荐可以购买什么"。

愿景基金的工作人员善于在创始人与孙正义的会议之前辅导他们，以大幅提高他们对未来收入和利润所定的目标。

硅谷的投资者抱怨这种做法很鲁莽，结局会很糟糕，尽管大多数人只是私下里这么说。孙正义的"现金闪电战"整体上提升了估值，而且往往允许现有投资者套现——这意味着无论创业公司最后变成什么样，在早期进行投资的风投家都能立即获得一些利润。

到 2018 年，自 2015 年年底——也就是 WeWork 不得不转向中国融资时——停滞的创业热潮再度席卷而来。由于资金的增长速度远远超过好的商业点子转化成盈利的速度，估值再次全面上升。随着软银主导了后期创业公司的市场，早期阶段的投资者也开始跃跃欲试。他们争先恐后地将资金投向专注于宏大理想的年轻创业公司，无论其业绩如何——公司愿景已成为一切。

即使在孙正义投资的这些莽撞的首席执行官当中，亚当·诺依曼也显得尤为突出。

诺依曼有一种与生俱来的野心和一种近乎不顾后果的无畏。这些都是孙正义的特点，而且孙正义似乎很吃诺依曼这一套。

与孙正义的关系很快成为 WeWork 首席执行官个人焦虑的来源。孙正义是诺依曼的帮手，也是他的恩师。软银的资金给了诺依曼建立起"WE 世界"的可能性。孙正义对诺依曼说他将成为下一个马云——孙正义曾经资助的阿里巴巴的创始人。

孙正义告诉诺依曼他可以无限制地使用软银的资金。这个承诺显然让诺依曼头晕目眩地想象了所有的可能性。软银的投资允许他只关注孙正义看起来在关心的问题——收入增长——而不必担心利润问题。这是对支出的一种许可，但潜在的不利因素是巨大的。如果诺依曼跌倒了，失去了孙正义的信任，就很难再找到财力雄厚的合作伙伴来解救他了。诺依曼的唯一选择是保持其宏图伟业以持续打动孙正义。

在 2018 年全年，诺依曼和孙正义经常见面。

2018 年 3 月，某次晚宴上，诺依曼、詹·贝伦特、阿蒂·明森和其他一众高管盘腿坐在孙正义的 26 层私人餐厅区域，凝望着东京的夜景。

晚宴开始不久，孙正义点开了一段视频。WeWork 的人员看着平板显示器上播放着软银支持的 OYO 酒店的宣传介绍。该连锁酒店由

24 岁的首席执行官里特什·阿加瓦尔（Ritesh Agarwal）管理。OYO 在全球范围内迅速扩张，其收入增长率——孙正义认为的关键指标——甚至比诺依曼的还要快。

"你的小兄弟就快打败你了，"孙正义对诺依曼说，"他比你更大胆。"

诺依曼对此没有出言回应，但对坐在那里的 WeWork 团队的其他人来说，他们很清楚孙正义在做什么。诺依曼不仅有很强的好胜心，也极度缺乏安全感。而现在，一位父亲形象的人在诱导他[5]——说他还不够好，说他的"小兄弟"做得更好。他们感觉这几乎就是在搞霸凌。

这招奏效了。WeWork 的高管害怕诺依曼与孙正义会面，因为接下来会不可避免地传来一连串指令。

到了 2018 年年中，WeWork 有 30 万名会员，比纽约州水牛城（Buffalo）的总人口还多；有大约 6 000 名员工，是推特雇员的 1.5 倍。公司有望获得 18 亿美元的收入。曾经被视为异想天开的 100 万名会员的目标，如今并非遥不可及。

但是，这依然不够。

2018 年春末，诺依曼把几位高管叫到一起开会。他拿出一张纸和一支笔，潦草地写下了三行字，形成一个简单的三角形，说这就是 WeWork 的未来。

三角形的一角象征着作为 WeWork 主体的办公室租赁业务。另一个角是"方舟"，这是他最近成立的房地产部门，诺依曼预计它将成为世界上最大的房地产所有者。然后第三个角是服务，指像经纪公司和清洁服务这样的一系列业务，以帮助房地产行业的发展。

在每个角的旁边都写着"1 万亿美元"。诺依曼断言，WeWork 的每一个"角"都将成为一个价值1万亿美元的独立企业。

诺依曼对在场的人说自己最近茅塞顿开。他在办公室领域占据主导地位，但仍在向房东支付租金。同时，他曾考虑过收购房地产经纪公司高纬环球（Cushman & Wakefield），并意识到房地产服务业务有多赚钱。经纪人在出租WeWork的空间时获得了巨额佣金；管理公司在打扫大厅和管理大楼入口处的安全方面发了大财。如果有人能拥有全套体系呢？如果WeWork垂直整合这一切呢？它将同时拥有建筑物、建盖建筑物、租赁建筑物。它将出租公寓，扩大"We生活"。它将为公司的办公空间提供建议，提供独一无二的解决方案。如果租客公司想留在自己的大楼里，WeWork将为这些大楼进行设计，然后向那些公司出租办公桌，经营咖啡机，出售软件服务。WeWork的ID（标识）可以打开由WeWork管理的安全门。如果租户想找其他人租地，WeWork会帮他们找到地方，并收取中介费。这会是一笔极为庞大的生意。

与面对他早期零散的收购策略（如对冲浪池、会面网这些项目的收购）时不同，这一次他身边的高管在这一愿景中看到了颠覆整个房地产行业的真正潜力。三角形战略需要大量的资金，但如果成功，它将重塑一切。诺依曼对这份潜力欣喜若狂。公司内部接二连三地召开会议来讨论这个计划。起初的单个三角形变成两个，大量不同业务面的产业线围绕战略线进进出出，其中有"We生活"，还有"We成长"（WeGrow）。也许他们还会做零售。

有时，诺依曼会在三角形的后面画上发光的形状，让图表散发出神秘梦幻之感。还有一段时间，诺依曼想把一个等边三角形倒过来，放在另一个上面，形成一个六芒星。

诺依曼身边的工作人员对这种过度的宗教色彩很警惕。贝伦特劝他放弃这个做法。

2018年年中,诺依曼再次乘飞机去见孙正义。这一次,他想与孙正义继续讨论一项适度的新投资,让WeWork的扩张机器持续运转。摩根大通的银行家们,包括诺亚·温特鲁布,一直徘徊在WeWork周围,希望它最终能上市。所以诺依曼给孙正义带来了摩根大通对WeWork的估值。诺依曼指着银行的预测告诉孙正义,WeWork的价值将远远超过孙正义上次投资的200亿美元的估值。

诺依曼很快觉察到孙正义的心情很好,是时候抛出那个更大的想法了。诺依曼没有再谈几十亿的投资,而是提出了他的三角形计划。他对孙正义说,他们可以一起攻克整个房地产市场,迅速占领它。他们将成为全世界各地的公司寻找办公场地的首选供应商,以房东、租户的身份赚钱,还可以包揽这两者之间的任何业务。他们将接管公寓市场、经纪市场和建筑业,所有这些都会成为他们的囊中之物。他们可以建立一个价值数万亿美元的存在,使之成为迄今为止最庞大的公司。

这正是孙正义在寻找的那种思维宏大的愿景。他对此很感兴趣。他想了解更多,从而思考如何进行交易。

这次东京会面后,整个夏季又迎来一连串会议,两家公司的高管们紧锣密鼓地制订了代号为"坚韧"(Project Fortitude)的庞大计划。在东京、纽约和旧金山,诺依曼与孙正义分头和自己的员工反复开会,讨论计划的形式以及WeWork需要的资金额度。

需要的钱非常多。7月初,诺依曼在纽约的一次会议上对孙正义说,为了实现他的愿望和设想需要700亿美元[6]。这是一个天文数字。整个愿景基金的额度是1 000亿美元。优步在其存在期间共筹集了约120亿美元[7],已经超过了任何一家创业公司。

诺依曼和团队向孙正义提供了如果在交易达成的情况下 WeWork 实现巨大增长的预测。诺依曼给孙正义做了一份报告，说明 WeWork 在 2018 年的增长速度已经超出了原有的计划，并因此预计它在未来几年的增长速度会更快[8]。他简述了 WeWork 在 2023 年拥有的会员数量将从 2018 年的 42 万增长到 1 400 万名——超过比利时的总人口。这意味着它将拥有约 10 亿平方英尺的房地产，是整个曼哈顿办公市场规模的两倍多。他向孙正义展示，WeWork 的企业业务也在蓬勃发展，如果它最大的租客亚马逊保持自己的增长速度，到 2023 年，亚马逊将在 WeWork 拥有 20 万张办公桌，这对任何公司来说都是一个不可思议的预测。

诺依曼在演讲中说到，所有这些业务都能盈利。到了 2023 年，仅 WeWork 主营业务的收入就将达到 1 010 亿美元，而他们在 2018 年的计划为 23 亿美元。加上"方舟"和 WeWork 的服务部门，预测公司在 2023 年的收入将达到令人瞠目结舌的 3 580 亿美元。（相比之下，苹果在 2018 年的收入为 2 660 亿美元。）

这些巨大的数字，包括所需的空前巨大的金额，并没有吓倒孙正义。他认为 WeWork 是个好的契机，能让他引导一家公司在全球遍地开花，而且他可以比在阿里巴巴时获得更多的参与。

他想把梦想做得更大。

孙正义对 WeWork 企业业务的高效增长印象深刻，他告诉诺依曼，WeWork 需要拥有一万名销售人员，而不是目前的几百人。WeWork 的目标还应当包括拥有一万栋建筑和一万名房地产员工。这些都是异想天开的数字。

孙正义为 WeWork 团队做了一个关于鸡和蛋的比喻来说明为什么它需要盖这么多建筑。WeWork 必须首先生产产品，以向世界展示，需求才会随之而来。因此鸡，也就是产品，必须先出现。

这个比喻很牵强，但孙正义想纪念这个时刻。他拿出 iPad，调出一张《星球大战》中尤达握着绿色的光剑的图片。他在图片上用黄色的笔迹写下"先有鸡！"以及"10k！10k！10k！"，最后在底部签了"马萨"的名字，将其发送给诺依曼。

两人都因对方的兴奋而更加激动，设想越来越远大。孙正义看上去很热切，完全相信诺依曼，相信他能领导 WeWork 铸就辉煌。在 WeWork 总部的一个房间里，孙正义与诺依曼一起工作，他在 iPad 上调出了 WeWork 的图表，上面显示了 WeWork 主要业务的曲棍球形状的高速增长曲线。他打开画图功能，用紫色的笔迹将增长曲线向后又延长了 5 年[9]，画得涨幅更高，然后潦草地写下了一些数学公式。他写道，到 2028 年，WeWork 的主要业务将拥有 1 亿名会员，收入达到 5 000 亿美元。然后，他给它指定了一个估值，把他对"方舟"和额外服务的预测数量加在一起。

他用黄色墨水潦草地写下了"10 兆"（$10 T），并在下面画了两条线。在软银的支持下，WeWork 在 2028 年将价值 10 万亿美元。

这两个人一起将未来图景画得越来越宏大。他们认为世界金融业会为之折腰，协助实现他们的目标。他们所讨论的计划的规模已经不能用胆大包天来形容，但他们似乎觉得这已经是板上钉钉的事。在 2018 年，美国股票市场的全部价值为 30 万亿美元[10]，但孙正义潦草地计算了一下，推测 WeWork 的价值在 10 年内将达到 10 万亿美元。

对他们两人来说，世界的金融体系是一副棋盘，可以随意移动棋子。以"方舟"为例，来自主权财富基金的数十亿资金被计划归入其中。在 WeWork 的一份报告中，其中一张幻灯片中写道，需要沙特阿拉伯提供 100 亿美元[11]，挪威提供 50 亿美元，再由两个加拿大基金提供 40 亿美元。另一张幻灯片显示,"方舟"的增长计划取决于投资者和贷款人提供的 5 930 亿美元的资金[12],这一金额将占据美国整个商业房地产金融系统十分可观的一部分。还有一份报告显示,有两家公司可以向"方舟"投资 400 亿美元[13],并在建筑物增值后获得超过 5 000 亿美元的利润。投入的大部分资金将来自他人,只是还未确定由谁来买单:财富基金、世界各地的银行,又或许是私人股本。孙正义和诺依曼以前就展现出了在金融界呼风唤雨的能力,这一次肯定也不例外。

孙正义对 WeWork 的未来十分乐观,同意做一笔交易,虽不会像诺依曼想要的 700 亿美元那么大,但也相当可观。他们最终确定了一个计划,孙正义将用 100 亿美元左右收购诺依曼现有投资者的份额,并再向公司投入 100 亿美元,使软银拥有 WeWork 的大部分股权,而诺依曼则是唯一剩下的大股东。孙正义提出的是有史以来所有美国初创公司中收到过的资金最大的收购和投资计划。为了启动这项交易,WeWork 让软银承诺额外给它 30 亿美元作为保证金且不予退还。WeWork 的估值约 470 亿美元。

WeWork 不需要上市,只需依靠软银的钱就能成长得越来越庞大。

诺依曼指示手下的员工和律师团队着手进行这项交易。他和孙正义将共同拥有 WeWork。他们将一同飞速地建立起吞噬世界房地产市场的庞然大物。

第 23 章

夏令营

2018 年 8 月中旬的一天，来自全球的 6 000 多名 WeWork 的员工坐在伦敦郊外英国乡村的一块巨大的田地里[1]。他们正疑惑地看着精神大师（guru）迪帕克·乔普拉（Deepak Chopra）在舞台上发表充满新时代术语的说教式演讲。

在这个离总部 3 400 英里的地方，WeWork 的员工聚集在一起，参加公司的第七届年度夏令营。几个小时前，来自纽约当地和其他各地的员工抵达了希思罗机场（Heathrow），挤进一队包租的大巴，然后朝东南方向被运往这个选定的场地——埃里奇公园（Eridge Park）。这处开阔而令人惊叹的保护区由连绵起伏的山丘和树林组成，占地 3 600 英亩，是 18 世纪英国伯爵的旧庄园，曾用于贵族的猎鹿活动。经历了长途跋涉、还未倒过时差的员工们看着乔普拉以正念、灵性、忠于自我为中心进行了一场祝祷，抚慰着这些千禧年的创业者的心灵。WeWork 第七届年度夏令营就此开幕。

但他的演讲和其中一段视频的内容却显得沉重而诡异。丽贝卡·诺依曼一直在争取让乔普拉与其合作开设 WeWork 的新学校。而他现在开始谈论生命、死亡、重生和创造。在他讲话时,舞台上方的巨大屏幕显示了一个胎儿最终变为婴儿的影像。员工们觉得这实在令人毛骨悚然,难以理解。一些人想知道乔普拉是否在谴责堕胎。不过他曾公开发表言论,说自己是更倾向于支持堕胎(pro-choice)的一方。

员工们困惑不安,而且饥肠辘辘。许多员工忍受了不眠不休的通宵飞行和长时间的乘车旅行来到野外,到现在没得到一点儿休息,接下来还要在六人帐篷里住上几晚,共用拖车上的洗手间。公司虽然雇用了几十个餐车供应商,但他们被告知在诺依曼结束介绍性发言之前不能提供晚餐。诺依曼在乔普拉之后发言,演讲又持续了一个多小时。而在此之前,在他们来到这里的路上已经经历了一场大雨,设置的 1 000 多个帐篷也被积水淹没了不少。

这是一个不祥的开端。自 2012 年以来,这项活动一直是公司组织中不可或缺的一部分。2012 年那次是亚当·诺依曼第一次带着寥寥无几的员工到纽约州北部的一个湖边过周末。就像当时的 WeWork 一样,活动办得很简陋——就是在独木舟里塞满了冰块和库尔斯啤酒罐,却不乏温馨感:工作穿插在玩耍中。诺依曼带领 30 名员工进行反思,讨论 WeWork 内部哪些是有效的,哪些是无效的。到了晚上,他就和大家一起聚餐。

在那之后的几年里,活动规模变得相当盛大,包含音乐节、火人节,以及企业团队建设会(corporate development retreat),所有这些都被笼罩在对派对的狂热和邪教般的自我崇拜中。活动的前半部分是为员工准备的,后半部分也向 WeWork 会员开放,让会员能与 WeWork 的员工一起狂欢。

初创企业和亏损的科技公司因在其工作场所和场外活动中乱加所谓的福利而臭名昭著,而这些福利似乎更像是出自联谊会而非工作场所。对许多人来说,这像是"玛格丽特星期一"一类的活动,而对更为奢侈的花费者来说,则是以音乐表演为特色的团队建设(retreat)。

但是,正如 WeWork 仿照了硅谷的许多其他的流行趋势和习俗一样,它对此也采用了标准的科技创业公司式的狂欢活动,并增加了一种表现形式。埃里奇公园的帐篷景观看起来就像战场上的中世纪军营,让人不由得联想到那个年代,或《权力的游戏》中巨大的彩旗在遍布帐篷的场地上迎风招展的情景[2]。

这个漫长的周末挤满了各种可以想象到的活动——划皮划艇、独木舟等。在陆地上,有瑜伽、武术和花冠制作等活动。人们可以抚摸迷你小马、学习制作陶器或者扎染 T 恤衫,还可以踢足球、玩云霄飞车、穿上巨大的充气球衣服相互碰撞。所有人都可以随时喝到酒。场地中排列着调酒台,提供啤酒和葡萄酒。员工必须戴上可供酒保扫描的腕带。这些腕带据说对酒精摄入量施加了一些限制,尽管大部分人不清楚究竟是什么,因为大家几乎人手一瓶。毕竟,与其每次去排长队续杯,不如直接拿一整瓶桃红葡萄酒。

到了晚上,一切都变得更加疯狂。一个又一个的大牌演员在尖叫和跳舞的 WeWork 员工面前登上了主舞台。歌手洛德(Lorde)、独立流行乐队"巴士底"(Bastille)、瑞典 DJ 艾利索(Alesso)都进行了表演。在主要演出结束后,两场额外活动开始启动。员工可以前往电音主题的帐篷,或是有 DJ 播放流行歌曲的帐篷继续玩乐。烟草的气息四处弥漫。现场甚至还有兜售违禁药品的。

随着 WeWork 的预算不断增加,公司的组织者也签下了越来越响亮的娱乐圈大咖,通常是为了进入主流市场做准备:有圣卢西亚

（St. Lucia）、电音组合（Chromeo）、烟鬼组合，还有歌手威肯（The Weeknd）。2017年，当营地换到英国一个更大的场所时，公司找了更知名和更昂贵的艺人来演出。根乐队（The Roots）与"汉密尔顿"的创作者林－曼努尔·米兰达（Lin-Manuel Miranda）一起演奏了"汉密尔顿"的歌曲。他为此获得了近50万美元的报酬，其中包括演出和与丽贝卡·诺依曼的现场采访。

到了2018年，这个活动的意义似乎就是为了庆贺WeWork的非凡伟大。英国房地产刊物《地产周刊》（*Property Week*）的记者托马斯·霍布斯（Thomas Hobbs）买了张门票，参加外界人士可以参与的部分活动，他写了一篇名为《WeWork崇拜》（*The cult of WeWork*）的文章，匿名引用了工作人员的话[3]，他们都为诺依曼这个神一样的人物作辩护。一位员工说："亚当想建立一个更好的世界。他所做的一切是为了激励人类。"丽贝卡·诺依曼则对员工说："作为一个女人，很大一部分工作是帮助男人彰显他们的人生使命。"

2017年被WeWork收购的"熨斗学校"的联合创始人展示了他的新文身。他在左胸上文着WeWork公司的标志——衬线字体的"我们"（We），周围有一个黑色的圆圈。诺依曼鼓励WeWork的夫妻员工生育"我们的孩子"，并建议WeWork的学校提供免费教育。一位社区经理在同事们的欢呼声中向加入这次旅行的女友求婚[4]。

尽管有这些关于"We"和平等主义的讨论，诺依曼一家依然明确了自己的地位。几乎所有WeWork的员工都需要共用帐篷，使用经常溢漏的浴室和厕所，但他们可以看到在山顶上有一个由豪华拖车组成的小型院落，供诺依曼夫妇（包括他们的5个孩子）和麦凯威等人使用。仅就诺依曼家的院落，给助理们的杂货清单[5]就令人瞠目结舌：400个塑料酒杯，12箱1942年的唐胡里奥酒，以及两瓶售价超过 1 000 美元的高原骑士苏格兰威士忌……根据记者里夫斯·维德曼（Reeves Wiedeman）获得的清单，他们还要求配两名调酒师，一辆"标志性的路虎揽胜"[6]，以及一辆奔驰 V 级车。诺依曼下山时还有安保人员跟着他。

这种周末娱乐活动要求工作人员必须参加。前一年的夏令营上，一位经理提前一天离开了，竟遭解雇。（那一年亚当·诺依曼刚有了第 5 个孩子，也提前离开了。）虽然在 WeWork 员工中占主导地位的千禧一代似乎普遍喜欢这个活动，但它并不适合所有人。许多年长的员工对它很反感。一位员工回忆说，她一醒来就听到有人在她的帐篷边上撒尿。她对《纽约》杂志说："我来这里不是为了被人撒尿的。"[7]

食物也有问题。尤其是肉类，绝不会出现。

在 2018 年度的夏令营前不久，亚当·诺依曼给整个公司下了一道命令：WeWork 将禁止食用肉类[8]。这项政策似乎是出于他和丽贝卡对环境可持续发展的兴趣。他还说 WeWork 将实现无纸化办公。由于诺依曼对禁令的具体意义没有进行详细说明或下达指示，不知所措的高级管理人员迅速聚在一起制定政策[9]：在 WeWork 内部可以吃肉，但在公司活动中不能吃肉；员工也不能报销肉类的商务餐费用；鱼是可以的，鸡肉则不行。不久之后，诺依曼被发现在 WeWork 总部吃羊排，引发了内部异议，这是禁令出台后员工们发现的众多肉食消费事件[10]之一。无纸化政策从未得到认真执行，也不适用于诺依曼，因为他不用电脑。在随后的几周里，工作人员与诺依曼会面，敲定了禁令的更多细节。麦凯威对这些变化很满意，并决定成为素食者。在讨论夏令营的事务时，诺依曼指示员工想办法说明 WeWork 进入素食时代会带来的影响。他建议委托艺术家创作一件艺术品，纪念所有被拯救的动物。他说，也许可以用鸡作为主题。

虽然鸡的雕塑没有建成，但诺依曼夫妇完全接受了他们为自己创造的新角色。亚当·诺依曼长期以来都以热衷派对而出名，现在他开始为自己打造一个更严肃的形象——首席执行官、全球政治家和大师，至少在公开场合是这样。诺依曼在大部分演讲中都会大肆宣扬妻子丽贝卡在共同创办 WeWork 中的作用，她被塑造成一个有进取心的人道主义者，正在重新构想教育系统。

夹杂着拯救世界之类的夸夸其谈的冗长演讲，以及各种在台上与名人或大师一起接受的采访，似乎反映了诺依曼夫妇日益进化的身份感。亚当·诺依曼几乎在用过去式形容 WeWork——作为几乎达到运营绩效顶峰的公司它基本上可以独立运行，这样他、他的妻子和聚集在他面前的这些员工就可以去应对那些更庞大、更为重要的社会问题。

在夏令营第二天的活动中，诺依曼夫妇与麦凯威一起坐在主舞台上，随意提及一些拯救世界的计划。丽贝卡戴着黑色大墨镜，穿着丝质黑色纽扣衬衫和黑色的裤子，用低沉、疲惫的单调语调对众人说："你们知道[11]，我对 WeWork 最大的梦想是能够在世界各地建立社群，让那些处境不佳的儿童能前来长久定居，让他们获得家的归属感。"

亚当的语速要快得多，似乎是想弥补丽贝卡传达出的负能量。"有了我们在世界各地的会员[12]，某一天醒来时，我们才可以说自己有可能解决这个世界上没有父母的那些孩子的问题。我们可以在两年内取得胜利并做到这一点。"

而这只是开始。"从这一点出发，我们可以去解决全世界的饥饿问题。有这么多的主题，我们可以一个一个地去实现。"

这对夫妇的演讲让员工们得以窥见他们的心态：他们在想的远不止经营一家办公空间转租公司的事。

即将与孙正义达成的交易为他们不断攀升、或者日益难以捉摸的野心推波助澜。这位身价不菲的投资者近期给出的承诺意味着WeWork的故事将进入一个全新的阶段。这位世界上最活跃的科技投资者似乎能拿出无限的数十亿美元用于助力梦想,而WeWork要与他建立全面的合作关系。诺依曼看不出这笔交易——"坚韧计划"——会有任何不顺利的情况发生。

这项计划的名字很奇特。依照传统的赚钱规则来看,WeWork很不稳固,也并不强大。它缺乏牢固的业务基础,仅在2018年的上半年就损失了6亿多美元。每当诺依曼和团队面临不得不找到可行的商业盈利模式的关键时刻,总有更多的钱进来,诺依曼就会劝说大家把空中楼阁建得更高。只要现金储备能得到源源不断的补充,并越做越大,摇摇欲坠的根基问题就并不重要。

随着2018年夏令营的结束,与孙正义的谈判也在顺利地进行。在诺依曼看来,他的主要任务是继续打造更大的梦想,这一点也得到了孙正义的支持。

第 24 章

赤脚进入，怀抱灵魂

事后回顾，约书亚·香克林（Joshua Shanklin）从一开始就应该意识到事情不对劲。

2018年夏天，在 WeWork 总部，他和同事排队进入附属于亚当·诺依曼前办公室的宽敞浴室。房间内弥漫着燃香的味道。一个用水果和鲜花装饰的临时祭坛设置在诺依曼的桑拿房和淋浴间旁边。

当他们进入时，一位在某些人眼里散发着耶稣般气息的 20 多岁的精神大师，在他们耳边悄声说了一个字或是一个咒语[1]。随后这些员工走回旁边的诺依曼的前办公室，思索着他们刚刚听到的内容。

当时是仲夏，距离 WeWork 的新私立小学"We 成长"（WeGrow）开张还有几周时间。香克林和其他排队接受"启蒙"的人是学校的老师和行政人员。在准备接收"We 成长"的第一批学生时，他们被告知每天都要与大师亨特·克莱斯曼（Hunter Cressman）进行多次会谈，以实现与自己灵魂的深入接触。克莱斯曼以前主要是为曼哈顿的富裕客户提供私人冥想课程，于是丽贝卡·诺依曼要求他在学校开设一门正念课程。

香克林是五旬节派[①]（Pentecostal）传教士的孙子，现在是这所学校的首席教师，但他发现整个经历令人不快[2]。与大师的研讨会是对员工进行的长期培训的最终阶段。这个 WeWork 的教育分支项目是由丽贝卡·诺依曼构思的。她为自己的孩子缺乏合适的学校而苦恼，于是和亚当决定创建自己的学校——当然，是在 WeWork 的支持下。

在这个孩子还没出生，家长就会为其规划私立学校的城市，丽贝卡却认为，纽约没有任何一所学校具备她希望孩子学习的关键课程[3]。她想要一所先进的学校，让她的孩子能在优美的环境中，吃健康的食物、学希伯来语，最好能学习犹太教。曼哈顿及其周边地区找不到合适的学校，甚至都远达不到她的标准。

WeWork 在找到办公空间市场中的空缺后开始一飞冲天，丽贝卡确信她在教育领域也发现了类似的空白。如果她不能为自己的孩子找到所需的东西，那么其他人肯定也会遇到同样的问题。更重要的是，WeWork 关于分享以及助力人们做自己喜欢的事情的理念必然会转化为教育形态。诺依曼夫妇想要找到更多的方法输出自己的理念，将它们注入新的领域。

自 WeWork 在 2010 年成立以来，丽贝卡在负责市场营销、品牌推广和设计定位之间不断转换，并在生育 5 个孩子（包括双胞胎）的期间休了很长时间的产假。她并不满足于此。她向员工明确表示希望自己在公司的角色能得到更多认可，特别是考虑到她丈夫长期以来

---

① 五旬节派，基督教新教派别，19 世纪末 20 世纪初产生。据《圣经·使徒行传》载，"圣灵"将于五旬节，即复活节后第七个星期日降临。该派因主张信徒应坚持在五旬节接受圣灵的传统而得名。其主要流行于美国，北欧一些国家也有此派。神召会、使徒信心会、圣洁会等亦属此派。

忽视了她的存在。在亚当出现在一本杂志的封面上之后,丽贝卡对 WeWork 的公关人员说希望不要再有更多这样的特写。她抱怨说,是她不得不和他日益增长的自负一起生活。

到 2017 年,她终于确认了自己在公司的使命。WeWork 将建立一所专门学校,不仅为他们的孩子服务,也为其他人的孩子服务。他们将解决美国和世界各地的教育问题。

这所学校在最开始接收 3—9 岁的学生,每年费用高达 42 000 美元[4],但由于丽贝卡希望实现社会经济多样性,许多学生会得到财政援助。学校将在第 18 街 WeWork 总部的 3 楼运作。这所学校的指导思想是蒙台梭利方法(Montessori),即不教授标准化的科目,而是在很大程度上让孩子们自己选择学习方向,以及来自这对夫妇生活的个人思想。即使是最小的孩子也会学习如何创业,他们会去诺依曼夫妇在北部的房子里学习耕作,还可以参加希伯来语课程。诺依曼夫妇的孩子不吃肉,也很少吃动物产品。学校提供的食物将是纯素食(vegan),如"芝士粉"(Cheezy sprinkle),这是一种混合了火麻(hemp)、南瓜、葵花籽、生腰果、烟熏辣椒、海盐和营养酵母的食物。学校禁止家长们为自己孩子的午餐打包肉类。

这里有大量的神秘主义和精神修行。正如学习过佛教传统和卡巴拉精神的丽贝卡花了几十年时间练习冥想和瑜伽一样,这里的学生也会如此。

香克林是个 42 岁的中西部人,有着男孩子气的长相。他是以一名经验丰富、熟识蒙式教育传统的老手的身份来到"We 成长"的。香克林原是泽维尔大学(Xavier University)辛辛那提(Cincinnati)分校的教师,也一直在为全国各地希望建立特色蒙式项目的学校担任顾问。

2018 年年初,香克林来到纽约,观察丽贝卡·诺依曼自 2017 年

以来在翠贝卡区的一所学校开办的实验班。他向她提出了很多改善学校的建议。他回忆说:"那基本上就是个烂摊子。"⁵

丽贝卡坐在自己的办公室概述了她对 WeGrow 的计划。这个广阔的愿景包括在世界各地建立学校,这些学校将"改造传统的课堂环境",让孩子们在受教育的过程中拥有更大的发言权和更直接的体验式学习。她对香克林说,他的反馈深深打动了自己,所以想为他提供一份工作。她对他说:"没人对我实话实说。"

这出乎香克林的预料。他和妻子刚刚收养了一个幼儿,还有两个女儿正在辛辛那提读高中。作为他在泽维尔大学工作待遇的一部分,他的孩子将有权在那里获得学费减免。

亚当·诺依曼单独给香克林打了电话,向他提出邀约:香克林不仅能有机会塑造 WeWork 的学校,还能得到机会塑造整个美国教育的未来。亚当对这位说不出话来的中西部人说:"如果这是你的命运,就不会遇到任何挑战。"

亚当还用发放 WeWork 的股票来引诱他,说公司的估值正在迅速增长,它的价值也很快就会大幅度增加。亚当警告说如果香克林犹豫不决,他可能就再也得不到这样的机会了。

2018 年 6 月,香克林和家人们搬到新泽西州米尔本的一栋房子里。这个郊区社区距离 WeWork 的总部约有一小时车程。还有不到 3 个月的时间,45 名 3—9 岁的学生将抵达 WeGrow。他们还需要找到更多老师,把原本装着 WeWork 员工的整个楼层变成学校,还要确定最终的教学课程。

这是一个难度很大的时间安排,但香克林对这个挑战充满了信心。他从未见过拥有如此名门背景的教师和员工,他们都来自最顶尖的公立和私立的小学或大学。可供使用的资源也令人震惊。香克林将与比亚克·英厄尔斯的团队一起工作，建造学校。

经过一个夏天，占地一万平方英尺的原办公空间开始转变为丽贝卡·诺依曼日后向《建筑文摘》（Architectural Digest）所描述的存在："它更像是一片宇宙或是村庄[6]，而不是传统的教室。"空间是块开放的平面，仿照草地的形态，中间放置着绿色的蘑菇状沙发。曲线形的木质架子划分出了教室空间，小型的茧状木质"蜂巢"从天花板上悬挂下来，阅读角也由这些木质架子隔开。有一个直立花园，让植物沿着墙面生长。桌子拼凑成一块纵横交错的巨大拼图。还有在白天随着时间变化而改变光照强度的特殊照明。空间的边缘被设计成跑道，孩子们可以自己选择跑步的时间。空间入口处立着一个牌子——"赤脚进入，怀抱灵魂。"

丽贝卡任命亚当·布劳恩（Adam Braun）为学校的首席运营官[7]。布劳恩是个耀眼的人。年仅 34 岁的他已经创立了非营利组织"书写前途"（Pencils of Promise），在印度、尼加拉瓜、加纳和其他地方建造了数百所学校，还写了本畅销书。他的家庭成员个个成就非凡。哥哥斯库特（Scooter）是贾斯汀·比伯（Justin Bieber）的经纪人。布劳恩创办的另一家公司"计划优"（Mission U），试图颠覆学院和大学教育，提供一年的免费教育以换取毕业生未来几年的部分收入。WeWork 刚刚收购了这家公司，就是为了拉他入伙。

有了 WeWork 和诺依曼夫妇承诺的资源，再加上布劳恩的明星效应，香克林感到很受鼓舞。丽贝卡·诺依曼说的那些话"听起来都很美好"[8]，他回忆说，"当时大家都那么乐观，觉得我们正在做的事情将永远改变教育系统。"

没过多久，问题就出现了。

开学第二天，当"We 成长"的工作人员迎接学生和家长进入教室时,丽贝卡·诺依曼无法坐电梯把几个家庭送上3楼,因为进入"We成长"的楼层需要一张特殊的钥匙卡,而她和家长们都没有。他们在大厅里略等了片刻,才被护送进去。

不久后,当学生们开始上课时,包括香克林和布劳恩在内的高级工作人员被叫去丽贝卡在6楼的办公室。他们看到她正在哭泣。她冲他们喊道,那是一种羞辱,会让人觉得学校不能运转了。

工作人员面面相觑。这样的冲突在高压力的创业公司里或许是正常的,但在更讲分寸的儿童私人教育的世界里却不是。香克林立即回想起他在印第安纳大学篮球队担任学生经理时,在鲍勃·奈特(Bobby Knight)手下工作的情景。这名教练以其成功和脾气闻名。

他平静地道了歉,向她保证这样的事不会再发生了。她花了几分钟时间平复呼吸,然后感谢了香克林。"我不是一个歇斯底里的人。"她这样说道,仿佛也震惊于自己的发作。

但事情并未就此结束。

放学后,丽贝卡又召开了一次会议——这次叫上了整个"We成长"的员工。她质问:"电梯事件怎么会发生?"并挨个盯住员工的眼睛。

从那一刻起,教师和行政人员对任何可能使丽贝卡发作的事件变得特别敏感。

与孩子们相处两天的时光被这个阴郁事件画上了句点。对于一些高级工作人员来说,能让孩子们进入教室已经是一个奇迹。他们一直挣扎于丽贝卡在设计和课程方面不断变化的想法。

蒙式教育的教学方法主张给学生"有限的自由"。地毯尤其重要,因为它们会被用来勾勒出让学生们在早晨围坐一起、做自己事情的空间。

考虑到这一点,丽贝卡想找到完美的地毯,并要求全部为白色。在夏天,他们收到了多批白色的地毯和垫子。卷起的地毯往往在展开后不久就被丽贝卡退了回去:颜色不对,或者质地不对,或者两者都有问题。

很快就要开学了,老师们看着空荡荡的地板感到很担忧。他们讨论是否去宜家寻找替代的垫子。对丽贝卡来说,甚至"宜家"这个词都是一种亵渎。在刚开始的几个月里,丽贝卡继续寻找合适的白色地毯,老师们只好用胶带纸勾勒出学生的座位。

但最艰难的部分还是如何找到符合丽贝卡标准的教师。她想要的是受过蒙台梭利培训并能教希伯来语的老师。招聘过程非常艰难。员工们眼睁睁地看着丽贝卡拒绝了许多有潜力的员工,理由是她担心这些看似合格的候选人有"错误的能量"。

开学前,一位老师问他们是否会有无性别的卫生间。丽贝卡·诺依曼认为不同性别的孩子共用一个卫生间是不合适的,并要求解雇她。丽贝卡后来说,她担心这位老师过于关注自身问题而不是学校的任务。

尽管有这些幕后的小插曲,"We成长"的学生和家长大体上都对他们的教育实验感到兴奋,并为教学空间的美丽感到惊异。早晨,学生们会进行冥想。音乐和舞蹈被纳入全天的课程。如果孩子们感到烦躁,他们就可以在跑道上跑步。即使是最小的孩子也有很大的自主权,可以自由支配时间,选择学习的方向。

好几个星期,学生们会乘坐一辆装有可活动皮革座椅的豪华大巴,在交通拥挤的时候花上将近两个小时,前往诺依曼家族在纽约贝德福德的房子。他们会在那里学习农业知识,种植水果、蔬菜和花卉。音乐老师们在这些旅行中陪伴他们,带他们唱歌。教师与学生还有一对一的时间。在农场活动结束后,学生们就在 WeWork 内出售绿叶蔬菜和产品。这是一种儿童经营的农场摊位,让大多数千禧年的员工觉得很开心。

对工作人员来说这件事有很多闪光点,他们愿意相信丽贝卡口中的引领教育改革的美言。孩子们正在成长,学校开始出现社群。但是,他们也不断地被提醒"We 成长"本质上只是诺依曼家族的学校。

好几次,在周一早上来到学校时,老师看到满地都是垃圾。椅子错放在其他教室里,没有一件东西和上周五员工们离开时的位置一样。

造成这种混乱的原因是亚当和丽贝卡在周末为家人和他们朋友的家人们在学校内举办了一场晚宴。老师们不仅要在学生到来之前疯狂地打扫,还经常得在一周的前几天里训斥诺依曼夫妇的孩子和他们朋友的几个孩子,要求他们遵守规定,不能爬上蜂巢或在蜂巢上荡秋千。孩子们则会提出抗议说,周末时允许我们这样做,为什么现在不行?

工作人员向丽贝卡提出这个问题,她道了歉,发誓不会再有这种事。员工们松了一口气,可过了几周,他们又在周一时看到学校变得一团糟。

在人力资源问题上也发生了冲突。尽管丽贝卡·诺依曼努力寻找她认为适合"We 成长"的教师和员工,但她对员工的加薪要求反应很强烈。当看到人力资源部门的负责人计划为每个教师和员工提供几千美元的适度加薪时,她召集了人力资源部门的负责人。"为什么教师的工资这么高?为什么他们想要更多?"她说,"能够参与这件事应该是一种荣幸。我们不想要那些只是为了钱做事的工作人员。老师们不应该试图占我们的便宜。"

在随后的一次关于加薪的会议上,亚当·诺依曼开始讨论起纽约市的生活成本——租金、杂货、交通，甚至是夜生活。员工们惊讶地发现丽贝卡似乎对纽约任何东西的价格都毫无概念。最终，她妥协了：教师和员工们可以得到加薪。

薪酬并不是丽贝卡进行干预的唯一领域。随着学年的进行，丽贝卡对课程的想法每天都在变化。她开始质疑老师们的日常决定，很多时候只是基于自己孩子的反馈。

香克林开始感到不安。他感到自己和员工们被置于一个无望的境地。他们不是在为学校的其他孩子提供服务，而是受制于诺依曼家族的随心所欲。此外，他自己的家庭也过得不开心。

他找到丽贝卡，告诉她自己会在几个月内离开。她表示理解他的担忧，说尊重他把家庭放在第一位的做法。

不过，她还是有一个要求，希望他能继续为她工作：他是否会考虑搬到夏威夷去，在那里建立一所学校？诺依曼夫妇喜欢考艾岛，想在那里多待一些时间。她说这可能是一种不错的生活方式。香克林经过考虑后还是拒绝了这个提议。

在香克林告知丽贝卡自己的最终决定后不久，亚当·诺依曼来到办公室，质问他为什么这么做。诺依曼对他说，你要教自己的孩子成为有韧性的人，然后讲起一个以色列的历史故事——关于以色列人为何必须成为战士。他问香克林："如果你放弃了，带着孩子离开纽约，你教会了他们什么？"

这次互动令人不快，进而加深了他与诺依曼夫妇的分歧。这对夫妇显然极为看重自己的建议。在之前的一次谈话中，在亚当走出去之后，丽贝卡转身对香克林说："他是不是很了不起？有些人认为他是救世主。"

最终的结局是友好的，尽管丽贝卡要求香克林安静地走人，不希望他的离开惊动学校的家长和孩子。在他任职的最后一天，诺依曼的孩子们也要离开去度假了。香克林已经对这里的孩子产生了感情，希望能和他们说再见。就在他们离开之前，诺依曼的一个女儿疑惑地看着香克林，察觉到有些不对劲。她问他，是不是有什么心事。

香克林否认了，只是祝她假期愉快。

这是他最后一次见到诺依曼家的人。

第 25 章

飞向高处

2018 年的夏天，一架湾流 G650ER 飞机［由湾流公司（Gulfstream）所有和运营］在急速飞向以色列。飞机上挤满了亚当·诺依曼的朋友。这是一次私人旅行，不是为了工作，但典型的 WeWork 式飞行场景仍在上演：飞机于大西洋上空巡航，乘客痛饮酒水，传递大麻①。

在以色列着陆后，诺依曼和随行人员很快离开了机场。之后，飞机上的机组人员打开飞机上的一个壁橱，发现了一个麦片盒，里面塞满了留待回程用的大麻[1]。

此物并不受欢迎。在飞机上吸烟是一回事，但将大麻——在纽约和以色列都是非法毒品——越境运到外国，可能会使湾流公司面临严

---

① 大麻对人体有极大危害，在多数国家均为违禁药品，此处作者意在谴责诺依曼吸食、运输毒品的违法行为。2011 年 3 月，美国缉毒署将合成大麻素列为 I 类受控物质；2014 年，我国将合成大麻素列入一级管制精神药品。我国《刑法》对非法种植、运输、买卖、储存、使用罂粟、大麻等毒品原植物有明确法律处罚规定。珍爱生命，远离毒品。——编者注

重风险。机组人员向上级报告了他们的发现，湾流公司决定撤回这架飞机。飞机留下诺依曼等人迅速地离开了以色列。该公司就此事向WeWork提出了投诉。诺依曼和他的朋友们因此滞留以色列，最终租了另一架私人飞机返回纽约。

通常情况下，湾流不会为诺依曼个人安排航班。但诺依曼为WeWork购买了一架喷气机，在等待飞机交付的过程中，他把前往以色列的旅程当作一次长时间的试驾。

在此之前，诺依曼一直乘坐租用的庞巴迪环球快车（Bombardier Global Express）。这架价值5 600万美元[2]的喷气机中途无须加油就可以从旧金山飞往伦敦，其运营商维斯塔航空（VistaJet）吹嘘其机上餐食来自"信"（Nobu）等米其林星级餐厅。对诺依曼来说，这种安排却有一个目的：其他公司都拥有自己的飞机供高管出行，他也想拥有证明自己地位的象征——展现企业雄厚财富的闪亮明珠。

这不仅象征着他日益高昂的雄心，还象征着他不断膨胀的自负心。

对大多数公司来说，这种出行方式并不是理性的选择。私人飞行和商务飞行之间的成本差异非同寻常，在经济上极难证明是合理行为。（维斯塔的庞巴迪环球快车的价目表[3]从每小时1.6万美元起步，因此从纽约到东京的飞行花销将超过20万美元。）纽约大学的一位经济学家甚至发现，拥有喷气机的上市公司的股票表现比没有喷气机的公司的要差[4]。有种理论认为，购买喷气机的决定表明了公司会有更广泛的不良财务决策，意味着其首席执行官对投资者的资金管理不善。

诺依曼坚持向同事们说买下喷气机比租用它更有意义，尽管没什么人信。他要使用最先进的机型，这显然说不通，其他私人喷气机的价格要低上几千万美元。

不管是买还是租,乘坐私人飞机飞行对诺依曼来说都有一些实际的好处。他身高约 196 厘米,商业出行时,即使坐商务舱也会感觉很狭促。私人飞机可以解决他长期迟到的问题,让他在空中施展自己不固定的工作方式。在总部开会途中遇到需要临时出差的情况时,他会让员工干脆跟着他上飞机,在 4 万英尺的高空继续谈话或继续开会。随行人员会被一路带到旧金山,最后只得自行回家。不过,有些人很渴望能有这种机会以得到诺依曼几个小时的关注。负责监督 WeWork 技术方面的希瓦·拉贾罗曼(Shiva Rajaraman)曾陪诺依曼一起飞往中国,几乎纯粹是为了能多与他交谈。其他人则不喜欢和诺依曼去欧洲,因为有时他想彻夜工作,同行的人便只好保持清醒。

说起飞机上的那些派对,特别是有诺依曼的朋友或亲密同事在场时,他们就会开怀畅饮,还会很快摆出烈酒和大麻。一位被带上飞机的朋友发现这里有摇滚乐队巡演巴士的味道。他回忆说:"就像在追星一样。"

在 2015 年诺依曼飞往墨西哥城的一次往返航班上 [5],包机公司被指示在飞机上准备两瓶 1942 年的唐胡里奥酒为早上的航班备用(他们被告知,"尽管时间很早")。航行结束后,包机公司通用航空制造商协会(Gama Aviation)向 WeWork 投诉,称其中一名乘客"在整个机舱内和盥洗室里"都吐了,飞机需要进行额外清洁。该包机公司在给 WeWork 的电子邮件中写道,不只如此,"乘客们互相吐龙舌兰酒""机组人员没有得到小费"。

随着 WeWork 不断发展,这样的闹剧仍在上演。在诺依曼乘坐的一次航班上,机舱内充斥着浓浓的大麻烟雾,以致机组人员不得不把飞机上的氧气面罩拉出来戴上。维斯塔航空经常要处理诺依曼在机上开派对留下的问题。该公司对WeWork的员工说，因为乱泼酒水和到处呕吐造成的问题，他们不得不反复让飞机停止运行，以便清洁或修复机舱。还有好几次，诺依曼或他的同伴居然拆下了飞机两部分之间的隔板。

2018年年初，诺依曼告诉WeWork的董事会，公司正计划购买一架湾流G650ER，这是最先进、最新型号的飞机。这架飞机的白色外壳上装饰有细腻的蓝色和灰色的条纹[6]，可以容纳13名乘客，能够连续飞行8 600英里而无须加油。这笔购入将花费6 300万美元。

由风险资本支持的初创公司在上市前就拥有一架私人飞机，这几乎是前所未闻的事。很多投资者会对自己的钱被用在这样奢侈的开支上而震惊不已，特别是这家公司还在前一年亏损了近9亿美元。

然而，WeWork的董事会一致批准了这笔支出。董事会成员似乎已经厌倦了对诺依曼的反击，在一家价值200亿美元的公司的规划中，似乎没必要去纠结一架飞机的问题。何况，诺依曼另有权势为他撑腰买下飞机。他告诉董事会成员，孙正义说对他这个想法没有意见。

WeWork的一些员工仍然担心一旦公众发现事实，这些事会对公司形象产生负面影响。对以环境的可持续性为理由禁止吃肉的公司来说，这样做何止是伪善。而且诺依曼还经常要求削减除自己以外的其他人的出行预算以节约成本，迫使一些高管乘坐国际航班经济舱出行。

工作人员设法将购买喷气机的协议掩盖在债券文件中，只称其为未命名的"资产"，耗资6 340万美元[7]。公关人员举行了一系列会议以确认一旦这件事被公开揭露，该使用怎样的话术来合理化诺依曼的需求。当《华尔街日报》在2019年报道这架飞机时，有位高管就解释说这是因为WeWork有很多高管需要经常在世界各地飞行。其实，只有诺依曼有使用这架飞机的特权。诺依曼甚至对一些员工说这架飞机是"我的飞机",让一位高管误以为是他自己出钱买的。

首航时是个例外,诺依曼夫妇希望其他一些高管——包括从亚马逊引入的新高管赛巴斯蒂安·甘宁汉(Sebastian Gunningham)——先使用飞机。工作人员对此的感觉是诺依曼希望在自己家人乘坐飞机前,飞机能先航行一些里程。

飞机最初的几次航行中,有一次是前往夏令营。当时几个高管打算提前离开并返回纽约,但他们遇到了一个问题:那天是星期六。诺依曼正变得越发崇尚宗教,坚决遵守不在安息日(Sabbath)工作的相关规则。他发布命令称,同样的规则也适用于飞机,即使他本人不在场。

诺依曼夫妇在地面的工作场所也得到了升级。公司正在翻修位于西18街115号的总部所在的第6层楼,诺依曼和其他高管准备从5楼搬上去。诺依曼的新办公室砌着淡绿色的瓷砖墙,配备了巨大的私人浴室、桑拿房和冰水浴。冰水浴是诺依曼的一个新癖好,将一个金属盆装满冷水和冰块,然后人站在里面冰冻自己,好让双腿恢复活力。诺依曼向任何听众都颂扬冰水浴的好处,有一次他甚至向全体工作人员展示了他和一干男性助理在冰水浴中的照片。

丽贝卡使用了隔壁的办公室。她选了一个L形的粉色和黄色相间的沙发和一张白色的羊皮地毯作为装饰。她查看了6种不同的装饰和布局设计,对每一种都进行了权衡。但在一次早晨巡视的时候,她走进装修好的房间,疑惑为何感觉这么狭窄,并抱怨它比诺依曼的房间小。

她对设计师说:"我的灵魂无法呼吸。"

冰水浴、喷气机和粉色沙发只是这一时期的缩影。2018年,

WeWork到处都在发生变化,尤其是当时与软银的巨额交易承诺将为公司带来数十亿美元的资金。诺依曼长年累月对投资者和员工说,WeWork将扩展到生活的方方面面,说得多了,这样的"故事"似乎已经成了事实。他开始经常提到杰夫·贝索斯将亚马逊从一个卖书的网站转变成了占据主导地位的互联网零售商。

他会说,办公室对我们的意义就像书籍对贝索斯一样。

但对WeWork来说,这个比喻的另一半在哪儿?WeWork做了什么能与开发出主导全球的电子商务平台相比?

尽管经过8年的发展,得到了数十亿美元的投资,公司愿景仍旧非常模糊。诺依曼无法专注于他的三角形战略。他向孙正义提出的这个广泛而又具体的战略是要让WeWork能够控制商业房地产市场的方方面面。他希望WeWork不仅能帮助企业解决房地产问题,还向企业出售软件、出售食品,为员工提供住房、为其子女提供教育。他想在不远的未来做得更大。他想参与城市规划,甚或接管拥有大型城市校园的城市区块。他可以很快从谷歌聘请一名高级管理人员来监督这部分业务。这是一个留有无数开放性问题的愿景。即便如此,依靠诺依曼富有魅力的说辞,面对大量的不确定性,它还是引起了一波又一波热烈的反响。

他在前一年对以色列报纸《国土报》(*Haaretz*)说:"我们所做的一切都是为了改变世界——没有比这更让我感兴趣的了。"[8]

这个模棱两可的信条导致越来越多令人费解的收购行为和新的业务线。这些举措有一个共同点,那就是只要诺依曼与创始人相处融洽,然后他就开始向员工颂扬公司的协同效应。

"指挥家"(Conductor)就是其中一家被这样收购的公司。诺依曼和这家公司的创始人赛斯·贝斯默特尼克(Seth Besmertnik)都曾就读于巴鲁克学院。虽然他们在学校时并不特别亲近，但几年后他们又遇到了。诺依曼对贝斯默特尼克的公司产生了兴趣。这家位于纽约的搜索优化创业公司成立于 2007 年，主要业务是帮助企业在网上推销产品。它与 WeWork 的核心业务基本没有关联，但诺依曼让员工去买下它，说使用 WeWork 共享办公室的大型企业可以从"指挥家"的服务中获益——这种逻辑基本上就是在表明任何为其他企业提供服务的公司都有资格成为收购对象。

WeWork 负责技术的高管希瓦·拉贾罗曼对"指挥家"的一些技术元素印象深刻，但他认为这应该是一个小型收购，只需大约 1 000 万美元。诺依曼想的要高得多，他认为价格应该是 1.13 亿美元，主要用 WeWork 的股票进行支付。在那些经常边喝边谈的办公室深夜协商中，诺依曼向贝斯默特尼克强调，一旦 WeWork 在 4 年内达成 250 亿美元的销售额，他的股份将变得更加值钱。（贝斯默特尼克在自己的房间里挂了一张镶框的交易条款表副本，旁边是他和诺依曼的合照。）

WeWork 还有很多收购其他公司的想法。头脑风暴的会议举行得十分频繁——高管们提议了各种各样的知名公司和初创公司，有些似乎是随机选的，有些则是热门企业。高管们还一度考虑过收购"电影通"（MoviePass）。这家公司一直在亏钱，人尽皆知，每月只向用户收取 10 美元就提供无限量的电影票。

诺依曼被洛杉矶的健康沙拉连锁店"绿色甜美"（Sweetgreen）吸引。他提出以约 10 亿美元的价格收购它，但这笔交易没进行下去。他的其他举动则更加大胆。诺依曼还考虑收购雷格斯，这家服务式办公室巨头是 WeWork 的前辈，且已改名为 IWG。截至 2018 年年中，IWG 比 WeWork 多出 14.5 万张办公桌，但 WeWork 的价值是 IWG 的

5倍左右。诺依曼会见了因诺依曼的崛起而感到沮丧的IWG首席执行官马克·迪克森，但没有达成交易。

WeWork就收购房地产经纪公司高纬环球（Cushman & Wakefield）举行了会谈，还考虑过收购世邦魏理仕（CBRE）的巨型房地产管理部门。它提出以几近13亿美元的价格收购巨型物业维护服务公司比格斯（BGIS），但该报价屈居第二。

按照诺依曼以估值为重的角度去看，这种收购是有意义的。市场——此时主要是指软银——显然是根据WeWork的收入而非亏损来评估它的价值。如果WeWork能够通过收购像IWG这样的公司来大幅增加收入，那么理论上WeWork的估值将因此上升得更高。

WeWork还曾经想投资打车公司"里飞"，这与其业务更是不搭边。诺依曼对助理说想要收购里飞，并多次与里飞的总裁和联合创始人约翰·齐默（John Zimmer）会面，讨论潜在的投资。如果成了，此般联手也相当奇怪：两家年迈的创业公司都在亏损，其中一家要将从软银筹集到的风险资本投资到另一家。孙正义后来发现这些谈判时对诺依曼大发雷霆，迫使他终止这些交易。软银支持的是里飞的竞争对手优步。诺依曼对助理说他更喜欢里飞，部分原因是它仍在由自己的创始人管理。他对优步的评价较低，因为它的公司董事会逼走了联合创始人特拉维斯·卡兰尼克，把公司交给了职业CEO管理。

除了做这些让人难以理解的收购和投资之外，WeWork还在更加偏远的领域中启动了自己的项目。它成立了自动驾驶机器人部门，由几名员工组成了松散的团队，要求他们制作一个小型机器人，要能迎接客人，并将包裹送到办公室。团队在帕洛阿尔托（Palo Alto）的一家前花店里工作，由于缺乏人手而感到力不从心。他们找了一家机器人公司进行协助，将一些工作外包给对方，一起拼凑出了WeWork的小型机器人原型，并配备了激光雷达、摄像头和其他传感器。

WeWork主营业务的雄心也在继续增长。在2018年秋天，WeWork已经超过了摩根大通[9]，成为整个纽约市最大的私人租户。它还在伦敦完成了这一壮举。虽然WeLive似乎常年处于搁置状态——在财务上精打细算，因为最初的两个地点表现不佳，工作人员仔细考虑了其他业务的收入来源。几个月来，员工们一直在寻找可以建立大型会议中心的地点。他们的想法是为拥有千禧一代员工的公司建立一个"场外"团队建设场地（"off-site" Retreat），让他们可以在团建活动中冲浪。公司开始与长岛的萨福克县（Suffolk County）谈判，想为在当地建立会议中心而获得补贴，他们还计划在会议中心旁边打造一个波浪花园的冲浪池。

无论诺依曼做的事有多古怪，董事会几乎都听之任之。投资者们似乎都在关注与软银的交易，一些人期待通过出售持股而赚到数十亿美元。

WeWork的庞大野心反映了其创始人日益增长的自负。对诺依曼来说，仅仅经营世界上最大的企业已经不够了。他认为自己在社会中扮演着更重要的角色。正如他向一家小型创业公司的创始人所说的那样，WeWork仅仅拥有高估值是不够的，它需要拥有的是最大的估值。他说，这样一来，当各国发生矛盾时，他会是那个他们叫来解决问题的人。

他似乎脱离了现实，在想些不可能的事情。他的想法似乎已经飘到了他所设想的那个未来里。在那里，WeWork会遍布全球，渗透到社会和经济的各个方面。根据他和孙正义勾画的交易蓝图，WeWork有望在短短几年内达到价值数万亿美元，而他将拥有近一半的股份。他将成为世界上第一个万亿富翁——只要一切按计划进行。

在WeWork崛起的早期，诺依曼曾考虑有一天去竞选以色列总理。但到了2018年，他对此的看法已经变了。当许多人问他是否会竞选公职时，他回答说，如果他要竞选，他将竞选"世界总统"[10]。

而世界也在助长他的狂妄自大。随着诺依曼的知名度上升，民选官员都渴望与他会面，特别是那些喜欢WeWork带来的创新火花的市长们。在2018年1月的美国市长会议上，诺依曼获得了一个重要的发言机会，他对各个城市的领导人说，世界正朝着"我们"（We）而不是"我"的方向发展[11]，这话让他们感到惊异。在未来的民主党总统候选人皮特·布蒂吉格（Pete Buttigieg）的引荐发言之后，诺依曼发言说WeWork将为他们带来所需的一切，在每个地区创造1 000个就业机会。在台上近半个小时的采访中，他宣称："我们不仅会为你们带来工作岗位，还会为你们带来可以生活的居所，带来教育。"

在华盛顿特区的一次旅途中，他去了美国参议院，见到了来自纽约的民主党少数派领袖"查克"·舒默（Chuck Schumer，查尔斯·埃利斯·舒默，弟弟鲍勃是诺依曼与软银交易的私人律师，帮助他就其个人报酬和控制权条款进行了谈判）。对这位当权的参议员的访问让诺依曼十分欢喜，国会大厦的大理石走廊也让他陶醉不已。他试图走进参议院会议厅并进入参议院大厅，但被保安拦住去路。

诺依曼离开国会大厦时转身对助理说，他已经不想再与各城市首脑会面。他说："从现在开始不见市长了，只见参议员。"当然，市长是至关重要的，毕竟WeWork实际上得在各个城市扎根，所以他的这番"通牒"没维持多久。

然而诺依曼似乎缺乏尊重的概念，即使对国家元首也是如此。加拿大总理贾斯廷·特鲁多（Justin Trudeau）接见了一次诺依曼，之后总理办公室希望他去渥太华再进行一次谈话。WeWork当时正准备宣布在加拿大的扩张计划，于是双方安排了一个日期。但在见面前不到一周，诺依曼突然说他需要重新调整时间。这种请求在等级森严的政治世界中实际上是一种怠慢。对于一家企业规模不过中等的首席执行官，加拿大总理不会为其野心和犹豫而重新安排自己的日程。诺依曼再也没有得到下一次机会。

然而，巧合的是，诺依曼之前答应丽贝卡为"We 成长"的孩子们讲授创业知识，这次活动的时间恰好与英国前首相特雷莎·梅（Theresa May）的会议冲突了。丽贝卡对诺依曼打算背弃承诺勃然大怒，她冲诺依曼大声尖叫，要他不要参加这场会议，吵得其他人都听到了。WeWork 的员工进行了干预，恳求诺依曼还是去见当时的英国首相。他们取得了胜利。诺依曼穿着西装出现，坐立不安地与特雷莎·梅交谈。

在诺依曼的想法中，他与首相、总理和其他领导人是处于同一级别的。他用一种宏大的视角看待自己的生活，就像看待他的公司那样。他设想 WeWork 会在他的家族中存在上百年，传给他的孩子和孩子的孩子。他说 WeWork 可以持续 300 年，甚至上千年。

同时，他也渴望永生[12]。他对员工说人类一定能解决死亡的谜题，只是时间问题。为了实现这一愿望，诺依曼成为生命生物科学公司（Life Biosciences）的主要投资者。这是一家位于波士顿的创业公司，致力于研究延长生命的技术。该公司甚至称他为联合创始人[13]。（该公司的网站从 2019 年底开始不再提及诺依曼是联合创始人。）

这种膨胀的自我意识是诺依曼夫妇的共同点。2018 年秋天，在一个播客节目中，当被问及想象自己能活多久时，丽贝卡插话说："那可能是永远。"[14] 丽贝卡协助播下了丈夫对未来愿景的种子。同一个播客节目中，在由前运动员和生活方式大师刘易斯·豪斯（Lewis

Howes）主持时，丽贝卡讲述了在他们相遇时，她意识到"他的潜力、我们二人共同的潜力，没有上限"。

那次采访中，这对夫妇难得地坦白了他们的雄心壮志。在丽贝卡眼中，她的动机是完全纯粹的。他们两人在致力于让世界变得更好：创造一个更公正的社会，一个更加可持续的社会。

"我们的愿景、梦想和目标，"她说，"是（要）围绕整个地球。"

"我们想创造一个完整的'We 世界'，人人都会联合在一起并且快乐。这就是我们的本心，但这个目标需要全世界的帮助才能实现。"

当诺依曼这对夫妇的自我意识变得不受控制时，周围的人通常不会发出警报。

在一些人看来，诺依曼的救世主般的野心只是硅谷创始人式狂妄自大的放大版。在诺依曼和 WeWork 之前，美国企业界早已存在对首席执行官的狂热推崇，富有魅力的首席执行官会被视作值得爱戴的人物。像杰克·韦尔奇（Jack Welch）和杰米·戴蒙这样富有魅力的领导人，因为各自创造了通用电气和摩根大通这样高利润的帝国而被媒体理想化，奉为偶像。这种崇拜也涵盖了那些结局坎坷的情况。杰弗里·斯基林（Jeff Skilling）因为领导安然公司（Enron）而被塑造为聪明、有魅力、能创造利润的首席执行官的典范[15]，直到该公司解体。

硅谷又为这种形象加上了远见卓识的概念——那得是一个能够创造出让人眼前一亮、具有颠覆性的新产品的人。透过这些滤镜去看，史蒂夫·乔布斯是绝对的神灵，他的愿景颠覆了那些纸上谈兵的 CEO 形象，让他能够大胆地将梦想变成现实——iPhone。

诺依曼夫妇曾与乔布斯的授权传记作者沃尔特·艾萨克森（Walter Isaacson）共进晚餐。之后，艾萨克森给诺依曼发了电子邮件，谈及他读到的 WeWork 的一笔交易，并将这笔交易与乔布斯可能会做的事相提并论。诺依曼自豪地向一群高管朗读了这封邮件。有一天，诺依曼告诉员工，他希望艾萨克森能给他也写一本传记。

这就像温水煮青蛙：诺依曼总是很自负，而周围的人也没有意识到他的一些想法已经变得有多荒谬。更何况，人们也弄不清到底该多认真地去看待这些想法。他真认为自己能永远活着吗？还是说，他其实可能只是觉得能找到延年益寿的方法？毕竟，他也不可能真的去竞选"世界总统"。

一位当时的主管认为，那只是诺依曼的特色。

因为 WeWork 带给他们的那些美好的东西，人们很容易忽视诺依曼更疯狂的一面。相对缺乏经验的高管们被赋予了巨大的责任——远比他们在谷歌或脸书这样的成熟公司工作会被托付的责任要重大得多。如果一切继续突飞猛进，他们都会变得非常富有。在这种环境下，没有人会愿意给领导泼冷水。

在创始人之中，诺依曼自命不凡的夸夸其谈远非特例。爱彼迎的布莱恩·切斯基在给员工的公开信中说，公司"拥有无限的时间范围"[16]，其目标是创造"一个去任何社区都会有人对你说'欢迎回家'的世界。在那里，家不仅仅是一个房子，而是你的心所归属的任何地方"。在线健身课程公司派乐腾的创始人在给投资者的信中说，他的公司的使命是"让人们通过健身来提高自己，相互激励，让世界团结起来"。让世界变得更美好是 CEO 常见的志向。

在诺依曼眼中，他在中东的地位最能体现出自己不断膨胀的自我意识。一年前，这位首席执行官对与软银背后的阿拉伯国家投资基金进行合作顾虑重重，几乎叫停了这项交易。但当时，他身边的顾问，包括詹·贝伦特，都敦促他将以色列创始人和沙特财富基金进行组队的这个不协调的因素作为一种优势加以利用。到 2018 年，他开始将

WeWork 视为一股巨大而优秀的力量，足以超越当地的各种问题——它将他置于一个独特的位置上，让他能够在具有全球意义的问题上与各方都展开合作。

那年春天，负责监督沙特阿拉伯人对软银愿景基金投资的穆罕默德·本·萨勒曼正在对美国进行类似于加冕后的访问活动，他刚刚在国内巩固了权力，并被任命为王储。成群结队的安保人员和助理们乘坐黑色奔驰轿车奔波于与来自各个主要城市的政要和首席执行官们碰面的小型会面之间。在加州的行程中，代表团接管了两个独立的四季酒店[17]——一个在洛杉矶，一个在帕洛阿尔托。穆罕默德王子旨在让自己的国家现代化，并让沙特阿拉伯从石油领域走向多元化，他不仅通过愿景基金，还通过投资电动汽车公司"光辉汽车"（Lucid Motors）[18]等公司，将资金注入美国的创业领域。这位技术乐观主义者受到顶级风险资本家和科技巨头 CEO 们的热烈欢迎。苹果公司的蒂姆·库克，谷歌公司的谢尔盖·布林（Sergey Brin）和桑达尔·皮查伊（Sundar Pichai），以及脸书的马克·扎克伯格纷纷与他合影。

诺依曼设法确保自己能与穆罕默德王子会面。在洛杉矶的一站，穆罕默德王子在一座豪宅里接见来宾，与奥普拉·温弗里（Oprah Winfrey）这样的人交谈。诺依曼和罗尼·巴哈尔来到那里，与王储以及 PIF 的负责人亚西尔·鲁梅扬会面，时间约为一个小时。这两位负责人一拍即合：他们都是心怀远大抱负的梦想家，都是活力四射的远见者。他们谈到了当地和 WeWork 想在那里扩张的雄心壮志。诺依曼说，他计划在沙特阿拉伯开设"熨斗学校"的编程学院，但初期只为女性开设。他希望在此事上与沙特政府合作——穆罕默德王子似乎也赞同这个想法。诺依曼感到和对方志同道合，并且两人有一位共同的朋友——贾里德·库什纳（Jared Kushner），他曾是 WeWork 早期的房东之一,现在是美国总统的女婿。诺依曼向王储发表了一个大胆的声明,后来和自己的员工讲述了这一情况。

诺依曼对王储说:"你、我和贾里德·库什纳将重塑这个地区。"

诺依曼经常在会议前给高管们鼓劲——对他们讲述 WeWork 的雄心和追求,说它将如何在未来的世界重大决策中拥有"一席之地"。这是一个无定形的、意义深远的宣言。他在与艾萨克森的会面中提及自己对促成中东和平的渴望,也曾对一群高管说中东和平条约有一天会在一个属于 WeWork 的空间中签署。诺依曼的员工甚至在特朗普时期的白宫试图促成一项新的中东和平计划的尝试中扮演了一个小角色[19]。库什纳当时在主持这一进程,为在巴林(Bahrain)举行的聚焦经济发展的峰会安排来自私营部门的协助。诺依曼派遣罗尼·巴哈尔去帮忙。巴哈尔建议制作一段视频,并让白宫团队与一家制作公司取得了联系。此举的成果是一个为峰会作开场的简短视频,一段电脑动画,展示了中东地区和平后随之而来的经济繁荣所能带来的变革潜力。

诺依曼的一些助理对与沙特做生意表示担忧。他们告诉诺依曼,在沙特建立 WeWork 共享办公室可能会对拥护进步价值观的公司的形象产生负面影响。

2018 年 10 月,在穆罕默德王子对美国进行友好访问的 6 个月后,《华盛顿邮报》专栏作家、沙特政府批评家贾迈勒·卡舒吉(Jamal Khashoggi)在沙特驻土耳其领事馆被杀害。土耳其人披露的证据表明,穆罕默德亲王及其高级助理是这次袭击的幕后策划者,这一说法后来得到了中情局的支持。

这一可怖的事件在硅谷造成了极为尴尬的局面。穆罕默德王子通过软银,已经成了世界上最大的初创企业的资助者。而突然间,他又成了国际社会的对立方。虽然少数接受软银愿景基金资金的首席执行官公开谴责了这一事件,但绝大多数都保持沉默,尽管他们的员工施压要求表态。

诺依曼没有意识到局势的严重性。沙特政府原计划在利雅得举行一次大型会议(号称"沙漠中的达沃斯",由穆罕默德王子主持),在前一年吸引了众多顶级 CEO、银行家和资金经理。在卡舒吉死亡的消息传出后,与会者纷纷退出会议,但诺依曼坚持参与。许多助理恳求他别去,WeWork 的公共事务团队甚至让诺依曼与小布什时期的国家安全顾问、后来成为企业顾问的斯蒂芬·哈德利(Stephen Hadley)交谈。他告诫了诺依曼去参加会议的危险性。最终,诺依曼妥协了,取消了这次旅行。

这对诺依曼来说是一个艰难的决定,他热衷于接近这位强大的王储和他想要让中东现代化的愿景。诺依曼对哈德利说,穆罕默德王子只是需要更好的指导、更好的建议。

这位资深的前外交事务官员好奇道:"谁能提供这样的建议?"[20]

诺依曼毫不犹豫地回答:"我。"

第 26 章

是马克，也是雪莉

在硅谷，有远见的创始人按常理应当雇用一位专注于业务的得力助理，以使商业成型。在脸书，马克·扎克伯格聘请了雪莉·桑德伯格。在谷歌，联合创始人拉里·佩奇（Larry Page）和谢尔盖·布林聘请了埃里克·施密特（Eric Schmidt），以及后来的桑达尔·皮查伊担任首席执行官。创始人自己则担任更为象征性的角色，或出于喜好开发个人项目。

然而，亚当·诺依曼信任的人很少。为什么他要让出控制权？在他看来，从愿景到具体的运营，他才是拥有管理 WeWork 所需技能的人。

他曾多次对助理们说："我既是马克，也是雪莉。"[1]

可他并不是。在他管理 WeWork 的大部分时间里，尽管管理结构混乱，业务运作却顺利得令人震惊。高管们不断转换角色，职责权限也经常从一个经理转给另一个经理。普通员工往往只有在查看公司的官方人力资源系统时才会发现自己有了新上司。诺依曼不懂得知人善任，总希望亲自参与繁复的决策。

在早期，他这种亲力亲为和不屈不挠的工作态度实际上是相当有效的。通过设定极高的目标，以及沮丧时的歇斯底里，他能迫使下属完成看似不可能完成的任务。他对细节的关注和对达到特定指标的执着让员工们疲于奔命，尽管这种行事风格毫无疑问帮助了 WeWork 早期的发展。但在 2018 年年底，当 WeWork 为与软银的交易做准备时，这种管理结构已经变得错综复杂、功能紊乱。WeWork 当时拥有 8 000 多名员工，对诺依曼那种毫无条理、规则可言的管理方式来说，人数实在是太多了。

诺依曼仍对顾问的劝诫充耳不闻，不肯将权力下放给助理，而能代其行使权力的人显然更少。虽然诺依曼和米格尔·麦凯威在 WeWork 早期是合作伙伴，但对于管理不断扩大的员工群体，麦凯威要么没有兴趣，要么没有这个能力，他的职权已经被大幅度削减为只负责与品牌、文化和环保相关的较低层的事项。在麦凯威之后，是迈克尔·格罗斯，接着是阿蒂·明森。明森很快就失去了诺依曼的认可，被调到了首席财务官的位置。然后还有里奇·戈梅尔（Rich Gomel），他是一位房地产高管，后来被安排负责"方舟"项目，再然后是戴夫·法诺。公司不断招来有着更出类拔萃的履历的人。2018 年，诺依曼招募了曾在亚马逊负责运营和技术业务的高级管理人员塞巴斯蒂安·甘宁汉，请他来 WeWork 担任一个无明确定位的角色，头衔是副主席。到任后不久，甘宁汉告诉一位同事，他从未见过这样一家注重估值胜过产品的公司。

诺依曼曾对这些助理中的许多人都说过最终会由他们来接任首席执行官，因为自己有一天会转去名誉主席职位。然而诺依曼甚至都不肯认可其中任何一个人作为组织的"二号人物"。

在没有副职的情况下，诺依曼仍能主导每项重大决定。

对大多数 WeWork 的高管来说，这位富有魅力的领导人就像某种药物。一旦得到诺依曼的关注，他们就会感到很有活力、很成功。他们会争先恐后地讨好他，夸耀自己的团队做得多么出色。当诺依曼喜欢谁，谁就会成为宠儿。忽然之间，这位得宠的高管就会被带去参加各种关键会议，被叫去和他一起冲浪、一起洗冰浴、一起坐飞机。在早些年，他还会邀请他们参加他的卡巴拉中心老师的课程。他会向其他人大肆宣扬某位新高管是如何出色，每个人都应该听从这个人的想法和建议。

然而，诺依曼必然会背弃他们。他的热情会消退。多年来，WeWork 的许多经理都经历了诺依曼的热情迅速消散的情况。也许是他们没能达到某个季度目标，也许是内部竞争对手在诺依曼耳边说了对这个人（几乎总是男性）的担忧。突然之间，被叫去冲浪的就成了其他人。透过 WeWork 的玻璃墙，这位失宠的经理可以看到其他人被叫去参加重要会议。此景让人沮丧，甚至让人抑郁。有些人为了一个预定的会议在他的办公室外等了几个小时，却只能看到他的助理叫其他人进去。

在 2017 年的一次行政团队建设会上，诺依曼召集了几十名高层员工在蒙托克的冲浪俱乐部共进午餐，谈论 WeWork 的运营和管理。服务员开始端出食物，但诺依曼让他们先回去，因为他还有话要说。他继续谈论与认识的人开展合作的重要性。他转向坐在旁边的迈克尔·格罗斯，问道："你喜欢的那个词是什么？"

格罗斯回答："裙带关系？"

诺依曼举起酒杯："为裙带关系干杯！"[2] 员工们也恭敬地举起了斟

满 1942 年的唐胡里奥酒的酒杯。

从 WeWork 的早期开始，裙带关系就一直是常见的话题。到 2018 年，尽管 WeWork 已经转型为庞大的全球公司，但这种关系仍然无处不在。公司的重要角色都由诺依曼夫妇的朋友和家人担任，远远不止是丽贝卡·诺依曼一个人。

克里斯·希尔是丽贝卡的姐夫，在 2011—2016 年间担任过公司的高级职务（包括首席运营官和首席文化官），然后在 2017 年成为 WeWork 在日本的首席执行官。公司多年来的房地产负责人是丽贝卡的表弟马克·拉皮杜斯。她的侄子卢克·罗宾逊也是企业的高层管理人员。亚当·诺依曼的妹妹艾蒂是众多创造者奖活动中的付费明星，担任主持人。艾蒂的丈夫是以色列的一名前职业足球运动员，负责公司的健身部门。他的童年朋友负责安全监督。艾蒂十几岁时的模特经纪人阿里克·本西诺（Arik Benzino）负责整个北美区和以色列区的 WeWork 办公室的运作。米格尔·麦凯威昔日在公社的两个"兄弟姐妹"也在公司工作。董事会也是依靠内部关系建立。在不同时期，3 位董事布鲁斯·邓利维、史蒂芬·兰曼和约翰·赵，他们的孩子都曾在 WeWork 工作[3]。推动软银投资的董事马克·施瓦茨曾出面帮助 WeWork 的一名员工更换工作地点，他说服高级管理人员在纽约给了她一份舒适的工作。

高管们都有自己的裙带关系。多年来，WeWork 在很大程度上也依赖[4]建筑主管的几位兄弟所拥有的一家建筑公司。

这些人中，有些人有足够资质担任对应的工作，还有些人像许多加入初创企业的员工一样，虽然调到了与自己简历没有明显关联的岗位上，但是表现出色。也有许多人并不能胜任岗位。但是，即使在那些成绩优异的人中，大量的裙带关系也在公司内部形成了诸多问题。

普通员工，甚至是高管，都说自己不敢违背那些与诺依曼家族有亲戚关系或友谊的人。

除了裙带关系，诺依曼的很多管理方法也让商学院的教授瞠目结舌。

诺依曼向人力资源部门的高管抨击了那些在整个公司内泛滥的"B级玩家"[5]。随着WeWork员工的人数在2018年激增，他武断地宣布，公司应该每年解雇20%的员工。人力资源高管们对这个要求很不解，因为往往只有处于财务困境的公司才会做这种大规模的裁员。此外，要解雇这么多人又不给企业带来重大问题，将是一个极大的挑战。他们恳求修改20%的指标，把自愿离职的人也算进去，最后得到了同意。随着解雇通知成捆地发出，人力资源部门甚至不得不创建一整套在线系统来跟踪解雇情况和任务进度。他们差了一点点，没能完成20%的解雇任务。

高管们不敢提出意见。2017年秋天，诺依曼在一次高管团队建设会上得知公司为一台自助式浓缩咖啡机支付了数千美元，大发了一通脾气。他显然没有意识到，买这台机器是为了换掉人工咖啡师，从而降低成本。他对执行团队大喊大叫，要求知道谁该负责。员工们沉默地坐着，面面相觑，没有人敢举手。

第二天，WeWork和蔼的人力资源主管约翰·里德多迪克（John ReidDodick）与其他高层员工谈起了让诺依曼大发雷霆的问题，虽然有些人为诺依曼辩护，但很多人都认同无法与CEO进行理性对话一事。在即兴投诉会议后不久，约翰·里德多迪克被毫不客气地剥夺了大部分关键职责，并被调往不同的工作岗位。虽然原先已经提过他调任的问题，但这次会议加速了调职。朋友们认为，如果不是麦凯威为他出面干预，他可能早就被解雇了。

这只是"高管文化"(C-suite)的众多后果之一。在这种文化中,说"不"或发表批评意见被默认是不可取的。诺依曼鼓励初级和高级员工向他报告其他高管私下里对他的评价,从此人心惶惶。高管说他们不敢反抗诺依曼提出的那些无理要求,因为担心一旦拒绝,就会被诺依曼驱逐出去,原本的职位会被别人取代。诺依曼也鼓励虚张声势的行为。低层员工说,高管们似乎总是在诺依曼身边"阿谀奉承",而不是提醒他注意公司存在的危机,或向他强调WeWork日益增长的亏损的危险性。

不过,诺依曼还是会宣扬某套要去接纳他人的信条,他的团队也接受了名为包容性的培训。随着"我也是"时代(#MeToo)的到来,性骚扰的问题在美国企业的讨论中也时常出现。诺依曼开始主动向员工表达自己的经历,他说自己在成长过程中曾遭虐待。关于施虐者或虐待的具体细节,他没有展开,但这是他很少会展露出的脆弱的一面,即便是亲友也很少看到。

他经常说,女性是帮助WeWork获得成功的不可或缺的因素。他在2017年的一次公开活动上说:"有女性高管在时,我们通常会做得更好。这和自负的问题有关。"[6] 他补充说,到今年年底,他希望WeWork的大部分员工都是女性,"这只是因为我们认为这对公司更好,而不是为了什么宣传目的。"

但在WeWork的日常生活中,实际情况却截然不同。不仅低级别的员工大多是女性,而且女性高管也很难出人头地。

诺依曼在公司的一位朋友成为一些女性员工特别在意的话题。亚当·基梅尔(Adam Kimmel)是被诺依曼拉入伙的知名时装设计师,他在2018年成为WeWork的首席创意官。

基梅尔接管了设计工作,并对WeWork的外观进行了大刀阔斧的改革：推崇更白、更明亮的充满植物的空间，取代原先较为阴郁的主题。他对良好的设计有敏锐的嗅觉。诺依曼坚持让他来监管当时有数百人的设计团队。

基梅尔的妻子、女演员莉莉·索博斯基（Leelee Sobieski）是丽贝卡·诺依曼的朋友。她有时会来 WeWork 的办公室，旁听丈夫的设计团队的会议，对他们的计划提出意见。公司的女员工注意到，基梅尔会避免与她们进行一对一的会谈，甚至在设计团队出差时，还预订了单独的出租车和酒店住宿。基梅尔后来对 WeWork 的高管们说，他采取这些措施是出于对妻子的尊重。

多名女性员工向人力资源部门投诉，因为基梅尔的这种表面政策具有很大的破坏性，让她们的工作变得困难。经过调查后，人力资源部门的一些人认为应该解雇基梅尔。诺依曼介入了此事。尽管他也认为这种行为是不可接受的，但他还是保下了基梅尔。其中一位参与投诉的女性员工被辞退了，WeWork 后来给了她一笔可观的赔偿金。

对许多关注此事的人来说，这是女性员工在由男性高管主导的公司中面临困境的又一案例。当时，整个硅谷和美国企业都深陷这类问题：关于女性员工的待遇，以及性骚扰和歧视的问题究竟是否能得到适当的处理。公司内部长期存在这些问题，而在文化层面达成的更广泛的警醒，引发了许多企业高管的迅速下台。许多人认为，WeWork 也需要做出些改变。

截至 2018 年年底，露比·安纳亚（Ruby Anaya）已经在 WeWork 工作了 4 年。在加州长大的安纳亚起初在 WeWork 的软件团队工作，负责开发应用程序，后来转到公司的文化部门，向米格尔·麦凯威汇报。这个部门的工作是将"We"的精神注入世界各地的分公司。

麦凯威不喜欢安纳亚这个员工。她在绩效评估中得分很低[7]，而在

2018年夏天，诺依曼要求解雇更多人，麦凯威做了决定：安纳亚必须走人。

安纳亚在被解雇后咨询了一名律师，2018年10月，她提起诉讼[8]，称她在公司活动中遭到过员工猥亵，同时还提出了一些其他指控。根据安纳亚的起诉，在公司的全球峰会上，一名喝醉的同事抓住她并强行吻了她，被她打了一巴掌。她声称，人力资源部门当时进行了调查，但没有找到足够的证人或证据来继续审查。她的这个诉讼案件呈现了WeWork的文化形态——在各种活动中毫无节制地供应大量酒水，为不适当和不受欢迎的行为创造了条件。在随后的法律文件中，安纳亚否认有人投诉她的工作表现，并说她没有得到机会通过绩效改进计划来解决工作问题。通常情况下，事情到了这一步，公司会做出相对安全的回应，发表声明，做出公司拒绝工作场所性骚扰行为的坚定承诺，并全面否认存在不当行为。WeWork的公关部门甚至在案件发生之前就已经起草了一份这样的回应。

但当诺依曼得知这起诉讼时，他怒不可遏，并召集了麦凯威和其他人，包括通信部门的主管珍·斯凯勒。诺依曼告诉斯凯勒，公司将发表声明回击安纳亚。不仅如此，他还说斯凯勒应该向媒体泄露对安纳亚不利的照片。WeWork已经从社交媒体和其他地方收集了一些照片，突显她平时爱玩的一面。

斯凯勒感到非常震惊。与许多高级职员一样，她很少会站出来反抗诺依曼，但这一次她态度坚决。她告诉诺依曼，自己不会向媒体泄露起诉性骚扰的前同事的私人照片，WeWork也不应该公开回击安纳亚。

双方大吵大闹。虽然斯凯勒赢得了部分胜利——她没有泄露安纳亚的照片——但诺依曼指示麦凯威向员工群发邮件，回击安纳亚。麦凯威便向全公司的人发了电子邮件[9]，说"露比经常忽视任务、错过会议，全然不顾自己的团队和公司"。

各地员工的手机上都亮起了电子邮件的提醒，员工们在阅读邮件时都感到很惊恐。在很多员工眼中，麦凯威友好、乐观、平易近人，正是这些品质让他们对 WeWork 的使命充满希望。现在，麦凯威却在自己的员工声称受到性骚扰之后，公开诋毁她？

后来，大量的员工在回顾这一事件时，都对公司口中"让世界变得更美好"的言论产生了怀疑。在 Slack 聊天频道里，批评声此起彼伏，员工们则在一起窃窃私语，说类似的事件其实已经司空见惯。最后，人们开始讨论他们看到的一些虚伪现象，公司里的很多女性都提到了当时的问题。

在安纳亚诉讼案发生后，一些高级管理层成员试图做出改变，以消除员工的担忧。他们整顿了人力资源部门，开始接受众多与安纳亚所经历事件类似的指控并展开调查。公司还试图审查薪酬体系，并改进因性别造成的任何薪酬差距。

然而，整体上并没有改观。2019 年春天提起的一项诉讼显示[10]，有 58 名高管获得了价值超过 100 万美元的薪酬方案，其中只有 3 位是女性。

不仅仅是薪酬存在问题，董事会成员也都是男性。公司中几乎所有的高层管理人员也都是男性，而且围绕诺依曼的行政活动往往也更适合男性，比如冲浪，再如和他一起泡在桑拿房或冰水浴中。

这种事可以追溯到多年前。早年，他就曾问过多个女性面试者是否打算怀孕，而劳动法禁止问这种问题。不少前雇员都说他会把产假称为"假期"。

据诺依曼的长期幕僚长梅迪纳·巴蒂（Medina Bardhi）提交的就

业投诉[11]，诺依曼曾对她说："我们在这里干活，而你去度假，希望你玩得开心。"她声称自己在休完产假回来后就被调去做次要工作，无法保留原来的职位。

对这些内部纠纷和人力资源管理存在的问题，诺依曼认为这都是些旁枝末节，似乎并不那么关心。在2018年年底，对他来说最为重要、最能为他带来满足的"We世界"即将步入正轨。

他公司的徽标挂在世界上大部分主要城市中心的建筑物上，是纽约和伦敦最大的私人租户。他的客户包含了大部分重要的大型公司——脸书、亚马逊、通用电气、美国银行。丽贝卡·诺依曼的教育愿景已经成为WeWork的愿景，这对夫妇计划为世界各地的儿童重塑学校教育。随着工作人员紧锣密鼓地为和孙正义之间即将到来的交易做准备时，WeWork也正处在改变世界的轨道上，正如诺依曼多年来一直承诺的那样。

2018年秋天，诺依曼在和普西迪奥（Presidio）的董事会沟通[12]。普西迪奥是位于旧金山的前陆军基地，诺依曼在努力争取在该地建造WeWork园区的权利。"我的妻子坐在那边，我们两人的使命，以及米格尔的使命，是让这个世界变得更美好。"

他问董事会："硅谷有这么多大公司，可他们为改变世界做过什么？我知道他们为了提高估值而做的努力。可他们做了什么实事？"

"而WeWork是由真正使命驱动的。"他告诉董事会。

第 27 章

坚韧破损

2018 年 12 月 10 日,顶级对冲基金经理、投资银行家和首席执行官们排队进入曼哈顿中城希尔顿酒店的宴会厅,共同参加一年一度的华尔街晚宴,为"犹太联合呼吁组织"(United Jewish Appeal)捐款。

近期离任的高盛集团首席执行官劳埃德·贝兰克梵(Lloyd Blankfein)站在演讲台上,向台下身着深色西装的听众介绍主旨发言人。他把对方称为"我的好朋友"[1],并把话筒移高,说"替你省点事"。

亚当·诺依曼站了起来。他身穿黑色西装,内搭白衬衫,没有打领带,大步走过时任高盛首席执行官大卫·所罗门(David Solomon)的身旁,迈向话筒。

在 2 000 多名与会者面前,诺依曼讨论了谦逊问题,他说,通过变得更加虔诚——在星期六的安息日脱离社会联系——他能够控制住自我。他赞叹这个国家的伟业,"一个以色列孩子"可以来到这里,"建立企业,拥有在这颗星球上其他地方无法想象的生活"。

然后他给众人提出了建议,"以他人希望被对待的方式去对待他们,"并且,"只要携手共进,我们就可以真正改变世界。"

诺依曼容光焕发。他已经爬到了全球社会的上层阶级,因而获得了来这里发表当晚专题演讲的邀请。10年前他还在卖婴儿服装,但现在他能够向美国资本主义的头领们发表演说,提供现实和精神生活方面的建议。不仅是他的公司在继续飞速增长,而且他的生活比在场的许多人还要奢侈——诺依曼拥有许多房子和一架顶级的私人飞机,他的生活方式甚至让宴会厅里的亿万富翁感到震惊。

诺依曼与孙正义和软银的谈判已进入最后阶段——距离完成收购所有其他投资者投资的交易还有几个星期。这将是有史以来对美国创业公司所做的最大投资或收购。软银计划花费100亿美元从WeWork的员工和现有投资者手中购买股票,这将为基准资本的布鲁斯·邓利维等股东带来惊人的利润。诺依曼的合作伙伴孙正义似乎有无限的资金来资助诺依曼的梦想,他相信诺依曼能让公司的价值达到数万亿美元。等交易完成后,诺依曼对WeWork所持股份的账面价值将总计约为100亿美元。

他有自信在12月底就能把事情都办好。

与自己的员工不同,诺依曼并不打算在这次交易中通过出售股票获得任何现金,但他谈下了一个巨大的补偿方案。

诺依曼和孙正义在勾画"坚韧计划"时,他们就明确的目标达成一致:公司应该尽可能快速地扩大规模。一如既往,这两位沉迷于增长的首席执行官只关注收入,而忽略了公司的盈利能力。如果WeWork的年收入能达到500亿美元——这个巨大的数字比脸书在2018年的收入还要高——诺依曼将获得相当于约公司价值9%的巨大股票红利。

诺依曼渴望公司的估值能达到 1 万亿美元，这意味着将有 900 亿美元的额外财富。诺依曼会在自己和公司其他管理层之间分配这 900 亿美元，但助理们认为他自己会吞下大部分份额。

要达到 500 亿美元的收入所需要的增长水平几乎是不可想象的。这意味着在接下来的 5 年里，每年的收入都要翻一番。这种指数级的增长在最初几年仍有可能达成，但对于 WeWork 现今的规模而言，这将是极为沉重的任务。在 2018 年翻一番意味着要增加相当于 4 座帝国大厦的办公空间。如果要继续保持这种增长，在 2023 年再翻一番就意味着相当于要增加曼哈顿所有办公楼那么多的空间。

与孙正义的交易让诺依曼头晕目眩。他和丽贝卡决定为整个公司重新命名。在他们看来，公司业务早已远远超出了租赁办公空间，而且随着投资的增加，这种转变只会日益加速。他们选择了"We 公司"（We Company）作为新名字，希望在这个母公司下建立"We 生活"（WeLive）和"We 成长"（WeGrow）。丽贝卡为母公司提出了一个新的使命宣言："提高世界的意识。"① 诺依曼也很热爱与软银的交易，因为这将使 WeWork 保持私有化，让他避免成为上市公司 CEO。尽管软银将购买公司一半以上的股份，但诺依曼仍会保有完全的控制权。并且，他将与一位有远见的父亲般的人联系在一起——一个承诺为他的野心提供无限资金的人。

诺依曼对高管说："我们将永远保持私有。我们将完成任何人都无法做到的事情。"

诺依曼一直对上市感到不安。他显然已经掌握了私募的游戏规

---

① 与 WeWork 词汇中的其他术语一样，这句格言的起源似乎是来自卡巴拉中心。诺依曼夫妇已经与该中心决裂，因为其前主管耶胡达·伯格（Yehuda Berg）被指控性侵犯，并引发了更大的丑闻。然而，这段话与伯格在其关于卡巴拉中心的书中所写的几乎相同，说该中心的目标是"提升整个世界的意识"。

则，只需为了获得更高的估值和更多的钱而说些需要说的东西。他讨厌发行债券所需的最低限度的透明化手续，也不与债券持有人进行季度通话，而是将这个任务留给了阿蒂·明森和迈克尔·格罗斯。除了在电话会议上与投资者谈论金融问题外，格罗斯也不喜欢在电话会议开始前，边听接通前的铃声边等待投资者：他让一名工作人员将这一沉闷的背景音乐改为20世纪90年代的嘻哈音乐，如"声名狼藉先生"的音乐，抱怨说之前的音乐不够"We"。WeWork下降的债券价格已经让诺依曼变得更加的焦虑和愤怒。助理们不禁害怕，不断变化的股价会对藏着不安全感的诺依曼造成什么影响。

诺依曼还明确地说有约束自己的董事让他很烦恼，即便是现在这个对他极度放任的董事会。他认为孙正义大部分时间会置身事外。

在整个2018年，诺依曼已经进一步远离了董事会。作为董事会主席，他经常不参加会议[2]，而是派阿蒂·明森或詹·贝伦特来代替他参加临时的董事会会议和董事会委员会会议。在2018年6—12月间，定期举行的董事会会议相当少，因为与软银的谈判会花费一整天的时间。

董事会成员急于得到回报。基准资本第一次投资时相当于每股支付了0.46美元，而现在每股能获得55美元。这意味着他们能获得将近20亿美元的回报。布鲁斯·邓利维和雷·弗兰克福特（Lew Frankfort）——此人曾任蔻驰（Coach）公司首席执行官，长期担任诺依曼的董事会成员和顾问——与孙正义会面，讨论时间安排和条款。诺依曼夫妇负责董事会的谈判，因为其他成员都有利益冲突。邓利维和弗兰克福特对WeWork团队说，孙正义向他们承诺会达成这笔交易。

不过，与孙正义相识最久的董事会成员之一马克·施瓦茨向

WeWork 的高层管理人员提出了一些直白的建议。他很直率地告诉他们，孙正义的承诺并不是他的交易保证，他可能随时会中止合作。

施瓦茨告诫道："孙正义很危险，他没有你我这样的道德底线。"

对于 WeWork 总部的高层员工来说，这几个月来，完成交易是绝对优先的事项。阿蒂·明森的团队对财务方面进行了梳理，而人力资源部门则准备为软银计划买下的公司员工的股票开出支票。詹·贝伦特为高级管理人员安排了每天晚上 9 点的电话会议，以解决与交易相关的各种问题。

贝伦特的任务之一是对归入软银所有的 WeWork 的未来进行谈判。她已经加入公司 4 年了，赢得了诺依曼的信任，其中一部分原因是她能够执行他的无情指令，比如大规模解雇员工。长期以来，她一直对诺依曼心存敬畏，在许多其他高管看来，这种心态过于天真，因为即便是诺依曼自己的朋友也大多数认为，他作为一个领导者有着十分明显的缺点。但贝伦特是诺依曼的坚定信徒，认定他是有天赋的远见者。平时拘谨的贝伦特在诺依曼进入房间时就会明显地开朗起来。对他有利的就是对 WeWork 有利的，即使她个人不同意他的观点。在一次轻松、坦率的交流中，她曾向 WeWork 的一群律师描述过，当她或明森在认为是坏主意的事情上反对诺依曼时，偶尔会发生如下状况。

她说："亚当会说：'见鬼，我不关心。做就对了。'。"法律团队的几十名成员都忍俊不禁。

贝伦特十分拥护这笔交易，对 WeWork 在软银资助下的未来可能取得的成就而十分兴奋。然而，随着"坚韧项目"谈判的进行，即使是贝伦特自己也开始注意到事态的发展令人担忧。

到了 11 月中旬，贝伦特在这次交易上的工作基本已经完成，但谈判仍在拖延。诺依曼无休止地就他自己与孙正义的交易重新谈判，要求更多的利益。诺依曼明白这其中存在潜在的利益冲突，于是聘请了独立于 WeWork 团队的律师。他找了企业律师事务所——保罗·魏斯·里夫金德·沃顿·加里森律师事务所（Paul, Weiss, Rifkind, Wharton & Garrison），就他个人的薪酬计划和与软银的合同来帮他谈判。贝伦特看得出这种延迟与 WeWork 的成功没有什么关系。交易早该完成了，诺依曼却为了个人利益而拖延谈判。

除了自己的巨额补偿方案外，诺依曼还希望得到保证，让他继续握有对 WeWork 的控制权。尽管是孙正义拿出了这些钱，诺依曼仍然想要不受约束地掌握公司。然而，软银希望能有条款规定在某些情况下可以解除他的职务。这是一个合理的要求。针对这个要求，诺依曼在谈判中提出补充[3]，说在他未支付巨额罚款的情况下，软银不得将他撤职，除非出现他因重罪而入狱的情况。他的律师想要敲定一项条款，即诺依曼必须犯下非暴力重罪，软银才可以将其撤职且不受处罚。

但这笔交易的第一次大震荡不是发生在东京或纽约，而是在沙特首都利雅得。

当孙正义在夏天同意与诺依曼进行这笔大约 200 亿美元的交易时，他的预想是用 1 000 亿美元的愿景基金来承担大部分的费用。尽管是孙正义在经营着这个基金，他却没有完全的控制权。沙特公共投资基金为愿景基金投入了 450 亿美元。因为沙特人是主要出资人，大型投资必须得到他们的批准。起初这种安排似乎没有什么问题，毕竟孙正义曾说服了王储穆罕默德·本·萨勒曼以确保投资得以实现。

但穆罕默德王子手下的工作人员已经对软银和 WeWork 产生了警惕，因为他们认为 PIF 的许多前华尔街银行家和基金经理的计算方式不合逻辑。两位愿景基金的负责人，孙正义和拉吉夫·米斯拉不愿意展示太多的具体数字，而 PIF 的负责人亚西尔·鲁梅扬也很少提出后续问题。由于软银的大部分投资都是私有的，PIF 的团队很难开展工作。新员工们很快就推断出鲁梅扬对他们提出的关于愿景基金的尖锐问题不感兴趣。

软银将愿景基金的大部分资金投入世界各地的打车公司的举动，进一步引起了人们对该基金的关注。PIF 已经向优步投入了 35 亿美元，不希望愿景基金在同一行业再投更多的钱。然而，孙正义一意孤行，在全球范围内购买了优步克隆公司的股份。

不久之后，软银向沙特基金和阿布扎比基金穆巴达拉通报了与 WeWork 的交易。这两家基金表示了不安[4]，而从一开始就对 WeWork 的投资保持警惕的米斯拉也没有向他们施压。

与鲁梅扬交好的诺依曼曾试图单独向他示好。他们在伦敦与迈克尔·格罗斯共进晚餐。格罗斯拍下了鲁梅扬喝酒时的照片，吓坏了鲁梅扬的安全团队（在沙特阿拉伯，饮酒是非法的）。鲁梅扬的安全团队坚持要求格罗斯删除照片。本打算在会面时施展魅力，却没能换来任何支票。

由于沙特人对投资 WeWork 的事态度冷淡，愿景基金不便继续推进。软银没有其他为该交易提供资金的渠道，除非自掏腰包。这家日本企业集团正准备在日本对其电信业务进行 IPO。这次 IPO 将是日本有史以来最大的 IPO 之一，通过公开上市，软银可以将它在日本的股份出售给公共市场投资者，并筹集到足够的资金来支付收购 WeWork 的 200 亿美元费用。

孙正义铁了心要完成与 WeWork 的交易，并要将诺依曼的三角形方案付诸实施。他决定继续前进：软银将拿出自己的钱来完成这项交易。

到圣诞假期前的一周,贝伦特、明森,甚至诺依曼都松了一口气。诺依曼自己的交易部分的谈判已经完成——包括非暴力重罪的那些条款。就在 WeWork 的员工准备离开去度假的时候,明森、贝伦特和其他一些人与孙正义的长期幕僚罗恩·费舍尔(Ron Fisher)(他也是 WeWork 的董事会成员)进行了交谈,以理顺剩下的一些小条款。他们很快就解决了这些。数月的工作令人精疲力尽,但交易最终完成了。

费舍尔向明森和贝伦特表示恭喜。他告诉 WeWork 团队,会送来最后的一些文件让他们签字。他还说这件事很了不起。

行政团队准备前去度假。他们现在正站在实现宏图大业的路口。许多长期员工——包括明森和贝伦特——将获得数百万美元的支票。除软银外的所有投资者都将得到回报。WeWork 的创业之旅即将结束。它已经为归属软银的新历程做好了准备,会在未来的几年里不断扩张。

而在东京,人们的情绪并不那么高涨。

除了孙正义之外,软银内部对 WeWork 交易的集体恐惧已经持续了几个月。米斯拉和其他高层代表都慎重劝告不要进行这项收购。他们警告孙正义说,这笔钱金额太大,尤其是要考虑到愿景基金不会承担这笔费用。

在这几个月里,孙正义也一直不肯听劝,他坚持要把事情办下来。

他对投资者说:"WeWork 就是下一个阿里巴巴。"[5]

到了 12 月初,孙正义看到万事俱备,用来支付 WeWork 交易的储蓄罐——软银的日本电信模块将在证券交易所上市,软银将以超过 200 亿美元的价格出售它所持的一大部分股权。

但随着 12 月的日子一天天过去,股票市场的风向开始转变。经过长期的反弹之后,不仅是日本的投资者,全球的投资者都开始担心科技板块整体过热。软银的股价开始不断地下跌。软银自己的移动网络在日本发生了一次重大中断[6]，而且沙特投资者对即将进行的 WeWork 的交易也感到担忧，《华尔街日报》对这一雪上加霜的情况进行了报道。[7]一天之内，软银的股票下跌了 4.9%，第二天下跌了 2%，然后又跌了 3.5%。

数以百亿计的价值正在凭空蒸发。

孙正义仍在坚持推进。12 月 19 日，电信业的 IPO 继续进行。软银筹集了 240 亿美元[8]，这是一个体面的价格，而且有足够的现金来执行对 WeWork 股权的收购。但在第二天早上股市开盘时，这家新分拆的电信公司的股票暴跌 15%，在东京相对稳定的股市中表现极为糟糕，成为日本有史以来最糟糕的 IPO 之一。

受到惊吓的投资者们将软银的股票进一步压低。12 月 20 日，由于投资者听闻了这些消息，软银的股价下跌了 4.7%。第二天又下跌了 2.3%。

下跌的过程越来越不受控制，似乎没有底线。通常情况下，孙正义不会对股价给予如此多的关注。但他是通过债务建立了软银，投资者一直担心他过于依赖债务。现在，如果软银的股票继续下跌，贷款人可能会要求软银立即偿还部分贷款，那将迅速迫使这个巨大的企业集团出现资金紧缺。

几个月以来，虽然孙正义扛住了来自软银内部的压力，但软银的首席财务官（CFO）后藤吉光警告孙正义，如果继续进行与 WeWork 的交易，股东们将进一步反抗，可能会导致软银的股票陷入快速下跌的旋涡。

他告诉孙正义，WeWork 的收购是根本站不住脚的，必须取消这笔交易。

2018年的最后几天，诺依曼与家人在夏威夷考艾岛上休假。他和新朋友，也是冲浪传奇人物莱尔德·汉密尔顿，在世界最著名的冲浪点之一共度时光。他一边乘风破浪，一边对 WeWork 的下一步工作感到非常兴奋。那一周的冲浪活动有时很危险。据他说，他在一个 18 英尺高的浪头上和汉密尔顿一起冲浪时折断了手指[9]。

然后，在圣诞节前夕[10]，诺依曼的苹果手机响了，是孙正义打来的电话。

孙正义说遇到了一个问题。他解释说，软银的股票因科技股被抛售而受到重创，他们没有钱再支付给 WeWork。这笔交易已经夭折。

诺依曼听懵了。交易告吹了？

诺依曼给贝伦特打电话，语无伦次地转述了孙正义的话。他又给明森发了短信，让他和家人庆祝完圣诞节后的第二天给他打电话。

所有人都大为震惊。大家都围着电话。诺依曼想尝试拯救这笔交易。他觉得孙正义肯定能被说服。他曾对收购 WeWork 的承诺表现得那样兴奋。诺依曼认为，只要能见到对方，也许就能再次动摇孙正义的想法。

孙正义此时正好也在夏威夷，诺依曼便迅速飞到毛伊岛（Maui）与他见面。

诺依曼用了一个简单的说服手段，他希望能放大孙正义害怕错过机会的不安全感。他对孙正义说，现在正是完成这样一笔巨额交易的特殊时机。万事俱备，尽管股票市场出现了技术动荡，但 WeWork 在 12 月的业务依然蓬勃发展。如果现在不加入，那孙正义将错过一生中最重要的交易。

孙正义接受这套说法，但对诺依曼说他现在就是做不到，并将此归咎于市场和自己的 CFO。他们在几天内谈了几次，讨论了软银还能采取什么举措。孙正义最终同意向 WeWork 额外投资 20 亿美元[11]——其中 10 亿美元作为新资金注入，另外 10 亿美元则用于买断现有投资者的部分份额。

这份微小的安慰，至少能让诺依曼在全体员工面前装出一副好脸色。当他向团队解释发生的事情时，每个人都意识到了一个无法明说的现实——10 亿美元走不了多远。如果没有软银继续对他们慷慨解囊，WeWork 就需要找到新方法来获取数十亿美元。软银是私人市场上最大的金主，再没有其他人能拿得出几十亿的钱来投资他们了。

他们都明白，WeWork 只能公开上市了。

第四部分

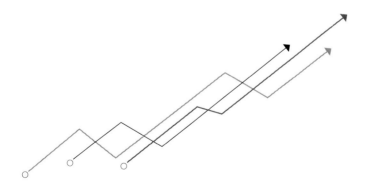

第 28 章

规模不经济

美国消费者新闻与商业频道（Consumer News and Business Channel，CNBC）的摄制组在洛杉矶市中心微软剧院（Microsoft Theater）的一间会议室里架起了摄像机。亚当·诺依曼和阿什顿·库彻大步走进门。

那是在 2019 年 1 月 9 日，WeWork 的巨型全球峰会正在如火如荼地进行。数千名员工已经飞到了这座城市，他们将在 3 天时间里穿梭于洛杉矶市中心的酒店、派对和公司研讨会。除了要发布一项重要的公告外，在这场全球峰会上，诺依曼还将"WeWork"更名为"We 公司"（WeCompany）。高管们希望诺依曼能炫耀一下来自软银的新投资，将话题从已经崩溃的大型交易上移开。

诺依曼来到 CNBC 的片场时，看上去很糟糕。他挂着巨大的眼袋，头发蓬乱，穿着一件宽松的白色 T 恤，上面用不同的明亮颜色大写了 6 遍"WE 制造"。他对助理说自己正在进行新年排毒的饮食模式,这显然消耗了他的精力。他要了一杯加澄清黄油的特浓咖啡来提振精神。

当他在前一天向员工宣布软银的最新融资时,他还是魅力达人的模样。但现在在 CNBC 的节目中,只有他的老朋友库彻在散发活力。这位演员在那一周负责主持 WeWork 的"创造者奖"创业大赛,但在这个采访中,他负责扮演的是诺依曼的炒作者角色。

主持人迪尔德丽·博萨(Deirdre Bosa)就软银收购案的失败结果向诺依曼提问,她坚持说看到 200 亿美元的交易几乎完全蒸发,一定是个沉重的打击。

诺依曼试图把从软银得到 10 亿美元的新资金这个降级版的交易说成是一个巨大的胜利。

他直视着博萨说道:"我们的资产负债表上有 60 亿美元之多[1],这超出了我们公司当前和未来需要的资金规模,至少是……"他略微停顿了一下,把目光移到右下角,似乎在心算,"……4—5 年。"

这个时间线在说 WeWork 有足够的余力继续向前冲刺,不必担心资金问题。但这不是真的,完全不是。

在 2019 年年初,WeWork 已经达成了超大的规模。它准备在这一年增加 2 000 多万平方英尺的办公空间,几乎相当于堪萨斯州城市中心的整个办公市场。等到了年中,它将拥有超过 50 万名会员,比明尼阿波利斯的人口还要多。在曼哈顿中城,WeWork 已经变得像星巴克在 21 世纪初的扩张狂潮中时那样随处可见,似乎每隔一个街区就会在砖楼上出现写着"WeWork"白色字样的黑色旗帜。它的宣传也无处不在,地铁里到处可见 WeWork 的 T 恤衫;下雨的时候,人行道旁散布着 WeWork 发行的印有"做你喜欢的事"字样的雨伞。

这种规模本应意味着巨大的盈余。公司要增加一整个堪萨斯城那么大的办公空间，应该能谈出很好的价格，它在总部的每个办公场所需要的行政人员应该变得少很多。

WeWork 的首席财务官阿蒂·明森长期以来一直在吹捧这种扩张带来的财务效益。明森在 2018 年对彭博社说："对于这种业务，规模很重要[2]。我们正在建立全球的供应链。"

他指的是规模经济。对任何旨在提高边际利润率和削弱其他比自己规模小的竞争对手的公司来说，这都是至关重要的灵丹妙药。然而，WeWork 的现实是规模不经济。公司规模越大，它的开支就越大。诺依曼将快速增长作为公司首要任务的做法意味着没有时间去放慢脚步、观察问题所在。

2018 年，WeWork 的年支出曾高达 35 亿美元，但当年的收入仅为 18 亿美元，营业流水情况并不算良好。早在 2014 年向投资者推介时，WeWork 预测自己在 2018 年将有 9.41 亿美元的营业收入（利润），但实际亏损了 17 亿美元。WeWork 在 2018 年每分钟的损失超过 3 000 美元。

这个损失金额十分惊人，因为在 2000 年时，马克·迪克森的服务式办公室公司雷格斯也有基本相同的商业模式和类似的急剧增长，但他们差不多能达到收支平衡，报告亏损很小，只有不到 600 万美元。即使是以极度严重的亏损而闻名的优步和里飞，也至少在发展过程中逐步减少了亏损。WeWork 的亏损却随着公司的不断发展而不断增加，一个季度接一个季度。

到处都是肉眼可见的铺张浪费。以装饰在 WeWork 大厅的家具为例，这些色彩明亮的现代休闲式家具是展示公司形象的关键。一些沙发是电光蓝的，放着巨大的坐垫；另一些是浅橙色，像是快成熟的芒果的颜色。有融合了简化的中世纪式现代设计与极简主义的座椅，也有在房间角落里显眼的、巨浪形的作品。这些在公司的 Instagram 账户、网站和广告上都有展示。

以 WeWork 的经营规模，很容易就能以低价大量订购此类沙发，公司甚至有一整支员工队伍在专门从事这项工作。2019 年时，家具团队与物流、仓库团队合作，负责采购经济型沙发及椅子，并与供应商谈判交易。团队的想法是提前几个月就准备好数千件家具以供使用，由中国的工厂制造沙发，用巨轮集装箱运送过太平洋，最后存储在新泽西等地的仓库里。这是个相当不错的安排。

但这个庞大公司的其他构成部分有不同的计划。WeWork 的首席创意官、诺依曼的朋友亚当·基梅尔是一个房地产家族的后裔，他职业生涯的大部分时间都在设计和制作高端男装。基梅尔不喜欢需要提前数月从中国订购并大批量生产的家具，他主张，即将开业的办公场所应该使用不同特色的家具。有一次，他让自己的设计师不要再使用那种大批量定制的沙发，因为颜色不对。"橙色不合适。"基梅尔说。

设计师们不得不争分夺秒。他们要迅速地订购替代产品，有时不得不按零售价为沙发付费，很多家具要花费数千美元。有时，员工们会直接去"西榆"（West Elm）买沙发，把费用记在公司运通卡上。如果沙发晚到了，有时甚至要空运，但这个做法贵得离谱，每批货物可能要多花数千美元。

与此同时，数百件的低成本家具被丢在新泽西州的一个仓库里，这些原本出于谨慎考虑而提前订购的家具都被浪费了。一排排沙发堆积在一起，蒙上了厚厚的一层灰尘，只能等着被处理。WeWork 有时会进行仓库促销[3]，员工们可在周六赶到新泽西，以 100 美元或更低的价格购买原价上千美元的品牌沙发,例如威达(Vitra)。一位设计师在 Instagram 上发布了她新装修的公寓的照片,看起来就像 WeWork 内部的爆款样本。那些全新的沙发如果没有像这样被人认领,就会被直接送去垃圾场。

WeWork 帝国到处是这种成本超支或过于乐观的计算。

房地产团队感受到了不断增加的压力,但现在越来越难以好的价格拿到大型租约。团队员工在租赁一些建筑物时做出了偏向乐观的预测,假定将来的会员愿意接受高昂的价格。建筑团队的员工也抱着乐观的想法,在规划时就认定材料成本会逐年大幅下降。

重复工作无处不在。曾经有 3 个独立的团队在开发同一种"按需"产品,该产品将允许 WeWork 的会员们按天或按小时付费,而不是按月付费。多个团队在各自测试不同的 ID 卡访问系统,以便将来使用。区域团队向某大公司兜售共享空间,而总部的团队也在这么做。其他区域办事处的工作人员致力于打造数字营销团队以寻找更多的新会员,而纽约的营销团队也几乎在做同样的事。

戴夫·法诺的产品团队在开发一个高端版本的 WeWork,为的是拥有更高昂的价格与更高端的形象,而这与阿里克·本西诺领导的美国团队单独开发的版本,或克里斯蒂安·李(Christian Lee)领导的亚洲团队在亚洲开发的版本并无不同。全球各个地区的团队之间开始频繁发生不良竞争。区域领导人希望拥有自己的团队,他们与法诺这些试图将决策权集中起来的人发生剧烈争执。甚至第三个官僚机构——特殊产品部门,也在争夺地盘。内部争斗持续不断,愈演愈烈,以至于曾经掌管公司大部分业务的法诺在春天时被赶出了公司。多位高管开始把这种情况称为"权力的游戏"。

预算反复膨胀。多年来,诺依曼经常看着不断增长的成本,要求削减开支,但很难做到。计划受到影响的高管们会提出抗议,指出取消某项计划或裁员会使增加收入变得更加困难。例如,如果减少销售人员,公司就无法找到这么多租户。面对这样的论点,诺依曼常常选择支持这些气愤的员工,原本的预算就保留下来。

WeWork 的技术人员对整个公司来说就像个寓言故事一样。诺依曼希望将 WeWork 定位成技术公司,在他多年的坚持主张下,从事技术工作的人数增加到了 1 500 多人,这是一个巨大的数字。相比之下,快拍的制造商 Snap Inc.,一家真正的科技公司,只有不到 3 000 名员工[4],这其中还包括了许多非技术工种。数以亿计的美元涌入 WeWork 的技术机构——为了在旧金山具备竞争力,WeWork 给技术岗的工资开得很高。有了这样巨大的投资,人们自然会期待这个部门能产生革命性的技术,为 WeWork 的办公业务带来巨大的推动力。但相反,这个团队毫无章法,工作人员被分散在问题重重的计费系统、天马行空的收购项目(如"会面网"和"指挥家")以及其他的各种随机项目上。

WeWork 所谓最先进的新发展其实只是些简单到可笑的科技。例如,公司吹嘘其人工智能系统和传感器能对人们如何使用空间产生惊人的洞察力。然而成效并不明显,甚至压根不需要传感器就能得知结果。一组传感器显示,会员喜欢在公共区域的窗户附近工作,而另一组传感器则显示咖啡站排起了长队[5]。人工智能认为,WeWork 应该再增加一名咖啡师。

公司的其他部分则表现得好像 WeWork 已经是一家财富 500 强公司。2019 年春天,公司视频团队的成员被派去制作一段视频,用以配合公司的"全球影响"报告,展示 WeWork 的会员是如何刺激经济增长的。该团队坐飞机去了美国的许多城市,在巴哈马(WeWork 在那里没有据点）花了两天时间，用水下摄像机拍摄了一个与从事珊瑚礁工作相关的组织。据一名员工估计，这项工作花费了 20 多万美元，只做了总长 1 分钟的视频，在公司主页上短暂展出了一段时间。

除了 WeWork 的运营效率低下外，诺依曼对新业务投资的倾向往往与他的个人利益纠缠在一起，且不受约束。

诺依曼允许迈克尔·格罗斯雇用一位前迪士尼高层管理人员来创办"We 娱乐"（We Entertainment）。这是一个不够明晰的新业务线，旨在出租录音室和举办电影放映会。与此同时，诺依曼、阿什顿·库彻和因代理麦当娜演艺事业而闻名的经纪人盖伊·奥塞里（Guy Oseary）试图将 WeWork 带入好莱坞，他们曾向电影公司推销一个类似于《创智赢家》（*Shark Tank*）的新节目，仿照创造者奖的形式。

诺依曼还发布了各种匪夷所思的公司内部房地产指令，包括指示 WeWork 支付近 4.5 亿美元购买旧金山马赛德公园区（Parkmerced）50% 的股份[6]。那是一个可容纳近万人的庞大的公寓楼组。助理们对此感到疑惑，因为这些公寓建于 20 世纪 40 年代，离旧金山市中心有几英里远，更不用说这些老化的出租公寓与 WeWork 的核心业务毫无关系。诺依曼希望在这个建筑群的空地上建造新的公寓，为此支付了 2 000 万美元的定金，但 WeWork 后来退出了交易，失去了这笔钱。

有时，这些追求甚至更加不着边际。格罗斯和诺依曼曾短暂地痴迷于入手一张令人垂涎的"武当派"（Wu Tang Clan）说唱专辑，这张专辑只有一份副本。现已"翻车"的制药高管马丁·什克雷利（Martin Shkreli）曾为这张专辑支付了 200 万美元，但在他入狱后专辑被联邦政府没收了。格罗斯和诺依曼向员工发送了内部邮件，让他们去尝试购买这张专辑，但这个要求并未得到回复。

更令人不安的是诺依曼与朋友的各种交易。

他至少有两次用软银的钱投资了别的公司，这些公司与 WeWork 没有什么明显的联系，除了经营者与诺依曼交好，比如阿什顿·库彻和莱尔德·汉密尔顿，后者是 20 世纪 90 年代职业冲浪界的明星。

这两个公司都是由软银提供的总额 2 亿美元的资金池资助的。这笔钱还被用来启动一个小型风险投资基金，这个基金被称为"创造者基金"，概念相当简单。WeWork 在"推动未来工作的变革性公司"[7]这一总体领域寻找初创企业，将软银的资金投资给他们，然后 WeWork 会和软银分享之后的利润。WeWork 为管理"创造者基金"雇用了一大批员工，他们负责寻找符合这个概念描述的创业者，向其中最优秀的公司发放小额支票，金额通常不超过 500 万美元[8]。许多美国和世界各城市的 WeWork 创造者奖得主都得到了资助。

然而，库彻和汉密尔顿的企业分别获得了超过 2 500 万美元的投资，这是迄今为止该基金做出的最大的两笔投资。两家公司与"未来工作"没有任何明确的联系。

第一笔投资给了莱尔德超级食品（Laird Superfood）公司，这是一家由汉密尔顿在 2015 年创立的小型创业公司，生产无乳咖啡奶精、果汁和其他"基于植物的超级食品"，据说可以提升身体机能。诺依曼在 2018 年秋天主导了这笔 3 200 万美元的投资[9]。对于一家公司的 A 轮投资来说，这是一个巨大的数字，WeWork 自己的 A 轮投资只有 1 700 万美元，在当时已被认为是相当大额的投资。诺依曼在 12 月底去夏威夷旅行前不久完成了这笔交易，他后来对《快速公司》杂志说[10]自己和汉密尔顿一起去那里冲浪了。

不久之后，WeWork 开始在整个商业帝国内提供汉密尔顿公司的咖啡奶精和能量果汁。在曼哈顿百老汇大街 85 号，设有一套莱尔德超级食品的自动配饮机，但未能引起人们的兴趣①。

库彻的参与是在同一时期。诺依曼自从第一次见到丽贝卡开始，就一直和这个《70年代秀》的明星混在一起。库彻多年来经常到WeWork的办公室拜访诺依曼。他已经成了一名成功的风险投资人，是优步、爱彼迎和Spotify的早期投资者。这些对一个兼职的风险投资人来说，已经是令人印象深刻的成就。因此，库彻很适合当创造者奖的代言人。诺依曼曾邀请库彻在公司的全球峰会上主持，并让他参与WeWork未来创造者奖的工作。

现在，在诺依曼的授意下，WeWork准备与这位从演员转型的投资者进行更深入的合作。在全球峰会期间，员工得到消息说要让WeWork准备好向库彻的风险投资基金"可靠投资"（Sound Ventures）投入3 800万美元[11]，其中3 000万美元来自创造者基金，另外800万美元来自WeWork本身。工作人员大惑不解：为什么要把自己公司的创业投资基金投给别人的风险投资？

这并不是WeWork为库彻提供的唯一好处。大约在同一时间，WeWork在洛杉矶的威尔希尔大道上租了一栋大楼。公司计划给库彻的"可靠投资"（Sound Ventures）提供两年的免租金待遇[12]，即使按照WeWork的标准，这也是一项非常慷慨的优惠让利②。

在全球峰会上，库彻对WeWork大唱赞歌。在诺依曼说WeWork还有维持4—5年运营的资金的那次CNBC的采访中，库彻为WeWork提供了一种传教福音式的描述。他说自己曾经认为WeWork

---

① 奇妙的是，汉密尔顿的产品并不是创造者基金投资组合中唯一的能量增强型咖啡奶精：2018年12月，该基金向"奇图生活"（Kitu Life）咖啡投资了400多万美元，这是一家由WeWork成员经营的小型公司。因此，创造者基金有近1/5的资金被指定花费在非乳制咖啡奶精和能量饮料领域。WeWork在2020年的创造者基金投资情况内部文件中有详细说明。
② 这笔交易最终没有完成。

只是一家出租办公空间的公司,但最近他看到了表面下的公司内涵。他说:"我意识到这是一家技术公司。"**13**

库彻没有丝毫讽刺意味地认真解释了 WeWork 的独特能力,以及这种能力将如何使它在解决社会弊病方面发挥主导作用。

库彻继续说:"这家公司拥有的技术让它比世界上其他任何公司都更有能力将人们聚集在一起,缩小富人和穷人之间的鸿沟。"

在全球峰会结束后的几周里——在诺依曼向微软剧院的观众夸耀了 WeWork 的未来之后,任何一家谨慎的公司此时都应认识到需要进行全面的变革。

WeWork 无法实现盈利的情况突然变得很危险。如果没有孙正义为更大的"坚韧计划"所承诺的资金,公司将需要从其他渠道找到数十亿的资金来维持其存在。但 WeWork 仍像是还有孙正义的无限银行账户一般大肆花销。

在不到两年的时间里,WeWork 已经烧掉了孙正义近 30 亿美元的资金,但它并没有向成为可持续发展的盈利企业的方向改善,甚至离这个目标更远了。然而,似乎没人肯站出来敲响警钟。

内部人士的担忧往往都未声张。贝伦特、阿蒂·明森和多位董事会成员都曾告诫诺依曼 WeWork 应该考虑放缓增长速度,但没有一个人足够强硬,而且尝试改变策略的努力往往也只是半心半意的,或是用力不足,或是提得太晚。

例如,在全球峰会之后,诺依曼让公司缩减了原本在"坚韧计划"下设想的一些企业投资项目。他期待成立一个"We 力量"(Powered by We)部门来给自己的办公大楼翻新办公室,然而这个愿望在很大程度上被中止了。"We 成长"的扩张被搁置,而"We 公司"的更名最终只是一种修辞上的包装,并不代表任何战略上的转变。

不过，WeWork 的主营业务仍在继续狂热地增长，并伴有大量的支出。每个人都寄希望于诺依曼能继续做他一直在做的事情：说服新的投资者以更高的估值买入 WeWork 的梦想。他们所要做的就是说服公共市场相信 IPO 带来的承诺，此举可以提供一波资金来冲走公司的罪孽。

第 29 章

吉他屋

在软银大型收购案、全球峰会和迈阿密之旅后（诺依曼在摩根大通为该银行所谓的超高净值客户举行的私人会议上发表了讲话），诺依曼夫妇于2019年1月去了湾区马林郡（Marin County）的宁静之地。这是一场计划已久的旅行，他们打算在那里待上几个月，希望能融入硅谷文化，并且和在诺依曼眼中与WeWork是同行的科技公司打成一片。

诺依曼一家搬进了前年夏天在科尔特马德拉（Corte Madera）以2 100万美元买下的房子。科尔特马德拉是旧金山以北10英里（约16千米）处的一个高雅、平淡而又美丽的郊区，位于该地区最大的山峰塔玛佩斯（Mount Tamalpais）的脚下。春天时，周围的山丘会披上鲜绿的色彩。他们这座占地1.3万平方英尺（约1 207平方米）的豪宅坐落在一片桉树林中，站在豪宅的最高层可以看到旧金山的天际线和最高的"销售力量"大厦（WeWork的西海岸总部就在这座楼里）。这处豪宅设有一个壁球场和一个带有巨大水滑梯的游泳池。在房子的中心，有一个吉他形状的录音室[1]，连接着一个细长的吉他柄形状的走廊。这块地上曾有一座属于摇滚乐推广人比尔·格雷厄姆（Bill Graham）的房子（后来被拆除了），所以媒体给这里的房子起了个绰号——吉他屋。

12月的麻烦到来之后，湾区为亚当·诺伊曼提供了一个可以放松的地方。他会到位于"销售力量"大厦的办公室上班。他把这里设想为WeWork在硅谷的野心纪念碑，经常赤脚在大厅里散步。

这次改换环境是在诺伊曼漫无头绪的时候。经历了软银的打击之后，他一直在寻找用某种方式来重新定义WeWork——不仅仅是出租办公室。

在助理们眼中，与软银交易的失败困扰了诺伊曼好几个月。这位曾经精力充沛的领导人似乎变得沉默寡言，不再那么热情洋溢、充满激情。他曾那样接近目标，只差一步就能与财大气粗的孙正义绑在一起，只差一步就能拥有无限的资金并远离公共市场。他的心绪似乎很混乱，WeWork没能成为他和孙正义梦想中的10万亿美元公司，他似乎还没能完全消化这个事实。

诺伊曼试图与硅谷的大公司建立联系，但从未与这些人对上眼。诺伊曼见了谷歌的首席财务官露丝·波拉特（Ruth Porat），他和布鲁斯·邓利维都试图说服她加入WeWork的董事会，但没有成功。他狂热地寻找与苹果公司的首席执行官蒂姆·库克会面的机会。诺伊曼和他的助理们向苹果公司推荐了一个想法，让增强版的WeWork钥匙卡与iPhone捆绑。最终，库克同意了会面。诺伊曼非常兴奋，他注意到库克是同性恋，于是询问助理自己是否应该去做个发型。

然而，与这些公司的会议都没有达成任何具体的成果。谷歌没有，苹果没有，甚至另一家在成立时间和估值上更接近 WeWork 的创业公司爱彼迎也没有。

在与这家旧金山民宅租赁创业公司的多次会面中，诺依曼向爱彼迎的首席执行官布莱恩·切斯基推介了重启"We 生活"并将其推广到全球的计划。尽管爱彼迎的估值较小，只有 350 亿美元，但其在硅谷拥有诺依曼难以企及的信誉高度。因为爱彼迎的亏损较少，其商业模式的效率较高，切斯基得到了许多顶级风险资本家的看重。

诺依曼希望能和对方培养出一种伙伴关系。他对切斯基说 WeWork 和爱彼迎可以共同建造 1 万个公寓单元，放在爱彼迎上出租。切斯基最初的反应是，对爱彼迎来说，1 万个单元有点太少了。爱彼迎会在自己的网站上列出数以百万计的房屋，所以为 1 万个公寓单元费那么大力气不值得。在随后的会议上，诺依曼又提出了一个新的计划：他们将建造 1 000 万套公寓。切斯基很不理解。他不明白诺依曼觉得他们能从哪里拿到足够的钱去建造 1 000 万套公寓？如果每套公寓的建造成本为 10 万美元——他们讨论过这个数字——那就意味着需要 1 万亿美元。

他们并未达成协议。

在各种招揽新业务的努力中，诺依曼有时会流露出怒意。与软银交易的失败让他很不高兴，甚至在他努力恢复与孙正义的交易时，也会一再跟助理说他想"搞死马萨"。当孙正义不让诺依曼参与他为 WeWork 其他员工和投资者安排的 10 亿美元的股份收购时，诺依曼十分沮丧。但孙正义认为诺依曼已经拿到足够多的钱了。

这件事还带来了其他的负面影响，诺依曼并没有因为交易失败而变得谦卑。相反，由于在创业圣坛上被自己的导师抛弃，他的不安全感增加了，自负也随之增加了。

高级管理人员会被临时要求飞往旧金山与诺依曼面谈，结果到了旧金山却要等上好几个小时，甚至有时诺依曼根本就没见他们。有好几次，等人到的时候，他已出国了；或者他人在，但是根本没有时间见面。各种大大小小的会议没完没了。在一些冗长的行政会议中，诺依曼的助理会中途走进来，在他面前摆上银器和餐巾，然后给他送上由私人厨师准备的饭菜。在其他同事们饿着肚子继续讨论手头的议题时，诺依曼会毫无顾忌地吞下自己的午餐。WeWork 的员工们不止一次看到他把盘子拉到嘴边舔干净。

诺依曼继续炫富，不断让员工看到他能比他们卖更多的股票。当员工去他家时，经常会看到有 3 个保姆在照看他的 5 个孩子，保姆们有时还穿着绣有 N 字的配套白色网球衫。

他变得更加专注于用自己的钱投资其他创业公司，这其中包括一家医药公司，以及一家商业模式与 WeWork 类似但主营高档旅馆的公司"塞琳娜"（Selina）。

诺依曼的豪车数量在不断增加，他经常开着一辆迈巴赫（Maybach）到处兜风。这是由梅赛德斯－奔驰的一个分部制造的超级豪华汽车，售价超过 20 万美元。他还购买了一辆特斯拉、一辆凯雷德以及其他各种款型的豪车。他经常以车队的形式出门，让一个司机开着轿车或 SUV 跟在他的迈巴赫后面，这对他经常在车里举行会议或面试的做法来说还是很有用的。会议结束后，两辆车都停靠在路边，同乘的人会下来换车，再由空车司机把他们送回办公室。一位高管曾在长岛高速公路的拥堵车流中被放下，他自行在车流中找到后面的跟随车辆。

资金被大量投入诺依曼夫妇的房地产投资组合。除了加州的房子，他们还在纽约扩大了自己的私人房地产帝国。他们开始对位于城北庞德岭（Pound Ridge）市值1 500万美元的都铎式住宅进行改造[2]，在现有的1.3万平方英尺的基础上扩大了2 000平方英尺。尽管扩大了住宅面积，但他们实际上把9个卧室减少为5个超大型卧室。他们还在附近购买了一套价值320万美元、占地6 000平方英尺（约557.4平方米）的房子，供在装修大住宅期间使用。

诺依曼夫妇在2013年购买的曼哈顿西11街的联排别墅一直在不断装修，让邻居们心烦不已。最后，夫妻俩认为这个地方有太大的安全风险。因为没有门卫，小偷可能从街上进入屋子。他们没有使用这里，而是在格拉梅西公园（Gramercy Park）边上又租了一个巨大的公寓，同时还在寻找其他的房子。他们在2017年秋天找到了心仪的住所，花了3 400万美元买下了欧文广场（Irving Place）78号的一大片公寓。这些公寓位于格拉梅西公园旁边一栋修建于1920年的沙砖建筑之中，离WeWork的总部只有5个街区远。

尽管开发商刚刚彻底翻修过这栋楼，诺依曼夫妇还是大动干戈，将5楼的单元与6楼和7楼结合起来，拆除了其中一层的墙壁，造了一个巨大的主卧室。在一楼，他们将两个单元结合起来，建了一个使用率很高的居家式办公空间，WeWork的员工经常到这里开会。

购买这么多的单元房使这对夫妇完全控制了这座大楼的公寓委员会。这其实与亚当·诺依曼在自己公司的情况并无二致：诺依曼夫妇可以随心所欲地做出改变而不用负责，尽管邻居们很不满意。诺依曼让3名核心员工[3]加入了他的公寓委员会：曾多次担任亚当·诺依曼的幕僚长的梅迪纳·巴蒂，长期助理斯特拉·坦普洛（Stella Templo），以及另一位前幕僚长乔尔·斯坦豪斯（Joel Steinhaus）。

由于诺依曼夫妇大部分时间都住在加州，纽约的高管不得不替他们处理在曼哈顿的家中的一个棘手问题。没人想管这件事，但这是丽贝卡·诺依曼指定的优先事项，先是分配给阿蒂·明森，后来又转给其他人去办。

这个棘手的任务与诺依曼夫妇的新家旁边的 5G 基站有关。这对夫妇宣称，这东西不能留在那里，WeWork 的高管们需要把它移走。

他们给出的理由是丽贝卡对电磁的担忧。5G 蜂窝技术的出现似乎尤其让她感到害怕。在丽贝卡只有 11 岁的时候，时年 23 岁的哥哥死于癌症[4]，对她和她的家庭造成了沉重打击。后来她又因癌症失去了几个近亲：她父亲的兄弟（格温妮丝·帕特洛的父亲）和姐妹。她经常说自己有一些关于健康和保健问题的恐惧症[5]。亚当告诉同事们，由于丽贝卡害怕潜在的健康影响，他们延迟了孩子们的疫苗接种时间。但美国疾病控制和预防中心警告家长，最好不要推迟孩子的疫苗接种时间。

由于这些恐惧，她开始偏执地惧怕 5G 基站会带来潜在的健康威胁。夫妇俩在装修欧文广场的公寓时，在孩子们房间的墙上安装了额外的电磁屏蔽装置。但丽贝卡认为这仍然不够安全，得把 5G 基站拆了。

在纽约，拆移动基站不是一件简单的事情，并不是给某个关系好的政府领导或相关通信公司经理打个电话就能解决。

于是，明森作为时代华纳有线电视公司的前员工，被这对夫妇要求利用人脉关系让威瑞森（Verizon）通信公司或斯普林特（Sprint）通信公司去给 5G 基站挪个地方。当时这位首席财务官正在忙于为公司上市做准备，不过他对这对夫妇说自己为这事托了些关系。

明森没有取得什么实质性的进展，于是公司里的其他人也被叫来处理这件事。最终，这个苦差落到了玛丽亚·科梅拉（Maria Comella）的头上。她是一位备受瞩目的政治活动家，是 WeWork 的高级公共事务和政策主管。她曾是纽约州长安德鲁·科莫（Andrew Cuomo）的办公室主任，也是共和党派的高级助理，其中包括新泽西州长克里斯·克里斯蒂（Chris Christie）。她在整个春季花了大量时间求助于电话公司和其他公司，努力拜托他们移动基站，同时还要忙碌于 WeWork 的本职工作。

当 WeWork 的员工为诺依曼夫妇在纽约的房子忙碌时，这对夫妇则把 WeWork 纽约提供的一些便利服务带到了湾区。他们让"We 成长"（WeGrow）的工作人员负责教导他们和这里一些其他人的孩子，地点安排在吉他屋。

他们把一位纽约的教师调来湾区，又在当地聘请了一些老师，再带上因为 WeWork 与诺依曼夫妇有关人士的孩子，组成了这个小学校。诺依曼夫妇请"指挥家"（Conductor）公司的首席执行官赛斯·贝斯默特尼克一家子，和他们一起在加州住上一两个星期。他们还从夏威夷聘请了诺依曼的冲浪教练多姆·德尔·罗萨里奥（Dom Del Rosario）作为全职教练。德尔·罗萨里奥有 4 个孩子，其中 3 个是学龄儿童，他们也将加入这所在加州的学校。

诺依曼夫妇离开纽约的"We 成长"对许多人来说是一种解脱。员工得以从丽贝卡·诺依曼龙卷风般不断变化的指令中得到短暂的休息。教师们把丽贝卡不在的日子称作"Festina Lente"[6]，即拉丁语中的"慢慢来"。他们可以专注于学生，了解如何为他们提供最合适的教育。

这对夫妇似乎对他们这种生活方式自带的矛盾视而不见。即使他们依靠出售股票的钱过得越来越奢侈，即使他们利用公司获取了明确无误的、往往还是非常极端的个人利益，这对夫妇仍然会经常说自己与员工、投资者都是同一个家庭的成员。早些时候，在购买了位于庞德里奇的价值1 500万美元的房子后,丽贝卡·诺依曼曾向一位采访者夸耀说[7]:"我们信奉这种轻资产的新型生活方式(其定义是减少物质产品),"紧接着她又补充道,"我们想依靠土地生活。"

就像在"We宇宙"(We universe)中的大部分情况一样,诺依曼夫妇不断地将私生活和职业纠缠在一起,并向外扩散渗透。这不仅仅是省钱的问题。诺依曼夫妇说,对于员工花在他们私人项目上的时间,他们很乐意报销。但这个承诺并没有得到贯彻。有时员工不知道有什么流程可走;而其他时候,公私之间的界限又太模糊了。

在圣何塞(San Jose)这个美国第十大人口密集城市的相对未开发的市中心区域,诺依曼用自己的钱悄悄地积累了相当一大片地产。他利用当地一位名叫加里·迪拉博(Gary Dillabough)的开发商,为意大利银行这座建于1925年的优雅的14层砖瓦大楼支付了3 300多万美元。在这附近,他以2 500万美元买下了一个停车场,拿到了科技博物馆旁边的一块地皮,还用4 000万美元买下了一栋办公楼,随后租给了WeWork。他在圣何塞总共购买了超过1亿美元的房产,主要在2018年全年和2019年年初。

这一切的背后是一个秘密的计划,即在城市中再建立一个WeWork城市——一个充满了WeWork办公楼、"We生活"公寓、"We成长"学校以及WeWork大家族中任何其他东西的城市园区。

比亚克·英尼尔斯制订了总体规划,而罗尼·巴哈尔则是这个规划的主要推动者。他们的设想是建立一个价值数十亿美元的办公室和公寓群,作为尚未确定的技术的试验场。这是一种"智能城市",WeWork希望成为其中的主要参与者。他们设想了一项价值70亿美元的开发工作[8],为3万多张WeWork的新办公桌和5 000套"We居住"公寓提供空间。

诺依曼用自己的钱来参与这件事。因为到了这个时候，他能意识到，花这么多钱购买房产是为了未来发展这一说法是很难让投资者买账的。但这种公私混合仍使 WeWork 和自己的首席执行官面临潜在的利益冲突，正是这种冲突之前干扰了他在个人房地产领域的早期尝试。《华尔街日报》在 2019 年 1 月披露了诺依曼在圣何塞的安排和一些其他建筑的购买细节，当时媒体广泛报道了这些消息，舆论反应强烈且负面。

诺依曼承诺以成本价将这些房产转让给 WeWork 的房地产基金，尽管他似乎仍未理解感到震惊的外部投资者和旁观者为何如此密切地关注此事，他并不觉得这是种明目张胆的恶劣行径。诺依曼对彭博社说 [9] 自己不理解这些担忧，他的意图是用这些房产为公司带来好处，而且他这样做是在做出个人牺牲。他对《商业内幕》(*Business Insider*)说自己完全站在 WeWork 的这一边，因为他是公司最大的股东。

他表示："WeWork 就是我 [10]，我就是 WeWork。"

关注这些头条新闻的人中有布鲁斯·邓利维和史蒂文·兰曼，他们是 WeWork 最初的两名外部董事会成员。当软银收购 WeWork 大部分股权的交易失败时，两人都垂头丧气。他们本来都已经走到了非凡成就的脚下，只差一步就能兑现利润丰厚的投资回报。

现在，他们想以另一种方式出售他们的股份：他们希望 WeWork 上市，而且要快。

他们已经厌倦了诺依曼的荒谬行为，诺依曼也早已不再向他们寻求密切的指引或辅导。他们所处的位置并不是特别舒适，要坐在董事会里批准一个又一个他们个人不同意的项目，比如收购冲浪池公司、购买飞机。但诺依曼实际上完全控制了公司，所以他们在董事会的席位也主要是以顾问的身份。多位董事认为，如果他们投反对票来动摇局面，必然会失去诺依曼的青睐，随之失去对他的任何影响力。当然，如果所有的董事都联合起来，他们就能在投票上击败诺依曼。如果他仍坚持要推动某项措施，他将需要采取更激进的手段，例如增加董事会的席位。但是，董事会并没有联合起来投票否决诺依曼购买喷气机或者任何其他的事情。

兰曼和邓利维认为公共市场可以对诺依曼施加他们无法做到的监管。他们认为，比起他们的劝告或抱怨，诺依曼可能会更听从股票价格发出的声音。更重要的是，一旦公司上市，他们在此的工作就基本结束了。有些情况下，早期投资者会在公司留任数年，但通常风投公司很快就会转手卖出，新的董事会成员也会随之就位。

更重要的是，兰曼和邓利维都知道WeWork需要更多的钱，也就是更多的燃料来推动它的指数式增长。如果软银不改变主意，它就只可能在公共市场上找到必要的资金。他们意识到是时候结束WeWork在私人市场的旅程了。

这两位投资者深知诺依曼朝着中饱私囊的歧途越走越远，于是制订了一个计划，利用他们掌握的权力机制——薪酬，将其转化为自己的优势。这两个人负责监督董事会的薪酬委员会。

他们为诺依曼提供了一个利润丰厚的补偿方案，如果WeWork继续表现良好，这个方案会让他变得异常富有。如果他让WeWork上市，他们会给他近1 000万股的股票期权。按照WeWork当前的估值，依赖于IPO的薪酬方案将为他带来超过7亿美元的收入。更加美妙的是，最终的交易将给他带来数十亿美元的额外股票，不过前提是WeWork的估值在公开市场上能够不断增长。

诺依曼同意了这笔交易，但仍然想要更多。他在保罗-韦斯公司的律师为他展示了一种重组WeWork的方法：如果他能按长期资本收益率而不是标准所得税进行缴税,那么他就能大大节省税务支出。看到这种潜在的好处,他下令对公司进行全面的法律重组,公司律师做出了巨大努力,将 WeWork 重新归类为一种叫作"伞状合伙企业"[①](Up-C)的结构。这个设计使他自己和少数拥有特权的高管获得了低税率结构的股票待遇。

公司的其他员工就没那么幸运了,他们的股票被设定为按标准税率纳税。

---

① 伞状合伙企业是指以投资与被投资关系建立的具有独立法人地位的公司组成的相互关联的公司群体。这种公司群体就像一把打开的伞,因此称为"伞状合伙企业"。WeWork 在中国没有正式且唯一的中文名称,也是因为这种公司结构。——编者注

第 30 章

试水前的试水

亚当·诺依曼的朋友和熟人从世界各地赶来，聚集在由印度洋中部的 1 200 个小岛组成的马尔代夫共和国。来的人中有诺依曼的童年伙伴、工作中的高级助理、他的家人、他的孩子们在"We 成长"的几个老师、他的理发师，还有他的保镖、冲浪教练、冲浪教练的朋友以及数量众多的保姆。

诺依曼即将迎来 40 岁的生日，他想大肆庆祝一番。

这里是为期 3 周、多段行程的长途旅行的最后一站，为他迈向不惑前的岁月画下句号，这趟旅行还包括前往多米尼加共和国和地中海。

但马尔代夫对他有一种特别的诱惑力：这里是冲浪者的天堂。

诺依曼通常带上的冲浪旅行团包括教练、水上摩托驾驶员和至少一名无人机摄影师（负责拍摄记录）。但这次的马尔代夫之旅有所不同。他的首席冲浪教练多姆·德尔·罗萨里奥在 2019 年年初成了诺依曼的全职私人教练。他带来了一整队同事，包括夏威夷冲浪界的一些知名人士和来自多米尼加共和国的一名教练。这些冲浪者和大量的辅助人员单独住在相当豪华的度假村"楼易斯"（Lohis）；诺依曼和他的朋友们则住在五星级瑞提拉岛度假村（One&Only Reethi Rah），这里风景如画，一座座美丽的别墅坐落在海中的木制码头上。

诺依曼租了一艘巨大的游艇，停泊在环礁的深水区，想以它来创造旅途收尾的高潮部分。在这一周时间里，这位首席执行官将 239 英尺高的泰坦妮亚号（Titania）[1] 变成了自己的宫廷。这艘 5 层楼高的船配有 21 名船员，船上有游泳池、水疗所，还有一架大钢琴。它的挂牌价是每周 50 多万美元。

这艘游艇会环游至各个岛屿进行游览。在一次远行中，船卡在了一个沙礁上。诺依曼很喜欢聊自己曾经历的海军岁月，经常坚持指导船员们该如何做事，这次，他又立马冲上前去，指导他们解开船体。在另一次前往哥斯达黎加的冲浪旅行中也发生了类似的插曲。

选择在这个时候去世界的另一端开派对，时机很怪。因为诺依曼的公司刚刚开始计划成立至今最重要的财务行动：IPO。

WeWork 终于准备公开上市了。

在马尔代夫之行的一个月前，阿蒂·明森非常焦虑。

共享汽车公司"里飞"在 3 月 29 日上市，受到了华尔街投资者的热烈欢迎。该公司是这一批老化、亏损的大型初创公司中第一个开始公开交易的公司。它在上一年亏损了 9 亿多美元，而且没有表现出任何扭亏为盈的明确迹象。然而投资者对该公司的估值为 240 亿美元[2]，比几个月前的私人投资轮中的估值高出一倍多。

对明森来说，这是一个好兆头。没有利润的快速增长型公司受到了市场的欢迎：上市的窗口是敞开的，更何况 WeWork 拥有更好的业务。这位财务总监长期以来一直主张上市，并希望能及早推进。他清楚地知道，随着软银投入的资金耗尽，IPO 是 WeWork 获得所需数十亿资金的唯一路径。

他告诉诺依曼，WeWork 现在就需要上市。

诺依曼在出发去环球旅行过生日之前下达了指令：他们可以开始准备了。明森、贝伦特和他们各自的团队开始紧锣密鼓地工作，理顺 WeWork 的财务和监管系统以便上市。这将是一次巨大的推动。

诺依曼在旅行期间还是设法做了一些工作，他召集了一名 WeWork 员工[3]飞往马尔代夫向他做一次关于团队进展的简报。这趟旅途需要 18 个小时。

2019 年 4 月 29 日，诺依曼在马尔代夫让工作人员给 WeWork 的员工写了一封邮件，让他们知道公司正在推进 IPO 的工作。"我现在没有确切的日期或时间表与你们分享[4]，但我想让你们先知道，这件事已经开始了。"

这对员工来说是个好消息。WeWork 的工资往往比其他创业公司低。比起薪酬，他们会向潜在的员工宣传他们的使命以及公司发放的股票能带来的潜在财富。一些早年加入的人坐拥数百万的纸面金额。很快，每个人都将变得富裕。

IPO 不仅仅是一个公司从私人投资世界过渡到公共股票市场的毕业典礼，它更类似于一场选举活动。公司必须真正向公众推销自己，向公共市场的投资者们提供详尽的财务报表，提供如何赚钱和为什么能在未来蓬勃发展的条理性说明。估值是其中一个关键的组成部分，公司希望这个数字尽可能大。估值越高，公司从出售的每股股票中赚得就越多，其现有的投资者也就会越富。

在这个艰苦的过程中，至关重要的是找到一家或者几家投资银行作为中间人，为公司走向公开市场的这一个月的艰苦跋涉提供指导。银行家们了解投资者，知道他们喜欢听什么，知道什么会刺激需求，什么会让他们害怕。最重要的是，他们是判断股市投资者会给一个公司评估多少估值的专家。

在华尔街，成为公司 IPO 的引导者是一个令人艳羡的美差，特别是对 WeWork 这样知名度高、估值也高的公司。首先，这很可能带来一笔意外之财。对于像 WeWork 这样规模的单次 IPO，投资银行通常会参与分享超过 1 亿美元的费用。

除了巨额回报之外，银行还觊觎获取由主导 IPO 产生的声望和日后吹嘘的权利。最重要的角色是"领头的左位"——这个词来自参与的投资银行在提交给美国证券交易委员会的监管文件中的排列顺序。领头的银行会被列在其他银行的左侧。

银行家们之所以多年来一直讨好诺依曼和他的团队也是出于这个考虑。WeWork 被认为是继优步之后全美最有价值的创业公司，摩根大通、高盛和摩根士丹利的银行家们都希望自己所属的机构能被指定为"左位"。

到了 5 月，WeWork 已经准备好要进行选择。诺依曼和他的助理们从印度洋回来后组织了一次"烘焙会"(bake-off)。这是华尔街长期以来的一种仪式，银行家们会在这个竞标会上为其在 IPO 中将担任的角色进行自我推介。

理论上，公司希望银行家们对公司的优势和劣势进行冷静、诚实的评估，并对公共市场投资者可能对公司给出的估值提出真实的范围。实际上，竞标会本身往往会成为营销过程的一部分。银行经常会先给出一个很高的预期估值范围以获得执行团队的好感，然后在随后的几个月里将高预期撤回。例如，优步被告知其在 IPO 中的估值可能高达 1 200 亿美元[5]，但它后来上市时的估值比这少了大约 400 亿美元。

摩根大通多年来一直以高度看涨的预测来诱惑 WeWork，诺依曼曾利用这些预测来敦促孙正义在投资时推高 WeWork 的估值。诺依曼和阿蒂·明森基本上将银行之前对 WeWork 的预测估值当作事实，以此来证明为何其他公司应该接受 WeWork 的股票而不是现金，或以此解释为何高管的实际股份红利比其纸面价值要高得多。

在诺依曼的监督下，召集了一个小型的 WeWork 团队，该团队负责权衡 3 家争夺 IPO 引导者资格的银行的表现。参与者有阿蒂·明森、迈克尔·格罗斯和伊兰·斯特恩（Ilan Stern），后者曾是对冲基金经理和风险投资者，最近接手管理诺依曼的个人财富。

摩根士丹利第一个参加了对 WeWork 的"朝拜"活动，由杰出的科技银行家迈克尔·格莱姆斯（Michael Grimes）引领。格莱姆斯曾在硅谷顶级的公司的 IPO 中发挥了核心作用，包括谷歌、脸书、领英、快拍和优步。人们都知道他喜欢采取戏剧性的行动来打动企业家。在争取优步时，他以优步司机的身份体验了轮班工作[6]，并在向公司推介自己团队时做了一个演讲，概述了他以司机身份学到的东西。然而，与高盛和摩根大通的银行家不同，格莱姆斯及其团队之前与诺依曼的合作要少得多。

不过，WeWork 的团队还是为格莱姆斯的业务知识和他对摩根士丹利将如何向投资者推销公司的出色见解所打动。这家银行已经总结了一份 WeWork 能用来向潜在投资者展示的视频样本，并已撰写了一份 IPO 招股书草案——这是一家公司用来向投资者推销自己并需要与美国证券交易委员会共享的关键性文件。但格莱姆斯也提出了一些警示性意见：里飞的股票已经开始下跌。格莱姆斯是在为优步 IPO 举行会议的间隙来到WeWork总部的，优步的IPO将在那周晚些时候进行。格兰姆斯很坦率。投资者对优步的亏损很警惕，他们对WeWork的态度只会更加紧张，尤其是在缺乏正确引导的情况下。WeWork至今仍未证明自己可以成为一家盈利的企业。格莱姆斯说，他发现投资者中存在一些持怀疑态度的人。

格莱姆斯告诉诺依曼："你需要我们。"

摩根士丹利给出的范围是银行家们将以250亿—650亿美元的估值向潜在投资者推销WeWork。

诺依曼认为有怀疑态度的人会比格莱姆斯说的少。"你没有尽可能地把热情发挥到最大。"

接下来是高盛，这家银行素来自傲于比华尔街的对手更加老练、精明。

在过去几年里，高盛与诺依曼建立了紧密的联系。这家银行曾帮助他在中国筹集资金。在劳埃德·贝兰克梵于2018年年底离开首席执行官职位之前，诺依曼和他成了朋友，经常与他见面、共进晚餐，并打电话向他征求意见。贝兰克梵的继任者大卫·所罗门在接任首席执行官后不久和诺依曼一起吃了晚饭，所罗门还为诺依曼播放了一些音乐[7]（这位首席执行官以喜好偶尔作为舞蹈俱乐部DJ进行演出而闻名）。诺依曼向他展示了WeWork位于百老汇大街85号的办公室，这是高盛的前总部。

高盛的领导人中还有金·波斯内特（Kim Posnett），她是驻纽约的顶级技术银行家，也是诺依曼特别喜欢的人。1999年从耶鲁大学毕业后，波斯内特在洛杉矶担任数学辅导员，她在那里尝试了一些表演工作，从未获得好莱坞青睐，后来去沃顿商学院攻读MBA。

高盛团队交给诺依曼的是一本印满大量图片的册子[8]，为贴合他的偏好和自我意识而量身定做。他们知道诺依曼有阅读障碍，所以没有在册子中加入太多的文字，主要是使用一些表达性的图片。封面使用了 WeWork 的标语，用草书字体写着"做你喜欢的事"。第二页是特蕾莎修女、林－曼努埃尔·米兰达（Lin-Manuel Miranda）、史蒂夫·乔布斯和鲍勃·马利（Bob Marley）（"爱你的生活，过你爱的生活"）的励志语录。

当需要出现数字时，他们很清楚应该放入哪些数字。有一页的标题是"带你通往 1 万亿美元的道路"，描述了该公司将怎样在未来的 15 年内实现这一目标。高盛团队将 WeWork 与"销售力量"、脸书和视频会议软件公司 Zoom 放在一起做比较，并指出 WeWork 的增长速度几乎超过所有这些公司。当然，这些公司都是盈利的，但高盛并没有纠结于这个差异点。

在册子的最后，高盛列出了它预测的估值范围，其计算方式与摩根士丹利的略有不同。高盛预计，WeWork 的估值将在 610 亿—960 亿美元之间[9]。

诺依曼很高兴。他很喜欢这个方案，并对预测的估值范围感到很兴奋。他认为显然高盛更了解 WeWork。如果估值能达到 960 亿美元，WeWork 的价值将超过通用电气，超过西维斯　CVS），甚至超过高盛自己。锦上添花的是高盛还看好 WeWork 的借款能力。它正在准备一项计划，打算为 WeWork 提供 100 亿美元的贷款。

最后是摩根大通。他们认为自己已经和诺依曼的公司建立了足够的信任，可以轻易赢得胜利。阿蒂·明森甚至在演讲前就对其银行家们说他们会是最受欢迎的。经常被诺依曼称为自己的"私人银行家"[10]的首席执行官杰米·戴蒙没有参加会议，他发了一封信，告诉诺依曼和他的团队："在你们开始这个阶段的旅程时，你们将拥有公司的全部资源。"[11]

诺亚·温特鲁布的压力很大。这位摩根大通的银行家在 6 年前就认识了诺依曼,并帮他办理了大通银行的账户。他一直与诺依曼保持着密切的联系,就是为了现在这个终极目标。在不断争夺顶级 IPO 的战斗中,摩根大通总是落后于其他的竞争对手。它的团队刚刚在美国互动健身平台派乐腾(Peloton)的 IPO 中输给了高盛,尽管温特鲁布和其他人花了几年时间帮助这家运动自行车初创公司筹集资金[12]。虽然摩根大通在承诺未来 18 个月不与优步合作之后成功主导了里飞的 IPO,但里飞的股票在第二个交易日就暴跌至低于其 IPO 的价格[13],这让他们最初的欣喜变成了失望。

温特鲁布的演讲缺乏高盛的那种花言巧语。温特鲁布没有强调达到 1 万亿美元的前景,而是谈到了 WeWork 的战略优势——它正走在重塑大型企业租赁房地产方式的道路上。递交给 WeWork 的后续幻灯片中提到了 WeWork 的"规模"和"技术"等"超级力量"[14],指出 WeWork 未来的现金流是"待定"的,并补充说这将是一个"重要的指标"。在他的个人演讲中,温特鲁布给出的价格对于一家房地产公司来说算是很高,但与 WeWork 的预期相比却很保守。

摩根大通给出的估值范围是 460 亿—630 亿美元[15]。

这个预测得到的反响不好。诺依曼对这家熟悉的银行很不满意,认为这是一个糟糕的方案。他责备温特鲁布,说他跟了 WeWork 的商业案这么多年,还是不明白 WeWork 是怎么回事,重复了他们之前会面时常说的话。诺依曼说温特鲁布不相信 WeWork,并伤口撒盐般地告诉他:"高盛相信,他们认为市场相信我们。"

他告诉温特鲁布:"他们会接手这件事。"

温特鲁布无法理解。在过去的 5 年里,他花了无数时间去迎合诺依曼的每一次心血来潮，但最终成了失败者，杰米·戴蒙肯定会不高兴。摩根大通多年来一直在投资 WeWork 和诺依曼，不仅花时间陪他吃喝玩乐，还在动用实际资金。该银行的资产管理部门在 WeWork 的估值为 15 亿美元时就对其进行了投资，摩根大通已经成为 WeWork 以及诺依曼个人的一个大额贷款人。当他想要得到与自己股票挂钩的贷款时，摩根大通是他的后盾。对于他持有的那些最为昂贵的房产，摩根大通是他的贷款人。摩根大通给了诺依曼超过 9 700 万美元的抵押贷款和其他贷款。

大多数创业公司都会在这个阶段做出最终决定，但诺依曼是个谈判家，他选择了另一种方式，他要尽可能晚地正式指定首席"承销商"。这个做法会令各家银行在未来几个月内相互竞争，这正是诺依曼喜欢的超竞争环境。从某种意义上说，这是个聪明的做法，银行将继续使出浑身解数去赢取他的青睐。然而这样做同样会带来一个意料之外的后果，那就是银行家们将不再向诺依曼直言不讳地告知现实问题。他们知道诺依曼不喜欢坏消息，于是就试图从其他方面去拼凑出更为乐观的意见。

诺依曼坚持这样做的一部分原因是他想从牵头银行那里获得尽可能好的债务方案，能多拿到数十亿美元来维持 WeWork 的运转。

竞选结束后不久，高盛的银行家们欣喜地发现他们现在是最有希望的，于是开始着手[16]达成一项提供高达 100 亿美元债务的协议。这是一项复杂的安排，依赖汇总到总部计算费用前的各区域 WeWork 共享办公室的利润。WeWork 的借贷能力将随着时间的推移扩大到 100 亿美元。虽然整体业务在持续亏损，但大部分亏损集中在 WeWork 总部的费用部分，以及在技术工程师队伍、行政管理、飞机和不相干的业务上。高盛认为，如果他们把贷款限制在 WeWork 的各个所在地，就可以接管这些办公室，如果 WeWork 无法偿还债务时，高盛能控制自己的损失。

在诺依曼眼里，这个计划聪明绝顶。高盛已经看到了其他人看不到的 WeWork 业务的魔法灵药。更重要的是，即使是需要在未来几年内获得，100 亿也是巨额款项，甚至可以让 WeWork 考虑更长时间地保持私有化。高盛当然是希望让 WeWork 进行 IPO，但诺依曼希望能避免或推迟 IPO。

高盛的首席执行官大卫·所罗门亲自向诺依曼表示这笔交易将会完成。诺依曼后来告诉其他银行家，所罗门"审视自己的灵魂，知道我想做什么"，指的就是这笔债务交易。高盛本身被认为会有很好的业绩，银行告诉 WeWork，它将向高盛收取 2 亿美元的预付费用[17]以发放贷款。

但到了 6 月下旬，也就是"烘焙会议"后的 8 周，高盛动摇了。高盛没有独自支付全部 100 亿美元，而是告诉 WeWork，高盛只能为其中 36.5 亿美元的债务提供担保，它将与摩根大通等其他银行合作筹集剩余的资金。

对诺依曼来说，做不到承诺就是一种背叛。他尚未从软银在 2018 年圣诞节期间在计划交易的最后一刻叫停所带来的创伤中恢复，他难以相信在 7 月 4 日将至时，他又要再一次地在假日中手忙脚乱地寻找替代资金。诺依曼怒不可遏地给所罗门打电话说："你抛弃了我！"

诺亚·温特鲁布一直在等待这一刻的到来。摩根大通一直对高盛是否真的能凑足 100 亿美元的债务方案持怀疑态度，他仍然心怀希望，等着 WeWork 能转而求助于他们。现在这个转机就出现了。

摩根大通被要求以闪电般的速度行动。明森告诉他们有 30 天时间来完成交易，温特鲁布在银行内部集结了近百人投入这件事。银行准备好了一个计划，能帮助 WeWork 借到 60 亿美元[18]。

与高盛的债务方案不同，摩根大通提供的报价方案要求 WeWork 要完成 IPO。WeWork 需要从股票市场筹集到至少 30 亿美元，才能获得摩根大通的 60 亿美元债务。

这个方法成功了，或者说摩根大通是这么认为的。诺依曼说他们是最合适的，只要他们能筹集到债务。温特鲁布又回到了驾驶座上，而高盛则被打入冷宫。摩根大通和其他加入的银行[19]，仅从债务中就能获得至少 1 亿美元的费用。再加上从股票投资者那里筹集资金的费用，所有参与的银行都将获得超过 2 亿美元的费用。

不过，高盛并没有就此放弃。它的银行家们多年来也一直在想尽办法地追求 WeWork，赢下这笔债务交易已经成为高盛团队某些成员的执念。这其中就包括斯鲁扬·林加（Srujan Linga），他是一位新上任的董事总经理，给 WeWork 的团队留下了金融奇才的印象。他认为，高盛的报价对 WeWork 来说是一笔更好的交易，一旦诺依曼看清这一点，他就会回到他们这边来。诺依曼邀请了林加和高盛另一位高管拉姆·桑达拉姆（Ram Sundaram）前往他在汉普顿的住所。

银行家们到达后，诺依曼和一直从事债务交易的迈克尔·格罗斯邀请他们去诺依曼的桑拿房。诺依曼解释说，这是他喜欢用来进行思考和谈话的场所。4 个人坐在里面汗如雨下，诺依曼向高盛的银行家们解释了自己为什么要选择摩根大通，这是一个确定的、安全的赌注。诺依曼说，戴蒙曾亲自承诺摩根大通可以为 WeWork 提供 60 亿美元。

尽管如此，林加和桑达拉姆依然坚持他们的计划（被诺依曼拒绝并认为是背叛的修改后的交易计划），是 WeWork 获得资金以继续发展的最佳途径。当林加和桑达拉姆认为他们已经说动了对方时，诺依曼带着他们从桑拿房走向冰水浴。诺依曼宣称，没有人可以在那里待上超过 5 分钟。

与诺依曼几个月来友谊不断增进的林加却认为，他在每天打坐后都会用很冷的水洗澡，他就能做到。林加滑了进去，而诺依曼和格罗斯则盯着时间进行拍照。当冰冷的水包裹着林加的双腿时，他开玩笑说除非诺依曼接受高盛的债务交易，而不是摩根大通的，否则他是不会出来的。诺依曼惊讶地看着他待在里面超过了5分钟。

最后，林加颤抖着走了出来。诺依曼说，他会用这个周末的时间来思考下一步行动。

结果，林加戏谑的恳求是徒劳的。几天后，诺依曼通知高盛团队，他决定正式接受摩根大通的交易，杰米·戴蒙的努力得到了回报。

WeWork即将在公共市场上试水。

第 31 章

致敬 We 之能量

当一家公司在 IPO 上市时,它需要递交给公共市场的投资者一本手册。从 2019 年春天开始,WeWork 的一众律师、会计师和高管人员就在撰写这份文件。他们将总部 6 楼的一间会议室清理出来,作为 IPO "作战室"。

这份文件被称为 S-1 表或 IPO 招股书,是一本指导手册,它会用漂亮的图表与详细的数字颂扬公司的愿景,阐述其成功的案例,展示公司的账目流水,以此来说明公司业务的健康成长。

对于 2019 年的 WeWork 来说,这中间存在一个问题:成立 9 年,公司仍然没有确定自己属于什么业务类型。

多年以来,WeWork 一直挣扎于该如何阐明自己归属的业务类型,它对自身的表述一直是"一家巨大的、快速增长的、会为世界做好事的"公司。最早的投资者并不需要太多的说明,因为他们更多的是把赌注压在诺依曼身上,而不是基于公司的财务状况。后来的投资者则认为公司会成为下一个大型流量案例，因而争先恐后地想要加入战局，也没有纠结于 WeWork 说不清道不明的业务类型。

聚集在 IPO 作战室的人们很快就意识到，对于如何描述 WeWork 并未达成共识，除了所有人都确信它不仅仅是一家房地产公司。但是公开市场的投资者会想知道，如果 WeWork 不是一家房地产公司，那它是什么？

诺依曼常常倾向于将 WeWork 描述为一家科技公司，它在这一领域的努力却举步维艰。它买下的"会面网""指挥家"和其他公司之间并没有体现出清晰的整合逻辑，虽然诺依曼曾经设想让 WeWork 向客户出售分析软件，跟踪公司员工对空间的使用情况，但这一设想从未真正启动。

2018 年，诺依曼向孙正义推介 WeWork 的发展方向，以三角形的方针让 WeWork 接管物业世界，但是从产权到服务，他计划里的每一部分都没有什么进展，因为孙正义还没有投入必要的数十亿美元来使其启动和运行。

于是诺依曼采用了一种新的策略。他敦促团队采用硅谷最为滥用的一个术语，展示 WeWork 其实是一个"平台"。这个描述词意味着它是一个本身没有多少资产的连接各种关系的控制点，比如大型免费分类广告网克雷格列表或知名社交新闻站点红读网（Reddit）。其中一份草案写道："我们是一个全球性的实体平台。"[1]

阿蒂·明森则在推动一种更加基于数字的陈述，着重讲述公司的核心办公业务及其快速增长。WeWork 可以证明其投资于租赁新办公室的每一美元都会通过会员的加入而得到数倍的回报。他认为，投资者想要的是确定性，而像"We 成长"和"We 生活"这样遥远而宽泛的各种未来愿景只会让他们感到困惑。

诺依曼不喜欢明森的保守做法，于是让詹·贝伦特尝试她的方案。然后，他想在两者之间达成一个折中的方案，要更带有"We"的性质。

当 IPO 团队在作战室里苦战时，诺依曼一家去了东部的汉普顿（Hamptons）过暑假。他们隐居于阿马甘赛特（Amagansett）的宅院里，不断有 WeWork 的员工[2]和外部顾问在总部和他们家之间来回穿梭。许多人只能乘坐优步，在夏季的交通中可能需要花上 4 个小时。其他员工对上百英里的漫长跋涉感到厌倦而选择乘坐直升机甚至是水上飞机前往，使用优步式的直升机初创公司"锋刃"（Blade），这家公司可以从乘客公司的信用卡中扣除航班费用。

抵达阿马甘赛特后，会看到诺依曼的两个家。一处在内陆，就在格温妮丝·帕特洛家的隔壁，有一个单独的小屋，WeWork 的员工就在那里工作。另一处是新近购置的一座更华丽、更耀眼的房子，可以俯瞰大西洋，是诺依曼的第 8 个家。在那里，WeWork 的员工更有可能被诺依曼的 5 个孩子干扰，他们会在屋子里进进出出。

那个夏天，在频繁的 IPO 会议间隙，亚当·诺依曼会与他的某个冲浪教练或来访的朋友一同去冲浪。除了他们的两处主要住宅外，诺依曼夫妇还在汉普顿租了另外 3 处房子给他们庞大的员工团队。冲浪教练们（他们必须签署保密协议）会单独住一座，而厨师、保姆、瑜伽教练、他们的理发师和其他工作人员则共同居住在其他的房子里。即便如此，诺依曼还是不断地去热带旅行。他在 6 月去了哥斯达黎加——飞机在一周内从纽约往返了两次，8 月又去了一次。为了规范上市公司的流程，WeWork 的高管和顾问们一直希望诺依曼能够更加专注于解决 WeWork 的不足之处。相反，这一事件的压力和预期似乎加剧了他的不良作风——诺依曼并没有收敛自己的疯狂。

他甚至不能做出简单的决定。如果给他一个直接的要求，比如选择一个证券交易所，诺依曼反而会给出一些如何上市的新想法。工作人员会在会议结束后表示无奈，因为任何有关 IPO 的问题都没有得到解决。

不过，更让员工抓狂的是丽贝卡·诺依曼的参与。WeWork 的员工看着她讨论 IPO 以及与其相关的文书工作，更像是在准备诺依曼夫妇自己的亮相派对。助理们听到这对夫妇大喊大叫，关于在招股说明书中该如何介绍她争执不下。诺依曼告诉她，有这么多的头衔看起来很可笑。最后，她被列为联合创始人、首席品牌影响官以及"We 成长"的创始人和首席执行官。在关于 WeWork 创始人的部分，她被列在亚当·诺依曼之后，在米格尔·麦凯威之前（早些时候，当她被追溯为联合创始人时，她的名字通常列在麦凯威的后面）。

令工作人员头痛的另一点是"插页"，这些穿插在招股说明书中间的蒙太奇照片，上面写着 WeWork 的精神和使命。虽然丽贝卡与招股书的财务部分关系不大，但她非要在这方面发挥主导作用。

这一部分以 20 世纪 60 年代嬉皮士式古怪字体的标题页开始——"走进我们的世界"[3]。每张照片都在展示某种妄想。有一次，她建议图片应该以韦斯·安德森（Wes Anderson）的风格出现，这位古怪的导演曾拍摄过电影《水中生活》（*The Life Aquatic*）和《天才一族》（*Royal Tenenbaums*）。摄影师曾被派往世界各地记录 WeWork 的成员，但无数照片被弃用。有时候，丽贝卡和助理们翻阅了数以千计的照片才能选中一张。她在谈到某些照片时说："它感觉不够有灵魂，它看起来更有 70 年代的感觉。"等文件最终完成时，设计师们已经经历了 37 轮的修改。

丽贝卡决定招股说明书的背面以自然摄影为特色，并加入一些个人风格。诺依曼家族曾捐赠资金，帮助保护了数百万英亩的热带雨林。丽贝卡下令，应该在IPO文件的背面放一些这些土地的照片。诺依曼夫妇决定让一名摄影师乘坐直升机，从空中拍摄他们在伯利兹（Belize）保护的一大块雨林，并宣称他们会承担这笔费用。

做作的用语也是一个问题。有一段带有丽贝卡色彩的话将该公司定义为"一家致力于最大限度地发挥其全球影响力的社区公司"，其使命是"提高世界的意识"。不过，几周后的事情证明，一个更显眼的词将引来更多的嘲讽——"奉献"。

夏天，在与高级管理人员、营销团队成员和WeWork的银行家的一次会议上，丽贝卡展示了她的灵感。她认为，WeWork的IPO说明书需要有一个献词页，就像一本普通的书那样。当团队中的许多人点头同意时，她建议将献词写为："致敬'We之能量'——远超出我们中的任何一个人，但又存在于我们每个人的体内。"[4]

这句话没有被采纳。一些高管有意劝说她放弃这个建议。助理们担心这种姿态会被视作怪异行为，他们建议也许应该改用更直白的方式。丽贝卡妥协了，同意把它拿掉，整个团队松了一口气。但不久之后，当他们再次召开会议时，最新的草案中，献词又被重新放入。丽贝卡向他们解释说，有人告诉她这很精彩。

除了如何做视觉和修辞上的展示，WeWork还在艰难挣扎于该如何展示自己的数据。

亚当·诺依曼在愿意透露更多业务细节和不愿意之间摇摆不定。

奇怪的是，WeWork选择不披露一个被称为"成熟地点经济"的指标，而这个指标会更直接地表达出其核心业务的能力。也许，关于其业务的最基本的问题是WeWork已经开放和出租的办公室的利润有多少。长期以来，这个数字对于理解WeWork的先行者雷格斯公司（即现在的IWG）至关重要。诺依曼和明森曾经向投资者和媒体吹嘘过这个数字，他们说在计入总部和其他增长成本之前，那些租满的办公室的利润率超过30%，有时甚至是40%。[5]然而招股书中根本没有提到这一点。相反，它着重于强调WeWork自己发明的指标，即所谓的社区调整后的EBITDA。

负责制作文件的工作人员担心这将是一个烂摊子，他们曾希望来自摩根大通和高盛的银行家们能为这种混乱带来一些秩序。尽管银行家们确实给了一些建设性的建议，但他们也对诺依曼俯首称臣，不愿给他带来棘手的消息。

摩根大通和高盛的团队经常对诺依曼阿谀奉承。温特鲁布和他的合伙人迈克尔·米尔曼（Michael Millman）搬到了东海岸好几个月，为诺依曼待命，却把自己的家人留在加州。这两家银行似乎在无休止地相互竞争，担心对方会更受诺依曼的信任。

而诺依曼增加了他们的不安全感。助理们看着他从温特鲁布那里得到一个建议，挂断电话，他立即给高盛的大卫·路德维格打电话，提出同样的问题。每家银行都觉得对手在背后对自己搞小动作，而不是大家作为同一团队齐心协力。尽管摩根大通被指定为领头人，但因为诺依曼总是反复无常，两家银行似乎都没有安全感。虽然WeWork承诺不论谁被指定为领头人都会给他们两家相同的费用，但他们依然争斗不休。这涉及自尊心的问题。

这种规模的IPO实际上需要的不只是两家银行，而是一整支银行大军来为数十亿股票寻找买家，还需要分析师团队进行研究以发掘潜在投资者。鉴于整个华尔街的银行都极为渴望参与到这件事中，诺依曼夫妇认为他们可以尝试要求对方做一些与自己的既定价值观相关的改变，特别是围绕可持续发展的问题。

这项工作成为米格尔·麦凯威的任务。多年来，这位联合创始人的角色已经变得模糊不清。他与丽贝卡的关系很紧张。对于诺依曼家族改写公司的历史让她成为联合创始人之一，或在她接替曾经属于他的角色时，麦凯威在公开场合一直保持沉默。然而，麦凯威的一名行政助理曾向其他员工抱怨说，丽贝卡会突然闯进来，偷走麦凯威的想法。

麦凯威的团队试图要求银行做出妥协，能彻底更新丽贝卡提出的关于可持续发展的做法，因为他们寄希望于银行会因为渴求参与公司的 IPO 而愿意禁止吃肉或承诺实现碳中和。这个赌注没有成功：银行高管们不同意做出任何重大改变。

事实证明，WeWork 在另一个目标上取得了成功：证券交易所。

8 月，诺依曼夫妇召集了[6]纽约证券交易所的负责人斯泰西·坎宁安（Stacey Cunningham），以及纳斯达克的负责人阿德纳·弗里德曼（Adena Friedman）来到长岛的东端，让他们展示各自的宣传方案。

坎宁安来的时候，诺依曼说想办一个前所未有的巨大派对。他问坎宁安纽约证券交易所是否可以帮助关闭位于曼哈顿下城的大楼周围的街道，好让诺依曼举办一个巨大的户外街区派对。在坎宁安离开之前，诺依曼让她和丽贝卡谈谈。丽贝卡在厨房里一边吃午饭一边和坎宁安聊天。

虽然坎宁安担任纽约证券交易所的掌舵人只有一年左右的时间，但弗里德曼追随诺依曼已经很多年了，他们因各自的运动兴趣而产生共鸣。早些年，某次弗里德曼访问诺依曼的办公室时，诺依曼要求拥有跆拳道黑带的她向其展示一些动作。她在示范一个回旋踢时撕破了自己的衣服。

弗里德曼非常渴望让 WeWork 获得上市资格，甚至提议创建一个以 WeWork 命名的全新的公司指数，可以叫作"We 50"，只有在环境可持续发展问题的处理上脱颖而出的公司才能入选，并由 WeWork 协助制定条件。这样投资者不仅可以投资 WeWork，还可以投资更多符合 WeWork 理念的公司。

尽管弗里德曼的想法很有创意，但她和坎宁安都没有马上得到回答。诺依曼就像对银行所做的那样，把决定推迟到最后一刻。

那年夏天，当 WeWork 的员工们在为照片和措辞的问题争论不休时，市场上的风向正在发生变化，而且不是向好的方向发展。

在这 10 年的大部分时间里，硅谷一直沉迷于"不惜一切代价实现增长"的方式，相信像 WeWork、优步和里飞这样的公司即使随心所欲地花钱，只要它们的收入能不断飙升就能盈利。推动这一切的是一种假设，即公开市场的股票投资者会极度渴求快速增长的公司，甚至不会在乎损失；他们对这些公司的估值甚至会高于软银和其他私人市场投资者所给出的。这是多年前风险投资公司和共同基金将资金投入这些公司时的指导性论点。他们认为，公共市场也会玩同样的游戏。

但到了夏天，这种根基性的想法开始站不住脚了，"独角兽"吱吱作响的木质舞台已经岌岌可危。

里飞的股票在第一天走势良好，然而，第二天就开始暴跌。到了 7 月，其股价比上市时下跌了 50% 以上。优步曾经希望以高达 1 200 亿美元的估值进行交易，但它也令人大失所望，最终的估值是这个价值的 2/3 左右，它的股价开盘比投资者 4 年前支付的每股 48 美元的价格还低[7]，低于 43 美元。对于近 10 年中最为热门的创业公司来说，这是一个糟糕的表现。

很快就可以看出，股市投资者并不只是想要一个显示快速增长的公司，亏损被视为一件坏事，而这令硅谷的许多人感到惊讶。优步在上市前的 12 个月里损失了 38 亿美元，创下了美国创业公司中的记

录 [8]。即使是规模小得多的里飞也发生了现金断流,在上市前一年的损失超过了 10 亿美元,创下了优步之前的记录。虽然像优步这样的公司喜欢将自己与亚马逊相提并论,但亚马逊在其成立的头 10 年中的损失的总和要远远低于优步在 IPO 前一年的损失。这种亏损是没有先例的。突然间,它们成了一种污点。

摩根大通和高盛的银行家们意识到,WeWork 不会免受市场寒流的影响。在夏天与诺依曼和其他高管的一次会议上,银行家们为诺依曼就 IPO 流程和机制做了讲解,其中有一张幻灯片暗示 WeWork 的估值会是 300 亿美元。这个数字与几个月前他们给诺依曼的更乐观的预测相比发生了很大的回落,比软银 1 月份给出的 470 亿美元估值也少了很多。在场的 WeWork 员工认为他们正试图慢慢收回之前的承诺。

诺依曼反应激烈。他在看到这个金额时怒斥银行家,要求他们做出回答。

银行家们只是说这就是一个说明性的估值,与 WeWork 的实际情况无关。

在其他地方,乐观的情绪仍占据上风。阿蒂·明森在夏天多次向员工和高管演说公司的财务状况:庞大的资金、企业业务的强健实力以及势头不减的增长。传达的信息很明确:WeWork 在以十分优秀的状态进入 IPO。

但是,在 WeWork 加速上市的过程中,除了 S-1 表对公司的推销方式外,亚当·诺依曼还希望能有一些其他的变化。他并不满足于自己目前的权力水平,不满足于现有的公司控制权,他希望保证 WeWork 将在他的家族中代代传承,他想要获得更多,一如既往。

第 32 章

20∶1

"你不应该这样做。"杰米·戴蒙对亚当·诺依曼这样说。

美国最大银行的首席执行官在电话中态度坚决地告诫 WeWork 的创始人,他要求得太多了,应该退让一些。现下的问题是,诺依曼计划将他已经增持的股份的效力提高一倍,使其拥有普通投资者 20 倍的投票权。这个计划如果能在 IPO 中生效,将进一步加强他对公司已经很牢固的控制,使他有能力在出售价值数十亿美元股票的同时仍然掌握着全部控制权。

长期担任摩根大通总裁的戴蒙认为这是个糟糕的主意。

戴蒙告诉诺依曼,与他试图推动的许多其他措施一样,这对他的股东并不公平。在商业中,有"我应该做什么"和"我可以做到什么"的区别。通过重组从股东手中夺取更多的权力不是正确的做法。

不过,诺依曼指出有少数几位首席执行官拥有类似的有利设置。色拉布公司的首席执行官埃文·斯皮格尔(Evan Spiegel)成功地向公众出售了完全没有投票权的股票¹,建立了相当于华尔街的绝对君主制。在诺依曼看来,如果一个社交媒体应用程序的首席执行官能够做到这一点,他当然也拥有资格。

诺依曼对戴蒙的请求视若无睹,并没有吸取教训。2018 年年底,他为了个人利益与软银无休止地进行谈判,最终拖延了巨大收购计划的完成,导致交易在市场情况变动时破裂。现在他又开始强求个人利益了。

当诺依曼的员工在 2019 年春季和夏季期间努力完善公司,让它看起来对公开市场的投资者更具有吸引力时,这位首席执行官却正在做相反的事情。他沉迷于能给他带来更多金钱和权力的新工具,而这些工具最终会成为投资者的障碍。

WeWork 已经因其松懈的行政管理而收到了一些批评。当年早些时候,《华尔街日报》报道了诺依曼拥有那些租赁给 WeWork 的建筑物的所有权,并提到了利用公司对他的个人利益进行的投资²,比如冲浪公司和小学等,将诺依曼描绘成一个将个人利益置于公司利益之上的首席执行官形象。攫取更多的权力并不能改善诺依曼的这一形象。

诺依曼寻求的许多不义之财主要是能为他个人带来经济利益。前段时间,他下令对公司进行全面的法律重组,因为这样做能为诺依曼和其他一些高级管理人员获得的新股票节省巨额的税收³。

然后是他的那些借贷。长期以来,银行一直在借钱给诺依曼,而他在不断把这些钱花在奢侈的生活方式上,为他的家人和他的大家庭购置房屋,还在圣何塞等地的商业房地产上进行个人投资。

眼看着 WeWork 最终要上市,急于获得 WeWork 业务的银行排着队向诺依曼提供个人贷款。他在这几年的一些交易,让他以个人身份从包括摩根大通、瑞银和瑞士信贷在内的一批银行借到了 5 亿美元。

如果他无力偿还，银行将获得 WeWork 的股票。截至 7 月 31 日，他已经提取了全部金额中的 3.8 亿美元[4]。虽然这比他最初想要的要少（他告诉别人他希望能借到 10 亿美元左右），但对于一家尚未上市的创业公司的首席执行官来说，这已经是一个惊人的数额。

这样的借款做法对上市公司的首席执行官来说非常少见，即使有正当的原因，但与股票挂钩的大额贷款会影响首席执行官的决策。如果一家公司的股票大幅下跌，贷款人可以扣押首席执行官的股票，因此拥有大笔贷款的首席执行官可能会因为个人动机而不顾一切地避免这种情况，有时就会采取不符合公司长期利益的行动。

诺依曼的新贷款是在他通过出售股票获得的巨额资金之外获得的。自 WeWork 成立以来，他控制的实体（We 控股）总共出售了近 5 亿美元，其中大部分是在软银买断部分现有投资者的股份时发生的。但这也包括超过 1.3 亿美元为他量身定做的售卖，属于早期融资回合的一部分。根据这些，并不能确定诺依曼相对于麦凯威和该实体的其他小型投资者究竟得到了多少钱，但毫无疑问，大部分钱都归了诺依曼。2017 年，WeWork 的一份内部文件显示，诺依曼拥有 We 控股的 83% 的股份[5]。虽然出售的股票数量只占诺依曼拥有的总股票的相对较小的比例，但这是美国创业公司首席执行官在 IPO 前提取的最大金额之一。

每一个有利于诺依曼的新的财务安排几乎都意味着在 S-1 报告中的又一次披露，而这份列表却相当长。WeWork 现存的很多引人关注的做法是大多数健康的上市公司都会避免的。大部分公司不会有一大堆首席执行官和妻子的亲属们在公司里工作[6]。大多数受人尊敬的公司不会租赁首席执行官拥有的房产。大多数公司的董事会成员不会自己开一家私募股权公司，通过帮助监督公司的房地产基金而获取费用。

然而，在 WeWork 准备 S-1 文件时，起草招股书的人并没有提到诺依曼的股票售卖。公众之所以会知道这些售卖行为，只是因为《华尔街日报》的一篇文章披露了诺依曼通过售卖股票和贷款提取了超过 7 亿美元[7]。尽管实际金额已经接近 10 亿美元，但诺依曼还是派出了他的内部公关团队来反驳这个故事。当文章公开时，他大发雷霆。

诺依曼对着助理们大喊大叫，说这篇报道显得他好像是因为觉得公司价值被高估了而从公司向外提取金钱，特别是标题中使用的"变现"一词。诺依曼认为他是因此看好公司，借了数亿资金，而不是向外卖出。

到了这个时候，即使是诺依曼最忠实的盟友和最坚定的辩护人也对他这些反反复复的托词感到越来越厌倦。詹·贝伦特也是感到疲乏的人之一。随着 IPO 的临近，她与诺依曼的关系变得紧张起来：她曾敦促诺依曼控制扩张并消减支出，因为软银已经撤出了；她还在一些人力资源问题上与他发生了争吵。诺依曼开始对她越来越冷淡，逐渐剥夺了她监督运营的职责，让她主要专注于 IPO。随着 S-1 草案的推进，员工们经常听到两人在其中一人的办公室里大吵大闹，声音隔着玻璃墙听起来都很大。当诺依曼试图削弱贝伦特为他打造的松懈管理模式时，她感到很难过。直到游戏进行到这样深入的阶段，她才醒悟：对诺依曼有利的事情不一定对 WeWork 有利。

她尝试了一些小规模的举措，但收效甚微。贝伦特为 IPO 团队安排了她所谓的"治理周"，希望布鲁斯·邓利维和其他董事会成员能飞过来劝说诺依曼，让他放弃一些更有问题的举措。邓利维拒绝了邀请，而董事会的其他人似乎并不十分担心。邓利维的前同事、诺依曼的长期导师迈克尔·艾森伯格在 2019 年期间对诺依曼的行为非常警惕，曾多次从以色列赶到纽约与他直接对话。但诺依曼坚信公众投资者会热衷于购买他公司的股票，因此无视了艾森伯格的警告。

随着夏天到来，诺依曼想要确保更多的权力。

诺依曼的股份已经拥有 10 倍投票权，鉴于他持有公司约 30% 的股票，这个倍数使他拥有非常健康的多数控制权。诺依曼已经变得痴迷于那些拥有更多股份的较小公司的少数首席执行官的情况。"健身自行车公司派乐腾的首席执行官每股有 20 票。"[8] 他对助理们说。派乐腾都有，显而易见，他也应该拥有 20 票。

诺依曼说他希望能出售大量股票并同时保持控制权。他想在未来 10 年内向慈善机构捐赠至少 10 亿美元，这是他在招股说明书中做出的承诺。他甚至想确保如果自己身故，丽贝卡和他的孩子们能接管公司。

对于贝伦特和银行来说，这些都是令人担忧的要求。他们认为许多股市投资者会对这些安排表示反对，而且这显然会影响 WeWork 的估值。

杰米·戴蒙开始更多地参与进来。

作为拥有超过 25 万名员工和约 2.7 万亿美元资产的美国最大银行的首席执行官，戴蒙通常会把有关 IPO 的细节问题留给下属。这一次则不同，WeWork 有望成为有史以来最大的 IPO 创业公司之一。如果进展顺利，这将有助于提高银行在硅谷 IPO 市场上的知名度，使其作为潜在的首席顾问获得更多的信誉。摩根大通也终于能为其多年来为 WeWork 提供的大部分免费咨询工作和给予诺依曼个人的廉价贷款而收获成果。

诺依曼一直是摩根大通最需要维护、最具有挑战性的客户之一。他经常对诺亚·温特鲁布感到失望，因此戴蒙让摩根大通财富管理部门 52 岁的首席执行官玛丽·卡拉汉·埃尔多斯（Mary Callahan

Erdoes）来处理这笔交易。她是少数几个被提及可能继任戴蒙职务的管理人员之一。

埃尔多斯是华尔街的顶级女性之一，与诺依曼的身份很匹配。他总是要求与高层人士合作。她看起来更像银行家，而不是创业公司的创始人：她有一头齐肩的金发，经常穿着定制西装，戴着醒目的珍珠耳环。在与 WeWork 的会议上，埃尔多斯通常态度坚定，是少数几个愿意尝试对诺依曼进行反击的人之一，至少在一定程度上如此。有一次，她告诉诺依曼，从来没有一家公司受到过银行如此多的关注。而且她的竞争意识很强：在诺依曼家的一次会议上，她看到有其他西装革履的人在等诺依曼，似乎认定他们是竞争对手的银行家，于是气冲冲地离开。事实证明，这些衣着光鲜的访客与 IPO 无关。

当埃尔多斯开始盘点将在招股书中披露的诺依曼那些对权力和金钱的攫取时，她意识到这将会变成一个大问题。除了市场风向的变化和 WeWork 的严重亏损之外，这些公司治理问题也将损害市场对 WeWork 股票的需求：它们会损害估值。投资者不会乐意就这样放弃更多的控制权，诺依曼不可能什么都得到。

她和摩根大通的其他人让诺依曼坐下来，告诉他，对诺依曼有利的那些异常的条款可能意味着 WeWork 的估值会受到高达 30% 的打击。助理们从见到诺依曼起就一直看到他无休止地纠结于估值问题，所以他们预计这一论点会引起共鸣。然而，诺依曼并不当回事。他说，对估值的任何打击都只会是暂时的下滑。他对他们说，等 WeWork 上市后，市场会看到它在继续超常增长，公司的估值就会飙升。

诺依曼变得更加脱离现实了。他多年来满怀希望的预测使 WeWork 的估值不断上升，也让新的资金不断流入，以至于他没有意识到他对个人财富和权力的追求给公司带来的伤害。他认为自己的要求是合理的，但缺乏自省，没有意识到 IPO 中的一切都变成了关于他自己的。招股说明书的最后甚至就是在讲他，"亚当"这个名字被提到了 169 次。

事后看来，尽管银行家们发出了警告，他们自己也并没有完全预料到巨额亏损和不良治理的混合问题能糟糕到什么地步。鉴于诺依曼的一些极端行为，他们本来可以拒绝参与。毕竟，这些银行的名字也将出现在 S-1 文件上。但在他们只是提出了一些担忧，并未走到台前。

随着公布招股说明书的日期的临近，尽管贝伦特、戴蒙和其他人发出了警告，诺依曼仍然想要扩大自己的投票权。在戴蒙的电话之后，WeWork 召开了一次董事会会议，诺依曼打算在这次会议上推动他的计划，采取大量变更以赋予自己更大的权力，包括 20 倍的股份变化。就像他抵抗住了来自国内最大的银行的领导人的警告一样，他战胜了顺从的董事会。史蒂文·兰曼提醒他当心，WeWork 已经存在让很多投资者认为不该投资的理由，他们不应该再雪上加霜。

但最终，董事们都勉强同意了诺依曼的行为，只做了一个小改动：如果亚当身故，丽贝卡·诺依曼不能获得公司的全部控制权，而是可以加入负责挑选继任者的委员会。

总的来说，就像多年来经历的一样，董事会表明它不愿意对诺依曼的想法采取坚定的反对立场。一些董事早就意识到存在问题，但希望能由公共市场来解决这些问题，让它教会诺依曼一些他们没法迫使他学会的谨慎。他们认为，现在正处于 WeWork 作为一家私营公司的最后阶段。

在这之前，诺依曼花了好几天时间与贝伦特就 20 倍股权和其他问题进行了漫长的争论。他在会后告诉她，他在董事会的成功证明他是对的："你几乎让你的公平性妨碍了我们能得到的东西。"

在 IPO 之路的尽头，有一个机构对发行有最终的决定权：美国证券交易委员会（SEC）。在公司向公众出售股票之前，美国证券交易委员会需要对公司文件中的每一项内容进行审批。像 WeWork 一样，大多数公司现在都以保密方式向美国证券交易委员会提交文件，以私下里与该机构的要求保持一致，包括对于财务指标。大多数公司在美国证券交易委员会批准其文件之前会提交多个草案。

到了 8 月，也就是在 WeWork 首次提交文件近 9 个月后，美国证券交易委员会对该公司想向公众展示的数字仍不满意。一个关键的症结是 WeWork 的"社区调整后的 EBITDA"，这是一个备受争议的数字，是 WeWork 自行发明并用在它的债券销售中的，据称它显示了在扣除其他成本之前，WeWork 能赚到多少钱。

诺依曼执意要保留这个指标。当大多数其他指标都显示公司出现大额亏损时，社区调整后的 EBITDA 仍然显示"盈利"。当然，这主要是因为这个算法没有将业主提供的前几个月减免租金的情况纳入计算。这样做的结果是使建筑物看起来比根据美国一般公认会计准则（GAAP，即上市公司的黄金标准）所获得的利润要高得多。

对于一份又一份的草案，美国证券交易委员会都批评了这个指标。WeWork 对它进行了调整，试图安抚监管机构，将其名称改为"贡献率"。这是一个更标准的术语。但美国证券交易委员会关注的是基本的会计问题，而不是名称。WeWork 的回应是重新命名该指标，称其为"不包括会计规则平均年限分摊非现金租赁成本的贡献率"。此外，它同意将其与另一个遵守一般公认会计准则的指标放在一起。按过去的社区调整后的 EBITDA 计算，在今年上半年产生了 25% 的利润率，而与之并列的新数据显示利润率只有 10%。

尽管如此,美国证券交易委员会仍不满意,诺依曼也感到很沮丧。10%的利润率与他几年前吹嘘的高于35%的利润率相差甚远。

由于美国证券交易委员会和WeWork的谈判人员在术语问题上陷入僵局,诺依曼不顾一些顾问的建议,宣称要亲自与美国证券交易委员会对话。詹·贝伦特觉得松了一口气,认为他有可能说服该机构的官员让WeWork使用自己发明的盈利能力衡量标准。诺依曼在多年来赢得了风险资本投资者的青睐后,认为也能让一些政府官僚按自己的方式来看待问题。他选择把贝伦特和其他几位主要工作人员带到华盛顿,但把他的首席财务官阿蒂·明森留在了纽约。

WeWork的使者们于8月1日飞往杜勒斯(Dulles)。他们迟到了,急急忙忙地进入美国证券交易委员会在华盛顿特区的总部。诺依曼与该机构的会计师们进行了交流,提出了他的观点,即WeWork自己对建筑盈利能力的衡量将有助于投资者了解该业务。

会计师们表现得接受度很高,也很有礼貌,但不为所动。这一努力失败了。

8月下旬,美国证券交易委员会指示WeWork:"请在你的注册声明中删除对这一措施的披露。"

几周来,WeWork的IPO团队一直在忙于处理各种被披露的不利信息,一旦这些信息在公开版本的S-1文件中曝光,肯定会对诺依曼产生不利影响。WeWork的沟通主管吉米·阿西(Jimmy Asci)和他的团队一起编写了一份20多页的清单,列出了所有媒体可能发现的、看起来很糟糕的高风险项目:为诺依曼的税收利益而重组公司的行为、巨额薪酬方案、公司租赁的诺依曼的房产、20倍的股权。

清单中还提到了S-1文件第199页的一项简短披露,披露的内容在公司内部几乎没什么人注意。WeWork 从诺依曼的有限责任公司"We 持股"购买了与"We"一词有关的商标权,向该实体支付了 590 万美元的股票。几年前,诺依曼和米格尔·麦凯威购买了一些与该词有关的商标,但从未将它们转让给 WeWork。律师们决定,现在是解决这个问题的好时机。诺依曼在保罗魏斯的私人律师认为,鉴于可能涉及税收问题,诺依曼应该得到商标价值的补偿,所以 WeWork 的律师同意了,并未意识到潜在的问题。诺依曼被告知了这件事,但似乎根本没把这件事放在心上。在一次会议上,有人向两位联合创始人简要地提到了这个问题,麦凯威表示惊讶,开玩笑说他可以用这笔钱买一辆车。

对于大多数其他公司,首席执行官从自己卖给公司的商标中获取个人利益,这是很容易引起注意的。即使只有几百万美元,这也是一笔大买卖,是一个明显的利益冲突,会恶化公司和首席执行官的形象。银行家和高管们会坚持把这件事公布出来,员工们可能会对它说三道四。再加上这其中尖刻的讽刺意义:一家自称"致力于分享"的公司的首席执行官从"我们"(we)这个词中获得了个人实际利益,这会触动各种警报。

然而,WeWork 已经被淹没在与诺依曼相关的负面问题中。银行家、律师,所有人都对诺依曼谋求财权的行为变得麻木了,一笔 590 万美元的交易对诺依曼或其他任何人来说都不重要。

但显然,公众并没有那么宽容。

第 33 章

见鬼的 S-1 闹剧

2019 年 8 月 14 日，当 WeWork 向世界公开其财务状况时，亚当·诺依曼和丽贝卡、WeWork 的沟通团队以及其高级财务主管集体松了一口气。

这天，WeWork 的 IPO 文件于上午 7 点左右在美国证券交易委员会的网站上公开。在最初的几个小时里，头条新闻还是相对比较温和的。评论员和新闻媒体惊讶于 WeWork 的亏损规模之大，仅在 2019 年前半年就亏损了 13.7 亿美元，而且亏损的增长与收入的增长密切相关。WeWork 团队事先预料到了这种抵触的反应。

诺依曼将投票权从 10 倍提高到 20 倍的决定并没有立即引起媒体或投资者的激烈不满，这让团队感到高兴。董事会给诺依曼额外奖金以使公司上市的决定也没有引起太大排斥。随着时间的推移，人们开始对这份近 300 页的文件中的措辞进行嘲讽，包括标题页中由丽贝卡·诺依曼撰写的"致敬'我们每个人的内心'的'We 之能量'"。

但是最初的新闻头条不是那么具有破坏性。

新闻媒体的评价发生转向的第一个迹象是以在夜间节目《疯狂的金钱》(*Mad Money*)中对如何选股大喊大叫而出名的 CNBC 主持人吉姆·克拉默（Jim Cramer），其在 CNBC 的节目里大肆谈论诺依曼的贪婪，以及他试图从投资者那里拿走什么的冒犯性。

诺依曼无法相信他在电视上看到的一切。他在电话里对 WeWork 的高管说："克拉默是我的朋友，他怎么能这样说我呢？"克拉默后来在另一个节目中说："我是很喜欢诺依曼，可这不是重点。"[1]

CNBC 上的这番责备引发了大坝决堤般的后续，社会各界开始深入消化 WeWork 的 IPO 文件内容，新闻机构、潜在的投资者和好奇的读者们开始指出一个又一个令人震惊的术语或披露的内容。

人们不会放过这种虚伪。

推特上炸了。网络上的意见领袖开始关注诺依曼已经积累了多少财富，他的三家承销银行提供的 5 亿美元的个人信贷额度，以及所有那些可疑的利益纠缠。这家以"我们"（We）命名的公司似乎都是关于他自己的。不仅是他的名字被提到了 169 次，不仅是招股说明书特意称他为"独特的领导者，事实证明他可以同时作为远见者、经营者和创新者"，他个人却从"我们"这个词中获益。

记者、投资者和无数路人围观者纷纷发表意见，提出了 WeWork 与安然公司、HBO 讽刺剧《硅谷》(*Silicon Valley*)、伊丽莎白·霍尔姆斯不光彩的西拉诺血液测试公司类似的负面问题。

一位推特用户写道："这家公司甚至都不装装样子，摆明了就是个把投资人的钱送进诺依曼口袋的管道。"

诺依曼的电话和电子邮件（由助理处理转达）被有关商标付款的问题炸开了锅。

诺依曼打电话给明森和贝伦特,对他们大喊大叫:"你们为什么不告诉我?"质问他们为什么在招股说明书中提到这笔钱。贝伦特说,她已经和他多次讨论过招股书中的所有内容。诺依曼则坚持说自己从未看到过。

诺依曼夫妇被吓坏了。丽贝卡曾期望她的慈善事业能创造头条新闻:招股书中概述了诺依曼夫妇承诺在 10 年内捐出 10 亿美元。但连这个表态也在推特上成了一个笑话,因为违背誓言的惩罚不痛不痒:如果他们没有履行承诺,诺依曼的股份将只有标准股东的 10 倍,而不是 20 倍。

精明的金融观察家们在当天和之后梳理 WeWork 的 IPO 文件过程中不断发现令人震惊的重要情报。

彭博社的专栏作家马特·莱文(Matt Levine)每天都会写一封详细而语气诙谐的电子邮件,而华尔街的银行家们则会对这封电子邮件进行深入剖析和研究。WeWork 的招股说明书上线时,他正在休假。紧接着的周一早上,他在邮件中写道[2],"我们"商标的消息是"会让我完全失去理智的新闻素材。如果我是一个稍微更敬业一点的金融专栏作家,这素材能让我坐上最快的直升机冲回办公室"。

还有斯科特·加洛韦(Scott Galloway),他是纽约大学的营销学教授、企业家和畅销书作家,在硅谷圈子里是一个以尖刻著称的批评者。8 月 16 日,他写了一篇关于 WeWork 的文章,题为《We 见鬼》(*WeWTF*)[3]。这篇文章写得非常凶残。加洛韦圈出了几周前银行家们辩论过的一连串治理问题,着重强调了诺依曼是如何从"We"这个词中获利。"你们不能——编造——这种——烂东西,"他写道,"任何认为它的价值超过 100 亿美元的华尔街分析师要么是在刻意撒谎,要么是愚不可及,再要不然两边都占了。"

WeWork 的公关人员在查看公众对 IPO 招股书的回应时感到很沮丧，因为那是一片纯粹负面的信息海洋。通常情况下，即使是备受指责的公司也会有一些维护者站出来指出它的优点。而这次，唯一接近这么做的人是可敬的科技分析师本·汤普森（Ben Thompson），他在博客"战略要点"（Stratechery）上发表了一篇文章[4]，阐述了 WeWork 可能的牛市情况，但最终的结论是投资者应该远离。然而，仅仅是因为提到了 WeWork 的一些积极属性，文章就遭到了读者的强烈反对，以至于他后来多次向订阅者道歉，他后来称该帖是他 2019 年的"最低点"[5]。

这种反应让 WeWork 的员工们猝不及防。他们已经听了一遍又一遍的公司介绍，这些介绍都赞美了 WeWork 的财务状况和前所未有的增长。对公司上市时获得巨额薪酬的期待，使许多员工更容易接受需要不分昼夜地工作的要求。这下，很多人想弄明白为什么这种商业模式让广大公众觉得不能理解。

这种反击也让丽贝卡·诺依曼受到很大打击，她没有意识到外界对这个夸夸其谈、亏损严重的公司积累了这么多怨恨。丽贝卡要求公关助理别再每天向她发送所有媒体提及的相关内容的摘要，说这些让她难以承受。在另一次会议上，她问助理们为什么媒体如此憎恨她和亚当。她说，我们只是在努力帮助这个世界。

在过去，面对媒体的怀疑，亚当·诺依曼可以搪塞过去。有时他会和记者打成一片，或者通过在一个支持自己的出版物上发表"故事"来反驳某些说法。他总是可以拿出他的顶级投资者名单，展示这些人已经购买了他的愿景。正如诺依曼在 2018 年对《连线》（Wired）杂志英国版的记者所说[6]："当最优秀的投资者都认同同一家公司时，相信我，他们已经做足了计算，知道我们带来的回报。他们清楚地知道华尔街在公司上市时会支付的价格，而且他们确信能够收获回报。"

但现在，不仅金融界有相当一部分人在取笑他，他甚至没有办法做出反击。由于美国证券交易委员会的规定，诺依曼和 WeWork 被禁止公开回应 S-1 文件发布后出现的负面报道和批评。美国证券交易委员会认为，招股说明书必须独立接受评判。

鉴于公众的反应，这对 WeWork 来说并不是一件好事。

对 WeWork 的银行家和高管来说，很明显，对 S-1 的敌对反应将损害公司的估值。负面的媒体报道反映了投资者将如何看待公司，何况他们还引用了许多质疑其优点的言论。曾经对撤回原先高达 960 亿美元的估值而谨小慎微的银行家们很快就开始向 WeWork 的高管们强调现实。他们告诉 WeWork，最终估值会远远低于 9 个月前软银投资时参照的 470 亿美元。他们告诉诺依曼，现在的情况下，估值不但将低于 300 亿美元[7]，甚至可能会少得多。

除了估值大幅下降的尴尬处境之外，IPO 的任务突然变得越发困难。摩根大通的债务交易模式是只有当 WeWork 在 IPO 中筹集到至少 30 亿美元的资金时，它才能从华尔街的银行财团获得 60 亿美元的债务，而这是一个巨大的数字。WeWork 的估值越低就越难筹集到这么多钱。

无论何种方式，公司都必须获得资金。WeWork 正在继续烧钱。完成 IPO 不仅仅是一种荣誉的体现，它对公司的未来至关重要。WeWork 的亏损仍然非常严重，诺依曼已经命令公司在今年的最后 3 个月内加速增长，希望向华尔街展示良好的数字。但更快的增长需要烧掉更多的钱，WeWork 亟须得到更多的钱。

这对诺依曼来说是个陌生的领域。他需要重新吸引投资者，但这次是站在弱势方。团队为即将到来的忙碌的几周做了准备，安排了与可能签约的那些财大气粗的投资者会面。按计划，WeWork要在9月中旬或下旬进行IPO。在公司开始为为期两周的正式"路演"、向潜在的投资者介绍情况之前，诺依曼需要在接下来的一周左右的时间里改变说法，并找到一些相信他的人。他现在最需要的是一些愿意开出巨额支票的坚定信徒。

就在此时，一个熟悉的人递出了橄榄枝——孙正义想和诺依曼见面。

第 34 章

孙正义的安排

孙正义变得忧虑起来。他在东京的办公室里看到那些对 IPO 招股书的反应,开始意识到 WeWork 的 IPO 会很难看。他觉察到公共市场的投资者并不像他那样看待 WeWork,他们对 WeWork 的估值不会接近孙正义最近向该公司注入现金的 470 亿美元的价值,甚至会远远低于这个数字。

对于这位渴望被称为"科技界的巴菲特"的人来说,时机再糟糕不过了。2019 年上半年,孙正义一直在努力实现他的计划——推出最初的愿景基金的继任项目。他基本上只是把第一支基金当作后续系列的一个试验项目。第二支愿景基金将牢牢地确立软银作为地球上主导性科技投资者的地位。在这之后就会有更多的基金,让软银的触手越来越深入地伸展到数字经济的各个方面。

夏天的早些时候,他宣布了一件事:他已经谈好了投资者,承诺第二支愿景基金的总额将达到 1 080 亿美元[1],使其规模甚至超过第一支的。但对于这些承诺有一个很重要的事实值得引起注意：投资者尚未签署任何约束他们的付款义务的文件。

事实证明，将这些认捐转化为真金白银比预想的要难。第一支愿景基金尽管得到了近800亿美元的投资，但至今没有取得明显的突破性成功。同时，该基金支持的许多高知名度公司，如优步和半导体公司"安谋控股"（Arm Holdings, ARM），都明显落后于预期[2]。

尽管如此，孙正义还是决定继续推进第二个愿景基金。为了激起他人的兴趣，他开始在全世界来回奔波，试图说服第一个愿景基金的现有投资者为第二个愿景基金提供更多资金。他再次求助于穆罕默德·本·萨勒曼王储的基金和阿布扎比的穆巴达拉基金，这两个基金曾为他的第一个基金提供了600亿美元。孙正义询问他们是否会再次投入资金。

沙特阿拉伯的PIF不置可否[3]。此时还不清楚沙特王国将从阿美石油公司的IPO中筹集多少资金，而且它手头也没有额外的450亿美元。沙特人对给出新的财务承诺的戒备，对孙正义来说是一个特别的打击，在贾迈勒·卡舒吉被杀后，他曾公开支持穆罕默德王子。孙正义曾期望在再次筹集资金时，自己的忠诚能收到回报。

穆巴达拉的官员们表现得更为积极一些。他们告诉孙正义，愿意向新基金投入250亿美元，这比第一个愿景基金的150亿美元的金额还高。这是个良好的开端，在很多银行家和顾问的建议下，孙正义开始寻找更多的资金池——哈萨克斯坦的财富基金、名为GIC的新加坡财富基金和加拿大养老基金。

孙正义的一个优势是不透明。大多数愿景基金支持的公司还没有上市，所以外界很难对它们进行准确估值。8月初，软银在一次电话会议上说："愿景基金今年第二季度的利润增长了66%。"[4]而任何外部人士都难以查证这个数字。孙正义说，他将在未来几个月内开始建立第二个愿景基金。

但是，自从WeWork的IPO招股书落地，一切都变了。潜在的投资者，甚至是穆巴达拉和哈萨克斯坦基金的高管们，都开始向软银提出关于亚当·诺依曼和WeWork公司治理方面的尖锐问题。一位参加筹款会议的人说："每次谈话都会偏离到WeWork身上。"

当哈萨克斯坦基金的员工开始向愿景基金的顾问盘问WeWork公司的治理问题时，顾问们感到很沮丧。在他们眼中，哈萨克斯坦在自己基金的治理方面也没有什么优势。然而WeWork却让哈萨克斯坦基金的这些员工如此触动，让他们觉得有必要指出一家华而不实的美国创业公司的这种缺陷。

在8月的最后一个星期，孙正义联系了诺依曼，要求他到东京来见自己，越快越好。

诺依曼仍对8个月前孙正义退出"坚韧计划"的交易、背弃自己而倍感失望。这对曾经亲密无间的搭档之间的关系已经变得冷淡，但诺依曼认为孙正义可以在WeWork上市前帮忙扭转媒体关于WeWork的描述。随着负面反应的增加，WeWork面临的挑战正变得越来越大。

诺依曼叫来了诺亚·温特鲁布。温特鲁布整个夏天都往返于WeWork的曼哈顿总部和诺依曼在汉普顿的住宅之间。他正计划回到旧金山，与家人一起度过劳动节前一周的部分时间。现在诺依曼坚持让温特鲁布和他一起去东京。与包括负责监督诺依曼个人财务的伊兰·斯特恩在内的其他几名员工一起，诺依曼长途跋涉地穿过哈德逊河，来到特伯勒机场（Teterboro），登上了G650ER飞机。

随着WeWork的湾流飞机向北飞去，一路越过安大略湖朝北极圈进发[5],诺依曼认为孙正义可能会要求他取消IPO。但他预计孙正义在提出这个要求时也会拿出大额投资,为他提供WeWork继续发展所需的资金。在飞行途中,温特鲁布试图安抚诺依曼的情绪。自从S-1翻车以来,他似乎比平时更加紧张不安。温特鲁布告诉诺依曼他爱他——这位热情洋溢的银行家经常对自己身边人这么说——然后说会想出办法的。他们会一起渡过这个难关。

他们下决心只作一次快速的会面,只用几个小时,当天晚上就飞回去。

他们到了东京就直接驱车前往软银冲天高的总部,随行人员也一同直奔孙正义所在的巨大的行政楼层。

他们惊讶地发现高盛的一位银行家已经在现场了——全球投资银行业务联席主管丹·迪斯(Dan Dees),曾是诺依曼的重要顾问。孙正义办公室的墙上挂着一把武士刀,迪斯和他坐在一张长桌前,正喝着红酒。看到迪斯就这样出现在软银的办公室里,诺依曼吓了一跳。他立即怀疑高盛和软银之间存在某种幕后交易。而迪斯在这里是因为其与软银的团队进行了一次预先安排的会议。

寒暄过后,孙正义切入正题。他告诉诺依曼,WeWork还没有准备好上市。从对S-1的反馈上可以看出,如果WeWork继续下去,不会有好结果。诺依曼需要推迟这件事,在传递信息上多下功夫,以后再做尝试。

这不是诺依曼想听的话。诺依曼和他的银行家们有一个后续的问题:如果推迟,WeWork从哪里获得资金来继续运营?公司的现金几乎耗尽,他们本指望能从IPO中获得数十亿美元。

孙正义介绍了一位惊喜嘉宾:一位42岁的银行家,长着一张男孩子气的脸,笑容灿烂。他叫莱克斯·格林希尔(Lex Greensill),是一个澳大利亚人。孙正义说他是能解决 WeWork 数十亿资金需求的人。孙正义轻描淡写地介绍了一个计划，说这位银行家的公司——格林希尔资本（Greensill Capital）——将向 WeWork 提供贷款。

WeWork 团队对这一提议持怀疑态度。他们真的要依靠一个从未听说过的人给他们提供数十亿美元的资金吗？此外，还有令人怀疑的潜在利益冲突：软银刚刚投资了格林希尔的业务[6]。诺依曼让格林希尔到另一个房间与他的私人银行家斯特恩谈话。（斯特恩在离开那次会议时对 WeWork 向格林希尔借钱一事持谨慎态度，诺依曼和温特鲁布后来把他称为"莱克斯·卢瑟①"。）

斯特恩和格林希尔各自离开后，孙正义坐在会议桌前，诺依曼坐在他旁边。诺依曼转向孙正义，明确表示他打算继续进行 IPO——如果没有任何真正可行的替代方案，WeWork 就会继续进行这件事。

通常会以微笑和几句玩笑来掩盖紧张情绪的孙正义变得严厉起来。他反复告诉诺依曼："你需要取消 IPO。你还没有准备好。你会让你自己和公司难堪。"孙正义让他从格林希尔那里拿钱，让公司的情况好转起来，几个月后再重新开始程序。

诺依曼说不行，显然很激动。

孙正义不肯退让。很明显，他把诺依曼看作自己的学生，一个现在完全不听话的学生，甚至顶撞自己的导师。这位平时冷静沉着的亿万富翁变得面红耳赤，喘着粗气，很明显地被激怒了。

孙正义对诺依曼吼道："我不会允许你那么做。"他威胁说，如果诺依曼强行推进，他将利用自己的影响力来阻止 IPO；如果诺依曼不听从指令，就会伤害到 WeWork。

---

① 卢瑟（Luthor），在英语中是"loser"（废物）的谐音。——编者注

房间里的其他人坐立难安。孙正义很少提高嗓门，更不用说这么神色激动了。相比之下，诺依曼在大多数谈判中都会时不时激动起来，但这次的嗓门也变得更大了。

最后，孙正义把诺依曼带到另一个房间继续谈话。

诺依曼后来告诉WeWork的高级管理人员，孙正义说要把IPO"搞砸"。很明显，软银已经在WeWork上损失了数十亿美元，因为银行家们对它公开上市给出的新的预期估值非常低。诺依曼告诉其他人，孙正义威胁他，说如果WeWork上市失败，会摧毁第二个愿景基金。

诺依曼愤怒地离开了办公室。他和随行人员急忙赶往机场准备返回美国。这次会议的时间比预期的长。他们全部登上飞机后，舱门关闭，飞行员准备起飞，等待机场的许可离开。几分钟后，飞行员被告知要掉头回去。当时是晚上11点，已经超过了夜间起飞的最后期限。他们只能在第二天早上再回去。

诺依曼怀疑是不是孙正义为了向他们展示权力而指示日本当局让他们停飞一晚。

他们疲惫不堪地在第二天早上飞了回去，什么问题也没能解决。他们仍然需要为股票召集相当一大批买家。WeWork的现有投资者指望着这件事。公司的员工——现在超过1.5万，大约是推特规模的3倍——也都指望着这件事。

第 35 章

偏执

从日本回来几天后,亚当·诺依曼走进了富达公司的波士顿总部。自从诺依曼在 2015 年首次向共同基金示好时受到热情欢迎以来,已经过去了 4 年。富达帮 WeWork 引领了一轮 4 亿美元的融资。诺依曼的主要支持者加文·贝克已经不在了。他从 4 年前见到诺依曼的那一刻起就一直看好 WeWork,但已经在 2017 年离开了公司。在他离职后,《华尔街日报》发表报道称[1],有女性指控他有性骚扰行为。

富达公司里剩下的人不再那么高兴看到诺依曼了。多年来,他们对他越来越不满意,担心他日益增加的那些利益冲突,担心他的自我膨胀,也对 WeWork 的业务越来越怀疑。几年前,富达公司的投资组合经理曾向 WeWork 索要过一些有关业务的具体数据。虽然他们最初对诺依曼轻描淡写的细节部分不太在意,但随着会议的不断召开,他们越来越沮丧,因为承诺的数据从未兑现。

现在诺依曼希望富达公司能再次投资,这次是为了 IPO。在任何公司的 IPO 过程中，富达都是一个重要的买家，它是少数几个会注入大笔资金，然后多年持有股票的巨型基金之一。WeWork 的另一个投资者普信集团对 WeWork 及其令人不快的公司管理方式感到非常不满[2]，他们告诉 WeWork 的银行家，他们不会与诺依曼会面，当然也不会在 IPO 中购买股票。诺依曼意识到富达公司将是至关重要的。

但这一次，诺依曼的推销没有奏效。富达公司的团队向他提了很多问题，并对他的大部分回答感到不满意。共同基金的员工们恼火地离开了会议。

9 月的上半月，诺依曼在类似的会议上向众多的潜在 IPO 投资者进行推销。在财力雄厚的对冲基金和共同基金的会议室里，他试图在为期两周的正式投资者路演开始前激起人们对 WeWork 的兴趣。在一次又一次的会议中，诺依曼都处于劣势，他也一反常态地处于状态外。他采取了防御措施，先发制人地提到其他人对 WeWork 公司治理的问题或对亏损的担忧。但似乎用力过猛。在长达一小时的会议中，大部分时间都是他在迂回曲折地独白，留给投资者提问的时间很少，而他们有很多问题。诺依曼没有看到对面露出他所习惯的点头和微笑，而是感受到了忧虑气氛，看到了投资人脸上写满了怀疑。每次会议结束后，人们对 WeWork 的兴趣在不断降低。

他的助理和银行家们在一旁看着，忧虑重重。IPO 团队中有人认为诺依曼正在陷入困境。他一直在努力展示对业务的坚定掌控，想要证明他是个有远见的人——既是马克又是雪莉，但没有人买账。

9 年来，诺依曼一直能在一对一的会谈中取得成功。他通过个人魅力说服了越来越多的世界顶级投资者和银行家，让他们相信 WeWork 具有一个繁荣的科技公司的所有特征。在这些面对面的会议中，诺依曼总是洋溢着自信，让对面的人能看到他眼中的未来。他们会跟着点头微笑，专注于诺依曼描绘的愿景。

就其核心而言，这是一个魔术戏法。对于基准资本、哈佛大学捐赠基金（Harvard's endowment）、普信集团、富达、高盛、摩根大通以及其他许多人，诺依曼成功地将他们的目光从WeWork从事办公空间转租业务这一冰冷的现实上引开，让他们把公司视为其他东西，某种具有巨大价值的东西。

现在诺依曼的魔力已经消失了。

怀疑和嘲笑WeWork的声音此起彼伏，人们针对诺依曼在一家自称关于社区和分享的公司里推动个人财富和权力的公然虚伪进行批判，这些是诺依曼难以掩饰的问题。一些投资者表示他们会以较低的价格购买，而其他投资者似乎觉得WeWork不可能走得长远，根本不能对其投资。

诺依曼找来迈克尔·格罗斯一起参加了几次IPO推介会，这让那些期待见到首席财务官的投资者们感到惊讶。副主席格罗斯已经搬去了加州，在企业中一直扮演着比较边缘化的角色。他没怎么参与S-1的准备工作，而当诺依曼努力回答投资者的问题时，格罗斯也没有准备好这些答案。杰米·戴蒙亲自劝说诺依曼将格罗斯从上市前的推销活动中剔除。戴蒙问诺依曼："除了格罗斯长得好看以外，他在会议中究竟对你有什么帮助？"

与此同时，诺依曼的行为也很不稳定。对于首席执行官在这些推介会上能说什么和不能说什么，是有一连串的规则的。一般来说，推介会必须与S-1文件内容和向所有潜在投资者所做的其他介绍中的具体内容相联系。诺依曼被告知要遵守一个非常具体的台本，让银行家们处理后续的工作。

相反，诺依曼在会议结束后给一些投资者打电话，问他们对公司的看法，询问怎样才能让他们满意。这种举动让人联想到汽车销售员在催促一个不感兴趣的买家。这些求人的电话打碎了他曾经自信的假象。不仅如此，如果诺依曼所说的内容超出了严格的允许范围，可能会为 IPO 带来法律问题。WeWork 的银行家们对他大发雷霆，告诉他不准再这样了。由于他不肯听，戴蒙不得不亲自指示诺依曼住手。

诺依曼开始感到绝望。他飞到旧金山，想当面确认"销售力量"的首席执行官马克·贝尼奥夫（Marc Benioff）是否会投资。这个营销软件巨头公司最近投资了"多宝箱"（Dropbox）和"观测猴"（SurveyMonkey，美国数据分析调查网站）的 IPO，诺依曼把贝尼奥夫视为朋友和导师。"销售力量"如果愿意给出承诺，它将是一个吸引其他人的好名号。但贝尼奥夫不同意。

诺依曼乘飞机前往伦敦，然后转飞去沙特阿拉伯。摩根大通也在为沙特阿拉伯石油公司的 IPO 提供咨询，并促成了这次会面[3]。诺依曼视为朋友的亚西尔·鲁梅扬说，PIF 确实对进行一项大的锚定投资感兴趣，但他希望得到很多好处，包括高度优惠的条件。这并不是诺依曼想要的答案。

诺依曼还试图重新调整招股说明书的内容以转移对 WeWork 的公司治理等问题的批评。比如，WeWork 只有男性董事会成员，这对一家声称自己致力于平等与公平的公司来说是被批评的来源之一。

9 月初，诺依曼宣布哈佛商学院的技术和运营教授弗朗西斯·弗雷（Frances Frei）将成为董事会的第一位女性成员[4]。

WeWork 的董事会很少被激怒到对诺依曼说些什么或训斥他的地步，但这个决定引发了例外。董事会成员从新闻上才得知弗雷将成为他们小组的一员。之后，诺依曼甚至都没在下一次的董事会会议上露面，再加上之前一年半中他的无数次缺席，董事们终于忍不了了。史蒂文·兰曼在董事会会议结束后闯入诺依曼的办公室。兰曼告诉诺依曼，他这样不参与是不可接受的。

几天后，诺依曼出现在了会议上，向大家道歉，并保证会参加今后所有的会议。

到了 9 月中旬，距离原定的 IPO 还有两周左右的时间，仍然没有多少投资者给出购买股票的意向信号。有些事情需要改变。WeWork 需要上市，而投资者的兴趣越少，这就变得越难实现。

2019 年 9 月 12 日星期四晚上 7 点左右，在 WeWork 的总部，诺依曼终于出现在了原定下午 4 点在他办公室举行的会议上。与会者包括来自摩根大通和高盛的银行家，来自世达国际律师事务所（Skadden, Arps, Slate, Meagher & Flom）的 WeWork 的主要律师，詹·贝伦特，以及 WeWork 的首席沟通官吉米·阿西。摩根大通的诺亚·温特鲁布和迈克尔·米尔曼告诉诺依曼，WeWork 需要对公司治理这部分进行全面改革，好让投资者愿意购买股票，并指出杰米·戴蒙坚持要进行这种改革。最重要的是，诺依曼必须放松对公司的控制；丽贝卡不能在选择他的继任者方面发挥作用。他们告诉诺依曼，他还需要配备一名外聘董事。

WeWork 的高管们准备了一份清单，列出了可能需要进行的变动。清单被投影到诺依曼办公室里的大屏幕上。当大家讨论对 S-1 文件的每项修改的措辞时，诺依曼变得激动和好斗。他说："我不明白为什么我必须这样做，我不想这样做。"然后他冲出了房间。

几个月来，WeWork 的团队一直看着银行家们在诺依曼不喜欢他们的建议时向他屈服。诺依曼回来的时候天色已经晚了，而温特鲁布出人意料地采取了坚定的立场，向诺依曼发火了。

他吼道："你想上市？这就是代价。"

诺依曼仍然赌气不肯，又多次冲出房间表示抗议。WeWork是他的公司，他不想仅仅因为公众还不了解WeWork就让渡自己的控制权。

诺依曼的顾问们终于被这位顽固的首席执行官惹怒了。他们告诉他，除非他放弃自己的一些个人利益，否则他的公司可能根本无法上市，可他仍不愿意做一些明显有利于公司整体的事情。

最终，当时间接近午夜时，诺依曼终于屈服了，他确认了一份变革的清单。WeWork将聘请一名首席独立董事进入董事会，诺依曼的投票权将从每股20票降至10票，丽贝卡·诺依曼将不再在选择丈夫的继任者方面发挥作用，诺依曼还将撤销590万美元的商标交易。

对顾问们来说，这并不是一个令人满意的胜利。这几周过得很艰难。没有多少投资者表现出兴趣，公司也沦为大众眼中的笑柄。在诺依曼的办公室里，除了他本人，大多数人都显得忧心忡忡。等到首席执行官在与所有人争吵后终于签署了这些变更时，已经没有什么可说的了。他们心照不宣，这些变更措施不太可能抵消之前的S-1文件已经造成的全部伤害。如果银行家们早点坚守立场，WeWork也许就能避免陷入这种劣势。但在招股书公开之前，银行家和其他顾问一直对诺依曼赞不绝口，很少会批评他，对他太过恭顺。而这些顾问对公司的明显缺陷和危险信号要么视而不见，要么绕道而行。

现在，到了最后一刻，他们终于开口了。但是，IPO已经奄奄一息。

现实证明，WeWork对治理方面的调整做得太晚、也太少了。随着银行家们继续评估利害，WeWork的预期估值在持续不断地下跌。

在S-1文件公开后，银行家们认为WeWork的价值可能超过200亿美元，甚至可能超过250亿美元。但随着时间的推移，由于没有什么好消息能扭转下滑的趋势，他们对价格的预期进一步下降了。公司估值可能是150亿美元。同样是这些银行家，他们在5个月前曾统一告诉诺依曼WeWork的价值将高达960亿美元。高盛的"1万亿美元之路"似乎不再那么容易实现了。

对于一个将估值视为成功的记分卡的人来说，这很难接受，尤其是在时间如此紧迫的情况下。WeWork需要在下周启动为期两周的投资者路演；如果公司要像诺依曼希望的那样在犹太新年前完成IPO，它需要在几天内就开始正式向投资者进行推销。

压力造成的影响开始显现。诺依曼表现得比平时更不正常：焦虑、愤怒，越来越偏执。他对负面新闻感到不安，对在私人会议上讨论的细节很快就出现在新闻报道中感到愤怒，他确信到处都有泄密者。有一天，当高级职员聚集在他公寓楼一楼的"马车房"时，高管阿里克·本西诺正在人行道上与丽贝卡交谈。突然间，诺依曼冲了出来，急急忙忙地把他们赶回房间。他飞快地关上窗户，向外张望。

诺依曼对大家说，有人现在可能正在监视他。有一个人拿着手机在街上走，他怀疑这个人可能一直在听他们说话，想要获取信息。

屋子里的所有人担心诺依曼即将崩溃。

诺依曼坚持要推进IPO，他认为这是获得90亿美元资金的唯一机会。无论估值是多少，只要WeWork能在IPO中筹集到30亿美元，就能获得摩根大通筹集的60亿美元的债务。这笔钱足以让WeWork在未来很长一段时间内保持正常运转。

相比之下，如果再等下去，由于现在WeWork的缺陷如此明显，银行不太可能再提供这样的贷款机会。WeWork仅仅是要维持公司运转就需要数十亿美元，更不用说继续扩张了。

这一次，他纠结的不再是估值，而是怎样完成IPO。这对公司来说至关重要。他告诉员工准备好在下周初开始工作：路演将继续进行。

就在员工为未来几天的营销活动做准备时,9月13日星期五,《华尔街日报》给 WeWork 发来了一长串的问题和看法,以便为即将发表的、关于诺依曼及其领导的 WeWork 的报道进行事实核查。工作人员意识到,在这样一个不稳定的时刻,报道中的观点可能会造成极高的危害。

公司从这些事实核查的问题中可以推断出这篇文章[5]显然会引发对诺依曼是否适合领导 WeWork 的尖锐质疑。这篇文章整合了之前 9 个月中报道的各种内容,将诺依曼描绘成一个反复无常、冲动行事的领导者。报道中的逸事包括:诺依曼曾一度想解雇 20% 的员工;诺依曼让公司的维修人员去他的家里工作;诺依曼没有告诉任何高级管理人员就冲动地宣布了肉类禁令。

《华尔街日报》发表的文章一探诺依曼的宏伟幻想,展现他想成为世界总统的言论以及他想解决全球饥饿问题的志向。更糟糕的是,它还写了关于诺依曼和朋友们的私人飞机事件。当时在抵达以色列后,因为诺依曼留在麦片盒里的大麻,导致机主召回了飞机。

WeWork 的沟通团队、詹·贝伦特和阿蒂·明森大惊失色。摩根大通和高盛的银行家们把自己内部的沟通的团队成员拉到会议上一起讨论这篇文章,以及是否有办法把它撤回来。

IPO 团队一边为即将到来的报道感到焦虑,一边仍在争分夺秒地为路演做准备。路演定于 9 月 16 日(星期一),或最迟在星期二开始,但还有一项重要任务没有完成:诺依曼还没有拍摄自己的宣传视频。

视频是 IPO 的故事核心,是给高管们一个机会用他们自己的话来展示业务的某些部分和公司的历史。这种短片通常在投资者会议开幕时播放,并在网上发布。

通常情况下,这样的视频会提前几个月拍摄。即使是拖延症患者也至少会提前几个星期。其他的管理人员在先前的几周里都拍摄好了各自的部分。

然而，诺依曼却无法安定下来进行录制。至少在4个不同的场合，WeWork团队安排的拍摄都被取消了。在前几周里，WeWork聘请了一个完整的专业摄制组，分别来了两次，并搭建了带有灯光和音响设备的舞台。为了让诺依曼保持积极的心态，摄制组召集了几十名WeWork的员工，让他们坐在一个宽阔房间里的长椅上。他们被告知，当房间里有更多正能量时，诺依曼的表现会更好。

于是员工和摄制组等了又等，每次聚集至少3个小时，诺依曼却从未出现，他总是有不到场的借口。这几次因缺少主角而未能进行的拍摄共花费了大约20万美元，WeWork的内部视频团队确保高级管理人员看到了每次取消拍摄的账单，这也是对铺张浪费的侧面体现。

2019年9月15日，星期天，没时间了。诺依曼不得不拍摄视频[6]。观众被遣散了，他清理出了WeWork总部的一部分。丽贝卡和迈克尔·格罗斯站在一边。格罗斯带来了他标志性的便携式扬声器，播放德雷克的《从头开始》（*Started from the Bottom*），为诺依曼打气。在当天下午和晚上的几个小时里，诺依曼彩排了一段大约30分钟的演讲，包括谈到WeWork的历史、公司的使命和财务状况。这与他之前多次给投资者所做的介绍并无不同。

但是，这位表演大师无法完整地说出他的台词。团队尝试使用提示卡和提词器。诺依曼试着简单地随口说了一下。每次他似乎能说出部分台词时，他们总得重新开始，因为光线变了。事情不断拖延下去，没完没了。

高级管理人员和银行家们感到厌烦，纷纷离开了拍摄现场，把诺依曼留在了摄像机前。格罗斯一边喝着伏特加，一边四处游荡，而他身边大多是 WeWork 的普通员工。

与此同时，诺依曼似乎很紧张，或者说很焦虑。

到了晚上 11 点左右，为了一个 30 分钟的视频片段而进行了一整天的煎熬终于结束了。诺依曼感谢了所有人。

他对大致还清醒的员工说，他们已经准备好进行路演了。剩下的 WeWork 团队成员们勤勤恳恳地排好队，举起杯子，忠实地喝了酒。

第 36 章

坠落

第二天早上，9月16日星期一，詹·贝伦特和阿蒂·明森在摩根大通位于麦迪逊383号的总部大厅见面。这两位长期担任诺依曼助理的人很快就要与玛丽·卡拉汉·埃尔多斯和诺亚·温特鲁布会面，但他们需要先达成一致。

两人坐在八角形大楼黑白相间的大厅里的椅子上。这栋大楼是在贝尔斯登公司迅速倒闭之前为其建造的，大厅里的屏幕上闪烁着摩根大通的营销内容。对这两位 WeWork 的高级管理人员来说，这几周的日子很不好过。平时临危不乱的贝伦特随着 IPO 的前景越来越暗淡感受到了持续的焦虑。

开始交谈后不久，他们都意识到是时候承认现实了。事情进展得并不顺利。两个人都认为船进水的速度比他们能救场的速度快。这两位长期维护诺依曼的人都对他失去了信心。

WeWork 已经成为一个笑柄。公司的治理问题，诺依曼的宣传在投资者会议上没能奏效，诺依曼不能按剧本行事——这一切都让人受不了。即将出版的《华尔街日报》的报道更给他们增加了压力，该报道似乎会着重突出诺依曼不稳定的领导力。如果 WeWork 继续进行路演，而《华尔街日报》关于诺依曼的文章面世，这可能会给 WeWork 带来灾难，WeWork 可能不得不在最后一刻撤销其 IPO 计划。明森担心这会是一个巨大的破坏性事件，令公司永远无法再做尝试。贝伦特还有其他担忧。她担心诺依曼在与投资者交谈时无法遵守官方要求会带来巨大的法律风险；如果在路演期间发生这种情况，他们可能会被起诉。

一个华丽的视频并不能挽救这一切。两人得出结论，是时候在无可挽回前悬崖勒马了。WeWork 没办法完成 IPO。

这不是他们能决定的事情，但他们需要告诉其他人。

两人坐上摩根大通的电梯去见埃尔多斯和温特鲁布。在埃尔多斯办公大楼顶层的会议室里，他们概述了对诺依曼最近不稳定行为的不满以及对 IPO 的担忧。

不过，在他们谈下去之前，埃尔多斯和温特鲁布提出了一个新的问题。一位来自高盛的初级银行家在前一天晚上的路演录音中告诉 IPO 团队，诺依曼在录音期间吸食了违禁药品。如果这是真的，这将是在 IPO 前夕非常不负责任的行为。再加上《华尔街日报》报道过的大麻事件，它甚至可能给银行及 WeWork 带来法律问题。

明森和贝伦特对此很气愤，但并不惊讶。他们都同意应当说服诺依曼取消 IPO。贝伦特和明森决定给诺依曼打电话。贝伦特告诉诺依曼，他应该到银行来。

诺依曼来的时候已经在生气了，因为他们在他不在场的情况下开会。

明森迅速将诺依曼带到一边，询问他前一天晚上的情况。明森问道："你在拍摄视频时有没有吸食违禁药品？"诺依曼激烈否认。

"没有,"他告诉明森,"绝对没有。"明森对此表示怀疑。温特鲁布在会议室里也问了同样的问题。诺依曼直视着温特鲁布,告诉他自己拍摄时没有吸食违禁药品。

"以我的性命和我的孩子发誓,我绝不会那样做。"诺依曼告诉他。(之后,拍摄现场的很多人支持了诺依曼的说法:他们认为他那晚没有吸食违禁药品。)

他们继续谈下去。诺依曼想强调一些进展。他坚持让大家观看他在前一天的马拉松比赛中拍摄的视频。他告诉大家,结果是"惊人的",等着看吧。

但是,当他们和诺依曼一起在摩根大通的办公室观看这段视频时,诺依曼的话显得很空洞。这个站在 WeWork 顶点的人曾经能以迷惑人心的方式描绘出一个能改变人们工作和生活方式、具有同情心的全球企业,现在他却显得狂躁、不正常,还有点语无伦次。对明森、贝伦特和温特鲁布来说,诺依曼仿佛打破了第四面墙——那道将演员和观众分开的无形屏障。他们立刻就能清楚地看到他的戏剧性的弱点,以及他认为这是一场精彩表演的妄想。虽然在过去几个月里,他的不正常行为和荒谬行动已经在不同场合引起了他们每个人的愤懑,但这段视频尤其令人痛苦。

他们几个告诉诺依曼他们所讨论的内容。他们的建议是暂时停止 IPO。他们可以获得临时融资并等待一两个月,或者更长时间。有了更多的时间,他们可以想出如何更好地塑造公司形象的办法,以某种方式赢得那些认为该公司对社会有毒害的投资者。

然后,埃尔多斯提出了一个想法,她在夏季为诺依曼和 WeWork 投入了大量时间[1],这个想法在参与 IPO 的大多数高层人士的脑海中都出现过。她说:"也许你不做首席执行官对 WeWork 来说是最好的。

许多潜在投资者认为你不应该担任这个角色。"所有问题的焦点、投资者的担忧、负面新闻的泛滥,都集中在诺依曼的身上。

诺依曼大受冲击,很难反应过来。几秒钟后,明森走进房间,他在埃尔多斯讲话时离开了一分钟。诺依曼开始大喊大叫。

诺依曼来回看着埃尔多斯和明森说:"玛丽,告诉他你说的话。"埃尔多斯讲述了她的建议,诺依曼则在一旁不可置信地瞪眼看着。他充满怀疑地问明森:"你认为我应该辞职吗?"

明森没有否认,叫他最好能平静下来。诺依曼惊慌失措地跑进杰米·戴蒙的办公室,他发现这家全国最大的银行的负责人也同样对他持反对意见。这位资深的银行首席执行官告诉他,自己也同意埃尔多斯的观点。诺依曼不知所措,是他建立了WeWork。这是他的公司。

最终,诺依曼冷静了下来,大家同意暂缓决定。高盛的团队,包括金·波斯内特和大卫·路德维格,在当天早些时候曾告诉诺依曼他们看到了推进IPO的方法。仍然有一个价格能让投资者买进,但对诺依曼或WeWork来说可能不是一个很好的价格。

诺依曼考虑了目前的选择。最终,他妥协了,同意暂停IPO。WeWork将推迟一两个月进行IPO,然后重新召开会议。诺依曼将继续担任首席执行官。诺依曼甚至开始悔悟,他对最亲密的顾问说,我会把这件事做好的,我和你们一起解决这一切。他表现出罕见的脆弱,似乎是对现状的一种恳切的评估,对自己错误的一种道歉。

当天下午晚些时候,消息传了出去。《华尔街日报》首先报道了WeWork陷入困境的IPO被取消的消息[2],引起了强烈反响。

其他参与IPO的银行,如美国银行、花旗集团、瑞银集团和瑞士信贷,都在急切地等待最新进展。摩根士丹利的顶级科技银行家迈克尔·格莱姆斯在几个月前曾警告诺依曼,投资者可能会对WeWork的商业模式产生警惕。它是选择不参与该公司 IPO 工作的几家主要银行之一。然而，在周日的大部分时间里，也就是预期的路演启动的前夕，WeWork 并没有告诉他们任何有关的情况，银行家们的电话没有得到回复。WeWork 失联了。周一下午，银行家们看到了头条新闻，摇了摇头。有些人已经从加州飞过来了。

在 WeWork 总部，普通员工都惊呆了。公司几周来一直处于聚光灯下，而且没有一个消息是好的，但是取消 IPO 是一个意料外的打击。员工们在周一晚上相互交换传闻，等待公司的新进展。那些拥有股票期权的人开始怀疑是否能兑现他们的 WeWork 股票。员工们得到的唯一的官方公报是一封深夜的电子邮件，邀请他们在第二天早上 11 点观看面向全公司的网上视频。

在伦敦，孙正义的助理拉吉夫·米斯拉和穆尼什·瓦尔玛（Munish Varma）出席了与一群投资者见面的小型晚宴，其中包括穆巴达拉风险投资部门的负责人易卜拉欣·阿贾米（Ibrahim Ajami）和沙特阿拉伯主权财富基金的高管，地点在一家华贵的会员专属俱乐部"安娜贝尔"（Annabel）的一间粉色墙壁、装饰着鲜花的私人会餐室。在晚餐过程中，他们分享了几瓶葡萄酒，吃了帕尔马干酪脆皮三文鱼。话题转向了 WeWork 以及其可能获得的 IPO 价格。一位与会者——埃里克·施密特的风险投资公司"明日创投"（TomorrowVentures）的管理合伙人科特·库西（Court Coursey）说，如果 WeWork 的估值在 70 亿—80 亿美元，投资者就更有可能买入。米斯拉在晚宴期间多次离席接听紧急电话，引起其他软银高管的瞪视。

最终，谈话变得更加低声和尴尬。他们都看到了头条新闻：WeWork 将推迟其 IPO。

没有人留下来吃甜点。

周二上午，亚当·诺依曼僵硬地站在办公室里一个正面印有"We"字样的透明讲台后面。

这不是 WeWork 的员工熟知的亚当·诺依曼。

他没有对着人群讲话，只是直勾勾地盯着一个摄像头，这个摄像头会将画面输送到整个 We 帝国的手机和电脑上。镜头是背光的，光线从诺依曼身后的窗户倾泻进来。他身穿灰色西装和漂白的衬衫，领口的扣子没有扣上，一头长发披在脑后。他看起来就像被迫穿上西装参加表哥婚礼的初中生。他说："这次经历让我们变得谦逊。"

他告诉员工，WeWork 仍然会上市，只是会晚一点，也许是在 10 月或 11 月。他列举了一些统计数字，称赞了 WeWork 做得有多好，并承诺加强与大家的沟通。在 2019 年余下的时间里，他将每周举行一次全公司会议。WeWork 会有进步的，关键是要弄清楚该如何理解公共市场的投资者。

在诺依曼的讲话中，一些人清楚地意识到他还没有理解到底是哪里出了问题，没明白为什么公共市场没有像过去几年中那些成群结队的私人市场投资者一样接受他。他只知道事情变得不同了。

他说，WeWork"把私人市场的游戏玩到了极致"。随即他又找补道，至于公共市场，"WeWork 仍在学习游戏规则"。[3]

第二天，周三，在美国的另一边，孙正义在帕萨迪纳（Pasadena）的豪华的朗廷亨廷顿酒店（Langham Huntington）为愿景基金的投资组合公司及其投资者们举办了为期 3 天的峰会[4]。这家五星级酒店始建于 1907 年，坐落在圣盖博山脉（the San Gabriel Mountains）脚下。

这次活动是对愿景基金整体的庆祝，孙正义要进行一场表演。约翰·传奇（John Legend）将登台演出。基金的投资者、首席执行官和顾问——从PIF的亚西尔·鲁梅扬到OYO的里特什·阿加瓦尔（Ritesh Agarwal），再到阿丽安娜·赫芬顿（Arianna Huffington）——都将出席。这次集会是孙正义引起人们对愿景基金兴趣的努力之一，他想为另一个1 000多亿美元的后续基金造势。

但是那天早上，当客人们在谈论WeWork的困境时，《华尔街日报》发表了诺依曼及其银行家们一直在准备面对的故事。文章开头说："亚当·诺依曼飞得很高。"⁵正如WeWork所担心的那样，这篇文章描绘了一个陷入困境的公司的一个热衷派对、反复无常的领导人的形象，一个把自己的利益置于他人的利益之上的人，还有某种弥赛亚情结。这个故事很快就在朗廷酒店传开了，人们重新讨论起这家同样受到软银资助的陷入困境的公司。

现在，孙正义在自己的大会上遭受了相关事件的羞辱。几个月前他还在大声宣扬的一家公司正经历着一场引人注目的高调内爆。他向WeWork投资了100亿美元。他在该公司的董事会中有两个席位。WeWork是愿景基金最大的投资之一，正如孙正义在当月早些时候见到诺依曼时所担心的那样，WeWork上市失败会毁掉他为第二个愿景基金筹集资金的努力。

这不仅是一项明显的灾难性的投资，还破坏了他关于创始人天才的论述：不附加多少条件地给他们投资，只是出于相信他们的愿景。如果这还不够，文章中的重头戏——关于前往以色列的喷气式飞机的旅行，会为孙正义带来特别糟糕的负面形象。吸食及跨境运输违禁药品，在日本投资者眼中并不像在美国那样可以被允许⁶。

一位与会者在会议期间听到马克·施瓦茨——孙正义在WeWork董事会中的两位盟友之一——在一个角落里大声说着诺依曼的名字，其中还夹杂着脏话。施瓦茨、其他投资者和首席执行官们在会议室的边上给孙正义提出了建议。

他们告诉他，诺依曼必须离开。

近10年来，诺依曼的支持者们认为他不会做错。他改变了人们对现实的看法，说服了一个又一个世界顶级投资者加入，提高了WeWork的估值，每次都能为公司注入更多资金。

只要WeWork的股票能升值，其他的都不重要。诺依曼在WeWork未盈利时公开说公司盈利，或是拿出数亿美元来买房，或是让雇员跟着他到处转，这都不重要。WeWork每赚1美元就花2美元，这也不重要。WeWork是不是一家房地产公司，也不重要。这些都不重要，因为诺依曼能够说服市场相信WeWork具有非凡的价值，它成为一个无处不在、改变世界的公司是注定发生的。只要人人都买诺依曼的账，几百万就能变成纸面上的几十亿。

但现在，诺依曼的魔力已经消失了。他不再是一个能移山填海的远见者，而成了一个梗，一个漫画式的不负责任的首席执行官，为贪婪和自恋所驱使。现在，公开市场的投资者已经明确表示，他们甚至不认为WeWork是一家值150亿或200亿美元的公司。纸面上的数十亿美元显然已经流失了。诺依曼的权力，他的无敌，也随之跌落。

这就要亮刀子了。

随着这一周过去，长期受诺依曼控制的董事会成员开始在没有诺依曼参与的情况下相互交谈。他们意识到必须采取一些行动。但要采取任何行动都会很棘手，而且很可能需要诺依曼的同意。虽然董事会有权力解雇诺依曼，但诺依曼也有权力解散董事会，他能赶走所有人并自行任命新的董事会成员，这就是创始人控制权的含义。

不过，诺依曼并非绝对无敌。WeWork在诺依曼的带领下积累的巨大亏损削弱了他的铁腕控制。现实情况是WeWork将需要更多的钱，大量的钱。如果诺依曼为了解散董事会而卷入一场漫长的法律诉讼，那么当 WeWork 的现金耗尽时，就不太可能得到资助。

近期才在董事会会议上赞扬过诺依曼领导力[7]的软银的施瓦茨是最渴望将诺依曼赶走的人之一。在罢免诺依曼的问题上，他和孙正义的长期幕僚罗恩·费舍尔都明确表示赞成。

董事会的另一个权力中心是早期投资者们，也就是基准资本公司的布鲁斯·邓利维、史蒂文·兰曼和几年来没有密切参与公司事务的寇驰公司前首席执行官雷·弗兰克福特。

邓利维的利害关系最大，其他人很可能会跟随这位受人尊敬的硅谷投资者的步伐。基准资本拥有 WeWork 约 9% 的股份，不仅如此，这也是邓利维在 20 多年前共同创办的这家极度成功的投资公司所指导的最引人注目的投资。邓利维一直认为诺依曼的远见和销售技巧胜过了他的缺陷，认为公共市场可以使诺依曼成为一个更好的首席执行官；他所要做的就是达成这个目标。

随着诺依曼不断的荒谬行为以及 WeWork 的财务状况变得越来越难以辩解，基准资本的合伙人越来越感到沮丧。比尔·格利和公司的其他人认为诺依曼已经失控，但邓利维继续采取柔和的态度，对飞机等采购项目以及 20 倍股权结构这类的权力掠夺投赞成票，即使他也会提出批评意见。这是一个特别糟糕的情况，因为基准资本是另外两家备受瞩目的创业公司——SNAP 和优步的早期投资者，这两家公司都曾因治理或文化问题而遭到批评。基准资本最终推动了优步的首席执行官特拉维斯·卡兰尼克的离职[8]。

邓利维有他的底线。在公司显然无法上市的情况下，邓利维觉得自己不能再相信诺依曼了，不能让他领导公司，甚至不能告诉他公司内部发生的实际情况。诺依曼需要靠边站。

邓利维想当面告知诺依曼,他邀请其于周日在纽约与自己共进晚餐。兰曼也会来,邓利维曾经的同事迈克尔·艾森伯格也会加入。艾森伯格虽然不是董事会成员,但最近几天一直在到处打电话,与董事会的大部分成员和高级职员保持联系。他也得出了诺依曼必须离开的结论。他们都订了去纽约的机票。

诺依曼能够感觉到正在酝酿的"政变"。他的董事会讳莫如深,但自从玛丽·卡拉汉·埃尔多斯提出让他下台的想法后,这个想法一直在公司萦绕着。

疲惫不堪的诺依曼大部分时间都躲在格拉梅西的家中,只有周末会去阿马甘塞特短暂旅行。他打电话给许多值得信赖的助理,让他们和他一起躲在家中的办公室里。他想弄清楚该怎么做。他不希望失去WeWork。他最初的本能反应是要战斗。

诺依曼的个人投资负责人伊兰·斯特恩赶去了解诺依曼的法律权利以及与董事会的斗争可能会出现的情况。他在WeWork的一间会议室里待了几天,带着两名助理穿梭于银行家和WeWork高管之间,深入地研究诺依曼所持股票的细节内容,以及他的个人财富是如何与公司绑定在一起的。同时,诺依曼在保罗魏斯公司的私人律师鲍勃·舒默(Bob Schumer)也潜心研究这个问题。诺依曼甚至开始让公关人员——爱德曼(Edelman)的劳丽·海斯(Laurie Hays)随时跟在身边,与WeWork的公关团队分开,他的个人利益与公司的利益渐行渐远。

他在大楼附近的街道上踱步,给盟友、朋友和投资者打电话。有一次,他穿着黑色牛仔裤,头发蓬乱,赤脚走在满是口香糖的曼哈顿人行道上,对着电话大喊大叫。一名路人拍下了他此时的照片[9]。几天后,照片被上传到Reddit网站,迅速传遍了互联网。它完美地捕捉到了当时的气氛：一个曾经的科技大师看起来焦头烂额、精神恍惚。

最初听到"开场"信号的是 WeWork 的公关部门。周五，《华尔街日报》在撰写一篇关于软银希望诺依曼离开首席执行官职位的新报道，致电 WeWork 询问。焦头烂额的诺依曼急忙去找他认为是自己盟友的董事会成员。他给邓利维打电话，但后者含糊其词，不置可否。

这是个不好的迹象。周六晚上，当诺依曼的朋友和盟友们在他的马车房拜访他时，像是在做一场守夜。诺依曼很安静，缺乏活力。很明显，他在公司没有得到什么支持。

诺依曼开始考虑下台的问题。他请贝伦特和明森在周六晚上过来，向他们了解谁可能接替他的角色。他问，如果明森得到这份工作，贝伦特会不会离开？

周日，《华尔街日报》发表了报道[10]。这篇内容只是集中在软银和它想赶走诺依曼的事情上，但诺依曼仍感觉到压力在不断迫近。他在董事会的盟友显然没有为他提供有力的支持。

与董事会争斗不是好事。斯特恩在研究了一整个星期之后，告诉诺依曼，那样做对每个人来说都不会有好结果。如果董事会成员希望诺依曼离开，诺依曼就需要解散董事会以保持对公司的控制，而那么做就可能引起一场法律斗争。还有一个急迫的问题是 WeWork 需要尽快获得大量的资金注入。如果诺依曼与董事会发生争吵，没有一个有声誉的投资者会愿意给 WeWork 几十亿美元。相反，WeWork 很可能不断流失现金，直至资金耗尽。诺依曼明白，如果他选择争斗，WeWork 就会破产，那样的话他的绝大部分潜在财富将变得毫无价值。

情况还可能演变得更加糟糕。包括摩根大通在内的银行已经借给他 5 亿美元，与他的股票挂钩，这可能会为他们带来能控制诺依曼的额外权力。比如他们可以要求他偿还贷款。他的 8 套房子,那些冲浪教练们以及其他的雇员,一切都会岌岌可危。

周日下午,诺依曼来到市中心,在摩根大通位于麦迪逊大道的办公室里见到了杰米·戴蒙[11]。他仍在考虑该怎么做,是该战斗还是该离开。一切都分崩离析得太快了。

诺依曼到达时,詹·贝伦特已经先到了。斯特恩和 WeWork 法律及财务团队的其他几位成员也在那里。戴蒙在等他。WeWork 的上市本应使摩根大通在科技公司中脱颖而出,但在过去几周里,诺依曼让戴蒙他们蒙羞了。

戴蒙对他直言不讳。"你是你自己最大的敌人。"戴蒙说。摩根大通无法在诺依曼担任首席执行官的情况下让公司上市。原因很明显——投资者不会购买股票,而且诺依曼作为一个领导者已经变得对公司有害。戴蒙并没有强迫诺依曼离职,而是解释了为什么他这样做对 WeWork 的未来至关重要。

诺依曼和戴蒙面临的最大问题是,诺依曼是否会为了保持控制权而战。

戴蒙劝说诺依曼安静地离开。他说,诺依曼走得越体面,对 WeWork 就越有利。对 WeWork 有利的事情就对诺依曼也有利,即使他不再是首席执行官。戴蒙说:"救救你的'孩子',保下你的'孩子'。"

诺依曼为自己辩解,向戴蒙抗议。他说,自己已经听从了银行的所有建议,但一切还是失败了。戴蒙告诉诺依曼不是那样:"你什么都没听进去。"

那天晚上,诺依曼走进市中心附近的一家餐馆,来见从他第一次接受风险投资以来最为亲密的 3 位投资者和顾问:邓利维、艾森伯格和兰曼[12]。

当他与邓利维和艾森伯格坐下来时——兰曼还在从伦敦飞来的飞机上——这两位投资者清楚地表明了当下已经一目了然的事态：诺依曼已经失去了他们和整个董事会的支持。平时不慌不忙、和蔼可亲的邓利维对诺依曼让 WeWork 走到如今的境况感到愤怒。邓利维告诉诺依曼，他需要离开。如果诺依曼拒绝离职，WeWork 就会破产；诺依曼会被个人贷款人催债，可能会失去一切。

等兰曼到场时，诺依曼似乎已经屈服了。他几乎没有其他选择。继续掌权的想法并不理性。他不想失去一切。即使他退位，他依然可以成为一个亿万富翁。他对这个决定似乎出奇地清醒，主要关注的是如何重组自己的个人贷款。诺依曼向其他人征求了这方面的意见，以及他与公司今后能有何种关系——确切地说，是他还能交涉些什么。

邓利维和艾森伯格前往下榻的酒店，兰曼则与诺依曼一起回到他家里继续交谈。他们给其他的董事发了一封电子邮件：与董事会成员的电话会议定在第二天早上。

经过第二天，也就是星期一全天，直到星期二早上，诺依曼的朋友和盟友——包括他的联合创始人麦凯威——涌入了格拉梅西公园的马车房[13]。亚当·诺依曼已经做出了决定，他举行了一个现场守灵仪式。

丽贝卡·诺依曼在 WeWork 进进出出，尽管 WeWork 的员工对她和她扮演的角色有挥之不去的怨恨，特别是在过去几个月里，但在这个时候，屋里的许多人只是为她感到难过。丽贝卡看起来好像几周没有睡觉了。她不再高高在上，显得十分无助。她还在问为什么每个人都不肯放过他们。

对马车房内的人来说，气氛是紧张的。这与公司总部的气氛形成鲜明对比，那里的工作已经完全停顿。办公室里，员工们在 Slack 上或在短信中猜测着未来可能发生的事情。所有人都只能通过新闻得知关于 WeWork 的消息。

同时，WeWork 也需要一些关注。很多决定需要尽快做出。周一，在史蒂文·兰曼位于市中心的罗纳集团的办公室中举行的会议上，董事会在诺依曼缺席的情况下开会，决定由阿蒂·明森和赛巴斯蒂安·甘宁汉接任联合首席执行官。诺依曼赞成这一决定，并为两人的接手做了准备。明森有机构知识和投资者关系，而甘宁汉有在亚马逊运营的经验。当天晚些时候，诺依曼开始着手处理细节问题——与董事会谈判他的交易，放弃他的角色和他的有效表决权股份的步骤。他希望保留一些控制权，如果他要退居二线，希望能对董事会保持强有力的控制。董事们同意他继续担任董事长，并且他将拥有每股三票的投票权。公司开始着手向媒体发布公告。

周二上午，诺依曼独自走进家中的一间办公室，参加 WeWork 的董事会会议。在电话中，他坚持自己体面地离开的承诺，尽管他想解决一些问题。他已经开始对贝伦特感到愤怒，也许是对她在 IPO 过程中对他的反击感到不满。他告诉董事会，贝伦特应该被剥夺原本主要是礼仪性的总裁头衔，只留下首席法律官的职称。

最后是对他的首席执行官职位进行投票。董事会成员都逐一投票赞成诺依曼下台。轮到诺依曼的时候，他也和其他人一起投票支持自己下台。他承诺将以任何可能的方式帮助公司。在经历了几周的紧张局势后，他不是轰轰烈烈地离开，而是低声下气地走了。

周二中午时分，一切都已安排妥当。

风声流出，《华尔街日报》和《纽约时报》刊登了关于诺依曼下台的报道[14]，消息迅速在互联网上流传开来。

下午 1 点 45 分[15]，官方新闻稿发布，标题为"WeWork 董事会宣布领导层变动"。

新闻稿中引用了诺依曼的话："虽然我们的业务前所未有的强大，但在最近几周，针对我的审查已成为一个重要的干扰因素。我已经做出决定，卸任首席执行官是符合公司的最佳利益的。"

在 WeWork 的总部，阿蒂·明森和赛巴斯蒂安·甘宁汉准备向员工讲话。他们向所有员工发出说明，宣布"亚当决定担任非执行主席的新角色"。他们说，他们是新的首席执行官，并警告说"未来将有困难的决定"。

几分钟后，在 WeWork 四楼的一次会议上，两人看着一排排聚集在那里听讲的闷闷不乐的员工。这是一个阴郁的加冕仪式，与以往高能量的全体员工会议大相径庭。在迈克尔·艾森伯格和马克·施瓦茨的陪同下，明森开始讲话。

明森说："今天是个不一般的日子。"他表达了歉意，为 IPO，为这些戏剧性事件，为他们可能被迫向家人和朋友解释长达数周的负面媒体关注，为所有这一切。然后，他又播下了希望的种子，告诉他们："我相信东山再起。"他曾在其他公司经历过濒临死亡的境遇，而这些公司都能转危为安成为成功的公司。WeWork 也将书写东山再起的故事。

第 37 章

"去诺依曼化"

亚当·诺依曼离开还不到一天,维修工人就来到 WeWork 第 18 街总部的第 6 层,开始处理他办公室外的玻璃墙。玻璃是磨砂的,所以没有人可以看到里面。玻璃涂层上印有白色的波纹。工人们开始刮擦。渐渐地,办公室对外变得透明。其他工人在收拾诺依曼的东西:他骑在冲浪板上的照片,一些艺术品,所有这些都要被移走。在大厅,丽贝卡·诺依曼办公室里的粉红色沙发[1]被拉了出来,它将被改成一个会议室。

这是一个新的时代。WeWork 的"去诺依曼化"已经开始。

阿蒂·明森和塞巴斯蒂安·甘宁汉迅速行动起来,以他们新的、更高的职位开始工作,艰难地想要控制住这艘正在沉没的巨船。紧迫的任务堆积如山。他们需要新的融资,因为没能得到原本想靠 IPO 带来的数十亿资金。他们还需要控制住 WeWork 的成本,这是在诺依曼时期没人能完成的任务,但公共市场显然要求他们做到。最后,明森和甘宁汉需要找到一个战略，需要一个能向投资者讲述的关于如何修复公司的故事。

首先是进一步的象征性举措。诺依曼的办公室被改成了一个公共休息室（浴室和水疗中心被关闭了，尽管好奇的雇主会偷看里面）。喷气飞机将被挂牌出售²。超过 15 名被认为是给诺依曼当幕僚的人被迅速赶走，他们中许多人的工作职能都不明确。WeWork 的副主席迈克尔·格罗斯常年在投资者会议上为诺依曼打配合，也是经常和他一起喝酒的伙伴，被毫不客气地踢出了门。丽贝卡的姐夫、首席产品官克里斯·希尔也被如此对待。诺依曼的司机和众多行政助理也被解雇。诺依曼外部办公室的员工纷纷打包离开，空出了总部的一大片空间。

甘宁汉要求工人们清扫诺依曼的办公室及其周围的窃听器，他想知道新闻界是否曾通过办公室内的电子监听设备获得消息，结果并没有发现这样的东西。

两位新任首席执行官很快确定了一个策略。WeWork 将去除它在过去几年中发展的所有新的旁支业务——冲浪池、小学、"会面网""We 生活"，精简到只留下核心业务：办公空间转租赁。他们将卖掉收购的公司，很可能会以大折扣进行出售。

公司将立即暂缓扩张，尽管仍然需要 6—9 个月的时间才能开放那些已经租下的新空间。

暴风雨和现金紧缩的阴影仍然存在。甘宁汉和明森决定 WeWork 还是需要裁员，数千名员工需要离开。经理们被告知撤回他们最近提供的工作机会，人力资源部门甚至制定了一份停止招人的范本。

员工们都盯在 Slack 上，试图弄清目前的混乱局面。安德鲁·沃尔特斯（Andrew Walters）就是其中之一。他是一个 24 岁的年轻人，于 2018 年 8 月加入 WeWork，从事关于营销数据的工作。

这位在西雅图长大的企业新秀在加入公司时对其知之甚少，只知道公司似乎超级成功，在纽约无处不在。当时的一个前同事加入了，他也想在这艘火箭上占有一席之地。不过没过多久，这种光鲜就消失了。沃尔特斯发现，那些高高在上的浮夸言辞掩盖了外壳下远不那么非凡的核心动力。在公司为投资者和参观者准备的演示区中，没有一项技术是WeWork业务的组成部分。管理层一直处于混乱状态，同事的头衔一年要换六七次。

更重要的是他无法理解其中的魔力来源——它看起来就只是一家房地产公司。

他回忆起自己当时的想法："没有什么奥妙之处。感觉我们只是把钱扔在了花哨的建筑和酒水上。"随着IPO开始走下坡路，大家读着一个又一个负面的故事，他看到越来越多的同事意识到了企业的真实情况。一旦诺依曼被赶走，曾经的"传教士们"就开始了180度的转变。他们对公司的现实感到难过。现在他们看到了WeWork的真面目。诺依曼成了人们的笑柄。

沃尔特斯说"人们在取笑他"，他还说那是个彻底的"皇帝的新衣"的状况。

像沃尔特斯这样的员工对即将到来的裁员进行了猜测；有传言说将会减少20%—30%的员工。一些人仍然对公司保持信任，认为估值下降是暂时的，他们的股票期权最终会为他们带来财富。但对大多数人来说，他们正在慢慢领悟到现实：WeWork根本就不是一家改变生活的科技公司；市场已经戳破了它的虚张声势。

这不仅意味着他们的股票期权一文不值，还意味着他们所接受的使命，关于改变世界的那些高谈阔论，只是些口头说说而已。如果WeWork不是一家价值470亿美元的科技公司，那它是什么？

诺依曼经常吹嘘说，如果WeWork想盈利，它只需要把增长速度减半。一位员工在Slack上问道："所以那些停止扩张就能立即实现盈利的说法都是空谈？"还有人裁剪了诺依曼在他家附近赤脚行走的照片，使他的赤脚成为Slack上的一个表情符号；员工们通过发赤脚表情来对帖子做出回应，就像他们发一个大拇指向下的表情符号一样。

诺依曼失势所产生的影响远远超出了WeWork办公室的范围。

对硅谷来说，WeWork的内爆很快就从一个让人幸灾乐祸的洋相变成了一颗当头炸弹，灾难降临到了全球的亏损的创业公司的头上。那个时代的主流论调，所谓只要公司有远大的理想和收入增长，巨大的损失并不重要的说法突然间显得很幼稚。事实证明，公共市场需要的是真正的业务，而不是梦想。

对优步来说也是如此。它是过去10年中被炒得最热的创业公司，曾经看起来势不可当，被誉为交通的未来，是能取代公共交通、个人汽车，甚至减少步行的新生事物。优步以持续增长的名义招聘司机，补贴车程，耗费了数十亿美元。9个月前，优步的支持者和银行家们认为它的估值也许能飙升至1 000亿美元。但在诺依曼辞职后，投资者有了更清醒的看法。优步的价值在500亿美元左右；对于在2015年的一轮私募融资中注入资金的投资者，跌幅超过了35%。如果他们当初直接把钱投给纳斯达克，早就可以得到60%以上的收益。

类似的故事也发生在硅谷成立的电子烟公司"朱儿"（Juul）身上。它在2018年年底获得了烟草巨头奥驰亚集团的巨额投资，估值达到了380亿美元。在诺依曼被赶走的第二天，"朱儿"的首席执行官辞职，让位给奥驰亚的一位老员工。增长的放缓和来自监管的压力表明，这家电子烟初创企业并不是投资者曾经认为的金字招牌。不久之后，奥驰亚公司透露,"朱儿"的估值下降了140亿美元[3]。

随着数百亿美元的价值从几家曾经被誉为"独角兽"的公司身上蒸发,银行家们向剩下的"独角兽"群体——特别是那些具有类似亏损严重的商业模式的公司——明确表示,风向已经改变。公共市场的投资者并不买硅谷的账。世界的重力法则重新生效。

人们广泛地感受到了投资界的寒意。食品配送公司、滑板车公司和床垫创业公司的支持者们感受到了恐惧。联合办公公司和其他具有类似商业模式的房地产初创公司缩减了自己的计划和野心。突然间,首席执行官们开始谈论"盈利之路"的必要性,而不是只追求增长。风险投资家们的博客文章以及推特的趋势都体现了新纪元的来临,论证了实际上商业软件公司等高利润公司才是风险投资的最佳选择。他们说,WeWork的缺点是利润率低,而且没有随着其规模的扩大发生改善。

实际上,硅谷正认识到一些更基本的东西:软件投资者应该从软件中寻找软件类型的利润,而不是从房地产等行业中寻找。风险资本家突然要求公司能够体现"盈利之路"的现状说明了这一点:在正常情况下,不能换来盈利的商业模式根本就不能算作一门生意,更别提还在说"通向盈利之路"的公司了。

对软银来说,这是一颗如鲠在喉的苦果。它曾为一大批公司注入了数十亿美元的资金。孙正义在愿景基金中声明的战略是公司应该追求加速增长,而不是纠缠于损失。

孙正义开始进行核心调整。在WeWork陷入困境时,软银的高管们指示他们资助的许多公司应该专注于实现盈利,甚至在必要时考虑裁员。软银高管不再暗示快速增长的公司能获得更多的资金,特别是那些亏损严重的公司。虽然这个信息很可能让接受软银资金的首席执行官们感到侮辱和挫败，但这话并非毫无道理。如果获得利润不是重点，那么软银给他们这些钱的意义何在？根据定义，花费资金往往意味着更大的前期损失。

并非所有的公司都能随心所欲地掉转方向，软银的许多"独角兽"公司开始变得虚弱起来。一个接一个的公司——遛狗应用瓦格（Wag）、汽车租赁公司法尔（Fair）、酒店公司 OYO——很快就被媒体的"显微镜"盯上了。媒体对重于愿景的初创企业的怀疑程度远高于几年前。迄今为止，最初的 1 000 亿美元愿景基金没有塑造出多少突出的商业明星，却有一长串的熄火名单。最大的投资投向了叫车服务和自动驾驶，前者估值已远低于一年前，后者的狂热也已经冷却。让愿景基金完成 1 万亿美元"全垒打"的梦想，现在看来只是一个遥远的回忆。

WeWork 和愿景基金的承诺正在解体，恰恰是在孙正义试图筹集第二个更大的愿景基金的关键节点上。这本该通向孙正义追寻的未来——通过一系列的愿景基金达成有史以来最大的资金筹集，让他成为整个科技界的造物主。虽然他和拉吉夫·米斯拉已经表示，他们已经为后续的愿景基金筹集了 1 080 亿美元的暂定承诺[4]，但这些承诺都还未最终确定。

现在，该基金最大的投资之一被证明只是外强中干，而孙正义曾经在软银的财报电话会议上称颂它为最重要的赌注。这是个灾难性的时间点。孙正义正在试图拉拢的各种主权财富基金、对冲基金和养老金计划立即开始质疑他的判断，特别是考虑到 WeWork 的问题迹象在事后看来如此的明显。如果孙正义认为 WeWork 是一家价值 470 亿美元的科技公司，投资者怎么能把更多的以亿万为单位的资金交给他？

几个月前，阿布扎比的穆巴达拉基金曾表示将向第二个愿景基金投入 250 亿美元，但现在他们不肯了。孙正义和拉吉夫·米斯拉试图再次说动穆罕默德·本·萨勒曼王子，和他一起坐了两艘超级游艇去红海玩浮潜 [5]。然而王子并没有上钩：沙特仍保持观望的态度，其他曾表示有兴趣的基金也止步不前，或者说他们无法再给出承诺。

愿景基金的梦想在孙正义的面前逐渐崩塌，但首先他面临一个更紧迫的问题：WeWork 需要更多的现金，如果不能尽快到位，他的投资可能会直接归零。

第 38 章

耻辱的面包

接管 WeWork 数天后，阿蒂·明森和赛巴斯蒂安·甘宁汉召集了董事会会议，讨论公司的未来。这种有序的安排代表了对过去的一种突破。议程在前一天晚上就已经发出去了，这样董事们就知道要讨论什么。两位联合首席执行官希望得到董事们对其计划的支持，也就是放弃不相关的业务，停止增长，专注于现有的业务。

明森宣布会议开始。史蒂文·兰曼翻阅了面前的议程和材料，发现 WeWork 的噩梦还没有结束。这位私募股权投资人（诺依曼的长期朋友）面露惊讶，语带惊恐地对董事会成员们说："我们的钱要用光了。"

就在 2019 年春天，包括明森在内的 WeWork 高管们还在夸耀他们非凡的现金池，说有数十亿的资金。但在诺依曼被赶下台、IPO 被叫停后，公司领导人有了不同的认识——WeWork 已经破产了。它正在以惊人的速度烧钱，并有望在两个月内耗尽资金，比最苛刻的分析师预测的速度还要快 5 个月以上。

现金紧缩极其严重，他们甚至无法承受裁员[1]，因为没有足够的钱去支付与计划的数千人的裁员有关的解雇费用。

公司内部开始相互指责，比如指责明森几个月前就应该看到这一点并要求缩减开支。除了自己管理的公司每年亏损翻倍这个事实以外，诺依曼还在 2019 年敦促采取尤为鲁莽的策略去推动公司更快地租出新办公桌，好在第四季度给市场留下深刻印象。那样做存在代价，加快建筑工作需要高昂的费用，而这进一步减少了公司的积蓄。银行家和律师本可以在 S-1 文件中对危险的现金状况提出警告。

把归责先放到一边，WeWork 需要迅速采取行动来拯救自己。如果不能在几周内筹集到所需的数十亿美元，公司就会面临破产。董事会负责牵头，由两位董事——基准资本的布鲁斯·邓利维和蔻驰公司前首席执行官雷·弗兰克福特——组成了一个特别委员会来筹集新的资金。同时，他们需要一个银行家进行协助。高盛的前合伙人、精品投资银行普望（Perella Weinberg）的首席执行官彼得·温伯格（Peter Weinberg）接到了 WeWork 董事会中前高盛高管马克·施瓦茨的电话[2]。WeWork 急切地需要帮助。温伯格能做到吗？在金融危机期间，温伯格曾帮助美联银行（Wachovia）和克莱斯勒（Chrysler）等公司度过了濒临死亡的日子。现在，另一个陷入困境的前巨头公司需要他的帮助。

几天后，当董事会开会探讨更多的财务选择时，施瓦茨想向大家发言。这位诺依曼的长期支持者在一对一的互动中可能会显得比较局促，但他也是一位有天赋的演说家，擅长发表说教式的演讲。

"我已经保持沉默太久，"[3] 他宣布道，"我们必须对前进的方向狠下心肠。不能再幻想了。"

董事会很快就明白 WeWork 的选择是有限的[4]。软银已经表示将向 WeWork 投入更多资金以拯救该公司，但并不意味着这是最好的行动方案。许多现在还在公司的高管对这家集团只有蔑视，认为正是孙正义在前两年让 WeWork 在诺依曼的指挥下加速偏离正轨。他们担心软银会利用 WeWork 的困境，以极低的价格将它收购，以平衡之前在 WeWork 的估值远远高于现在时所投入的资金。

另一个明显的选择是摩根大通。尽管摩根大通因 IPO 失败而蒙受损失，但它仍然愿意提供帮助，并派出一组债务银行家来帮助 WeWork。不过，它的报价远没有几个月前那么激进。它先前承诺过以相对较低的利率主导一笔以达成 IPO 为条件的 60 亿美元的债务方案，但那已经成为历史。WeWork 现在是一种有毒资产，摩根大通不想让自己的资金面临风险。它只想帮 WeWork 安排一项交易，以便找到其他债务投资者，而那些债务投资者不太可能愿意提供廉价的利率。

两个有意者都埋头研究 WeWork，剖析公司的数据，不断发问。许多软银的员工在 WeWork 的总部安营扎寨，这让 WeWork 的高管，尤其是明森感到恼火。"软银给过我们 100 亿美元，现在却还在问公司财务的基本问题？"他对其他人抱怨说，"他们不是应该早点这样做吗？"

不过，在谈到 WeWork 目前岌岌可危的处境时，明森并不能算作一个旁观者。他作为首席财务官所监督的财务状况并不乐观；它们描绘了一个已经达到其快速增长极限的公司。这个帝国的整体租金正在下降；即便以奖励和折扣来吸引人们入驻，团队仍面临着招揽不到会员的困境。此外，它在中国和其他地方的许多场所表现得很糟糕，甚至无法在计算总部和行政费用之前赚回自身的成本。

事情还将变得更糟。WeWork 已经成为一艘航空母舰，而不是一艘快艇，改变方向需要时间。由于他们必须在新场所开业前几个月就签署租约，而它之前已经承诺要进行大规模扩张，还有 58 万张办公桌尚未启用[5]，这就要求 WeWork 的规模大约要翻一番。

现在，潜在的债务投资者看到了一个关键的数字，而这个数字从未被列入 WeWork 的 IPO 招股说明书：已经开业两年的成熟地点的利润率。与社区调整后的 EBITDA 不同，成熟地点的利润率是行业内的一个标准指标，它显示了建筑物平均产生多少利润，不包括总部的成本。由于开业仅几个月的建筑往往是空置的，而且会亏钱，因此那些成熟的地点可以让投资者了解支撑整个业务的基本经济情况。诺依曼和明森曾经通过谈论 WeWork 如何拥有惊人的成熟利润率来吸引投资者，他们说利润率能有 30%，有时一些大楼的利润率还能超过 40%，这样即使发生经济衰退，他们也能有一个巨大的缓冲。

但是，提交给投资者的数字显示[6]，自 2017 年以来，这些利润率一直徘徊在 20% 左右。这是报告中包含的最原初的数字。投资者和看过这些数字的前雇员都认为，与其他不同的是，WeWork 在计算这一数字时似乎更加诚实，包含了那些非常重要但在过去一直被排除在外的成本。这是一个巨大的深坑。从这个角度来看，WeWork 所谓的联合办公的灵丹妙药一点都不特殊。它与早就创立的竞争对手 IWG（前身为雷格斯）大致持平[7]，但后者设法在整体上实现了盈利，而不是失去 100% 的收入。

IWG 的马克·迪克森多年来一直对 WeWork 耿耿于怀，现在看来他是对的：他们的业务确实是一样的。只是 IWG 的业务能盈利。

到了 10 月中旬，摩根大通依然在努力凑足利息。该银行认为它有可能从一群投资者那里筹集到约 50 亿美元的资金，其中包括喜达屋资本集团[8]等私募股权投资者。喜达屋资本集团长期以来对 WeWork

很感兴趣，但对它的高估值持谨慎态度。银行的报价将由利率极高的债务组成[9]——年利率高达15%。这样的超额支付有可能会搞垮WeWork，尤其是在出现经济衰退时，它仍必须支付所有的租约。明森一直推介摩根大通，他花了很多天在这家银行的总部与他们讨论条款。尽管利率很高，但明森仍是这笔交易的忠实支持者，因为他希望能避免软银更多地参与此事。

尽管如此，WeWork的顾问都清楚软银将占据上风。软银此前曾承诺在次年5月再给WeWork 15亿美元——这是旧交易的遗留物，当时软银曾计划收购WeWork的大部分股权。现在，软银告诉WeWork的顾问，如果摩根大通被选为新一轮融资的主导者，它将扣留这15亿美元的款项。这实际上是对摩根大通的致命一击：该银行一直指望着能用软银的资金来补充它需要筹集的额外资金。

领导软银工作的是马塞洛·克劳尔（Marcelo Claure），孙正义委托他来修正WeWork的问题。克劳尔是一位出生于危地马拉的企业家，拥有两支足球队的股份，已经准备好接受这项任务。他身高6英尺6英寸（约198厘米），是个精力充沛的人。

克劳尔在自己的Instagram上贴满了马拉松训练、骑山地自行车和潜水的照片，旁边往往是他的妻子和6个孩子。在他成功建立起的电信业务被软银收购之后，克劳尔升任了软银的首席运营官，并担任软银支持的斯普林特公司的董事长。

他先前就在更外围的层面参与了WeWork的事务——在与孙正义和诺依曼的一次会议上，人们看到他在用iPad看足球比赛，而其他人则在思考一项数十亿美元的投资的细节。但现在他要开始深入此事。他不仅需要与董事会的特别融资委员会谈判，还需要与诺依曼谈判，后者还握有一些筹码。诺依曼依然是WeWork的董事长，而且拥有强大的投票权；软银希望他能放弃在董事会的角色和投票权。

克劳尔代表软银提出的方案是通过一系列贷款向 WeWork 注入 50 亿美元的新资金，并加快完成其 15 亿美元的承诺。此外，它还将从现有投资者的手中购买价值 30 亿美元的股份——大约是他们所持股份的一半。

软银当时对 WeWork 的估值约为 80 亿美元[10]。从 10 个月前的 470 亿美元下降到现在这一数字，这是一个历史性的下跌：很少有公司能如此迅速、如此戏剧性地下跌。它不是安然——安然从 700 亿美元跌到了零。对每个人来说，报价的低估值是一个沉重的打击，但这就是现实，而且现状是公共市场可能连对 150 亿美元的估值都不感兴趣。

然而，交易中的症结又一次集中在诺依曼身上，他想要更多。尽管他仍然拥有 WeWork 大约 30% 的股份，且多年来从贷款和股票售卖中获得了数亿资金，但他现在面临失去大部分金融资产的风险。他从银行（包括摩根大通）借出的近 5 亿美元债务使他面临着贷款违约的风险。这笔债务要求他担任 WeWork 的首席执行官。鉴于他已不再担任 WeWork 的首席执行官，如果他不能偿还债务，贷款人有能力没收他的 WeWork 股票。

诺依曼知道自己的个人财富正处于危险之中。诺依曼和妻子已经买了 8 套房子，他在其他投资上也花费了大量资金，例如购买商业地产和进行天使投资。他没有现金来偿还他所借的钱。他需要从软银获得新的贷款。

诺依曼还想要别的东西：一笔巨大的离职补偿金。如果得不到这笔钱，他不会放弃自己具有强大投票权的股份。WeWork 内部有传言说，软银和诺依曼正在讨论 1 亿美元的报酬。他们认为诺依曼索要任何金额都是可笑的，他的贪婪正是导致公司价值变得这么低的一个重要原因。他是在要求别人给他钱让他不再伤害自己的公司。

克劳尔本来可以采取强硬的态度。他可以向诺依曼施压，等着看他一旦因贷款问题与摩根大通发生纠纷会发生什么。

但软银有自己的压力。软银的高管们计划飞往沙特阿拉伯参加该国的金融会议，他们仍然希望能够为第二个愿景基金获得大量承诺。随着 WeWork 事件后媒体监管力度的加强，一家又一家愿景基金支持的公司遭到令人难堪的披露。随之而来的是孙正义建立第二个愿景基金的机会逐渐消失。软银的高管们需要干净利落地解决 WeWork 的问题。

软银先让步了。克劳尔同意了诺依曼的要求[11]，软银将给他一笔新的贷款以偿还他的 5 亿美元债务，他可以与员工和其他投资者一样出售自己的股份，那将接近 10 亿美元的价值。软银甚至同意免除诺依曼对 WeWork 的债务[12]，包括他欠公司的近几个月来的所有私人飞机旅行费用和其他费用，大约 170 万美元。他乘坐 G650ER 前去冲浪的费用，让 WeWork 员工为诺依曼夫妇做私人工作的费用，现在都将由 WeWork 支付。

最后，克劳尔同意，软银将以咨询费的形式向诺依曼付钱，这笔钱将在一段时间内分几次支付。相应的，诺依曼需要遵守竞业条款，不能再开一家联合办公公司。

支付金额：1.85 亿美元。

10 月 22 日，WeWork 的董事会接受了软银的提议。摩根大通被遣退了。当天晚上 10 点前，WeWork 发布了一份新闻稿，宣布了与软银的交易。许多人松了一口气：公司不会宣布破产，它得到了一个巨大的资金缓冲来维持生存。不过，董事会成员们还是在私下对诺依曼的补偿金规模和条款表示厌恶。诺依曼的贪婪和荒诞行为已经害得公司无法上市，现在他还要带着超过 11 亿美元的现金和 5 亿美元的新贷款离开。这些对一个现已失势的前首席执行官来说是一笔巨大的财富。

诺依曼夫妇喜欢在与朋友、家人和陌生人的谈话中引用卡巴拉中心的教义。他们会谈论他们如何"学习生活的游戏"，拥有"勇气成为完整的光"，以及"提升他们自己的意识"和其他人的。

另一句经常出现的话则需要更多解释："耻辱的面包。"根据卡巴拉中心的格言，只有通过努力工作获得的面包才会好吃，否则就会带有苦涩的味道。卡巴拉中心的主管迈克尔·伯格（Michael Berg）在 2016 年的一篇博文中写道："如果你想与之分享的人不想付出努力[13]，只是在寻找'施舍'，这就是一种'耻辱的面包'的情况。"

这对夫妇会轻蔑地用这个词来说他们的家庭雇员、WeWork 和"We 成长"的员工，以及那些他们认为只是想从他们身上得到什么的朋友和顾问。当"We 成长"的教师想要加薪时，丽贝卡·诺依曼在驳回他们的要求时就引用了这个词。

不过现在，诺依曼夫妇拿到了自己的"耻辱的面包"，多年来听到他们说过这个词的几位员工将事情联系了起来。建立起 WeWork 之后，亚当·诺依曼把它一路拖进泥沼里，浪费了投资者数十亿美元的资金，成为一个鲁莽首席执行官的典型代表。

而现在他要金银满钵地离开。这是他造成的烂摊子，他不但能甩手走人，还能为此拿钱。

来自 WeWork 内部的反感和愤怒的呼声来得汹涌而响亮。

公司的估值低得吓人。直到近期，几乎每一个 WeWork 的早期员工都得到了除工资之外的股票期权，但是对这些员工中的绝大多数人（超过 90% 的人）来说，估值下降了这么多，他们的期权已经处于水

下 [14]，也就是说变得毫无价值。对于那些后来的员工，期权并不是他们净资产的一个主要部分。但许多在公司工作了三四年的普通员工原本有着数十万美元的纸面财富，这些现在都打了水漂。

诺依曼获得的补偿对他们来说无疑是伤口撒盐。大多数员工多年来被承诺有望获得的财富现在原地蒸发了，诺依曼却因为不再担任公司的首席执行官而换得了 1.85 亿美元的报酬，不止如此，他还可以出售 10 亿美元的股票。一些人已经围绕着他们的纸面财富规划了终生，现在却变得两手空空。这是企业历史上金额最大的首席执行官"金色降落伞"之一，还是给了一个在其管理下刚刚让公司损失了超过其纸面估值 4/5 的财富的首席执行官。WeWork 的投资者也对此举感到不安。但是，与让 WeWork 承担的 170 万美元的飞机费用豁免债务不同，这 1.85 亿美元纯粹是软银的钱。

克劳尔是在这场风暴的中途进入 WeWork 的。随着诺依曼的退出，他现在是 WeWork 的执行董事长，要带领公司度过下一阶段的坎坷时期。

10 月 23 日，在软银宣布救助协议的第二天，克劳尔来到了他的新工作地点——WeWork 的总部。他很快就会安顿下来，有自己的办公室。但初来乍到，他就为员工召开了一次全体会议。

大家排着队走进总部的一个大房间，看到体现了这一时刻的尴尬气氛的高管阵容。除了克劳尔，阿蒂·明森和赛巴斯蒂安·甘宁汉——两位 WeWork 的新任联合首席执行官——也在台上，他们坐在讲台的侧边 [15]。明森安静地坐在那里，眼神空洞，满脸的难以置信。在漫长的会议中，两位联合首席执行官都没有发言。

取而代之的是由 WeWork 创始团队中最后一位成员米格尔·麦凯威代表公司的老员工发言。尽管公司价值暴跌，尽管他 9 年前结缘的联合创始人现在处于被放逐的地位,但麦凯威还是充满了积极性,表达了对员工、顾问、WeWork 和软银的感激之情。

"所以我认为我们所有人都要学会感激马塞洛,也要感激正在加入和支持我们的软银团队的其他成员。"麦凯威站在舞台上说。他的面前有数百名员工,还有上千名观众在通过视频观看或收听他的讲话。"而每一个人都应该把这项投资理解为对你们的信任,理解为投资我们公司的人正在用他们的钱支持所有人。"

麦凯威结束了他的讲话和无休止的致谢。然后,这位身材高大的俄勒冈人张开双臂,紧紧地抱住了他的新老板克劳尔。

几天后,随着尘埃落定,曼哈顿熨斗区(Flatiron)一家实验性 WeWork 零售店的员工注意到有一件商品卖得出奇好。这家店既是 WeWork 的礼品店,提供运动衫和水杯等小礼品,也是一家时髦的咖啡店,客人按分钟付费。一个接一个的顾客前来购买一种白 T 恤衫,上面用彩虹的颜色重复印着"We 制造"("MADE BY WE")的字样。

这就是诺依曼在全球峰会上穿的那件衣服,在媒体关于他和 WeWork 退位的无数尖刻报道中都出现过。当时是在万圣节期间,亚当·诺依曼的形象成了一套戏服。

当亚当·诺依曼的模样出现在各种派对上、伴随着一袋钱或一张巨大的软银支票等道具的时候,WeWork 的员工们则在准备迎接另一个打击。高管们在软银救助后的几周里一直在努力实施他们代号为"赫胥黎项目"(Project Huxley)的计划,这是借用经典反乌托邦小说《美丽新世界》(*Brave New World*)的作者阿道司·赫胥黎(Aldous Huxley)的名字。

从 11 月 21 日开始,一波又一波的员工被召集到总部二楼的会议室。赛巴斯蒂安·甘宁汉和阿蒂·明森会在那里,一位人力资源部门的领导则对着文件念，告诉这些员工他们被解雇了，需要立即离开。

这不意外。经理们几周前就告诉员工，裁员即将到来，一些员工甚至主动要求被列入裁员名单里。谣言不断传播，说裁员将在几天内到来，许多部门的工作实际上已经停止：员工们一次就停工好几天，胆子更大的人甚至好几个星期不来。对那些被赶走的人来说，遣散费是很慷慨的，他们会得到数月的工资补偿和医疗保险的福利。

但是，员工并没有忘记重要问题：上市失败表明市场对 WeWork 的"故事"并不买账，而这带来的影响则是数千人将失去工作[16]。设计师、销售人员、高薪技术团队的员工都将离开。这些都是 WeWork 反向蜕变的一部分，从蝴蝶退回到毛毛虫。WeWork 正在从一个华丽的科技公司退变为一个房地产公司。

相似的醒悟虽然可能不那么有戏剧性，却席卷了其他公司的员工。这些公司同样受到了硅谷高涨的炒作的推动。即使是那些相信自己在为能改变生活的交通领域的亚马逊工作的优步狂热者们，现在也不得不看一下股票价格并得出结论，公共市场并不认为公司像新的谷歌或亚马逊，而是认为它更像一家汽车服务应用公司，尽管它在快速增长。床垫公司就只是卖床垫的公司，而不是以使命为导向、以科技为动力的未来睡眠公司。滑板车公司就只是在提供滑板车，而不是颠覆性的步行方式。在整个硅谷，数十亿的纸面价值正在流失，而这一趋势在很大程度上是由 WeWork 的灾难推动的。

这也是孙正义吸取的一个教训。投资者并不支持他的第二个愿景基金，他曾认为自己能得到 1 080 亿美元的承诺被证明是虚幻的——没有人肯签字。创始人的光环（只要他们有魅力，会讲正确的创业术语，就应该盲目追随他们的想法）已经开始消退。投资者们更多的是在谈论谨慎问题，讨论让 20—30 岁的高活力企业家完全控制数亿甚至数十亿的投资者资金的风险。

随着21世纪的第一个10年趋近结束，传统的商业规则依然适用：利润重要。

几乎在一夜之间，亚当·诺依曼成了硅谷和纽约金融界的弃儿，一个不负责任的首席执行官的典范，甚至许多长期的亲密朋友和助理也对他感到愤怒。常年担任他幕僚长的梅迪纳·巴蒂曾在他的公寓委员会任职，在软银进行紧急救助的数天之后，她对WeWork提出了就业投诉[17]，获得了广泛关注。除了指控诺依曼称她的产假为"假期"之外，该文件还对诺依曼和他沉迷聚会的生活方式进行了令人难堪的披露。

这种憎恶有一部分可以算作对这个人的合理愤怒，是他的贪婪和对更大权力的不加约束的渴望攫取破坏了潜在的IPO。不过，也有一部分是对那些本应看清真相的人们的投射。诺依曼的愿景确实令人陶醉，但即使是他的门徒也本该提出一些更关键的问题。他们本可以统观全局，看到现实，站出来指出问题。

至于诺依曼，这个曾经的派对狂现在告诉别人自己很孤独；他的朋友和助理们都在抛弃他。诺依曼辞职后过了几天，丽贝卡回到WeWork总部，向"We成长"的员工和家属发表讲话。她承诺将继续支持这所学校。学生们在新学年只上了几个星期的课。她对他们说："我在这里，哪儿也不去。"

但是到了10月底，诺依曼夫妇担心孩子的安危，把他们带离了学校。

亚当和丽贝卡试图逃离这场煎熬。他们举家去加勒比海冲浪，然后飞到湾区的吉他屋待了几天。即使在那里，关于诺依曼失势的媒体报道也不断出现。不满的员工们也提出了一些诉讼，要求为他们所失去的一切获得补偿。有个负责向诺依曼送达法庭文件的人来到他家，将材料交给了一个与前首席执行官长得一模一样的人，虽然他否认自己是诺依曼。媒体的关注并没有减弱。《纽约邮报》嘲讽诺依曼夫妇仍在乘坐私人飞机四处飞行[18]。

新年将近，亚当和丽贝卡准备好迎来更大的变化，是时候回到诺依曼传奇的开始之地了，回到那个他为了前往美国追求名利而离开了近20年的国家。他们要前往以色列。

12月23日，有人在旧金山国际机场——也许是根据小道消息，也许只是碰巧——看见了这对夫妇，并拍下一些照片，后来刊登在《纽约邮报》上。亚当·诺依曼身穿黑色连帽衫和灰色牛仔裤，推着一辆堆满行李箱的手推车在售票处排队等候。丽贝卡穿着一件印有太阳和彩虹光芒的夹克在张罗孩子们。

他们坐的是商务舱[19]。

尾声

> 他们是些轻率冷漠的人……他们砸碎了东西，毁掉了人，然后躲进自己的金钱、巨大的漠不关心或任何能使他们待在一起的东西中，让其他人去清理他们制造的烂摊子。
>
> ——弗朗西斯·斯科特·菲茨杰拉德（F. Scott Fitzgerald）
> 《了不起的盖茨比》（The Great Gatsby）

11月6日，在亚当·诺依曼卸任首席执行官的6周后，孙正义站在东京的一个讲台上，态度很谦虚。

他说："我做的投资判断确实很糟糕，我很后悔。"[1]

这是在皇家公园酒店举行的软银季度财报新闻发布会上，他正凝视着日本记者和电视摄像机的海洋。这是孙正义第一次公开就WeWork的事做出长篇忏悔。

他翻动身后屏幕上展示的报告。幻灯片上显示了鲜明的红线和指向下方的箭头，表明了WeWork的糟糕状况。其中一张幻灯片上只有两个文字泡:"利润大幅下降"和"WeWork 的问题"。背景图片是一片处于暴风雨中的海面。

孙正义说,他"高估了亚当好的一面",而且"本应更加深思熟虑";他过去对诺依曼不好的一面"视而不见"。

其实在孙正义入伙的时候,WeWork 这枚鲁莽的火箭已经大大偏离了轨道;诺依曼早已搞了很多中饱私囊的事,公司也根本没在专注发展。但随着 WeWork 内爆的尘埃落定,很明显,孙正义是诺依曼的主要帮手。他给诺依曼的钱比别人给的多得多,超过 100 亿美元,并鼓励诺依曼向更危险的行业拓展,完全不顾自己员工的反对。原本那 100 亿美元可以让孙正义拥有 IWG 这个盈利的服务式办公室巨头的全部股权,还能剩下超过 50 亿美元的钱。这笔钱也足够买下帝国大厦很多次了。相反,孙正义选择了相信诺依曼的炒作,以及他自己对 WeWork 未来的幻想。

对这位自诩"科技界巴菲特"的人来说,这场风波使其陷入几个月的艰难处境。孙正义成了硅谷的笑柄。一旦媒体和其他投资者开始更多地了解愿景基金,就会发现这个有史以来最大的投资基金的投资项目中充满了小型 WeWork,其中有些企业相对健全,但几乎所有企业都在遵循孙正义敦促的相同的商业计划:花大钱买增长,之后再担心利润。就像 WeWork 一样,这些企业用于增加收入的大量支出并没有带来利润。

失败企业的名单在继续增加。

愿景基金投资的公司中典型的例子是瓦格,这是一个联结遛狗者和狗主人的应用程序,是遛狗版本的优步。瓦格在 2018 年寻求约 7 500 万美元的投资,软银却向其投入了 3 亿美元的资金。软银的理论是,额外的资金将使瓦格成为市场领袖,让它主导这个新兴市场。

但这一策略不仅没有带来盈利的业务，甚至没能让瓦格获得优势。它的竞争对手罗孚公司（Rover）筹集了更多的资金。尽管得到了资金，瓦格的市场份额仍然小得令人难堪，估算下来比罗孚少了约20%。[2]到了2018年10月，软银决定放弃这块业务，并将所持股份出售，售价远远低于投资时的价值。

软银其他的投资项目也在萎缩：其投资的苏梅在2020年1月关闭了由机器人制作的比萨饼的配送业务；由软银资助的希望通过卫星从太空上传输互联网的公司也破产了。裁员像病毒一样席卷了软银旗下的公司[3]：快递公司"拉辟"（Rappi）、汽车共享创业公司"四处转转"（Getaround）等。诺依曼的"小兄弟"里特什·阿加瓦尔经营的连锁酒店公司OYO从200个城市撤出，裁减了2 000名员工[4]。

随着软银投资被爆出越来越多的难堪内幕，第二支愿景基金的建设也面临塌方。投资者根本无法相信孙正义重蹈覆辙的计划。无论他对王储穆罕默德·本·萨勒曼有什么个人层面的影响力，那都是不够的。尽管他们在上一年宣布了1 080亿美元的承诺，但几乎没有任何相应的约束力。

孙正义的麻烦还远远没有结束。埃利奥特管理公司（Elliott Management）持有软银的大量股份，是个活跃的投资者[5]。他们开始向软银施压，要求它出售更多的资产，也就是通过花更多的钱进行回购来提高股价，而不是把钱砸进初创企业。另一个阻碍来自新冠疫情。大型流行病的发生使叫车市场陷入困境，摁下了优步股价在2020年初的反弹趋势。

再次背水一战的孙正义拿起了PPT。2020年5月，在与投资者的视频会议上，他用幻灯片展示了"马群"涌入他所谓的"冠状病毒谷"[6]，有些成为"独角兽"飞出。他说，一些公司会死亡，但其他公司会飞出来,变得更加强大。

在这场风暴中,他不得不承认一个显而易见的事实:梦想已死。软银宣布搁置第二支愿景基金的筹款计划。软银只能用自己的钱来做这个基金[7],直到它能向世界展示一些好的结果。孙正义对投资者说:"软银愿景基金一期的表现并不出色。"

到了夏天,当克劳尔蜷缩在 WeWork 总部与大型流行病对商业房地产市场的影响展开缠斗时,孙正义已经调转方向,开始专注于其他赚钱的方式。

然后到了秋天,软银上空的乌云开始飘散。是的,孙正义损失了数十亿美元;是的,他表现出了带有无纪律性和鲁莽的天真。但正如 WeWork 之前的情况一样,软银的现实情况是,其价值在很大程度上与其持有的阿里巴巴股票绑定在一起。只要阿里巴巴保持良好的业绩,孙正义用别人的钱进行的错误冒险也就不过如此了。只要他别太深入到软银自己的金库去不顾一切地收购初创企业,那就没有太大问题。软银再次开始向初创企业投入资金,尽管比以前少得多。它这次更多的是关注软件公司,而不是需要大量投资的消费产品。

始终是技术乐观主义者的孙正义开始将他的投资策略转向最大、最成熟的科技公司,转向与那些未经验证的初创企业不同的方向。他把复杂的赌注押在亚马逊、微软和特斯拉的崛起上[8]。由于金额过于庞大,交易员们相信他们正在歪曲整个市场,使科技股的涨跌更加不稳定。孙正义被戏称为"纳斯达克鲸鱼"。软银的股票重新受到青睐。到了秋天,它的股价创下了计算机时代后的新高。

商业史上戏剧性的污点很快就被洗掉了。业务恢复了正常,大家又开始赚钱了。

高盛 WeWork 团队中的两位主要银行家大卫·路德维格和金·波

斯内特获得了晋升[9]。波斯内特成为该银行全球投资银行服务部门的联合主管，也是第一位领导该业务的女性。路德维格继续领导银行的全球资本市场业务。与此同时，高盛的首席执行官大卫·所罗门也没有对 WeWork 事件表示出多少悔意。2020 年 1 月，他在瑞士达沃斯的世界经济论坛上告诉大家[10]，WeWork 的"流程是有效的"。投资者的反馈"使其立足于现实"。高盛成了软银控制的 WeWork 的贷款人。

在摩根大通，诺亚·温特鲁布在 IPO 被叫停后的几天里与诺依曼发生争吵后离开了 WeWork。5 个月后，他得到了晋升，被任命为 18 名"全球主席"之一[11]，负责为银行带来新客户。摩根大通也因救援方案得到了报酬。虽然该方案由于 WeWork 董事会选择软银而被摒弃了。银行对 WeWork 说因为此事拖欠了自己的大约 5 000 万美元的费用[12]，尽管 WeWork 说不会付钱，但最终双方就一个较小的金额达成了一致。不过，杰米·戴蒙长期以来想要成为硅谷顶级顾问的愿望仍未实现。摩根士丹利和高盛继续占据着主导地位。

普信集团的共同基金经理亨利·艾伦博根和富达公司的加文·贝克自立门户，创办了新的投资基金。虽然像 WeWork 和优步这样步履蹒跚的巨型"独角兽"公司表现不佳，但他们在 2014 年和 2016 年投资的云通信公司"推聊"（Twilio）等不那么浮夸的专注业务的软件公司的价值飙升。

在办公室业务方面，诺依曼失势后，IWG 的马克·迪克森似乎松了一口气，显得兴高采烈。在 2019 年秋季诺依曼被赶下台后的几周里，迪克森飞到纽约市，与媒体进行了交流[13]。"我为此纠结了好一阵子。"他告诉 CNBC，说自己并不是在庆祝 WeWork 倒霉。他补充说，这是一个"没有捷径"的行业。

他的财富在 2019 年秋天和 2020 年初春不断上升。IWG 的股票也不断攀升，在新的一年里创下了历史新高，就在全球的新冠疫情发生前夕。

与此同时，WeWork 仍在持续挣扎。软银团队开始在诺依曼用他们的钱建立的低效帝国的残骸中进行筛选，寻找扭亏为盈的方法，并甩掉冗余项目。

其中一个容易下手的切入点是 WeWork 收购的那些公司组合，它们被放在了出售区。WeWork 出售了其在"波浪花园"的股份，出售了"会面网"和"指挥家"。总的来说，这些公司以巨大的折扣价被抛售，使 WeWork 的投资组合净损失超过 1 亿美元。不过在 WeWork 的创造者基金（Creator Fund）出售所持股份后，有一家公司后来做得还不错。莱尔德超级食品公司（Laird Superfood）后来进行了 IPO，其估值几乎是 WeWork 支付价格的两倍。

阿蒂·明森和赛巴斯蒂安·甘宁汉作为公司的联合首席执行官并没有坚持多久。他们监督 WeWork 进行了一系列重组——之后有更多的削减和精简。2 月，软银的马塞洛·克劳尔聘请了一位首席执行官来取代他们——桑迪普·马斯拉尼（Sandeep Mathrani）。此人经营的公司是美国最大的商场业主之一，是房地产行业的老手。他的工作是将 WeWork 从一个自认为拥有独特性和颠覆性使命的充满活力的初创公司精简成为一个直接的商业地产转租公司。

许多留在公司的诺依曼的助理也渐渐离开。技术主管希瓦·拉贾罗曼在公司发生剧变后不久就离开了。麦凯威对马斯拉尼抛弃了一些他认为重要的举措感到沮丧，比如公司最初的使命宣言。他也在 2020 年年中离开了，令许多同事感到惊讶。然而，詹·贝伦特留任了一年多的时间。她在新管理层的任务之一是处理 WeWork 在换了首席执行官后面临的猛烈调查。美国证券交易委员会、美国司法部

（U.S. Department of Justice）和纽约总检察长办公室都展开了调查[14]，向WeWork提出了大量问题，从如何向潜在雇员描述报酬到涉及"方舟"项目的细节信息。这些调查似乎都没有持续多久，WeWork的高管们认为它们不太可能导致任何惩处。最后，WeWork的内爆似乎并不是因为欺诈性地欺骗投资者造成的，而是因为在众目睽睽之下的自欺欺人终于无法继续愚弄大众。

随着WeWork在法律方面辩护的跟进，在马斯拉尼的领导下，商业战略开始变得更加集中，前进命令是继续瘦身并实现盈利。WeWork不再有夏令营，不再有庞大的活动团队，不再有冲浪池或为财富500强公司提供文化建议的部门。WeWork从事的是转租业务。克劳尔预测，到2021年，WeWork产生的现金将超过其消耗的现金。

然后新冠病毒出现了。

当病毒于3月在全球蔓延时，WeWork的许多决定性的特征突然变成了漏洞。WeWork的办公室全是关于社会性互动的：高密度的人员聚集，集中于办公室而不是待在家里。而在业务方面，他们又很灵活，用户往往只需提前几天或几周提交通知就可以轻松取消租约。

很难想象在一场致命病毒引起的疫情中，还有比这更糟糕的营销方案。

租户们成群结队地取消了自己的会员资格，WeWork则急匆匆地为那些承诺留下的人提供优惠。投资者担心它会再一次破产，结果WeWork的债券价格暴跌至1美元30美分，这个水平意味着大量投资者认为这家公司会失败。软银在5月将其持有的WeWork股份重新估值为29亿美元[15]。

这不是个好现象。到2019年底，已经有超过100亿美元的投资注入WeWork。数以千计的人失去了工作。还有许多人失去了他们的股票期权。

WeWork 又成了有毒资产。它开始与业主大规模解除租约，从全球各地的建筑中撤出。在杜塞尔多夫有一份占地 23 万平方英尺的租约，本是 WeWork 最大的场地之一；在伦敦有一份租约；在芝加哥有两座大楼；在北卡罗来纳州达勒姆有一座大楼……所有这些都被取消了，这样做有时会使 WeWork 在单个地点的罚款上花费数百万美元。

WeWork 在混乱中度过了夏天，秋天，冬天。经历了减员、外包和更多轮的裁员，WeWork 的员工数量从高峰时的 14 000 多人下降到 2020 年中期的 5 600 人[16]。软银的钱提供了一个重要的缓冲；有些竞争对手甚至比 WeWork 更加紧缩。WeWork 仍有大量的长期承诺。高管们认为，一旦大家能够回到办公室，疫情造成的不确定性实际上可能会对他们有利。令人信服的迹象表明只要恢复正常生活，灵活的办公空间就会成为热销产品。虽然它肯定没有"实体社交网络"的新颖性，但房地产套利可能会变成一个可行的业务。

WeWork 的兴衰是由各种力量的碰撞促成的：一个以魅力、肆无忌惮的乐观主义和精明的销售技巧为特征的人，遇到了急于接受他的蛊惑的一整个金融系统。

如果不是充满泡沫的风险投资板块如此痴迷于寻找古怪的、有远见的创始人，WeWork 现在可能仍然只是零散地分布在布鲁克林和曼哈顿下城的一些楼里。如果共同基金没有急于进入初创企业，WeWork 可能永远不会有足够资金能扩展到冲浪池业务。如果沙特阿拉伯的经济没有落入一个热爱初创企业、急于使其石油财富多样化的新王子的控制之下，孙正义可能永远不会给诺依曼开出支票。如果银行家们不是那么专注于取得主导大型 IPO 的声望和费用，也许在遭遇这样重大的公开窘境之前，清醒的意见会更占上风。

当所有这些推力共同作用时，人们的想法就开始抱团了。乐观主义挤走了批判性思维，那些聪明的头脑被扭曲到认为一家房地产公司看起来像是软件公司。同样的状况让他们愿意把床垫公司看作科技公司的样子。打车公司也不仅仅是美化后的出租车服务，而是要与成熟的零售巨头竞争。当每个人都想发财时，一切都有无限的潜力。

对创始人的狂热放大了这一切。在硅谷，自我感觉良好的企业家被定义为拥有远大视野和恰到好处的疯狂的人。退一步看，其实就是投资者将资金控制权完全交给了一个没有经验的创始人，且此人的公司已经亏损数亿甚至数十亿美元，这令人费解。美国企业经历了数十年来围绕利益冲突和股东监督的健康改善，而在21世纪的头10年里，在创始人控制的热潮中，原本的净化成果在硅谷中发生了急剧倒退。随着这种不良的公司治理方式的病毒式传播，WeWork式的灾难迟早会发生。

2020年年初，一系列类似的亏损公司震惊了华尔街——床垫制造商卡斯珀的IPO进展得相当糟糕——同时，人们的关注点从叫车服务和办公空间转向了软件和"云计算"。新的富有的首席执行官往往是痴迷于在线数据增长的功利主义的书呆子，而不是注重提升意识的人物。科技投资者在科技上赚到了钱。

在WeWork崩塌后的一年多时间里，变化即将到来；硅谷的事件似乎成了一种经验教训。

或者，真是如此吗？

在2020年上半年，由一位以过度承诺和刺激投资者而闻名的古怪的、难以预测的创始人领导的电动汽车制造商特斯拉（Tesla）的价值激增，因为支持者看到了公司未来近乎无限的潜力。它的业务几乎没有变化，但价值开始攀升，超过了丰田汽车估值的两倍，尽管它生产的汽车只是小部分。首席执行官埃隆·马斯克将于2021年年初成为地球上最富有的人。

这种攀升产生了连锁反应。2020年夏天，由一位名叫特雷弗·米尔顿（Trevor Milton）的富有魅力的企业家创办6年的电动卡车公司"尼古拉公司"（Nikola Corporation）上市，其股价飙升。尽管尼古拉公司还没有制造卡车，但米尔顿通过描绘其设计将如何重塑整个巨大的卡车运输部门来激励投资者。公共市场的投资者，包括使用"罗宾汉"app的初学者——一些在新冠疫情停工期间觉得无聊想找点事做的初次选股人——纷纷加入这股热潮。尼古拉公司的估值超过了福特汽车的估值，达到300亿美元。

这与WeWork和诺依曼有着令人不安的相似之处。米尔顿在公司准备上市时出售了9 400万美元的股票[17]。在他掌权时，尼古拉公司购买了一家摩托艇公司。此外，他买了一架私人飞机，还买了一个巨大的庄园，说计划在那里建立一个有机农场。

和诺依曼的情况一样，他的帝国很快就解体了。9月，一个卖空者发布了一份报告，质疑米尔顿的愿景声明具有误导性或内容不准确。报告说，一个原型卡车在高速公路上行驶的视频是伪造的，卡车是被放到坡路上滑下去的。在9月底，米尔顿被解雇，不再担任首席执行官，尼古拉公司的股票暴跌，但他仍然以富翁身份离开。这就像一次快进版的WeWork事件。

人们似乎无法自拔地继续白日梦。社会很容易被一个有远大理想、富有魅力的领导人吸引，很难抵制一个许诺未来能赚大钱的乐观主义者——带来利润的弥赛亚就在前方的地平线上。

到了2020年年末，很明显，金融市场正在发生更大的转变，也许是因为疫情首次袭击后的经济救援行动；也许是因为美联储降低利率并印刷了数万亿的新货币；也许是因为无聊的千禧一代挥舞着"罗宾汉"app在家里操作的越来越多的股票交易。美国经济仍在挣扎，但股票却在冲向历史高点。

初创企业又开始流行起来，不仅仅是软件公司，还有其他与消费者生活息息相关的公司，它们依然保持高亏损率。WeWork之后的寒冬很快被遗忘。"飞门"（DoorDash）和爱彼迎曾经担心WeWork的余波会影响它们上市，但它们的IPO都非常成功，在公开市场上的估值之高让许多早期投资者都难以理解。"飞门"的股票市场估值为560亿美元，几乎是必胜客、塔可贝尔和肯德基所有者的两倍。对于"飞门"的主要投资者软银来说，这是一笔巨大的收获。软银的愿景基金终于有了一个成功的故事，将6.8亿美元的投资变成了价值超过100亿美元的"飞门"股票。爱彼迎的首席执行官布莱恩·切斯基在彭博电视节目上得知爱彼迎的预期开盘股价时说不出话来。900亿美元左右！爱彼迎的价值超过了希尔顿、万豪和凯悦的总和，比几个月前的260亿美元高太多。银行家和机构投资者指责是业余交易员推动了这场狂乱。

突然之间，剧本又明显地再次翻转了。初创企业的私人市场现在变得比公共市场更加保守。在公共市场上，愿景和炒作现在是"罗宾汉"上吸引交易人的热点。不仅亏损的公司突然受到欢迎，而且许多没有任何收入的电动汽车和电池公司开始获得数十亿美元的估值——所有这些都只需要承诺一个美好的未来。形势又变回了对创始人有利。切斯基和他的联合创始人增加了他们的控制力，从每股10票增加到了20票，这正是亚当·诺依曼曾经尝试的举措。"飞门"的创始人也得到了每股20票的权力。软件公司"C3.ai"的创始人得到了每股50票。

股票市场终于买下了硅谷出售的东西。现在是公共市场的投资者在拿着袋子。

到了2021年2月，市场一片火热。一家又一家创业公司通过比IPO宽松的上市程序成功地公开上市。它们用的是一种一度十分神秘的被称为"特殊目的收购公司"（SPAC）的工具，即让创业公司与一家除了现金外没有任何资产的公开交易的"壳"公司合并，使其在更快的过程中公开上市。每周都有数十亿美元涌入该领域。这就像有另一个愿景基金在冲击初创企业板块，只是分散在几十个SPAC中。初创公司的估值急剧上升，因为再一次有太多的钱在追逐太少的好企业。

连那些长期挣扎的初创企业也突然瞥见了隧道尽头的光明，出现了新的投资者愿意把钱交给他们，让他们上市。随着市场对有远见的初创企业的渴求，亏损再次被当作事后考虑的问题。即使是没有任何收入的公司也被估价为数十亿美元。

历史再度上演，WeWork开始试探最新的趋势——这种新的资金渠道。这是一个诱人的前景，一种更快的上市方式，比起IPO程序，这样做的麻烦和审查要少得多。2021年3月底，在本书（英文原版）即将出版之际，WeWork与一家SPAC达成了协议，将在几个月内合并公司并公开上市，估值约80亿美元，与高峰期相差甚远，但状况终于好了起来。随着疫情的缓和，WeWork为再次上市做准备。

至于亚当·诺依曼，他并没有像自己想象的那样立即成为亿万富翁。他在2019年年底悄悄地来到了以色列。至少在那里，没有人会向他送达小型民事诉讼的各种法庭文件。正如诺依曼的母亲阿维特·诺依曼－奥尔巴赫（Avivit Neumann-Orbach）在他抵达后对一家以色列出版物说的那样："这里的人们欢迎他，这对他有好处。"[18]

他和丽贝卡在特拉维夫郊区租了一套海滨别墅，大部分时间都在公众视线之外。他们带去了家庭雇员，包括几个孩子的老师。他们手上有相当多的资金，包括来自诺依曼早期提取的现金、他在"We 持股"多年来出售的近 5 亿美元中的个人部分，以及软银为他贷款重组的 5 亿美元的信贷额度。诺依曼还有 1.85 亿美元的离职补偿金，尽管软银还没有支付全部金额。2021 年 3 月，他在等待软银在月底前提供的另一笔近 10 亿美元的款项。

在诺依曼以及前雇员和其他投资者该收到钱的前几天，软银食言了。软银引用了交易文件中的多项条款，认为这些条款给了它一个违背约定的机会——中国的融资交易还没有发生，而且 WeWork 正在应对监管机构的调查。它直接拒绝支付款项。新冠病毒正在席卷全球。WeWork 的财务状况惨不忍睹。孙正义不想为 WeWork 再花 30 亿美元，即使他同意过这么做。正如他在一封后来在法庭上被披露的电子邮件[19]中对马塞洛·克劳尔指示的那样："不要付。"克劳尔在电子邮件中说，这表明孙正义意识到他需要更多的纪律性。软银表示，根据他们与诺依曼和 WeWork 签署的合同，这样做完全在其法律权利范围内。

数百名 WeWork 早期员工一直指望着股票能出售，把这看作对他们辛苦工作多年的公司梦想破灭后的唯一安慰。他们现在感到非常愤怒。早期的投资者们也是如此。这成了一个偷梁换柱的圈套：购入这 30 亿美元的股票是软银让他们接受的"救市"方案中的一个核心点。基准资本（Benchmark）先前已经卖出了足够的股票，为公司赚取了可观的利润，但即使在 WeWork 估值低迷到 80 亿美元时，它也有大约 6 亿美元被绑在 WeWork 身上。不过，损失最大的还是诺依曼，至少在现钱上是如此。由于软银扣了诺依曼的 9.7 亿美元现金，彭博社在 4 月份将他从全球亿万富翁的名单中删除了[20]。

诉讼随之而来。布鲁斯·邓利维——基本上已经退休了——代表老投资者们领导了一场诉讼，而诺依曼则对软银提起了单独诉讼。直到 2021 年年初，各方才选择和解。软银急于在 SPAC 交易前清理与 WeWork 的关系，同意购买曾经承诺的股票的一半，向股东支付 15 亿美元，其中包括向诺依曼支付近 5 亿美元。然而，诺依曼再次为自己争取到了更多的利益，得到了一些早期员工和投资者无法得到的高价特权。软银将其对诺依曼的贷款延长了 5 年——大约有 4.3 亿美元的余额，并同意向他支付 5 000 万美元的现金，这大致上是他 2019 年秋季的 1.85 亿美元离职补偿金的剩余部分，之前软银因为在打官司而停止支付。

诺依曼夫妇在以色列并没有待多久。在 2020 年春天，一家人回到了美国，前往汉普顿，在他们的豪宅里、在只有自己的冲浪中等待这场新冠疫情结束。他们试图缩减自己的房产组合，将吉他屋、城北的第二栋房子和格拉梅西的房子挂牌出售。（就在 WeWork 内爆的时候，诺依曼夫妇得到了一个解决他们大楼旁 5G 天线的可能办法：他们可以买断电话公司对天线的租赁。但已经太晚了，因为他们后来在那里待的时间很短。）诺依曼将他在圣何塞所有房产的权益都卖给了一个开发商。

他整天都在蒙托克冲浪。他的跟班们大部分都离开了，但他并不完全是孤身一人。他仍然付钱给别人，让他们用水上快艇把他拖到海浪中。

更重要的是，他总是坐立不安。他渴望在诉讼中击败孙正义，渴望回到工作中，渴望做一些新的事情。就像他永远无法在椅子上静坐太久，他根本无法忍受长时间不待在聚光灯下。

这是丽贝卡·诺依曼同样具备的特点。她对"We 成长"的投入并没有减弱，并于 2020 年年中从 WeWork 手上买下了学校的资产（主要是课程部分),并将其更名为"SOLFL",这是她长期使用的一个短语的缩写——"生命的学生为生命"("student of life for life")。读起来音同"灵魂的"。

亚当·诺依曼也无法摆脱他的过去。他告诉朋友和同事们,他想建立一个专注于住宅房地产的公司。他说关注重点将是未来生活;投资该领域的初创公司,拥有属于自己的建筑。他说现在正是创建一个针对年轻租房者的广为人知的公寓品牌的好时机,这也是目前混乱不堪的住宅租赁市场所缺乏的。他思索着从别人那里筹集数亿美元以接管初创企业。在尝试投资众多创业公司后,诺依曼将目光锁定在一家陷入困境的公寓服务公司——"你好,阿尔弗雷德"(Hello Alfred)。该公司为公寓居民提供私人门房服务。诺依曼领导了新一轮的融资,并将少数仍然忠心的前助理引入公司。

无论如何,诺依曼决心再次获得瞩目,他要向投资界推销一个能换来爆炸性增长的愿景。

他充满活力,跃跃欲试。他渴望重返战场。

致谢

我们深深地感谢一些朋友、家人、同事、导师和其他帮助我们指导本书出版的人。

最重要的是,《华尔街日报》一直是我们俩非凡的职业家园。如果没有这份报纸和在那里工作的奋进的一流记者们,就不会有这本书。

我们为《华尔街日报》报道 WeWork 的经历是本书的基础——包括该公司的崛起和它壮观的崩溃。无论从哪个角度来看,这都是一次非凡的集体的努力。整个报社的编辑们公认这个故事的重要性,而报业帝国的记者们也是必不可少的队友,是他们在 WeWork 爆出丑闻时发掘出了新的重要细节。

感谢《华尔街日报》中众多接触过这个故事的人。特别是莉兹·霍夫曼(Liz Hoffman)和戴夫·伯努瓦(Dave Benoit),他们是至关重要的合作伙伴,在我们通过群发信息搜索这个传奇故事中的新线索时陪我们一起度过了那些周末。来自旧金山的杰森·迪恩(Jason Dean)、斯科特·奥斯汀（Scott Austin）和利兹·沃尔曼（Liz Wollman）是故事的核心指导者，他们认识到 WeWork 是众多走偏路创业公司中的一个异类。当 WeWork 摇摇欲坠时，查尔斯·福雷尔（Charles Forelle）、丹娜·西米卢卡（Dana Cimilluca）、内特·贝克尔（Nate Becker）和玛丽·博德特（Marie Beaudette）在纽约坚持不懈地推动这个故事。瑞恩·克努森（Ryan Knutson）、凯特·莱恩博（Kate Linebaugh）和《华尔街日报》播客的全体人员在扩大 WeWork 故事的影响方面做得非常好。普雷塔·达斯（Preeta Das）是一位老练的物流经理、编辑、记者，杰米·海勒（Jamie Heller）是一位坚定的支持者，他们早在故事成为头条新闻之前就看到了它的重要性。我们要感谢马修·罗斯（Matthew Rose），他对故事的热忱使故事走得更远。我们也非常感谢马特·默里（Matt Murray），为了所有的一切。

约翰·海勒（John Helyar）的《门口的野蛮人》（*Barbarians at the Gate*）是我们工作的样板，他提供了一个稳定的鼓励、启发和批评。感谢泰德·曼（Ted Mann）的建议、支持和批评。感谢特里普·米克尔（Tripp Mickle）带我们领略了原本一无所知的新行业。感谢布拉德利·霍普（Bradley Hope）对出版界和调查性报道的所有建议。

我们的文章建立在其他人记录硅谷"独角兽"派对的强大作品之上。感谢迈克·艾萨克（Mike Isaac）的善意建议，他的《超蓬勃：优步之战》（*Super Pumped: The Battle For Uber Season*）中分享了许多类似优步首席执行官崛起和下台的主题。里夫斯·维德曼（Reeves Wiedeman）是一位大方的、有修养的竞争者，他的《亿万负翁：WeWork 及其创始人的极速崛起与陨落》（*Billion Dollar Loser*）也是关于 WeWork 的，非常值得一读。感谢我们在其他机构的所有同事，他们在 WeWork 的事情上所做的工作为本书提供了信息，包括艾伦·休特（Ellen Huet）、吉莉安·谭（Gillian Tan）、科里·温伯格（Cory Weinberg）、梅根·莫里斯（Meghan Morris）、史蒂夫·贝尔托尼（Steve Bertoni）、查尔斯·杜希格（Charles Duhigg）和莫·特卡西克（Moe Tkacik）。

感谢所有帮助我们了解亚当·诺依曼家乡的以色列记者，包括鲁蒂·李维（Ruti Levy）和伊泰·伊尔奈（Itay Ilnai）。

感谢我们了不起的朋友和家人，他们花时间阅读了我们的草稿并提供建议。感谢米歇尔·霍斯特（Michele Host）、塔玛拉·曼特韦尔（Tamara Mann Tweel）、安德鲁·格罗斯曼（Andrew Grossman）、伊恩·洛维特（Ian Lovett）、欧文·沃什伯恩（Owen Washburn）、康拉德·普齐尔（Konrad Putzier）、理查德·布朗（Richard Brown）、迪尔沙尼·佩雷拉（Dilshanie Perera）、约翰·拉斯金（John Raskin）、罗比·惠兰（Robbie Whelan）、埃里克·霍斯勒（Eric Hounshell）、林赛·瑞安（Lindsay Ryan）、达斯汀·沃尔兹（Dustin Volz）、帕特·希尼（Pat Heaney）、卡罗琳·沃克（Caroline Walker）、达娜·马蒂奥里（Dana Mattioli）、贾斯汀·谢克（Justin Scheck）、布拉德利·霍普（Bradley Hope）、达娜·西米卢卡（Dana Cimilucca）、内特·贝克尔（Nate Becker）、埃里克·霍尔姆（Erik Holm）、弗雷德·德沃夏克（Phred Dvorak）、克里斯·瓦姆斯（Chris Varmus），还有许多其他人。

还要感谢《华尔街日报》的许多同事，他们对这个故事的指导、对报道的技巧，以及他们的友谊，为我们的工作提供了帮助，包括珍妮·斯特拉斯堡（Jenny Strasburg）、史蒂夫·格罗塞尔（Steve Grocer）、卡拉·隆巴多（Cara Lombardo）、科里·德利布什（Corrie Driebusch）和米里亚姆·戈特弗里德（Miriam Gottfried）。

Fletcher & Co. 公司（Fletcher & Company）的埃里克·卢普弗（Eric

Lupfer）是一个非凡的伙伴，在我们摸索着写书的过程中，提供了指引、教导、批评和幽默的意见。

我们在皇冠出版集团（Crown）的团队一直十分出色。保罗·惠特拉奇（Paul Whitlatch）和凯蒂·贝瑞（Katie Berry）为我们的书润色了一遍又一遍，草稿都堆成了山，每一次都令我们感到敬畏，为他们能如此拔高我们原本的平铺直叙，促使我们从更为大局的角度来思考这个故事。感谢丹·诺瓦克（Dan Novack）提供的娴熟和丰富的法律建议。

如果没有肖恩·拉维里（Sean Lavery）——我们的事实核查员、一位真正的超级英雄，我们不可能到达终点线。我们对他的感谢无法付诸笔端，他花了数不清的时间来研究我们的草稿。他的耐心和耐力是无与伦比的。

来自艾略特：

特别感谢 TK、林赛（Lindsey）和斯科特（Scott），感谢他们在布鲁克林的一次意外的、长达数月的隔离中容忍我，这本书的很大一部分内容就是在那里写成的。感谢娜塔莎·约瑟福维茨（Natasha Josefowitz）带来的对此行业的早期启发，以及对各章节草稿的熟练而完美的编辑。我非常感谢我所有的朋友和家人，他们在我数年来思索 WeWork 的奥秘时，肯听我大谈收入倍数、房地产面积和风险融资。还要感谢其他对我提供帮助的人，是他们让我在旧金山的日子变得如此有意义。从 2016 年在奥克兰特美思卡尔社区（Oakland's Temescal neighborhood）的一室一厅公寓的驻派，到现在在旧金山的米顺区（Mission），湾区教会了我很多关于新闻、非纽约生活以及由风险资本补贴的折扣消费品的知识，感谢他们。

来自莫琳：

感谢我庞大的家庭——法雷尔（Farrells）、科尔贝斯（Kolbes）、伯克斯（Burkes），特别是我的兄弟姐妹们，帕蒂（Patty）、埃德（Ed）和大卫（David）——感谢你们的友谊和指引。我很希望我的父亲文森特（Vincent）能读到这本书；他会是一个重要的编辑和我的公关人。不过，作为一名记者，我每天都在努力贯彻他对新闻和第一修正案的尊敬。我也在学习我母亲佩吉（Peggy）的能力，她能与刚认识5分钟的人和她认识很久的人都建立联系和深厚的友谊。我每天都很感激她的指导。

特别感谢我的公公婆婆，鲁思（Ruth）和拉里·科尔贝（Larry Kolbe）。如果不是他们在新型冠状病毒疫情大流行期间允许我们住在他们在鳕鱼角（Cape Cod）的房子里——我们的茵内斯弗利岛（Innisfree），我永远、永远没机会写这本书。

但我最感谢的是他们的儿子，也就是我的丈夫——杰森（Jason）。自从命中注定（至少对我们来说是这样）的2003年纽约市大停电后，我的生活因为有你而变得更加光明。我无尽地感激你这一年来承担的大量独自照顾孩子的工作，若没有你这样做，这本书就不会诞生。对我的女儿——西西（Cece）和安娜贝尔（Annabel）——感谢你们这一年来在我写这本书时展现的耐心，你们让生活和居家变得远超出我想象的更加快乐和有趣。

尾注

前言

1　Video of Adam Neumann's speech, Jan. 8, 2019.

第 1 章

1　Sadeh, "Everyone Worked Their Ass Off."
2　Adam Neumann Commencement Address, Baruch College, June 5, 2017.
3　Interview with Daniel Rozengurtel, March 2019.
4　Interview with Susan Lazar for a Wall Street Journal article, July 2017.
5　Itay Ilnai and Yaniv Halili, "The First Man," Yedioth Ahronoth, Nov. 6, 2019.
6　"Speech of Adam Neumann in Summer Camp 2018," YouTube, Aug. 20, 2018, www.youtube.com/watch?v=Hpq4Mq -vWl0.
7　Interview with Micah Ben Hillel, March 2020.
8　Shuki Sadeh, "Everyone Worked Their Ass Off, and He's Living the Good Life," Marker, Sept. 27, 2019.
9　Interview with Elad Shelly, Feb. 2020.
10　Interview with Hillel, March 2020.
11　Interview with Ramon, Sept. 2020.
12　Clip of Erev Tov Im Guy Pines, Summer 2001.
13　Adam Neumann to Ranee Kamens, Aug. 14, 2006.
14　Email from Renee Kamens to Adam Neumann, Nov. 27, 2006.

第 2 章

1. "Miguel McKelvey Is Reimagining the Workplace," The Rich Roll Podcast, July 7, 2019.
2. 同 1。
3. "WeWork: Miguel McKelvey," How I Built This with Guy Raz, NPR, Sept. 3, 2018.
4. Aaron Gell, "Was WeWork's Business a Copy/Paste Job?," Marker, Oct. 14, 2019, marker.medium.com/was-weworks-business-a-copy-paste -job-b52d-2c45099f.
5. Katherine Clarke, "Neumann on Tap," Real Deal, Jan. 1, 2013.
6. "155 Water Street Building to Be a 'Green' Office," Dumbo NYC, May 14, 2008, dumbonyc.com/blog/2008/05/14/155 water-greendesk/.
7. "WeWork: Miguel McKelvey," How I Built This with Guy Raz.
8. Gil Haklay v. Enviro Desk LLC, New York County Supreme Court, No. 651620/2011, Purchase and Security Agreement, filed as Exhibit B, July 29, 2011.
9. "Miguel McKelvey Is Reimagining the Workplace."

第 3 章

1. "Build a Purpose Driven Business, Education, and Life with WeWork Co-founder Rebekah Neumann," The School of Greatness (podcast), Nov. 6, 2018.
2. Adam Neumann Commencement Address, Baruch College, June 5, 2017.
3. "Build a Purpose Driven Business, Education, and Life with WeWork Co-founder Rebekah Neumann."
4. Margaret Abrams, "How Gwyneth Paltrow's Cousin Co-Founded WeWork," *Observer*, August 3, 2016.
5. "Speech of Adam Neumann in Summer Camp 2018," YouTube, posted Aug. 20, 2018, www.youtube.com/watch?v=Hpq4Mq-vWl0.
6. Moe Tkacik, "Her Search for Enlightenment Fueled WeWork's Collapse," Bustle, March 2, 2020.
7. 同 6。
8. "Build a Purpose Driven Business, Education, and Life with WeWork Co-founder Rebekah Neumann."
9. 同 8。
10. 同 8。
11. 同 8。

第 4 章

1. "WeWork: Miguel McKelvey," *How I Built This with Guy Raz*, NPR, Sept. 3, 2018.
2. "Miguel McKelvey Is Reimagining the Workplace," *The Rich Roll Podcast*, July 7, 2019.
3. Yehuda Berg, *Living Kabbalah: A Practical System for Making the Power Work for* You (New York: Kabbalah Centre International, 2008), 6.
4. Eliot Brown, "WeWork: A $20 Billion Startup Fueled by Silicon Valley Pixie Dust," *Wall Street Journal*, Oct. 19, 2017
5. *We Work 154 Grand LLC v. BSD 26 Maeem LLC*, New York County Supreme Court, No. 651781/2014, Lease and Guarantee, document 82, filed Dec. 9, 2014.

第 5 章

1. Interview with Lisa Skye, Feb. 2020.
2. "WeWork: Miguel McKelvey," *How I Built This with Guy Raz*, NPR, Sept. 3, 2018.
3. Interview with Skye, Feb. 2020.
4. Interview with Abe Safdie, April 2020.
5. Interview with Skye, Feb. 2020.
6. Interview with David Zar, Jan. 2020.
7. Interview with Danny Orenstein, March 2020.
8. 同 7。
9. Emily Glazer, "Google Web Grows in City," *Wall Street Journal*, Feb. 29, 2012.
10. WeWork website, Feb. 11, 2012, accessed via Internet Archive, web.archive.org/web/20120211172334/http://wework.com/.

第 6 章

1. Evan Axelrod, "Executive Profile: Michael Eisenberg, Partner at Aleph VC and Investor in WeWork," *Commentator*, Nov. 12, 2017.
2. David Hsu and Martin Kenney, "Organizing Venture Capital: The Rise and Demise of American Research & Development Corporation, 1946–1973," *Industrial and Corporate Change*, Aug. 2005.
3. Spencer Ante, *Creative Capital: Georges Doriot and the Birth of Venture Capital* (Boston: Harvard Business Press, 2008), 236.

4   "US Venture Capital: Index and Selected Benchmarks," Cambridge Associates, June 30, 2020.
5   Randall Stross, *eBoys: The First Inside Account of Venture Capitalists at Work* (New York: Crown Business, 2000), Kindle ed., chap. 2.
6   同 5，chap. 16.
7   Venture Monitor, *Pitchbook*, Third Quarter 2020.
8   Stross, *eBoys*, chap. 2.
9   同 8，chap. 16.
10 Eliot Brown, "WeWork: A $20 Billion Startup Fueled by Silicon Valley Pixie Dust," *Wall Street Journal*, Oct. 19, 2017.
11 Reeves Wiedeman, *Billion Dollar Loser: The Epic Rise and Spectacular Fall of Adam Neumann and WeWork* (New York: Little, Brown, 2020), 80.

第 7 章

1   Eliot Brown, "WeWork: A $20 Billion Startup Fueled by Silicon Valley Pixie Dust," *Wall Street Journal*, Oct. 19, 2017.
2   Interview with Adam Neumann for a potential *Wall Street Journal* article, Aug. 2013.
3   同 2。
4   "Intuit 2020 Report: Twenty Trends That Will Shape the Next Decade," *Intuit*, 2010. Neumann's PR representative in 2013 offered this report in support of Neumann's "40 percent of the entire workforce" statistic.
5   Interview with John Cadeddu for a *Wall Street Journal* story, Sept. 2019.

第 8 章

1   Loan and pledge option agreement between WeWork Companies Inc. and We Holdings LLC, May 30, 2013.
2   Wendy Goodman, "Space of the Week: A Transformation in Tribeca," *New York*, Nov. 7, 2013, nymag.com/homedesign/features/laser-rosenberg-2014-1/.
3   Property report for 41 West Eleventh Street, New York, Property Shark.
4   Ernst Architect PLLC, "41 West 11th St: Proposed Horizontal and Vertical Expansion," Presented to NYC Landmarks Preservation Commission, Dec. 30, 2014.
5   "Summer Camp 2013/WeWork," YouTube, posted Sept. 27, 2013, www.youtube.com/watch?v=RZJ4_Qp8CNw.
6   Interview with Erin Griffith, Sept. 2020.
7   "Summer Camp 2013/WeWork."

第 9 章

1. Alex Konrad, "Inside the Phenomenal Rise of WeWork," *Forbes*, Nov. 5, 2014.
2. Mike Spector, Douglas MacMillan, and Evelyn Rusli, "TPG-Led Group Closes $450 Million Investment in Airbnb," *Wall Street Journal*, April 18, 2014.
3. "WeWork Pitch Deck," Oct. 2014, accessed via Scribd upload from Nitasha Tiku, www.scribd.com/doc/284094314/WeWork-Pitch -Deck.
4. Lindsay Gellman and Eliot Brown, "WeWork: Now a $5 Billion Co-working Startup," *Wall Street Journal,* Dec. 15, 2014.
5. 同 4。
6. James McWhinney, "A Brief History of the Mutual Fund," Investopedia, Feb. 6, 2018.
7. Joseph Nocera, *A Piece of the Action: How the Middle Class Joined the Money Class* (New York: Simon & Schuster, 1994).
8. Terry Savage, "Any Way You Look at It, Indexing Wins," *Barron's*, April 14, 1999.
9. Maureen Farrell, "America's Roster of Public Companies Is Shrinking Before Our Eyes," *Wall Street Journal*, Jan. 6, 2017.
10. Mary Pilon, "A Gumshoe Investor on Tech," *Wall Street Journal*, April 23, 2011.
11. Leslie Picker, "The Man Who Taught Mutual Funds How to Invest in Startups," Bloomberg News, July 8, 2015.
12. Lauren R. Rublin, "Henry Ellenbogen's Bet on the Future Pays Off Today," *Barron's*, August 19, 2017
13. Shayndi Raice, Anupreeta Das, and John Letzing, "Facebook Prices IPO at Record Value," *Wall Street Journal*, May 17, 2012.
14. Farrell, "America's Roster of Public Companies Is Shrinking Before Our Eyes."
15. Kwon, Lowry, and Qian, "Mutual Fund Investments in Private Firms."
16. "The State of US Venture Capital in 15 Charts," Pitchbook, Oct. 29, 2018.
17. Corrie Driebusch, "Getting Shares of Fast-Growing Young Firms Is a Snap for Fidelity Manager," *Wall Street Journal*, March 3, 2017.
18. 同 17。
19. Financial Update, 2015–2018 Plan, WeWork.
20. "WeWork Announces $400 Million Funding Round," WeWork newsroom, June 24, 2015.
21. Eliot Brown, "WeWork's Valuation Soars to $10 Billion," *Wall Street Journal*, June 24, 2015.
22. Eliot Brown, "WeWork: A $20 Billion Startup Fueled by Silicon Valley Pixie

Dust," *Wall Street Journal*, Oct. 19, 2017.

23 "WeWork Companies Inc. Valuation of a Minority Common Stock Interest," Alvarez & Marsal, prepared for WeWork, March 21, 2017.

24 Andrew E. Kramer, "A Russian Magnate's Facebook Bet Pays Off Big," *New York Times*, May 15, 2012.

第 10 章

1 Matthew Lynn, "Hot Dog Man Is the Top Dog in Offices. Profile: Mark Dixon," *Sunday Times*, Sept. 19, 1999.

2 David Shaw, "The FIG Life: One Big Party After Another," *Los Angeles Times*, Dec. 1, 1971.

3 Maxine Cheshire, "Hollywood Hype and Cocaine Claims," *Washington Post*, Sept. 21, 1979.

4 Michael Hiltzik, "Records Show Dispute Before Fegen Collapse," *Los Angeles Times*, Dec. 1, 1982.

5 Fantastic Fig, www.fantasticfig.com.

6 "Regus PLC: Supplemental Listing Particulars," Regus PLC, filed on the London Stock Exchange, Oct. 7, 2001.

7 Interview with Frank Cottle, May 2020.

8 Chuck Salter, "Office of the Future," *Fast Company*, March 31, 2000.

9 Philip Beresford, "Rankings 2-10—Rich List 2001," with Stephen Boyd, *Sunday Times*, April 22, 2001.

10 Annual Report and Accounts 2015, Regus

11 "WeWork Companies Inc. Valuation of a Minority Common Stock Interest," Alvarez & Marsal, prepared for WeWork, March 21, 2017.

12 Regus PLC Q1 2015 Sales and Revenue call, April 30, 2015.

13 Andrew Odlyzko, "Collective Hallucinations and Inefficient Markets: The British Railway Mania of the 1840s," Jan. 15, 2010, accessed via SSRN: ssrn.com/abstract=1537338.

14 Solomon Asch, "Opinions and Social Pressure," *Scientific American*, Nov. 1955.

15 Eliot Brown, "How to Live in San Francisco Without Spending Any Money," *Wall Street Journal*, April 29, 2018.

16 Scott Austin, Chris Canipe, and Sarah Slobin, "The Billion Dollar Startup Club," *Wall Street Journal*, Feb. 18, 2015.

17 "The World's 50 Most Innovative Companies 2015," *Fast Company*, Feb. 9, 2015.

18 "The World's 50 Most Innovative Companies 2013," *Fast Company*, Feb. 11, 2013.

19　Steven Bertoni, "WeWork's $20 Billion Office Party: The Crazy Bet That Could Change How the World Does Business," *Forbes*, Oct. 2, 2017.

20　Geraldine Fabrikant and Alex Kuczynski, "The Media Business: Hearst Is Seen Joining Project of Tina Brown," *New York Times*, Jan. 28, 1999.

21　Brad Stone, "Tech Veteran Departs Silicon Valley's Grilled Cheese Play," Bloomberg News, Sept. 2, 2016.

22　Eliot Brown, "Casper Has Big Dreams, but Wall Street Is Waking Up to Losses as Its IPO Nears," *Wall Street Journal*, Jan. 24, 2020.

23　Interview with Brandon Shorenstein, Feb. 2020.

24　同 23。

25　同 23。

26　同 23。

第 11 章

1　Kevin McCoy, "Madoff Victims Speak Out—in Writing," *USA Today*, Dec. 8, 2014.

2　Interview with Carl Pierre, May 2020.

3　"Don't Be Evil: Fred Turner on Utopias, Frontiers, and Brogrammers," *Logic*, Dec. 1, 2017.

4　George Packer, "Change the World," *New Yorker*, May 20, 2013.

5　Tamar Weinberg, "SXSW: Mark Zuckerberg Keynote," *Techipedia*, March 10, 2008.

6　Eliot Brown, "How Adam Neumann's Over-the-Top Style Built WeWork. 'This Is Not the Way Everybody Behaves,'" *Wall Street Journal*, Sept. 18, 2019.

7　This account was of an interview conducted on background in 2016. We have decided to include the details here for multiple reasons. Some of what Neumann said was untrue, and in addition, the episode came up unprompted in numerous interviews with former WeWork employees in the reporting for this book. It caused unease for multiple people involved with internal discussions about the matter at the time.

8　Email with subject line "URGENT: WeWork Board Approval re Share Repurchases," sent by Jen Berrent to WeWork board members, Jan. 13, 2015.

第 12 章

1　Douglas MacMillan, "Snapchat Raises Another $500 Million from Investors," *Wall Street Journal*, May 29, 2015.

2　Telis Demos and Douglas MacMillan, "Uber Valued at More Than $50 Billion," *Wall Street Journal*, July 31, 2015.

3 Kevin Dugan and Priya Anand, "Quid Pro IPO? Software Tech IPO Practice Raises Disclosure Questions," *The Information*, Jan. 23, 2020.

4 "JPMorgan Chase's NamingRights Deal with Warriors Likely Most Lucrative in NBA," *Sports Business Daily*, Jan. 28, 2016.

5 J. K. Dineen, "Warriors Arena to Be Named Chase Center—Bank Buys Naming Rights," *San Francisco Chronicle*, Jan. 27, 2016.

6 Daniel Roberts and Leigh Gallagher, "Introducing the Newest Class of Fortune's 40 Under 40," *Fortune*, Sept. 24, 2015.

7 Aleta Mayne, "4 Bytes with Noah Wintroub '98," *Colgate Scene*, Winter 2016.

8 William D. Cohan, "Remembering the Can-Do Charm (and Fierce Temper) of Wall St. Legend Jimmy Lee," *Vanity Fair*, June 17, 2015.

9 Dana Cimilluca and Emily Glazer, "Jimmy Lee, Famed J. P. Morgan Deal Maker, Dies," *Wall Street Journal*, June 17, 2015.

10 "The 'Epitome of a Banker,' Jimmy Lee Always Put Family First," WeWork website, June 22, 2015.

11 "History of Our Firm," JPMorgan Chase website.

12 Preliminary offering memorandum, senior notes, WeWork Companies, April 24, 2018.

13 Dana Cimilluca and Emily Glazer, "Jimmy Lee, Famed J.P. Morgan Deal Maker, Dies," *Wall Street Journal*, June 17, 2015.

14 " 'Epitome of a Banker,' Jimmy Lee Always Put Family First."

第 13 章

1 "WeWork Uncorked/Miguel McKelvey in Conversation/RetailSpaces Napa," YouTube, posted Dec. 21, 2015, www.youtube.com/watch?v=GqaulrSFc84.

2 Scott Austin, Chris Canipe, and Sarah Slobin, "The Billion Dollar Startup Club," *Wall Street Journal*, Feb. 18, 2015.

3 Jake Spring, "Funding Lifts Uber China Unit's Valuation to $8 Billion but Profits Absent," Reuters, Jan. 14, 2016.

4 John Carreyrou, "Hot Startup Theranos Has Struggled with Its Blood-Test Technology," *Wall Street Journal*, Oct. 16, 2015.

5 Telis Demos and Corrie Driebusch, "Square's $9-a-Share Price Deals Blow to IPO Market," *Wall Street Journal*, Nov. 19, 2015.

6 Bill Gurley, "Investors Beware: Today's $100M+ Late-Stage Private Rounds Are Very Different from an IPO," *Above the Crowd*, Feb. 25, 2015.

7 "WeWork Companies Inc. Valuation of a Minority Common Stock Interest," Alvarez & Marsal, prepared for WeWork, March 21, 2017.

8 "WeWork Five-Year Forecast," Oct. 2014, accessed via Scribd upload from Nitasha Tiku, www.scribd.com/document/ 284094978/Wework-Five-Year-Fore-

cast-October-2014.

9 Cory Weinberg, "Neumann's Downfall Upends WeWork's Tight Leadership Circle," *Information*, Sept. 25, 2019.
10 Adam Neumann in speech to staff, WeWork Global Summit, Los Angeles, Jan. 8, 2019.
11 Maureen Farrell and Eliot Brown, "The Money Men Who Enabled Adam Neumann and the WeWork Debacle," *Wall Street Journal*, Dec. 14, 2019.

第 14 章

1 Sean McLain, "Startup India: Entrepreneurs Draw Up Wish List for Modi Meet," *Wall Street Journal*, Jan. 15, 2016.
2 Michael Safi, "How India's 'Modi Jacket' Craze Tears at Fabric of History," *Guardian India*, Dec. 29, 2018.
3 "Launching of Startup India Movement," YouTube, streamed live on January 16, 2016, https://www.youtube.com/watch ?v=X8T4Xnjuy0Q (Neumann introduced at 52:40).
4 同上。
5 Surabhi Agarwal, "Softbank's Masayoshi Son Unfazed by Talk of a Funding Crunch or Bloated Valuations," *Economic Times*, Jan. 18, 2016.
6 "Conversation with Masayoshi Son," *The Charlie Rose Show*, March 10, 2014.
7 Atsuo Inoue, *Aiming High: A Biography of Masayoshi Son* (YouTeacher, 2013), chap. 31.
8 Interview with Hong Lu, April 2020.
9 Yuri Kageyama, " 'Japan's Bill Gates' Strikes It Rich in Cyberspace," Associated Press, May 29, 1996.
10 Inoue, *Aiming High*, chap. 16.
11 同 10，序言。
12 同 10。
13 同 10，chap. 16.
14 Interview with Lu, April 2020.
15 Inoue, *Aiming High*, chap. 1.
16 同 15。
17 同 15，chap 5.
18 Interview with Lu, April 2020.
19 同 18。
20 Brendan I. Koerner, "Fat Pipe Dream," *Wired*, Aug. 1, 2003.
21 Interview with Lu, April 2020.
22 Interview with Forrest Mozer, March 2020.

23 Interview with Lu, April 2020.
24 Alan M. Webber, "Japanese-Style Entrepreneurship: An Interview with Softbank's CEO, Masayoshi Son," *Harvard Business Review*, Jan.–Feb. 1992.
25 Interview with Mozer, March 2020.
26 Interview with Lu, April 202.
27 Inoue, *Aiming High*, chap. 26.
28 Paul Andrews, "Comdex Forecast: Cloudy; Recession, Price Slashing Take Their Toll as Annual Computer 'Party' Begins," *Seattle Times*, Nov. 15, 1992.
29 "Vegas Comdex Canceled," *Las Vegas Sun*, March 28, 2005.
30 Interview with Jason Chudnofsky, April 2020.
31 同30。
32 Norihiko Shirouzu, "Softbank to Pay $800 Million for Comdex Computer Show," *Wall Street Journal*, Feb. 14, 1995.
33 Interview with Chudnofsky, April 2020.
34 Shirouzu, "Softbank to Pay $800 Million for Comdex Computer Show."
35 Dean Takahashi, "Comdex Computer Trade Show Organizers File for Chapter 11," *San Jose Mercury News*, Feb. 4, 2003.
36 Andrew Pollack, "PC Supplier to Be Sold for $1.5 Billion," *New York Times*, Aug. 16, 1996.
37 Neil Weinberg, "Master of the Internet," *Forbes*, July 5, 1999.
38 Bruce Gilley, Chester Dawson, and Dan Biers, "Internet Warrior on the Defensive," *Far Eastern Economic Review*, Nov. 16, 2000.
39 Weinberg, "Master of the Internet."
40 Gilley, Dawson, and Biers, "Internet Warrior on the Defensive."
41 Joelle Tessler, "Webvan Cashes Out on Bold Experiment," *San Jose Mercury News*, July 10, 2001.
42 Daisuke Wakabayashi and Anton Troianovski, "Japan's Masayoshi Son Picks a Fight with U.S. Phone Giants," *Wall Street Journal*, Nov. 23, 2012.
43 Henny Sender and Connie Ling, "Softbank to Invest $20 Million in Hong Kong's Alibaba.com," *Wall Street Journal*, Jan. 18, 2000.
44 同43。
45 Phred Dvorak "A Web Maverick Sparks Revolution in Wiring Japan," *Wall Street Journal*, Oct. 17, 2003.
46 Jathon Sapsford, "Vodafone Sells Japanese Unit to Softbank for $15 Billion," *Wall Street Journal*, March 17, 2006.
47 Takashi Sugimoto, "Masayoshi Son Talks About How Steve Jobs Inspired SoftBank's ARM Deal," *Nikkei Asia*, Sept. 24, 2016.
48 Wakabayashi and Troianovski, "Japan's Masayoshi Son Picks a Fight with U.S. Phone Giants."

49 Katherine Clarke, "The Estate That Wants to Be Silicon Valley's Priciest Home," *Wall Street Journal*, Oct. 18, 2018.

50 "SoftBank Next 30-Year Vision," SoftBank corporate website, June 25, 2010.

51 同 50。

52 同 50。

53 Ryan Knutson and Dana Mattioli, "Sprint Abandons Pursuit of T-Mobile, Replaces CEO," *Wall Street Journal*, Aug. 5, 2014.

第 15 章

1 Interview with Artie Minson for a *Wall Street Journal* article, July 2017.

2 Preliminary offering memorandum, senior notes, WeWork Companies, April 24, 2018.

3 Interview with Jamie Hodari, April 2020.

4 FY 2015 Financial Results, internal WeWork presentation, 2016.

5 Jeffrey Dastin and Heather Somerville, "Behind Airbnb's Bet on Show Business to Hook Travelers," Reuters, April 24, 2019.

6 Ellen Huet, "WeWork Is Cutting About 7% of Staff," Bloomberg News, June 3, 2016.

7 Eliot Brown, "How Adam Neumann's Over-the-Top Style Built WeWork. 'This Is Not the Way Everybody Behaves,'" *Wall Street Journal*, Sept. 18, 2019.

第 16 章

1 Katia Savchuk, "Jeff Bezos, Mark Zuckerberg Are Biggest Gainers by Far on Forbes List of 100 Richest in Tech," *Forbes*, Aug. 10, 2016.

2 Dan Alexander, "Here Are the 10 People Who Gained the Most Money in 2016," *Forbes*, Dec. 30, 2016.

3 Sarah McBride, Selina Wang, and Peter Elstrom, "Masayoshi Son, SoftBank, and the $100 Billion Blitz on Sand Hill Road," *Bloomberg Businessweek*, Sept. 27, 2018.

4 Arash Massoudi, Kana Inagaki, and Leo Lewis, "SoftBank: Inside the 'Wild West' $100Bn Fund Shaking Up the Tech World," *Financial Times*, June 20, 2018.

5 Margherita Stancati and Summer Said, "Saudi Prince Shakes Royal Family with Crackdown," *Wall Street Journal*, Nov. 10, 2017.

6 Bradley Hope and Justin Scheck, *Blood and Oil: Mohammed bin Salman's Ruthless Quest for Global Power* (New York: Hachette Book Group, 2020), chap. 2.

7 Summer Said and Ben Dummett, "Saudi Arabia Favors New York for Aramco IPO," *Wall Street Journal*, Feb. 21, 2017

8 John Micklethwait et al., "Saudi Arabia Plans $2 Trillion Megafund for Post-oil Era: Deputy Crown Prince," Bloomberg News, April 1, 2016.

9 Douglas MacMillan, "Uber Raises $3.5 Billion from Saudi Fund," *Wall Street Journal*, June 1, 2016.

10 Hope and Scheck, *Blood and Oil*, chap. 7.

11 Arash Massoudi, Kana Inagaki, and Simeon Kerr, "The $100Bn Marriage: How SoftBank's Son Courted a Saudi Prince," *Financial Times*, Oct. 19, 2016.

12 Masayoshi Son, interview on *The David Rubenstein Show*, Bloomberg Television, Oct. 1, 2017.

13 同 12。

14 Jason Kothari, *Irrationally Passionate* (India: HarperCollins, 2000), p. 179.

15 Ibid., p. 180.

16 同 15。

第 17 章

1 Eric Chemi and Mark Fahey, "One Good Way for CEOs to Give Their Stocks a Boost: Visit Trump Tower," CNBC, Jan. 11, 2017.

2 Takashi Sugimoto, "Masa and Donald: Why Son Dabbles in Politics," *Nikkei Asia*, March 22, 2017.

3 Steven Bertoni, "WeWork's $20 Billion Office Party: The Crazy Bet That Could Change How the World Does Business," *Forbes*, Oct. 2, 2017.

4 同 3。

5 "President-Elect Trump and SoftBank Founder Remarks at Trump Tower," C-SPAN, Dec. 6, 2016.

6 Bradley Hope and Jenny Strasburg, "SoftBank's Rajeev Misra Used Campaign of Sabotage to Hobble Internal Rivals," *Wall Street Journal*, Feb. 26, 2020.

第 18 章

1 Interview with Lovka, Aug. 2020.

2 "Impossible Is Nothing," Logistics Plus, March 3, 2017, www.logisticsplus.com/impossible-is-nothing.

3 Maureen Farrell and Eliot Brown, "The Money Men Who Enabled Adam Neumann and the WeWork Debacle," *Wall Street Journal*, Dec. 14, 2019.

4 Scott Austin et al., "The Startup Stock Tracker," *Wall Street Journal*, March 3, 2016.

5　Steven Bertoni, "WeWork's $20 Billion Office Party: The Crazy Bet That Could Change How the World Does Business," *Forbes*, Oct. 2, 2017.

6　Eliot Brown, Maureen Farrell, and Anupreeta Das, "WeWork Co-founder Has Cashed Out at Least $700 Million via Sales, Loans," *Wall Street Journal*, July 18, 2019.

7　Jen Berrent, "Welcome Home to WeWork," WeWork website, June 18, 2018.

8　Alyssa Abkowitz and Rick Carew, "Uber Sells China Operations to Didi Chuxing," *Wall Street Journal*, Aug. 1, 2016.

9　Mayumi Negishi, "SoftBank Considers $6 Billion Investment in China Ride-Hailing Firm Didi," *Wall Street Journal*, May 12, 2017.

10　Bertoni, "WeWork's $20 Billion Office Party."

第19章

1　San Francisco Board of Education, "SF Board of Education Approves Budget for 2016–17," press release, June 29, 2016.

2　Paul Farhi, "Washington Post Closes Sale to Amazon Founder Jeff Bezos," *Washington Post*, Oct. 1, 2013.

3　"Optimizing Space Itself with WeWork's Adam Neumann/Disrupt NY 2017," YouTube, posted May 15, 2017, www.youtube.com/watch?v=-EKOV71m-PY.

4　Steven Bertoni, "WeWork's $20 Billion Office Party: The Crazy Bet That Could Change How the World Does Business," *Forbes*, Oct. 24, 2017.

5　Eliot Brown, "WeWork: A $20 Billion Startup Fueled by Silicon Valley Pixie Dust," *Wall Street Journal*, Oct. 19, 2017.

6　We Co., Form S-1 Registration Statement, SEC, Aug. 14, 2019.

7　"Flatiron School LLC Profit and Loss Statement," included as part of Application for Provisional Approval to the Higher Education Licensure submitted to the District of Columbia, WeWork, Nov. 6, 2017.

8　"Expedia Campus Re-design," slide in a presentation to WeWork Co.'s board of directors, third quarter 2016.

9　Irene Plagianos, "WeWork Is Launching a Grade School for Budding Entrepreneurs," Bloomberg News, Nov. 6, 2017.

10　Shayndi Raice, Spencer E. Ante, and Emily Glazer, "In Facebook Deal, Board Was All But out of Picture," *Wall Street Journal*, April 18, 2012.

11　Maureen Farrell and Eliot Brown, "The Money Men Who Enabled Adam Neumann and the WeWork Debacle," *Wall Street Journal*, Dec. 14, 2019.

12　Brown, "WeWork: A $20 Billion Startup Fueled by Silicon Valley Pixie Dust."

13　Ellen Huet, "WeWork Is Ratcheting Up Broker Commissions to Lure New Tenants," Bloomberg News, Aug. 23, 2018.

14　Interview with Hodari, April 2020.

15 同 14。
16 同 14。
17 We Co., Form S-1.
18 Ann Cosgrove, "Are Our Members Friends?," Fundamental Research Team, WeWork, published internally, Dec. 2017.

第 20 章

1 "Awe-Inspiring Salute to Regis High School's Storied History at the Regis Centennial Gala," Regis High School website, Oct. 28, 2014, www.regis.org/article.cfm?id=3045.
2 Time Warner Cable, "Time Warner Cable CFO Arthur Minson to Depart Company," press release, June 1, 2015.
3 Douglas MacMillan, "Uber Raises $1.15 Billion from First Leveraged Loan," *Wall Street Journal*, July 7, 2016.
4 Eliot Brown, "WeWork's Valuation Soars to $10 Billion," *Wall Street Journal*, June 24, 2015.
5 Ellen Huet and Shawn Wen, "The Universe Does Not Allow for Waste," *Foundering* (podcast), episode 3, Bloomberg News, July 16, 2020.
6 Matthew Lynley, "WeWork's Adam Neumann on How to Hit $1B in Revenue with a Careful Balance," *TechCrunch*, May 15, 2017.
7 Eliot Brown, "A Look at WeWork's Books: Revenue Is Doubling but Losses Are Mounting," *Wall Street Journal*, April 25, 2018.
8 同 7。
9 同 7。
10 Thornton McEnery, "WeWork's FirstEver Bond Offering Is a Master Class in Financial Masturbation," *Dealbreaker*, April 25, 2018.
11 Brown, "Look at WeWork's Books."
12 We Co., Form S-1 Registration Statement, SEC, Aug. 14, 2019.

第 21 章

1 Steven Bertoni, "WeWork's $20 Billion Office Party: The Crazy Bet That Could Change How the World Does Business," *Forbes*, Oct. 24, 2017.
2 "WeWork Property Investors LP: Offering of Limited Partnership Interests," WeWork Property Investors, Nov. 2017.
3 Konrad Putzier, "Blackstone Now Owns More Than $100B in Real Estate," *Real Deal*, April 21, 2016.
4 Internal fund-raising presentation, slide titled "Saudi Arabia (PIF and SAMA),"

WeWork, April 2018.

5 Internal fund-raising presentation, slide titled "Fundraising War Room," WeWork, April 2018.

6 Internal fund-raising presentation, slide titled "Ark Sub Fund Update," WeWork, April 2018.

第 22 章

1 Eliot Brown, Dana Mattioli, and Maureen Farrell, "SoftBank Explores Taking Majority Stake in WeWork," *Wall Street Journal*, Oct. 9, 2018.

2 Mitsuru Obe and Akane Okutsu, " 'We Are Unicorn Hunters,' Says Masayoshi Son," *Nikkei Asia,* June 20, 2018.

3 Phred Dvorak and Mayumi Negishi, "How SoftBank, World's Biggest Tech Investor, Throws Around Its Cash," *Wall Street Journal*, Feb. 26, 2018.

4 "Corrected Transcript: SoftBank Group Corp. Q1 2018 Earnings Call," FactSet, Aug. 6, 2018.

5 Eric Platt and Andrew EdgecliffeJohnson, "WeWork: How the Ultimate Unicorn Lost Its Billions," *Financial Times*, Feb. 19, 2020.

6 WeWork presentation to SoftBank Group, slide titled "Proposed Investment Structures," July 2, 2018.

7 Rani Molla and Johana Bhuiyan, "How Uber's Funding and Valuation Stack Up Against Competitors Like Didi and Lyft," Recode, May 25, 2017.

8 WeWork presentation to SoftBank Group, slide titled "Delivering on Our Strategy Will Allow Us to Beat Our $101Bn Growth Goal," July 2, 2018.

9 WeWork presentation to SoftBank Group, slide titled "Our 2028 Goals," July 23, 2018.

10 Vito J. Racanelli, "The U.S. Stock Market Is Now Worth $30 Trillion," *Barron's*, Jan. 18, 2018.

11 WeWork presentation to SoftBank Group, slide titled "ARK Capital Raise Update: Over $20 B in Discussion," July 23, 2018.

12 WeWork presentation to SoftBank Group, slide titled "Ark Capital Requirements and Desk Contribution," June 8, 2018.

13 WeWork presentation to SoftBank Group, slide titled "ARK and WeWork Will Contribute to One Another's Success," July 23, 2018.

第 23 章

1 Mark Sullivan, "At WeWork Summer Camp, 8,000 People Come Together with a Purpose," WeWork website, Aug. 21, 2018.

2   同1。

3   Thomas Hobbs, "The Cult of WeWork," Property *Week*, Aug. 30, 2018.

4   Mark Sullivan, "Surrounded by Colleagues, WeWork Staffer Pops the Question," WeWork website, Sept. 27, 2018.

5   Reeves Wiedeman, *Billion Dollar Loser: The Epic Rise and Spectacular Fall of Adam Neumann and WeWork* (New York: Little, Brown, 2020), 222.

6   同5。

7   Reeves Wiedeman, "The I in We," *New York*, June 10, 2019.

8   Sara Ashley O'Brien, "WeWork Is Banning Meat," CNN Money, July 13, 2018.

9   Eliot Brown, "How Adam Neumann's Over-the-Top Style Built WeWork. 'This Is Not the Way Everybody Behaves,'" *Wall Street Journal*, Sept. 18, 2019.

10 同9。

11 "Speech of Adam Neumann in Summer Camp 2018," YouTube, posted Aug. 20, 2018, www.youtube.com/watch?v=Hpq4Mq -vWl0.

12 同11。

第24章

1   Interviews with Joshua Shanklin, March–Aug. 2020.

2   同1。

3   Eliot Brown, "Surfing, Schools, and Jets: WeWork's Bets Follow CEO Adam Neumann's Passions," *Wall Street Journal*, March 5, 2019.

4   同3。

5   Interviews with Shanklin, March–Aug. 2020.

6   Hadley Keller, "Bjarke Ingels Group Creates a Miniature, Indoor Natural Ecosystem for WeWork's WeGrow School," *Architectural Digest*, Oct. 29, 2018.

7   Rebekah Neumann, "Welcoming Adam Braun to WeGrow," WeWork website, May 16, 2018.

8   Interviews with Shanklin, March–Aug. 2020.

第25章

1   Eliot Brown, "How Adam Neumann's Over-theTop Style Built WeWork. 'This Is Not the Way Everybody Behaves,'" *Wall Street Journal*, Sept. 18, 2019.

2   Bombardier Global 6000 range, VistaJet, www.vistajet.com/en-us/private-jets/global-6000/.

3   Interview with Matteo Ati for *Wall Street Journal story*, July 2017.

4   David Yermack, "Flights of Fancy: Corporate Jets, CEO Perquisites, and Inferi-

or Shareholder Returns," *Journal of Financial Economics*, July 2006.
5. Cory Weinberg and Jessica E. Lessin, "'The Crew Was Not Tipped': The Fallout from WeWork's Excesses," *Information*, Oct. 3, 2019.
6. "Gulfstream 650ER," internal document presented to board of directors, WeWork, 2018.
7. Preliminary offering memorandum, senior notes, WeWork Companies, April 24, 2018.
8. Inbal Orpaz, "By Harnessing Israeliness, WeWork Joins the Ranks of Uber, Airbnb," *Haaretz*, July 30, 2017.
9. Keiko Morris and Eliot Brown, "WeWork Surpasses JPMorgan as Biggest Occupier of Manhattan Office Space," *Wall Street Journal*, Sept. 18, 2018.
10. Brown, "How Adam Neumann's Over-the-Top Style Built WeWork."
11. U.S. Conference of Mayors Winter Meeting, C-SPAN, Jan. 26, 2018.
12. Brown, "How Adam Neumann's Over-the-Top Style Built WeWork."
13. "Our Team and the Power of Imagination," Life Biosciences, June 4, 2019, accessed via Internet Archive, web.archive.org/web/20190604085317/http://lifebiosciences.com/team/.
14. "Build a Purpose Driven Business, Education, and Life with WeWork Co-founder Rebekah Neumann," *The School of Greatness* (podcast), Nov. 6, 2018.
15. Rakesh Khurana, "The Curse of the Superstar CEO," *Harvard Business Review*, Sept. 2002.
16. Brian Chesky, "Open Letter to the Airbnb Community About Building a 21st Century Company," Airbnb website, Jan. 25, 2018.
17. Itay Hod, "Saudi Crown Prince Mohammed bin Salman Buys Out Four Seasons Hotel for Hollywood Visit," *The Wrap*, April 2, 2018; Cornell Barnard, "Crown Prince of Saudi Arabia Buys Out Four Seasons in East Palo Alto for Visit," ABC7 Bay Area, April 2, 2018.
18. Kirsten Korosec, "Lucid Motors Secures $1 Billion from Saudi Wealth Fund to Launch the Air," *TechCrunch*, Sept. 17, 2018.
19. Gabriel Sherman, "You Don't Bring Bad News to the Cult Leader: Inside the Fall of WeWork," *Vanity Fair*, Nov. 21, 2019.
20. 同 19。

第 26 章

1. Scott Austin and Eliot Brown, "Meet the New Co-CEOs of WeWork," *Wall Street Journal*, Sept. 24, 2019.
2. Maureen Farrell and Eliot Brown, "The Money Men Who Enabled Adam Neumann and the WeWork Debacle," *Wall Street Journal*, Dec. 14, 2019.
3. 同 2。

4　Eliot Brown, "WeWork's Long List of Potential Conflicts Adds to Questions Ahead of IPO," *Wall Street Journal*, Sept. 6, 2019.

5　Eliot Brown, "How Adam Neumann's Over-the-Top Style Built WeWork. 'This Is Not the Way Everybody Behaves,'" *Wall Street Journal*, Sept. 18, 2019.

6　"An Inspirational Fireside Chat with WeWork CEO Adam Neumann," New York Stock Exchange, video posted to NYSE Facebook page, June 14, 2017, www.facebook.com/NYSE/ videos/10155161160361023/.

7　*Ruby Anaya v. WeWork Companies Inc.*, New York County Supreme Court, No. 159414/2018, memorandum of law in support of defendant's motion to dismiss the complaint, Oct. 31, 2018.

8　Ibid., Summons + Complaint, Oct. 11, 2018.

9　Gaby Del Valle, "A WeWork Employee Says She Was Fired After Reporting Sexual Assault. The Company Says Her Claims Are Meritless," *Vox*, Oct. 12, 2018.

10　*Lisa Bridges v. WeWork Companies Inc. et al.*, New York County Supreme Court, No. 156140/2019, Summons + Complaint, June 20, 2019.

11　*Medina Bardhi v. The We Company*, class and collective administrative charge of discrimination relation and gender pay disparity, filed with Equal Employment Opportunity Commission New York District Office, Oct. 31, 2019.

12　"Presidio Trust Public Board Meeting, 09.27.18," Transcript of board meeting provided by Presidio Trust.

第27章

1　"Adam Neumann: Co Founder of WeWork Delivers Incredible Speech at UJA Federation," YouTube, posted Dec. 26, 2018, www .youtube.com/watch?v=-4vTTmUByfk.

2　Maureen Farrell and Eliot Brown, "The Money Men Who Enabled Adam Neumann and the WeWork Debacle," *Wall Street Journal*, Dec. 14, 2019.

3　Eric Platt and Andrew EdgecliffeJohnson, "WeWork: How the Ultimate Unicorn Lost Its Billions," *Financial Times*, Feb. 20, 2020.

4　Farrell and Brown, "Money Men Who Enabled Adam Neumann and the WeWork Debacle."

5　Minoru Satake, "SoftBank's Son Says WeWork Is His 'Next Alibaba,'" *Nikkei Asia*, Aug. 11, 2018.

6　Mayumi Negishi, "Cell Service in Japan Goes Down for Hours, Clouding Year's Biggest IPO," *Wall Street Journal*, Dec. 6, 2018.

7　Eliot Brown, Dana Mattioli, and Maureen Farrell, "SoftBank Explores Taking Majority Stake in WeWork," *Wall Street Journal*, Oct. 9, 2019.

8　Mayumi Negishi and Suryatapa Bhattacharya, "SoftBank Unit's Debut Is One of Japan's Worst, After $24 Billion IPO," *Wall Street Journal*, Dec. 19, 2018.

9 Katrina Brooker, "WeWork Rebrands to the We Company," *Fast Company*, Jan. 8, 2019.

10 Farrell and Brown, "Money Men Who Enabled Adam Neumann and the We-Work Debacle."

11 同 10。

第 28 章

1 Deirdre Bosa, "Watch CNBC's Full Interview with Ashton Kutcher and WeWork CEO Adam Neumann," CNBC, Jan. 14, 2019.

2 Ellen Huet, "WeWork, with $900 Million in Sales, Finds Cheaper Ways to Expand," Bloomberg News, Feb. 26, 2018.

3 Maureen Farrell and Eliot Brown, "The Money Men Who Enabled Adam Neumann and the WeWork Debacle," *Wall Street Journal*, Dec. 14, 2019.

4 Form 10-K, Snap Inc., Feb. 6, 2019.

5 Katrina Brooker, "The Most Powerful Person in Silicon Valley," *Fast Company*, Jan. 14, 2019.

6 *Parkmerced Investors LLC v. WeWork Companies LLC*, New York County Supreme Court, No. 652094/2020, Term Sheet, filed as Exhibit 1, Sept. 4, 2020.

7 "Job Description: Business Development Associate," WeWork job posting for Creator Fund employee, posted on LinkedIn, early 2019.

8 Internal WeWork documents detailing Creator Fund investments, WeWork, 2020.

9 Laird Superfood, Form S-1 Registration Statement, SEC, Aug. 31, 2020.

10 Katrina Brooker, "WeWork Rebrands to the We Company," *Fast Company*, Jan. 8, 2019.

11 Internal WeWork documents detailing Creator Fund investments, WeWork, 2020.

12 Reeves Wiedeman, *Billion Dollar Loser: The Epic Rise and Spectacular Fall of Adam Neumann and WeWork* (New York: Little, Brown, 2020), 254.

13 Bosa, "Watch CNBC's Full Interview with Ashton Kutcher and WeWork CEO Adam Neumann."

第 29 章

1 Anna Marie Erwert, "$25M Estate, Formerly Bill Graham's, Is Marin's Greenest—and Most Expensive—Mansion," *SFGate*, March 21, 2017.

2 Pound Ridge Planning Board, Sept. 27, 2018, poundridge.granicus.com/MediaPlayer.php?view_id=1&clip_id=164.

3   *78 Irving Plaza Condominium v. The Tax Commission of the City of New York*, New York County Supreme Court, No. 265013/2018, Tax Certiorari Petition, Oct. 24, 2018.

4   "Build a Purpose Driven Business, Education, and Life with WeWork Co-founder Rebekah Neumann," *The School of Greatness* (podcast), Nov. 6, 2018.

5   同 4。

6   Interviews with Joshua Shanklin, March–Aug. 2020.

7   Ariel Levy, feature on Rebekah and Adam Neumann, *Porter*, Fall 2016.

8   WeWork presentation to SoftBank Group, slide titled "San Jose Development Opportunity," July 23, 2018.

9   Ellen Huet, "WeWork Wants to Become Its Own Landlord with Latest Spending Spree," *Bloomberg Businessweek*, May 15, 2019.

10 Troy Wolverton, "WeWork Is Setting Up a $2.9 Billion Fund to Buy Buildings That It Will Lease to Itself," *Business Insider*, May 15, 2019.

第 30 章

1   "Titania," my-titania.com/.

2   Maureen Farrell and Corrie Driebusch, "Lyft Shares Surge in Public Debut," *Wall Street Journal*, March 29, 2019.

3   Maureen Farrell et al., "The Fall of WeWork: How a Startup Darling Came Unglued," *Wall Street Journal*, Oct. 24, 2019.

4   Neumann email to WeWork employees, April 29, 2019.

5   Liz Hoffman, Greg Bensinger, and Maureen Farrell, "Uber Proposals Value Company at $120 Billion in a Possible IPO," *Wall Street Journal*, Oct. 16, 2018.

6   Maureen Farrell and Liz Hoffman, "Morgan Stanley Banker Is Also an Uber Driver," *Wall Street Journal*, Oct. 18, 2018.

7   Reeves Wiedeman, *Billion Dollar Loser: The Epic Rise and Spectacular Fall of Adam Neumann and WeWork* (New York: Little, Brown, 2020), 266.

8   IPO pitch presentation to WeWork, Goldman Sachs, May 2020.

9   同 8。

10 Maureen Farrell and Eliot Brown, "The Money Men Who Enabled Adam Neumann and the WeWork Debacle," *Wall Street Journal*, Dec. 14, 2019.

11 Dimon to Neumann and IPO team, Spring 2019.

12 Matt Turner, "A Bunch of Cycling Enthusiasts Just Helped Peloton Cycle Raise $325 Million—Betting It Could Be 'the Apple of Fitness,'" *Business Insider*, May 24, 2017.

13 Corrie Driebusch, "Lyft Shares Falter on Second Trading Day," *Wall Street Journal*, April 1, 2019.

14 IPO pitch presentation to WeWork, JPMorgan Chase, May 2020.
15 Eric Platt, Andrew EdgecliffeJohnson, James Fontanella-Khan, and Laura Noonan, "WeWork Turmoil Puts Spotlight on JPMorgan Chase and Goldman Sachs," *Financial Times*, September 24, 2019.
16 Maureen Farrell, "WeWork to Raise Billions Selling Debt Ahead of IPO," *Wall Street Journal*, July 7, 2019.
17 "Project Poseidon: GS Response," Goldman Sachs presentation to WeWork, May 2020.
18 Gillian Tan, "WeWork Seeks $6 Billion Financing, Contingent on IPO Success," Bloomberg News, Aug. 1, 2019.
19 Michelle Sierra, "WeWork Loan Modified to Reduce Lender Risk Ahead of IPO," Reuters, Sept. 13, 2019.

第 31 章

1 Internally circulated draft Form S-1, WeWork, May 2020.
2 Maureen Farrell et al., "The Fall of WeWork: How a Startup Darling Came Unglued," *Wall Street Journal*, Oct. 24, 2019.
3 We Co., Form S-1 Registration Statement, SEC, Aug. 14, 2019.
4 同 3。
5 "Optimizing Space Itself with WeWork's Adam Neumann/Disrupt NY 2017," YouTube, posted May 15, 2017, www.youtube.com/watch?v=-EKOV71m-PY.
6 Farrell et al., "Fall of WeWork."
7 Uber Technologies, Form S-1 Registration Statement, SEC, April 11, 2019.
8 Eliot Brown, "Uber Wants to Be the Uber of Everything—but Can It Make a Profit?," *Wall Street Journal*, May 4, 2019.

第 32 章

1 Maureen Farrell, "In Snap IPO, New Investors to Get Zero Votes, While Founders Keep Control," *Wall Street Journal*, Jan. 16, 2017.
2 Eliot Brown, "Surfing, Schools, and Jets: WeWork's Bets Follow CEO Adam Neumann's Passions," *Wall Street Journal*, March 5, 2019.
3 Eric Platt, James Fontanella-Khan, and Miles Kruppa, "WeWork Revamp Creates Tax Benefit for Company Insiders," *Financial Times*, Aug. 8, 2019.
4 We Co., Form S-1 Registration Statement, SEC, Aug. 14, 2019.
5 "Flatiron School LLC Profit and Loss Statement," included as part of Application for Provisional Approval to the Higher Education Licensure submitted to the District of Columbia, WeWork, Nov. 6, 2017.

6 Ellen Huet and Gillian Tan, "WeWork Was a Family Affair, Until Things Got Complicated," *Bloomberg Businessweek*, Sept. 28, 2019.

7 Eliot Brown, Maureen Farrell, and Anupreeta Das, "WeWork Co-founder Has Cashed Out at Least $700 Million via Sales, Loans," *Wall Street Journal*, July 18, 2019.

8 Jessica Bursztynsky, " 'We Weren't Greedy'—Peloton CEO Says IPO 'Left Something on the Table on Pricing,'" CNBC, Sept. 26, 2019.

第 33 章

1 "Why Jim Cramer Isn't Sold on WeWork," TheStreet, August 14, 2019.

2 Matt Levine, "Money Stuff: We Looks Out for Our Selves," Bloomberg, Aug. 19, 2019.

3 Scott Galloway, "WeWTF," *No Mercy No Malice* (blog), Aug. 16, 2019, profgalloway.com/wewtf.

4 Ben Thompson, "The WeWork IPO," *Stratechery* (blog), Aug. 20, 2019.

5 Ben Thompson, "The 2019 Stratechery Year in Review," *Stratechery* (blog), Dec. 18, 2019.

6 Victoria Turk, "How WeWork Became the Most Hyped Startup in the World," *Wired UK*, June 6, 2018.

7 Maureen Farrell and Eliot Brown, "WeWork Weighs Slashing Valuation by More Than Half amid IPO Skepticism," *Wall Street Journal*, Sept. 5, 2019.

第 34 章

1 Saheli Roy Choudhury, "SoftBank Launches New $108 Billion Fund to Invest in A.I.," CNBC, July 25, 2019.

2 Parmy Olson, "SoftBank Chip-Design Unit Yet to Conquer Internet of Things," *Wall Street Journal*, July 8, 2019.

3 Phred Dvorak, Liz Hoffman, and Mayumi Negishi, "Does SoftBank Really Have $108 Billion for Its Vision Fund 2?," *Wall Street Journal*, Aug. 6, 2019.

4 Mayumi Negishi, "SoftBank's Vision Fund 2 Plans to Begin Investing as Soon as Next Month," *Wall Street Journal*, Aug. 7, 2019.

5 Flight path for N1872, FlightAirMap website, accessed Aug. 26, 2019.

6 Duncan Mavin, "SoftBank Invests $800 Million in Supply Chain Finance Firm Greensill," *Wall Street Journal*, May 13, 2019.

第 35 章

1. Kirsten Grind, Sarah Krouse, and Jim Oberman, "Star Fidelity Manager Gavin Baker Fired over Sexual Harassment Allegations," *Wall Street Journal*, Oct. 12, 2017.
2. Maureen Farrell and Eliot Brown, "The Money Men Who Enabled Adam Neumann and the WeWork Debacle," *Wall Street Journal*, Dec. 14, 2019.
3. 同 2。
4. 同 2。
5. Eliot Brown, "How Adam Neumann's Over-the-Top Style Built WeWork. 'This Is Not the Way Everybody Behaves,'" *Wall Street Journal*, Sept. 18, 2019.
6. Farrell and Brown, "Money Men Who Enabled Adam Neumann and the WeWork Debacle.

第 36 章

1. Maureen Farrell and Eliot Brown, "The Money Men Who Enabled Adam Neumann and the WeWork Debacle," *Wall Street Journal*, Dec. 14, 2019.
2. Maureen Farrell, "WeWork Parent Postpones IPO," *Wall Street Journal*, Sept. 17, 2019.
3. Eliot Brown, "How Adam Neumann's Over-the-Top Style Built WeWork. 'This Is Not the Way Everybody Behaves,'" *Wall Street Journal*, Sept. 18, 2019.
4. Farrell and Brown, "Money Men Who Enabled Adam Neumann and the WeWork Debacle."
5. Brown, "How Adam Neumann's Overthe-Top Style Built WeWork."
6. Ellen Huet and Shawn Wen, "IPO—Just Kidding," *Foundering* (podcast), episode 6, Bloomberg News, July 23, 2020.
7. Maureen Farrell et al., "Some WeWork Board Members Seek to Remove Adam Neumann as CEO," *Wall Street Journal*, Sept. 22, 2019.
8. Mike Isaac, "Inside Travis Kalanick's Resignation as Uber's CEO," *New York Times*, June 21, 2017.
9. Reeves Wiedeman, *Billion Dollar Loser: The Epic Rise and Spectacular Fall of Adam Neumann and WeWork* (New York: Little, Brown, 2020), 302.
10. Farrell et al., "Some WeWork Board Members Seek to Remove Adam Neumann as CEO."
11. Maureen Farrell et al., "The Fall of WeWork: How a Startup Darling Came Unglued," *Wall Street Journal*, Oct. 24, 2019.
12. 同 11。

13　Farrell et al., "Fall of WeWork."
14　Eliot Brown et al., "WeWork's Adam Neumann Steps Down as CEO," Wall Street Journal, Sept. 24, 2019; David Gelles et al., "WeWork C.E.O. Adam Neumann Steps Down Under Pressure," *New York Times*, Sept. 24, 2019.
15　WeWork, "WeWork's Board of Directors Announces Leadership Changes," press release, Sept. 24, 2019.

第 37 章

1　Maureen Farrell et al., "The Fall of WeWork: How a Startup Darling Came Unglued," *Wall Street Journal*, Oct. 24, 2019.
2　Meghan Morris, "WeWork Is Selling the Company's $60 Million Luxurious Private Jet That Adam Neumann and His Family Personalized and Used to Fly All over the World," *Business Insider*, Sept. 26, 2019.
3　Jennifer Maloney, "Altria Cuts Value of Juul Stake by $4.5 Billion," *Wall Street Journal*, Oct. 31, 2019.
4　SoftBank Group, "Launch of SoftBank Vision Fund 2," press release, July 26, 2019.
5　Liz Hoffman and Bradley Hope, "Rajeev Misra Built SoftBank's Huge Tech Fund. Now He Has to Save It," *Wall Street Journal*, Oct. 30, 2019.

第 38 章

1　Maureen Farrell et al., "The Fall of WeWork: How a Startup Darling Came Unglued," *Wall Street Journal*, Oct. 24, 2019.
2　Maureen Farrell and Eliot Brown, "The Money Men Who Enabled Adam Neumann and the WeWork Debacle," *Wall Street Journal*, Dec. 14, 2019.
3　同 2。
4　Maureen Farrell, Liz Hoffman, and Eliot Brown, "SoftBank Seeking to Take Control of WeWork Through Financing Package," *Wall Street Journal*, Oct. 13, 2019.
5　"Investor Presentation," WeWork, Oct. 11, 2019, www.wework.com/ideas/wp-content/uploads/2019/11/Investor -Presentation%E2%80%94October-2019.pdf.
6　同 5, 21.
7　"Annual Report and Accounts 2018," IWG PLC, March 6, 2019, 26.
8　Liz Hoffman and Maureen Farrell, "WeWork's Valuation Falls to $8 Billion Under SoftBank Rescue Offer," *Wall Street Journal*, Oct. 21, 2019.
9　Davide Scigliuzzo et al., "WeWork Bonds Tank as Firm Seeks JPMorgan Junk-

Debt Lifeline," Bloomberg News, Oct. 4, 2019.
10	同9。
11	Maureen Farrell and Eliot Brown, "SoftBank to Boost Stake in WeWork in Deal That Cuts Most Ties with Neumann," *Wall Street Journal*, Oct. 22, 2019.
12	Farrell and Brown, "Money Men Who Enabled Adam Neumann and the WeWork Debacle."
13	Michael Berg, "Transformative Sharing Versus Bread of Shame," Kabbalah Centre website, July 29, 2016.
14	Eliot Brown, "WeWork Employee Options Underwater as Ex-CEO Reaps," *Wall Street Journal*, Oct. 23, 2019.
15	Farrell et al., "Fall of WeWork."
16	Sarah E. Needleman and Eliot Brown, "WeWork to Cut Around 17% of Workforce," *Wall Street Journal*, Nov. 21, 2019.
17	David Yaffe-Bellany, "WeWork's Ousted C.E.O. Adam Neumann Is Accused of Pregnancy Discrimination," *New York Times*, Oct. 31, 2019.
18	Jennifer Gould, "Ex-WeWork CEO Adam Neumann Flees NYC to Escape 'Negative Energy': Pals," *New York Post*, Dec. 17, 2019.
19	Jessica Bennett, "Ousted WeWork CEO Adam Neumann Travels to Israel," *New York Post*, Dec. 27, 2019.

尾声

1	Phred Dvorak and Megumi Fujikawa, "SoftBank Founder Calls His Judgment 'Really Bad' After $4.7 Billion WeWork Hit," *Wall Street Journal*, Nov. 6, 2019.
2	Tomio Geron, "Since Receiving SoftBank's $300 Million Check, Wag Has Gained Little Ground," WSJ Pro: *Venture Capital*, April 25, 2019.
3	Josh Constine, "Layoffs Hit Flexport, Another SoftBank-Backed Startup Worth $3.2B," *TechCrunch*, Feb. 4, 2020.
4	Vindu Goel, Karan Deep Singh, and Erin Griffith, "Oyo Scales Back as SoftBank-Funded Companies Retreat," New York Times, Jan. 13, 2020.
5	Jenny Strasburg and Bradley Hope, "Elliott Management Builds More Than $2.5 Billion Stake in SoftBank," *Wall Street Journal*, Feb. 6, 2020.
6	"Earnings Results Briefing for FY2019," SoftBank Group, May 20, 2020, group.softbank/en/news/webcast/20200518_01.
7	Sanchita Dash, "SoftBank Vision Fund 2 Fails to Raise New Funds," *Business Insider*, May 18, 2020.
8	Kana Inagaki et al., "SoftBank Unmasked as 'Nasdaq Whale' That Stoked Tech Rally," *Financial Times*, Sept. 4, 2020.
9	Elaine Chen, Ed Hammond, and Crystal Tse, "Goldman's Next Generation Takes Shape With New Promotions," Bloomberg, September 21, 2020.

10. Greg Roumeliotis, "Goldman CEO Says Process on Canceled WeWork IPO 'Worked,'" Reuters, Jan. 21, 2020.
11. "JPMorgan Names New Global Leaders at Investment Bank—Sources," Reuters, Feb. 18, 2020.
12. Dakin Campbell, "JPMorgan Will Still Rake in About $50 Million After WeWork Snubbed the $5 Billion Bailout It Pulled Together," *Business Insider*, Oct. 22, 2019.
13. "IWG CEO on WeWork and the Commercial Real Estate Market," CNBC, Oct. 1, 2019.
14. Greg Roumeliotis, Joshua Franklin, and Koh Gui Qing, "Exclusive: New York State Attorney General Investigating WeWork—Sources," Reuters, Nov. 18, 2019.
15. Vlad Savov, "WeWork's Valuation Has Dropped to $2.9 Billion, SoftBank Says," Bloomberg News, May 17, 2020.
16. Arash Massoudi, Kana Inagaki, and Eric Platt, "WeWork on Track for Profits and Positive Cash Flow in 2021, Says Chairman," *Financial Times*, July 12, 2020.
17. Ben Foldy, Mike Colias, and Nora Naughton, "Long Before Nikola Trucks, Trevor Milton Sold Investors on Startups That Faded," *Wall Street Journal*, Oct. 1, 2020.
18. Diana Bahur Nir, "A Mother Knows: Adam Neumann's Mom Opens Up," *CTech*, March 20, 2020.
19. *In Re WeWork Litigation*, Delaware Court of Chancery, plaintiffs' motion to compel defendants to produce documents improperly withheld as privileged, C.A. No. 2020-0258-AGB, Oct. 28, 2020.
20. Tom Metcalf, "Adam Neumann Ousted from Billionaire Ranks on SoftBank Reversal," Bloomberg, April 2, 2020.